热烈庆祝宁夏回族自治区成立60周年

彭阳年鉴

PENGYANG NIANJIAN

2018

彭阳县党史地方志编纂委员会办公室　编纂

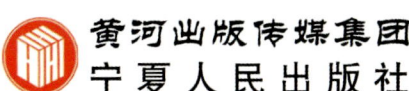

黄河出版传媒集团
宁夏人民出版社

图书在版编目（CIP）数据

彭阳年鉴. 2018 / 彭阳县党史地方志编纂委员会办公室编纂. — 银川：宁夏人民出版社，2018.9

ISBN 978-7-227-06962-1

Ⅰ. ①彭… Ⅱ. ①彭… Ⅲ. ①彭阳县–2018–年鉴 Ⅳ. ①Z524.34

中国版本图书馆 CIP 数据核字（2018）第 228984 号

彭阳年鉴 2018	彭阳县党史地方志编纂委员会办公室　编纂

责任编辑　周淑芸
责任校对　白　雪
封面设计　杨平梅
责任印制　肖　艳

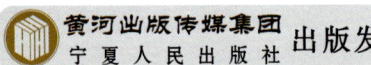 出版发行

地　　址　宁夏银川市北京东路 139 号出版大厦（750001）
网　　址　http://www.yrpubm.com
网上书店　http://www.hh-book.com
电子信箱　nxrmcbs@126.com
邮购电话　0951-5052104　5052106
经　　销　全国新华书店
印刷装订　固原博奥彩色印刷有限公司
印刷委托书号（宁）0011149

开　本　889mm×1230mm　　1/16
印　张　24.25　　字数 700 千字
版　次　2018 年 10 月第 1 版
印　次　2018 年 10 月第 1 次印刷
书　号　ISBN978-7-227-06962-1
定　价　198.00 元

版权所有　侵权必究

彭阳县地方志编纂委员会

顾　　问　　赵晓东　邓万儒　冶三奎
主　　任　　刘启冬
副 主 任　　杨　军　王　儒　朱红社　李廷枢
委　　员　　牛治忠　张建荣　王志会　常兆斌　王宏东　雅玉贵
　　　　　　余长会　李佐江　赵银汉　安振杰　米彦多　马　福
　　　　　　王　兴　杨占辉　刘胜利　陈宗惠　韩星明　兰正刚
　　　　　　李夏生　曹建刚　曹永昕　王永贤　王建军　王志成
　　　　　　王继讲　杨昌基　张小平　白云鹏　袁继安　韩治军
　　　　　　孙智慧　韩志琦　祁　旺　吴　毅　杨世福　刘世锋
　　　　　　祁悦章　马文生　米占国　李鹏元
史志顾问　　杨　忠

《彭阳年鉴2018》编辑人员

主　　编　　祁悦章
执行主编　　杨平梅
编　　辑　　杨树林　张智慧　李　娟　李　静
特邀统稿　　杨彦彬

编 辑 说 明

一、《彭阳年鉴2018》是由彭阳县人民政府主办、彭阳县党史地方志编纂委员会办公室编纂的大型资料性工具书。

二、《彭阳年鉴2018》以马克思列宁主义、毛泽东思想、邓小平理论、"三个代表"重要思想、科学发展观、习近平新时代中国特色社会主义思想为指导,求真务实,与时俱进,全面、系统、翔实地记载彭阳县2017年自然、政治、经济、文化与社会等方面发展情况,为社会各界了解彭阳提供基本资料。

三、《彭阳年鉴2018》内容按编委会任务分配方案和撰稿要求,由彭阳县各乡镇、县直各部门(单位)供稿,并经供稿单位主要领导审核,《彭阳年鉴》编辑部编辑、编委会审定,其资料、数据具有准确性和权威性。

四、《彭阳年鉴2018》采用分类编辑法。主体内容设类目、分目、条目3个结构层次,以条目作为记述的基本形式。不同层次的标题,通过字体、字号和版式设计加以区别,条目标题统一用黑体字加【】标示,便于读者查阅。全书设专载、综述、机构和组成人员等共25个部类,约70万字。

五、《彭阳年鉴2018》收录的文字资料时限为2017年1月1日至12月31日,收录的彩色图片资料下限至2018年6月,收录获得2017年度地市级及以上表彰的先进集体和个人以各供稿单位提供的资料为依据,获县委、政府表彰的优秀公务员、年度先进工作者、先进集体、先进个人按有关文件收录,先进集体及个人排名不分先后。

六、《彭阳年鉴2018》收录的《彭阳县2017年国民经济和社会发展统计公报》由彭阳县统计局提供。正文数据由各乡镇、部门(单位)提供。因统计口径等原因,个别数据与统计资料中的数据不尽一致,引用时以《彭阳县2017年国民经济和社会发展统计公报》为准。专载中领导讲话所引数据,以原文为准。

七、《彭阳年鉴2018》所列领导任职情况(机构和组成人员)按乡镇、部门(单位)上报资料和中共彭阳县委组织部《彭阳县副科级以上干部名册(2017年度)》收录,并经县委组织部审定;彭阳县机构名录(2017年)由彭阳县机构编制委员会办公室提供并审定。

八、《彭阳年鉴2018》所列机关和部门按规定部类、条目排列,乡镇、部门(单位)排名不分先后。领导位次排列不涉及职务。

年度图片新闻
Niandu Tupian Xinwen

2018年4月18日,自治区副主席、固原市市长马汉成(左二)到彭阳县调研综治维稳信访工作　马茂荣/摄

2017年7月29日,固原市县域经济观摩会与会人员到彭阳县观摩　崔一波/摄

2017年11月16日,彭阳县委书记赵晓东(左二)到草庙乡调研脱贫攻坚工作,并深入建档立卡贫困户家中了解增收路径等　孙有亮/摄

2017年7月12日,彭阳县人民政府县长刘启冬(右一)到茹河流域调研污水治理情况　王彩霞/摄

年度图片新闻

Niandu Tupian Xinwen

2017年10月30日,彭阳县人大常委会主任邓万儒(右二)带领县人大常委会班子成员到乡镇调研人大代表工作开展情况　张建荣/提供

2017年6月15日,彭阳县政协主席冶三奎(左三)到白阳镇姜洼村调研脱贫攻坚工作　孙有亮/摄

2017年12月20日,中国共产党彭阳县第八届委员会第二次全体会议召开　孙有亮／摄

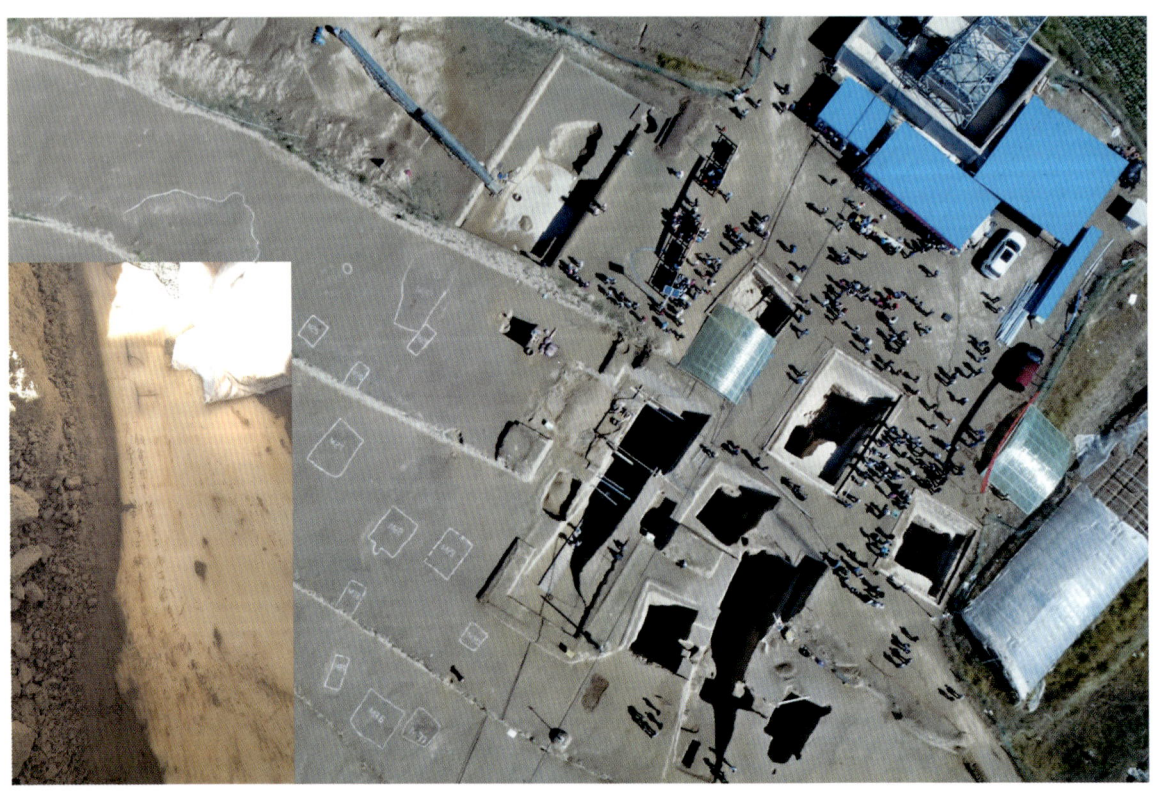

2018年4月11日,彭阳姚河塬西周遗址入选"2017年度全国十大考古新发现"　刘宁昊／摄

年度图片新闻
Niandu Tupian Xinwen

2017年1月17日,中国文联"我们的中国梦——中国文联文艺志愿服务团送欢乐下基层"慰问团在彭阳县体育场演出　孙有亮/摄

2017年7月12日,中央电视台大型纪录片《中国影像方志·彭阳篇》在彭阳县举行开机揭彩仪式　孙有亮/摄

2017年10月12日,在固原参加全区党史工作经验交流会的与会人员,到彭阳红二十八军军部旧址观摩革命旧址遗址保护利用工作　刘　罡／摄

2017年12月28日,彭阳县博物馆完成布展并免费对外开放　孙有亮／摄

年度图片新闻

Niandu Tupian Xinwen

建成并投入使用的彭阳县职教中心　杨巨辉/摄

建成并投入使用的彭阳县综合福利服务中心　孙有亮/摄

2017年4月19日,国道327线沟圈(甘宁界)至彭阳(白阳镇任湾)段公路全线贯通 王 宇/摄

彭阳县白阳镇任湾育苗中心 孙有亮/摄

彭 阳 数 字

（2017 年度）

总面积：2533.49 平方千米

户籍人口：251481 人

常住人口：196997 人

地区生产总值：499476 万元

第一产业增加值：128834 万元

第二产业增加值：144725 万元

第三产业增加值：225917 万元

地方公共财政预算收入：24016 万元

地方公共财政预算支出：362727 万元

固定资产投资额：674732 万元

社会消费品零售总额：87393 万元

金融机构存款余额：643338 万元

金融机构贷款余额：321112 万元

城镇居民人均可支配收入：23345.04 元

农村居民人均可支配收入：8790 元

城镇居民人均生活消费支出：13283.97 元

农村居民人均生活消费支出：6805.51 元

城镇居民恩格尔系数：29.8%

农村居民恩格尔系数：34.3%

户籍人口从业人员：13.47 万人

城镇登记失业率：3.75%

全员劳动生产率：25379 元/人

参加基本养老保险人数：122819 人

保费收入：9909 万元

各类学校总数：216 所

在校学生数：35754 人

卫生机构：22 个

医院及卫生院：19 个

医院病床数：800 张

卫生技术人员数：629 人

邮政业务量：969 万元

电信完成业务总量：1913 万元

移动完成业务总量：6344 万元

联通完成业务总量：804 万元

本地电话用户：20.37 万户

移动电话用户数：19.85 万户

互联网用户数：29359 户

最低生活保障线以下人数：20386 人

治理水土流失面积：80 平方公里

林木覆盖率：27.5%

（彭阳县统计局）

魅力彭阳

Meili pengyang

县城夜景　祁瀛涛/摄

茹河瀑布　李有璋/摄

魅力彭阳
Meili Pengyang

花海彭阳　孙有亮/摄

乡村晨景　孙有亮/摄

魅力彭阳

Meili Pengyang

大沟湾　王万宝／摄

雪中农村　杨巨辉／摄

冯庄大峡谷　孙有亮 / 摄

朝那湫渊　白云鹏 / 摄

魅力彭阳
Meili Pengyang

五峰山　孙有亮 / 摄

生态彭阳　周　勇 / 摄

万寿菊 李有璋/摄

县城一瞥 孙有亮/摄

序

中共彭阳县委书记　赵晓东

彭阳县人民政府县长　刘启冬

盛世盛事，合当喜庆。适逢喜迎改革开放 40 周年和自治区成立 60 周年之际，紧扣时代脉搏，众手裒辑、集腋成裘的《彭阳年鉴 2018》付梓问世。这是彭阳县自 2011 年以来按照《地方志工作条例》要求，把地方综合年鉴编纂纳入县委、政府重要工作日程，实现"一年一鉴，公开出版"目标，赓续不断编辑出版的第八卷《彭阳年鉴》。这不仅是彭阳史志工作者在历史的年轮中坚守文化传承使命的成果，也是彭阳人民在改革开放的春天里久久为功、共普华章的结晶，可喜可贺！

历史悠久，人文渊薮。1983 年 7 月，经国务院批准，设立彭阳县，彭阳的历史和发展揭开了新的篇章。建县以来，彭阳人民沐浴着改革开放的风帆，坚持以经济建设为中心，一心一意谋发展、聚精会神搞建设，全县各项事业发生了翻天覆地的变化，取得了丰硕的改革发展成果。2017 年底，实现地区生产总值 49.95 亿元，是 1983 年的 194.7 倍；地方一般公共财政预算收入 2.4 亿元，是 1983 年的 312.9 倍；全社会固定资产投资 67.47 亿元，是 1983 年的 1220.1 倍；社会消费品零售总额从建县初的 1576 万元增长到 8.74 亿元；城镇居民人均可支配收入 23345 元；农村居民人均可支配收入 8790 元，是建县初的 159.8 倍；森林覆盖率由建县初的 3% 增加到 27.5%。旅游基础设施不断完善，被评为全国 2017 年"最美中国生态、自然旅游城市"和"文化魅力、特色魅力旅游城市"。

记录历史，见证发展。《彭阳年鉴》作为记录彭阳发展历程的资料性文献，它不仅是彭阳经济社会发展现状的年度实录，而且是反映和记载地情、传承地方历史、进行文化积淀的重要载体和手段，更是以史为镜、鉴往知来的重要史料，具有不可替代的文献史料价值、参考研究价值、资讯传播价值。《彭阳年鉴2018》翔实记录和反映了2017年彭阳脱贫攻坚、改善民生之举，改革创新、攻坚奋斗之路。这一年，在习近平新时代中国特色社会主义思想和党的十九大精神指引下，彭阳县经济社会发展稳中有进，各项经济指标居全区前列；1.92万贫困人口脱贫销号；义务教育基本均衡发展通过国家验收；河长制、医疗卫生体制和农村"三权分置"改革为全区创造了经验；国家卫生县城通过复审，荣获全国信访系统先进集体、农村集体"三资"管理示范县、供销合作社综合改革试点工作先进单位等荣誉。这些巨大变化和辉煌成就，是全县人民共同奋斗的结果。

初心不渝，使命高悬。多年来，全县史志工作者不辱使命，笔录春秋，忠实地记载了彭阳发展进程中一个个来之不易的成就。《彭阳年鉴2018》较之以往出版的七卷，在体例上，博采众长，注重创新，更能反映彭阳的地情特点；在内容收录上，新时代发展气息更强，地方特色更浓，这不仅达到了年鉴工作"常编常新"的基本要求，也实现了年鉴编写与本土文化的融合。党的十九大赋予了文化建设新的历史使命，对做好年鉴工作提出了新的要求。广大史志工作者要认真总结经验，并依据新形势新要求，积极改进编辑出版工作，创新服务手段和方式，用人们喜闻乐见的方式传播年鉴文化，扩大年鉴的影响。

奋进新时代，筑梦新征程。习近平总书记强调：唯有不忘初心，方可告慰历史、告慰先辈，方可赢得民心、赢得时代，方可善作善成、一往无前。2018年，是全面贯彻落实党的十九大、自治区第十二次党代会精神的开局之年，也是决胜脱贫攻坚、实施"十三五"规划承上启下的关键之年，这既是自治区党委、政府对我们的信任和肯定，也是全县人民的期望和要求，我们要紧盯这一目标，不忘初心、牢记使命，振奋精神、实干兴宁，重点围绕中央"三大攻坚战"、自治区"三大战略"和固原市"六场硬仗"，紧扣全县经济社会发展特别是脱贫攻坚、生态建设、基层党建、民风建设等，突出抓好脱贫富民、创新驱动、生态环境、城乡统筹、民生改善、改革开放，坚定不移全面从严治党，出色完成县委八届二次全会部署的各项任务，为谱写新时代彭阳发展新篇章而努力奋斗，以优异成绩向改革开放40周年和自治区成立60周年献礼。

2018年9月于彭阳

目录 / CONTENTS

专载（一）

全面贯彻落实党的十九大精神　不忘初心　牢记使命　振奋精神　实干兴宁　奋力谱写新时代彭阳发展新篇章 …………… 1
　　——在县委八届二次全体会议上的报告
　　中共彭阳县委书记　赵晓东

彭阳县人民政府工作报告 ………… 15
　　——在彭阳县第九届人民代表大会第二次会议上
　　彭阳县人民政府县长　刘启冬

彭阳县人民代表大会常务委员会工作报告 ……………………………… 29
　　——在彭阳县第九届人民代表大会第二次会议上
　　彭阳县人民代表大会常务委员会
　　副主任　杨志杰

中国人民政治协商会议彭阳县第九届委员会常务委员会工作报告 ……… 36
　　——在政协彭阳县第九届委员会第二次会议上
　　政协彭阳县委员会副主席　李廷枢

彭阳县人民法院工作报告 ………… 43
　　——在彭阳县第九届人民代表大会第二次会议上
　　彭阳县人民法院院长　魏　凯

彭阳县人民检察院工作报告 ……… 50
　　——在彭阳县第九届人民代表大会第二次会议上
　　彭阳县人民检察院检察长　石永忠

关于彭阳县2017年国民经济和社会发展计划执行情况与2018年国民经济和社会发展计划（草案）的报告 ……… 56
　　——在彭阳县第九届人民代表大会第二次会议上
　　彭阳县发展和改革局局长　刘胜利

关于彭阳县2017年财政预算执行情况和2018年财政预算（草案）的报告 ……… 64
　　——在彭阳县第九届人民代表大会第二次会议上
　　彭阳县财政局局长　王永贤

专 载（二）

彭阳县2017年国民经济和社会发展统计公报 ……………………………………… 72
  彭阳县统计局
彭阳县机构名录（2017年）………… 76
  彭阳县机构编制委员会办公室

综 述

县情概况 ………………………………… 83
  政区概况·建制沿革
经济建设 ………………………………… 83
  经济指标·脱贫攻坚·特色产业·
  二、三产业·城乡建设·生态建设
社会事业 ………………………………… 85
  民生建设·社会保障·社会治理·
  改革创新
自身建设 ………………………………… 86
  党的建设

机构和组成人员

县级领导 ………………………………… 88
县委工作部门 …………………………… 88
县委直属事业单位 ……………………… 90
县人大办公室及各工作委员会 ………… 90
县政府办公室 …………………………… 91
县政协办公室及各专门委员会 ………… 91
法检两院 ………………………………… 91
军事武装 ………………………………… 92
政府派出机构 …………………………… 92
县政府工作部门 ………………………… 92
县政府直属事业单位 …………………… 98
群团组织 ………………………………… 98
区、市驻彭各单位 ……………………… 99
企 业 …………………………………… 101
乡 镇 …………………………………… 101
年内任职副县级以上领导简历 ………… 105

大 事 记

1月 ……………………………………… 117
2月 ……………………………………… 118
3月 ……………………………………… 120
4月 ……………………………………… 121
5月 ……………………………………… 122
6月 ……………………………………… 124
7月 ……………………………………… 126
8月 ……………………………………… 130
9月 ……………………………………… 133
10月 …………………………………… 135
11月 …………………………………… 137
12月 …………………………………… 140

政党政权

中国共产党彭阳县委员会 ……………… 144
  综 述 ………………………………… 144
    脱贫攻坚·产业优化·基础设施·
    民生事业·深化改革·和谐社会建
    设·党的建设
  纪检监察 …………………………… 146

两个责任·作风建设·涉农扶贫领域监督执纪问责·自身建设·精准帮扶

县委办工作 …………………… 147
综合协调·文稿起草·信息调研·督促检查·机要保密·保障服务·机关党建·廉政建设·宣传思想和精神文明建设·社会帮扶

组织工作 ……………………… 149
"两学一做"学习教育·干部学习教育·干部选拔任用·干部监督管理·基层组织建设·"两个带头人"工程·人才队伍建设·组织部门自身建设

宣传工作 ……………………… 153
理论教育·新闻宣传·精神文明创建·文化阵地建设·网络舆情监管

统战工作 ……………………… 155
党外代表人士队伍建设·民族团结进步创建·宗教事务·非公有制经济发展·统战领域维稳

政策研究 ……………………… 157
调查研究·"农办"工作·"改革办"工作

机构编制 ……………………… 158
乡镇建设·重点领域体制改革·事业单位分类改革·权力清单规范·机构编制管理·机构编制监督检查·事业单位登记管理·驻村扶贫

老干部服务 …………………… 160
学习教育·"两个"待遇落实·关心下一代工作

党校工作 ……………………… 161
教育培训·调查研究·师资培训·组织建设·脱贫攻坚

档案管理 ……………………… 162
法制宣传·档案业务·资源建设·队伍建设·基层党组织建设

彭阳县人民代表大会 163
综　述 ………………………… 163
人大常委会会议·决定决议·人事任免·议案办理·法制讲座·专题询问·工作指导

专委工作 ……………………… 167
机关服务·财政经济工作·法制工作·教科文卫工作·代表联络

彭阳县人民政府 ……………… 168
综　述 ………………………… 168
发展指标·精准扶贫·农业发展·二、三产业·城乡建设·基础建设·民生事业·社会治理·深化改革·自身建设

政府办工作 …………………… 171
政务服务·应急管理·政务公开·督查督办·社会帮扶·学习教育·自身建设

机关事务管理 ………………… 172
公务接待·公共机构节能·公车管理·后勤服务·办公用房清理

中国人民政治协商会议彭阳县委员会
………………………………… 173
综　述 ………………………… 173
全体委员会议·常务委员会会议·重要文献·常委及委员变动

专委工作及调研考察活动 …… 176
专委工作·重要活动

群众团体

工　会 …………………………………… 178
　　组织建设·精准帮扶·集体协商·
　　劳模管理·文体活动·自身建设
共青团 …………………………………… 179
　　思想引领·创业创新·希望工程·
　　服务成长·阵地建设
妇女联合会 ……………………………… 180
　　农村妇女创业担保贷款·巾帼脱贫
　　行动·和谐家庭创建·妇女维权工
　　作·妇女儿童工作·基层组织建设
文学艺术界联合会 ……………………… 181
　　理论学习·阵地建设·文艺活动·
　　学习交流·队伍建设
工商业联合会 …………………………… 182
　　教育培训·调查研究·脱贫攻坚·
　　自身及商协会建设·招商工作
伊斯兰教协会 …………………………… 183
　　宗教人士培训·"卧尔兹"巡回演讲
　　·宗教事务管理·宗教矛盾化解·
　　和谐清真寺创建·民族团结创建·
　　精准帮扶
科学技术协会 …………………………… 184
　　公民科学素质·科普宣传·青少年
　　科技教育·项目实施·科技培训·
　　科技助力脱贫攻坚·自身建设
残疾人联合会 …………………………… 185
　　康复工作·教育助学·就业培训·
　　信息核查·保障服务·扶贫示范·
　　文体助残

政务服务

民政工作 ………………………………… 188
　　概况·社会救助·防灾救灾·双拥
　　优抚·基层政权·社会福利·社会
　　事务·移风易俗及民族团结进步示
　　范创建活动·自身建设
人力资源和社会保障 …………………… 190
　　就业创业·社会保障·人才结构·
　　城镇居民收入·劳动关系
民族宗教 ………………………………… 192
　　宣传学习教育·民族团结进步创建
　　活动·清真食品专项整治·民族宗
　　教服务管理·朝觐管理服务·矛盾
　　纠纷排查调处
审计工作 ………………………………… 193
　　预算执行和财政财务收支审计·领
　　导干部经济责任审计·政府投资项
　　目审核·参与区、市专项审计·审
　　计成果·自身建设·精准扶贫
统计工作 ………………………………… 194
　　统计业务·统计调查·统计法制·
　　统计服务·党建统计
信访工作 ………………………………… 195
　　信访接待·责任落实·制度建设·
　　矛盾排查化解·督查督办·人民满
　　意信访·积案办理·网上信访·队
　　伍建设·信访培训·诉求分类处理
社会经济调查 …………………………… 197
　　服务能力建设·队伍建设·信访培
　　训·网点管理·统计信息化建设·
　　机关党建

网络信息 …………………………… 197
　　政务公开·网络建设·新闻宣传·
　　云视通建设·政民互动·涉农惠农
　　资金监管平台·舆情监测·安全管理
政务服务中心建设 …………………… 199
　　概况·政务服务·服务创新·
　　"不见面"审批
社会保险事业管理 …………………… 200
　　职工基本养老保险·城乡居民基本
　　养老保险·机关事业单位养老保险
　　·失业保险·城镇职工医疗、工伤、
　　生育保险·城乡居民基本医疗保险
　　·城镇职工基本养老保险基金

法治建设

社会管理 ……………………………… 202
　　公共安全和治安管理·司法体制改
　　革·民主法治建设·平安彭阳建设
　　·政法队伍建设
公　安 ………………………………… 203
　　社会维稳·案件侦破·公共安全·
　　队伍建设·公安改革
检　察 ………………………………… 205
　　查办和预防职务犯罪·打击刑事犯
　　罪·诉讼监督检察·窗口接访·队
　　伍建设·司法体制改革·监察体制
　　改革试点
审　判 ………………………………… 207
　　刑事审判·民商事审判·行政审判
　　·执行工作·司法改革·家事审判
　　·司法为民·司法公开·服务大局
　　·队伍管理·作风建设

司法行政 ……………………………… 208
　　普法教育·人民调解·帮教管理·
　　司法服务·自身建设
法治政府建设 ………………………… 209
　　法治政府创建·规范权力运行·规
　　范性文件管理·行政决策机制·行
　　政复议和应诉·行政执法

军　事

人民武装 ……………………………… 211
　　理论学习·国防教育·战备训练·
　　民兵组织整顿·兵员征集·后勤保
　　障·双拥共建·基层建设
武警中队 ……………………………… 212
　　思想建设·练兵备战·从严治军·
　　服务实战·班子建设
消防大队 ……………………………… 213
　　班子建设·实战化练兵·正规化建
　　设·后勤保障·火灾防控

经济监管服务

宏观调控 ……………………………… 215
　　经济运行·项目建设·精准帮扶·
　　工业和非公经济·商贸流通·价格
　　监管·粮油市场供应·作风建设
市场监督管理 ………………………… 216
　　市场准入·食品安全监管·药品医
　　疗器械安全监管·特种设备安全监
　　察·标准化计量监管·商标广告监
　　督管理·经济检查·消费者权益保
　　护·队伍建设

经济技术合作 …………………… 219
　招商成果·项目储备·外出招商·对外宣传·项目管理·党的建设·扶贫帮困
科技服务 ……………………… 220
　食用菌产业·中药材产业·科技扶贫和特派员创业·科技成果转化·科技培训·招商引资

自然资源

国土资源管理 …………………… 222
　概况·土地管理·矿政管理·灾害防治·民生服务·执法监察·党的建设
石油开发服务 …………………… 223
　运行管理·地企发展·作风转变
王洼煤业 ……………………… 224
　生产经营指标·安全环保·项目建设·党建工作·技术创新·煤炭销售·工艺改进·队伍建设·职工关爱
电力供应 ……………………… 226
　概况·指标任务完成情况·安全生产·电网建设·营销管理·农电管理·党建引领·企业文化

农业与农村经济

扶贫开发 ……………………… 228
　减贫成效·移民搬迁·金融扶贫·脱贫能力培训·扶贫资金管理·整村推进·产业扶贫·教育扶贫·健康扶贫·精准帮扶·社会帮扶·督查巡查

农牧业生产 …………………… 231
　种植业·草畜产业·蔬菜产业·旱作农业·特色产业·休闲农业·农村改革·新型经营主体培育·产业扶贫·农机服务·农村清洁能源·动物防疫·农业科技培训·农资市场监管·农产品质量安全·农业气象服务
水务建设 ……………………… 234
　供水情况·工程建设与管理·灌溉管理·农田水利基本建设·防汛抗旱·城乡饮水安全·农村水利改革·水政与水资源管理·节水型社会建设·水土保持工程·水库移民·党建与精神文明建设
农经管理 ……………………… 236
　农村产权流转服务中心建设·农村集体资产股份权能改革·农村土地股份合作·农村土地承包经营权流转·农村土地承包经营权抵押贷款·新型农业经营主体培育·农村集体"三资"监管·农民负担监督管理
农业综合开发 …………………… 238
　完成投资·现代农业科技产业园建设·防护林工程建设·田间道路工程建设·平田整地及花椒示范园区项目·养殖业建设项目·产业化经营项目·项目管理
烟叶生产 ……………………… 239
　烟叶生产·基础建设·扶持与服务·企业管理·企业帮扶·烟叶收购·党建工作

工业和信息产业

产业园区建设 ………………………… 241
  概况·园区规划·园区建设·招商引资·产业培育

移动通信 ……………………………… 242
  网络建设·信息化建设

电　信 ………………………………… 242
  经营效益·指标完成情况·重点工作完成情况·通信建设维护·组织建设

联通通信 ……………………………… 243
  市场经营·客户服务·网络建设·队伍建设·社会责任

财政税务

财　政 ………………………………… 244
  财源建设·经济建设投入·惠民政策落实·财政改革·干部教育·党风廉政建设·精神文明建设

税　务 ………………………………… 246
  组织收入·税制改革·征收管理·纳税服务·队伍建设·从严治党·精神文明建设·基层建设·精准帮扶

住房公积金管理 ……………………… 248
  公积金归集及银行存款·个人贷款及公积金提取·住房公积金管理

金融保险

中国人民银行彭阳县支行 …………… 249
  执行货币政策·信用体系建设·金融管理与服务·普惠金融

中国农业银行彭阳支行 ……………… 250
  服务"三农"·精准扶贫·服务民生·"惠农通"工程

中国建设银行彭阳支行 ……………… 251
  经营概况·电子银行·金融扶贫·支持建设·综合服务·企业党建

宁夏彭阳农村商业银行股份有限公司
………………………………………… 252
  经营指标·服务"三农"·内控管理·企业建设及荣誉

中国邮储银行股份有限公司彭阳县支行
………………………………………… 253
  存款业务·新型业务·传统业务

中国人保财险彭阳支公司 …………… 253
  保险收入·车险业务·赔付情况·公司管理

中国人寿保险彭阳支公司 …………… 254
  经济效益·队伍建设·基础管理·基础运营·文化建设

商业贸易

粮油供销 ……………………………… 256
  粮食流通监管·流通统计调查·应急粮油储备·粮安工程建设·放心粮油配送·购销企业运营·农贸市场管理·驻村扶贫

供销合作 ………………………… 257
供销社改革・农资经营・农产品营销・日用品供应・项目建设・电子商务・资金互助・专业合作社建设・扶贫帮扶

烟草专卖 ………………………… 258
营销网建・专卖管理・基础管理

商贸物流

邮　政 …………………………… 260
经营指标・亮点工作・安全生产・党风廉政建设・基层组织建设

商贸流通服务 …………………… 261
电子商务・商贸流通

交通运管

交通运输 ………………………… 262
概况・项目建设・精准扶贫・大气污染防治・农村公路养护管理・道路运输监管・平安交通建设・法治交通建设・自身建设・文化建设

运政管理 ………………………… 264
概况・安全生产・假日运输・客运管理・货运管理・站场管理・维培管理・行政执法・廉政建设・行业文明・党的建设・队伍建设

应急管理

安全生产监管 …………………… 267
安全态势・责任落实・专项行动・基层基础

防震减灾 ………………………… 268
防震科普宣传・群测群防网络・应急救援体系・精准帮扶

建设环保林业生态

城乡建设与环境保护 …………… 269
经济指标・城乡规划・城乡建设・危房危窑改造・窑洞加固改造试点・污水处理及改厕试点・工程监管・环境保护・房屋产权产籍管理

城市管理 ………………………… 271
概况・市容市貌・城乡环境・园林绿化・公用设施维护・执法改革・党建工作・精准帮扶

林业和生态经济 ………………… 272
林业生态建设・林业产业培育・美丽乡村建设・林业有害生物防治・国有林场改革

教育文化旅游史志

教育体育 ………………………… 274
概况・幼儿教育・义务教育・高中教育・师资队伍・基础建设・教育惠民政策・教育质量・体育工作

文化旅游 ………………………… 275
文化活动・文化基础建设・文物考古保护・文化市场监管・旅游基础设施・旅游开发・旅游创新发展・广电事业・自身建设

党史方志 ………………………… 277

志书编修·专题研究·史志服务·
史志成果·党史宣传

图书销售 ·· 278
经济指标·教材发行·教辅定售·
一般图书销售·连锁系统·类别销
售·自身建设

卫生健康

卫生健康服务 ······································ 280
综合医改·健康扶贫·民生实事·计
生服务·公共卫生服务·医疗服务

乡 镇

白阳镇 ·· 283
概况·脱贫攻坚·产业培育·民生
事业·生态环境·征地拆迁·社会
治理·基层党建·廉政建设

古城镇 ·· 285
概况·精准脱贫·城乡环境·民生
事业·社会治理·自身建设

王洼镇 ·· 286
概况·脱贫攻坚·基础建设·产业结
构优化·民生事业·社会治理·基层
党建

红河镇 ·· 288
概况·脱贫攻坚·特色产业·基础
建设·社会事业·环境整治·自身
建设

新集乡 ·· 290
概况·特色农业·脱贫攻坚·基础

设施·民生保障·社会治理·党的
建设

城阳乡 ·· 292
概况·脱贫攻坚·产业优化·基础
设施·民生事业·和谐社会建设·
党的建设

草庙乡 ·· 294
概况·脱贫攻坚·富民产业·基础
建设·民生事业·社会治理·自身
建设

孟塬乡 ·· 296
概况·脱贫攻坚·农业结构调整·
劳务产业·基础建设·民生事业·
生态环境·社会管理·廉政建设·
基层党建

冯庄乡 ·· 299
概况·脱贫攻坚·特色产业·基础
建设·民生事业·生态建设·精神
文明建设·社会管理·廉政建设·
基层党建

小岔乡 ·· 302
概况·脱贫攻坚·产业结构调整·
基础设施建设·社会事业发展·党
的建设

罗洼乡 ·· 303
概况·脱贫攻坚·基础设施·人居
环境·社会保障·平安建设·自身
建设

交岔乡 ·· 305
概况·脱贫攻坚·特色产业·基础
建设·民生事业·生态建设·社会
管理·"两个带头人"工程·自身建
设·精神文明建设

荣誉榜

2017年度乡镇、部门(单位)效能目标管理考核先进集体 …………………………… 309
2017年度公务员(含参公人员)考核优秀等次人员 ……………………………………… 311
2017年度优秀工作者 ………………… 313
脱贫攻坚先进村 ……………………… 318
脱贫攻坚部门帮扶先进集体 ………… 318
脱贫光荣户 …………………………… 318
发展奋进户 …………………………… 320
农村"两个带头人"先进个人 ………… 321
脱贫攻坚优秀第一书记(工作队员)
 …………………………………………… 321
脱贫攻坚先进工作者 ………………… 322
彭阳县双拥模范单位 ………………… 322
彭阳县双拥模范个人 ………………… 323
彭阳县创建全国民族团结进步示范县工作先进集体
 …………………………………………… 323
彭阳县创建全国民族团结进步示范县工作先进个人 …………………………………… 324
2016—2017学年度教育工作先进集体
 …………………………………………… 324
2016—2017学年度教育工作先进个人
 …………………………………………… 325
2017年度获市级以上表彰的先进单位
 …………………………………………… 327
2017年度获市级以上表彰的先进模范人物
 …………………………………………… 339

附 录

中共彭阳县委员会2017年发文目录
 …………………………………………… 343
中共彭阳县委办公室2017年发文目录
 …………………………………………… 347
彭阳县人民政府2017年发文目录
 …………………………………………… 355
彭阳县人民政府办公室2017年发文目录
 …………………………………………… 367

专 载（一）

全面贯彻落实党的十九大精神
不忘初心　牢记使命　振奋精神　实干兴宁
奋力谱写新时代彭阳发展新篇章

——在县委八届二次全体会议上的报告

（2017年12月20日）

中共彭阳县委书记　赵晓东

各位委员、同志们：

这次全委会的主要任务是：全面贯彻落实党的十九大精神和区、市党委决策部署，总结回顾2017年工作，谋划部署2018年工作，团结动员全县各级党组织、广大党员和干部群众，不忘初心、牢记使命，振奋精神、实干兴宁，奋力谱写新时代彭阳发展新篇章。

下面，我受县委常委会委托，向全委会报告工作，请予审议。

一、客观总结成绩，更加坚定加快发展的信心决心

2017年是本届县委班子履新之年。一年来，在区、市党委、政府的坚强领导下，县委常委会团结带领全县各级党组织、广大党员和干部群众，坚持以脱贫攻坚为统领，统筹推进经济社会发展和党的建设，各项工作成效显著，各项事业全面进步。预计全年完成地区生产总值49.95亿元，增长8.8%；全社会固定资产投资67.47亿元，增长13.3%；社会消费品零售总额8.74亿元，增长10.1%；地方公共财政预算收入2.4亿元，增长9.8%；城乡居民人均可支配收入分别为23345元、8790元，分别增长8%、11.8%。

坚决贯彻中央和区、市党委决策部署。始终坚持把讲政治放在第一位，作为第一遵循、第一标准、第一要求，树牢"四个意识"，坚定"四个自信"，推动中央和区、市各项决策部署落地落细落实。党的十九大和自治区第十二次党代会、市委四届二次全会召开后，我们第一时间传达学习，领会精神实质，研究贯彻意见，常委班子带头到联系点宣讲，迅速兴起学习宣传贯彻热潮。围绕"创新驱动怎么做、脱贫富民怎么干、生态立区怎么办"，组织开展"振奋精神、实干兴宁"大讨论、大调研活动，形成走"产业强、人民富、环境美"发展新路的共识，作出了彭阳回答。对标区、市分解的具体任务，研究制定任务、项目、责任"三个清单",确立了工作抓手。按照党的十九大的战略部署和区、市的贯彻意见,组织起草《学习宣传贯彻落实党的十九大和自治区第十二次党代会、市委四届二次全会精神的意见(讨论稿)》,提交这次全委会审议,明确了发展方向。

脱贫攻坚精准务实。 认真贯彻落实习近平总书记扶贫开发战略思想,特别是在延安、贵阳、银川、太原4个跨省区脱贫攻坚座谈会上的重要讲话精神,始终坚持"六个精准"要求,统筹实施"五个一批"工程,贫困发生率下降到4.1%。聚焦"有土""离土"产业,建立"企业+合作社+贫困户"模式,实施劳动力素质提升工程,"5·30"及其倍增、"林药蜂"等产业规模效益"双提升"。实施金融扶贫贷款倍增和"扶贫保"全覆盖计划,为建档立卡贫困户发放贷款3.13亿元,覆盖面达96.7%。整合涉农扶贫资金7.86亿元精准到村到户,加大基础设施建设力度,行政村道路畅通率达到100%,自来水入户率达94%,改造危房危窑1988户、累计完成总任务25955户的91%,"十三五"易地搬迁任务全面完成。建立涉农惠农资金监管"331"机制,涉农扶贫资金安全高效运行。出台"教育补齐"和"健康扶贫"政策,缓解了贫困群众教育、就医负担。开展"移风易俗树乡风强民风"活动,大张旗鼓表彰、奖励、宣传脱贫致富先进典型,激发了贫困群众内生动力。严格落实"四级包抓"责任制,梳理确定12个重点贫困村并明确包抓领导,创新第一书记"网格+"管理模式,深化闽宁对口协作,健全社会帮扶体系,形成了上下同心、齐抓共管的强大合力。

产业转型换挡提速。 坚持以供给侧结构性改革为主线,紧盯短板用劲,聚焦创新发力,瞄准市场突破,产业形态不断完善,三次产业融合贯通。坚定走"一特三高"现代农业发展路子,高标准规划建设红河现代农业科技示范园,探索建立林果引种驯化示范园2个,新发展新型农业经营主体15家,彭阳红梅杏、朝那鸡获批国家地理标志保护产品,在银川等目标市场成功举办彭阳特色农产品宣传推介活动,草畜、蔬菜、林果规模化发展步伐持续加快,中药材、小杂粮、万寿菊、生态鸡、中华蜂促农增收成效显著。稳步推进工业经济发展,王洼煤矿600万吨技改扩建项目基本完工,闽宁彭阳信息产业园带动新产业、新业态破局,新培育规上企业2家、"专精特新"中小微企业5家,全年完成规上工业增加值8.18亿元、增长35%。大力发展全域旅游,茹河瀑布、梯田公园等景区景点功能不断提升,全年接待游客52万人次,实现旅游综合收入3.14亿元。加快发展现代服务业,农村电商公共服务中心、物流仓储配送中心建成投运,浙商国际、利民商业广场、物流园建设进展顺利,带动商贸物流、餐饮住宿等传统服务业提升,促进电子商务、健康养老等现代服务业提速。

城乡面貌大为改观。 坚持把项目建设作为补齐发展短板、增强发展后劲的有力支撑,全年实施重点项目76个。加快推进城镇化进程,城乡规划实现全覆盖,城市美化亮化绿化和道路改建扩建新建工程全部竣工,棚户区改造任务全面完成,3个美丽小城镇有序推进,6个美丽村庄全面建成,城市功能更加完备,城市管理更加精细,城乡环境更加优美,国家卫生县城通过复审,城镇化率达32.9%。着眼补齐基础设施短板,G327沟圈至彭阳段局部建成通车,农村饮水安全巩固提升工程进展顺利,行政村宽带网络全覆盖。坚持生态立县,坚守生态底线,降水量400毫米以上区域造林绿化工程和生态建设"七大工程"成效明显,森林覆盖率达27.5%,河长制工作走在全区前列,美丽茹河首个PPP项目开工,县城污水处理厂提标改造完成,生态彭阳名片更加亮丽。

民生事业提标扩面。坚持以人民为中心的发展思想,持续增加优质公共服务供给,县城便民利民"五分钟生活圈"基本实现,全县人民对"说起彭阳感到自豪、住在彭阳感到骄傲、做一名彭阳人感到光荣"有了新的感触,广大群众的获得感、幸福感、自豪感不断提升。教育惠民政策全面落实,职教中心投入使用,薄改项目全部完成,悦龙新区全民健身中心、雷河滩体育公园有序推进,义务教育均衡发展通过国家验收,荣获全国阳光校餐示范县、2013—2016年度全国群众体育先进单位。文化惠民工程深入实施,博物馆和图书馆完成布展布架,年底前向群众免费开放,在全区率先实现行政村综合文化服务中心全覆盖。医疗卫生资源持续下沉,三级诊疗服务体系不断完善,外联"三甲"建立医联体、内扶乡村建立医共体,医疗卫生信息化"云平台"建设进展顺利,中医院改扩建工程、妇计中心、疾控中心综合业务楼开工建设。"双创"工作扎实推进,电商孵化园实现市级命名。社会保障能力显著提升,县综合福利中心和红河敬老院启用,老年活动中心和儿童福利院建成,城乡低保实现应保尽保,社会保障网织密扎牢。

改革开放持续深化。坚持以"改革督查年"为抓手,建立清单,协同推进,40项重点改革任务取得实质性进展。农村综合改革亮点纷呈,县农村产权流转交易中心挂牌成立,荣获全国农村"三资"管理示范县、供销合作社综合改革试点工作先进单位、集体林权制度改革先进单位和全区农村承包地确权登记颁证工作一等奖。创新"移动互联网+人饮"供水管理服务模式,"智慧水利"建设为区、市提供彭阳经验。"放管服"改革持续深化,非行政许可事项全部"清零",审批服务事项办理时限压缩57%,"五险合一"实现统一经办。投融资体制改革成效明显,贺兰山村镇银行落户彭阳。积极融入对外开放大格局,启动"招商引资年"活动,落实招商引资项目29个,实际到位资金27亿元。

社会大局和谐稳定。坚持党委总揽全局、协调各方,支持人大、政府、政协、司法机关和群团组织依法依章开展工作,四套班子同心、各级步调一致的良好局面更加巩固。坚持党管武装原则,全国"双拥"模范县创建工作扎实开展。认真落实村民代表会议制度,和谐社区创建纵深推进。积极培育和践行社会主义核心价值观,不断加强意识形态工作,营造了健康向上的舆论环境。深入开展"七五"普法,稳步推进司法体制改革,乡镇司法所全部升格为副科级建制,全面依法治县进程不断加快。推行"585"创建行动计划,成功创建全国民族团结进步示范县。深化"平安彭阳"建设,创新"微信平安树"模式,实施"雪亮工程",荣获全国信访系统先进集体,社会大局总体稳定。

党的建设全面加强。坚持全面从严治党永远在路上，制定《关于推进全面从严治党若干问题的意见》，推进全面从严治党向纵深发展。严格落实县委理论学习中心组学习制度，扎实推进"两学一做"学习教育常态化制度化，创新开展"6+X"主题党日活动，常委班子带头真学实做严改，为广大党员干部作出了表率。严格落实"20字"好干部标准，健全容错纠错、能上能下机制，建立干部实绩档案，坚持在脱贫攻坚一线提拔任用优秀干部，激发了党员干部干事创业热情。深入开展星级基层服务型党组织创建活动，推广"五跨"措施，整顿软弱涣散基层党组织15个，全县非公企业和社会组织党组织覆盖率分别达83%和92%。扎实开展"三大三强"行动，深化农村"两个带头人"工程，抓党建促脱贫攻坚"四个一"经验在全国深度贫困地区抓党建促脱贫攻坚工作经验交流座谈会上书面交流。认真落实全面从严治党"两个责任"，健全落实中央八项规定精神制度机制，强化党内监督，建立巡查制度，稳步推进全县深化国家监察体制改革试点工作，开展查处涉农扶贫领域腐败问题专项行动、"三不为"纪律作风专项整治行动，立案46件，给予党政纪处分45人，移送司法机关1人，营造了风清气正的发展环境。

一年来，县委常委会高度重视自身建设，充分发挥领导核心作用，把握全局出思路，宽严相济用干部，铆足劲头抓落实，确保了正确方向，凝聚了强大合力，推动了改革发展。带头执行民主集中制，修订完善《县委常委会议事规则》，严格按党性原则、按政策法规、按制度程序决策办事。带头严格党内政治生活，认真落实《关于新形势下党内政治生活的若干准则》，党内政治生活严肃、认真、经常，班子成员思想同心、目标同向、行动同步。带头遵守廉洁自律各项规定，驰而不息纠"四风"、强作风，自觉接受群众监督，形成了"头雁效应"。

回顾一年来的工作，困难大于预期，成绩好于预想。这是以习近平同志为核心的党中央和区、市党委、政府坚强领导的结果，是习近平新时代中国特色社会主义思想科学指引的结果，是全县各级党组织、广大党员和干部群众共同奋斗的结果。在此，我代表县委常委会，向各位委员、候补委员、向在座的同志们，并通过你们向全县广大党员和干部群众以及社会各界表示衷心的感谢和崇高的敬意！

在肯定成绩的同时，我们也清醒地看到，全县经济社会发展仍面临不少困难和问题。主要是：发展不足仍是最大的问题，解决不平衡不充分问题任重道远；打赢脱贫攻坚战，与全国同步建成全面小康社会，任务还十分艰巨，尤其是在精准培育扶贫产业、补齐基础设施短板、激发群众内生动力等方面还需下一番"绣花"功夫；产业结构中农业增加值低、工业倚能、服务业发展滞后的问题突出；部分党员干部缺乏主动作为、主动担当的意识和认真负责、创新进取的精神，"四风"老问题、新表现不同程度存在，党风廉政建设和反腐败斗争任务依然艰巨。对这些困难和问题，我们必须高度重视，切实加以解决。

二、全面学习贯彻，推动党的十九大精神落地生根

党的十九大是在全面建成小康社会决

胜阶段、中国特色社会主义进入新时代的关键时期召开的一次十分重要的大会。大会作出了中国特色社会主义进入了新时代、我国社会主要矛盾已经转化为人民日益增长的美好生活需要和不平衡不充分的发展之间的矛盾等重大政治论断，深刻阐述了新时代中国共产党的历史使命，确立了习近平新时代中国特色社会主义思想的历史地位，提出了新时代坚持和发展中国特色社会主义的基本方略，确定了决胜全面建成小康社会、开启全面建设社会主义现代化国家新征程的目标，对新时代推进中国特色社会主义伟大事业和党的建设新的伟大工程作出了全面部署，进一步指明了党和国家事业的前进方向。大会选举产生了新一届中央委员会和中央纪律检查委员会，党的十九届一中全会选举产生了以习近平同志为核心的新一届中央领导集体，为推动党和国家事业发展提供了坚强有力的政治保证和组织保证。

党的十九大在我们党和国家的发展进程中具有划时代的里程碑意义。全县各级党组织要把学习宣传贯彻党的十九大精神作为当前和今后一个时期的首要政治任务，按照学懂弄通做实的要求，在前一阶段学习宣传贯彻的基础上，进一步向广度拓展、向深度进展，深入开展大学习、大轮训、大讨论，切实把广大党员和干部群众的思想统一到党的十九大精神上来，把力量凝聚到实现党的十九大确定的各项任务上来。

（一）突出"深"字抓学习培训。各级党委（党组）要切实担负起领导责任，结合推进"两学一做"学习教育常态化制度化，把学习宣传贯彻工作安排到位、组织到位、督促到位、落实到位。要把学习领会党的十九大精神作为中心组学习的中心任务，制订学习计划，开展专题研讨，特别要紧盯"五个聚焦"，真正做到准确理解和把握党的十九大精神的思想精髓、核心要义。各级党员领导干部特别是"一把手"要带着政治责任、带着执着信念、带着深厚感情，在学习上更深一步、认识上更高一筹、实践上更先一招，力求领会得更全面、把握得更精准、贯彻得更坚决，为其他党员干部作出示范。各基层党组织要发挥好宣传党的主张、贯彻党的决定的战斗堡垒作用，结合"三会一课""6+X"主题党日活动，借助党建工作平台和新媒体，通过多种途径学习党的十九大精神，不断提高党员的政治素养和思想理论水平。县委组织部、党校要把学习党的十九大精神作为理论武装工作的重点任务、作为干部教育培训的必修课，面向全体党员开展多形式、分层次、全覆盖的学习培训，有计划有组织地对党员干部进行集中轮训，推进党的十九大精神进课堂、进教材、进头脑。要加强考评和督促检查，推动学习培训持久深入、取得实效。

（二）突出"广"字抓宣讲宣传。要组织开展内容丰富、形式多样的宣讲宣传活动，确保党的十九大精神更多更广地走进群众，凝聚党心民心、扩大社会共识。要集中宣讲解读。深入开展党的十九大精神进企业、进农村、进机关、进校园、进社区、进军营、进网站活动，实现宣讲解读全覆盖。各级党员领导干部要带头宣讲，面向群众、深入浅出地宣讲解读党的十九大精神。要创新宣讲方式，在大众化、互动化上下功夫，把党的十九大精神讲清楚、讲明白、讲透彻，让群众听得懂、能领会、可落实。要广泛开展宣传。县委宣传部要把宣传党的十九大精神作为一场宣传战役,充分利用各种宣传形式和手段,推出一批有声势、有深度、有分量的报道,注重宣传各级党组织学习贯彻的具体举措和实际行动,注重反映基层党员干部群众学习贯彻的典型事迹和良好风貌,在全社会形成学习贯彻党的十九大精神的浓厚氛围。

(三)突出"实"字抓学以致用。学习宣传贯彻党的十九大精神,关键是要以习近平新时代中国特色社会主义思想武装头脑、指导实践、推进工作。要增强使命担当。切实把党的十九大精神转化为奋勇前进的昂扬斗志、转化为推动发展的强大动力、转化为攻坚克难的必胜信心,引导广大党员和干部群众以永不懈怠的精神状态和一往无前的奋斗姿态,主动投身脱贫攻坚主战场,不断把彭阳的各项事业推向前进。要做好结合文章。把学习宣传贯彻党的十九大精神与贯彻落实区、市决策部署结合起来,与彭阳工作实际结合起来,用目标化、项目化、责任化的理念推动战略部署转化为具体任务,使学习的过程真正成为完善思路、创新举措、推动工作的过程。要坚持苦干实干。大力弘扬"不到长城非好汉"的精神,大力弘扬"彭阳精神"和"三苦"作风,以人一之我十之、人十之我百之的干劲,以抓铁有痕、踏石留印的气魄,以实际行动把"彭阳回答"变成"彭阳实践"。

三、统一思想行动,奋力谱写新时代彭阳发展新篇章

2018年是贯彻党的十九大精神的开局之年,是改革开放40周年和自治区成立60周年,是决胜全面建成小康社会、实施"十三五"规划承上启下的关键一年,做好各项工作责任重大、任务艰巨、意义深远。总体来看,我们正处于大有可为、大有作为的重要战略机遇期。从全国看,党的十九大提出的"乡村振兴战略""区域协调发展战略"为我县发展带来了新的历史性机遇,特别是把精准脱贫作为"三大攻坚战"之一,明确要"加大力度支持革命老区、民族地区、边疆地区、贫困地区加快发展,强化举措推进西部大开发形成新格局",这意味着在政策上将予以更多倾斜。同时,国家"十三五"规划中期调整的有利机遇,也为支撑我县转型发展的重大项目更多进入"大盘子"再次敞开"大门"。从区、市看,自治区第十二次党代会和市委四届二次全会站在新的历史起点上,对全区全市今后发展精准把脉、定向领航,相继出台了一系列含金量非常高的政策措施,特别是自治区高度重视南部山区发展,既为我们指明了走生态优先、富民为本、绿色发展的新路子,也明确提出要"建立支持贫困地区发展的长效机制,推动资源要素向西海固聚集",这意味着项目资金支持力度将进一步加大。从自身看,在"一任接着一任干、一代接着一代干"的接续奋斗下,特别是近年来随着脱贫攻坚深入推进,全县基础设施日益完善,民生水平持续提高,转型升级初见成效,改革开放不断深化,干部群众干劲十足,这些既为我们打赢脱贫攻坚战,与全国同步建成全面小康社会奠定了坚实基础,也为实现"中国梦"作出彭阳贡献做好了充分准备。可以说,希望和困难并存,希望大于困难。只要我们按照中央和区、市的决策部署,立足新时代、勇担新使命、贯彻新思想、迈上新征程,就一定能谱写新时代彭阳发展新篇章。

2018年全县工作的总体要求是:紧密团结在以习近平同志为核心的党中央周围,高举中国特色社会主义伟大旗帜,以邓小平理论、"三个代表"重要思想、科学发展观、习近平新时代中国特色社会主义思想为指导,深入贯彻落实党的十九大精神,全面贯彻落实自治区第十二次党代会和市委四届二次全会精神,围绕经济繁荣、民族团结、环境优美、人民富裕目标,把握生态优先、富民为本、绿色发展定位,聚焦"三大战略""六场硬仗",坚持以脱贫攻坚统领经济社会发展全局,突出抓好脱贫富民、创新驱动、生态环境、城乡统筹、民生改善、改革开放,着力推进民主政治建设、民族宗教工作、文化繁荣发展、社会依法治理,坚定不移全面从严治党,不忘初心、牢记使命,振奋精神、实干兴宁,为实现"两个一百年"奋斗目标、谱写新时代彭阳发展新篇章而努力奋斗。

主要预期目标是:地区生产总值增长8%;全社会固定资产投资增长10%;社会消费品零售总额增长9%;地方公共财政预算收入增长8%;城乡居民人均可支配收入分别增长8%、9%。万元GDP综合能耗和主要污染物排放量控制在区、市下达的指标范围内。

实现上述目标,我们必须坚决贯彻新发展理念,在打造"两个先行区、两个示范区"和建设"四个示范市"上走在前、作贡献,坚定"产业强、人民富、环境美"的发展新路,争创西部地区绿色发展示范县、全国脱贫攻坚示范县、全国生态文明示范县,巩固全国民族团结进步示范县创建成果。必须牢固树立以人民为中心的发展思想,作决策、定政策、谋发展,始终以人民美好生活需要为根本导向,多办民生实事,多解百姓难事,让改革发展成果更多更公平地惠及全体人民,使人民群众的获得感、幸福感、安全感更加充实、更有保障、更可持续。必须始终坚持点点滴滴、扎扎实实、默默无闻、久久为功的工作作风,传承和发扬我们彭阳人勤劳朴实、执着奋进的优良品质,以"功成不必在我、功成必定有我"的境界,以"积跬步成千里、积小流成江河"的坚持,一个项目一个项目地抓,一个环节一个环节地推,一件事情一件事情地干,做到工作务实、过程扎实、结果真实。

(一)聚焦脱贫攻坚,着力开创转型发展新局面。事在四方,要在中央。党的十九大向全党全国发出了全面建成小康社会冲刺的新号令,作出了全面建设社会主义现代化国家的总动员。我们要准确把握新的历史方位,自觉把彭阳置身于全国全区全市发展大局,坚持问题导向、目标导向,紧抓脱贫攻坚不放松,坚持改革发展不动摇,奋力走好新时代的长征路。

一要突出抓好脱贫富民。坚持把脱贫富民作为发展的价值取向和工作导向,对标精准、稳定、可持续要求,一步一个脚印,稳扎稳打、扎实推进,坚决打好脱贫富民决胜战。要在精准上出实招。围绕全县所有农村贫困人口,紧盯"两不愁三保障"和"三率一度",建设"扶贫云一点通"平台,落实动态管理机制,开展"六个精准"回头看,把扶贫措施一对一、点对点地落实到村到户到人,做到底子更清楚、措施更精准。认真落实全国、全区深度贫困地区脱贫攻坚座谈会精神,加大对

12个重点贫困村政策、项目、资金倾斜支持力度，攻克贫中之贫、困中之困、坚中之坚。紧盯县内移民，强化产业配套、技能培训、转移就业等后续扶持，做到搬得出、稳得住、管得好、逐步能致富。要在稳定可持续上下实功。把产业扶贫作为主攻方向，因地制宜发展"有土"扶贫产业，推广"龙头企业+合作社+基地+贫困户"模式，建立企业、合作组织与贫困户双赢的利益联结机制，扶持和带动贫困群众发展多元化致富产业。实施"四个一"示范带动工程，培育12个区级产业扶贫示范村、10家扶贫龙头企业、100个扶贫产业合作社、1000名产业致富带头人。因人制宜发展"离土"扶贫产业，加大订单式培训力度，引进企业在贫困村建立劳动密集型扶贫车间，让贫困群众实现就近培训、就地就业。把金融扶贫作为重要支撑，推行"财政+金融+扶贫+产业"联动模式和"一台一会一体系"金融扶贫机制，继续实施扶贫贷款倍增计划和"扶贫保"全覆盖计划，特别是在提高政策知晓率、推进政策落实、加强贷款使用监管上下功夫，切实提高贷款覆盖面和使用精准度。把补齐基础设施短板作为重要举措，以贫困村巩固提升和非贫困村补齐短板为重点，对照国家验收标准，开展"清零"行动，确保实现通水、通路、通信息、通广播电视、通客车和标准卫生室、文化体育活动场所、安全住房全覆盖。把教育扶贫、健康扶贫作为有益补充，全面落实教育补齐和医保报销提标扩面政策，建立重特大疾病医疗保障补充制度，有效解决因学生供养困难和因病致贫两个突出问题。抓好"贫困线""低保线"两线合一，对无法依靠产业扶持和就业帮助的实行政策性保障兜底。要在责任落实上求实效。实行最严格的脱贫责任制，落实好"四级包抓"责任制，真抓实干、真蹲实驻、真帮实扶，更好发挥领导干部包抓、定点帮扶和驻村工作队、第一书记作用，做到领导工作实、任务责任实、资金保障实、督查验收实，坚决防止"数字脱贫""被脱贫"，确保脱贫成效经得起检验。深化闽宁对口协作，主动争取国家部委和区、市有关厅局帮扶支持，广泛动员社会力量积极参与，切实凝聚各方合力。坚持扶贫与扶志、扶智相结合，持续推进"移风易俗树乡风强民风"，建立健全生产奖补、劳务补助、以工代赈等正向激励机制，继续开展"脱贫光荣户"评选表彰活动，扭转"等靠要"思想，激发贫困群众内生动力。

二要突出抓好创新驱动。坚持质量第一、效益优先，把发展的基点放在创新上，深化供给侧结构性改革，加快推进一二三产融合发展，从生产端调结构，向市场端要效益，在前引后连、逆向扩展、产业跨界上求突破，坚决打好创新驱动攻坚战，着力构建现代产业体系。要推动特色农业提质。围绕构建现代农业"三大体系"，把重点放在"接二连三"上，力促草畜、蔬菜、林果"三大主导产业"和中药材、小杂粮、万寿菊、生态鸡、中华蜂"五大特色产业"提质增效。开展"10亿元农业产业集群培育"行动，争取引进实施利木赞肉牛全产业链发展、万亩苹果矮砧密植基地等项目，加快红河现代农业科技产业园建设，新建万头肉牛养殖示范乡镇1个、千亩紫花苜蓿标准化种植示范基地3个，扩大特色种养规模。开展特色品牌培育行动，加大

"三品一标"认证,发挥彭阳红梅杏、朝那鸡两个国家地理标志认证产品作用,打响彭阳辣椒、彭阳红梅杏、朝那鸡、云雾山系列果脯等彭阳品牌,争取建设专供基地。开展目标市场开拓行动,大力发展农产品电子商务,争取加盟1家全国性知名农产品批发市场、建设1个冷链物流体系。要推动工业经济提档。坚持生态、环保、节水优先,在大项目上取得实质性突破,加快构建以农产品精深加工、新兴产业、能源新材料产业为主的生态友好型工业体系。依托"一园三区",进一步明确发展方向,聚集主导产业,争取"一区一业",提高产业集中度,提高园区承载力竞争力。加快传统能源产业转型升级,积极发展现代纺织、服装加工等劳动密集型产业,促进"四新"经济发展。开展"民营经济提升"计划,制订"一企一策"扶持方案,推动中小微企业竞相发展、扩规提档,实现工业增加值增长9.8%。要推动全域旅游提标。紧盯旅游富民,树立抓旅游就是抓转型调结构、抓脱贫建小康、抓生态优环境的理念,坚持生态为形、文化为魂,推进旅游向全景全业全时全民的全域旅游转变,争创全区全域旅游示范县。实施旅游"双融"计划,提升茹河瀑布、梯田公园等景区景点品质,开工建设红岩峡谷和乔家渠红军长征毛泽东宿营地旧址项目,配套完善旅游环线、慢行系统、旅游厕所、旅游驿站等基础设施,构建"快进慢游"的全域化便捷交通服务体系,争取中国摄协在我县建立摄影创作基地,引进企业开发建设影视基地,不断提高彭阳旅游的知名度和美誉度。推行"旅游+"模式,充分发挥"全国休闲农业示范县"和"中国美丽田园"的国字招牌作用,大力发展生态游、红色游、乡村游、探险游,精心办好"山花节",着力打造西部乡村旅游度假区,力争全年游客接待量突破60万人次。要推动现代服务业提速。实施"互联网+"行动计划,加快闽宁彭阳信息产业园建设,依托云数据中心,培育发展大数据产业。加快浙商国际二期、财富广场等商贸综合体建设,带动传统服务业提升,促进连锁百货、休闲娱乐、金融保险等现代服务业提速,培育发展新业态,引导消费回流。要推动创新能力提升。建立稳定支持科技创新的财政投入增长机制,走特色创新、开放创新之路,最大限度地汇集创新力量、创新资源。坚持内培外引,推进重点领域人才体制改革,大力实施"彭阳名师"、医疗人才"双优"培养工程,健全完善"候鸟式"高层次人才引进机制,建设"人才智库",加大服务保障,让各类创新团队和创新人才放心地来、安心地干、称心如意地得。大力倡导创新文化,弘扬工匠精神、企业家精神,努力营造创新氛围日益深厚、创新潜能持续激发的创新生态。

三要突出抓好生态环境。牢固树立绿水青山就是金山银山的理念,同步做好建设、保护、利用工作,坚决打好生态环境保卫战。要开展生态经济培育行动。坚持绿色发展,坚定走生产发展、生活富裕、生态良好的文明发展道路,创新"绿色+"模式,在发展生态农业、生态旅游业、生态友好型工业上迈出坚实步伐。注重山绿与民富相结合,选准"一棵树、一株苗、一枝花、一棵草",发挥王洼、红河2个引种驯化示范园作用,在实验试种基础上进一步调结构、扩规模,种出风景、种出产业、种出财富。要开展全域绿化行动。围绕"一园一廊三河三线",整合土地平整、水利工程等项目,以实施18.75万亩降水量400毫米以上区域造林绿化工程为重点,统筹推进生态建设"七大工程",力争全县森林覆盖率达到29.2%。要开展蓝天碧水净土行动。把环境保护作为最大民生工程,打好污染防治攻坚战,推动实现从生态自发到生态自觉再到生态文明的转变。持续加大封山禁牧力度,保护好生态建设成果。严控"四尘"污染,严禁秸秆荒草焚烧,确保全年空气优良天数达到90%以上。严格落实"河长制",扎实开展"五水"共治,加快美丽茹河PPP项目建设,确保茹河等主要河流水质稳定在Ⅳ类以上。加强农村面源污染治理,抓好城乡环境综合整治,改善人居生产生活环境。

四要突出抓好城乡统筹。强化全县"一盘棋"理念,坚持区域协调、城乡一体、产城融合,在大县城功能完备、小城镇辐射带动、美丽村庄宜居宜游上做文章,坚决打好城乡统筹大会战,建设美丽城乡。要实施乡村振兴战略。始终把解决好"三农"问题作为重中之重,坚持农业农村优先发展,推动基础设施和公共服务向农村延伸、资源配置和政府投融资向农村倾斜、城市文明向农村渗透,坚定不移朝着产业兴旺、生态宜居、乡风文明、治理有效、生活富裕的目标迈进。全面推进农村"五土"共改,让农村面貌大改观。加强农村基础工作,做实村民代表会议制度,充分发挥"乡贤""能人"等群体作用,不断健全自治、法治、德治相结合的乡村治理体系。大力支持农业科技人员下乡创业,积极培育"新型职业农民""农业职业经理人",强化村干部培训管理,努力培养一支懂农业、爱农村、爱农民的"三农"工作队伍。要加快城乡一体化发展。着眼破除城乡二元结构,注重城乡发展同步、服务同质、管理同化,主动融入全市"1411"城镇体系建设,实施扩容提质、美化绿化、村镇建设、城乡安居"四大工程",全力打造"两河"流域发展极,力争城镇化率达到34.6%以上。加强城市精细化管理,推进"智慧城市"建设,推行"以克论净·深度清洁"模式,解决好停车难、占道经营、小区脏乱差等问题,巩固提升国家卫生县城创建成果。

五要突出抓好民生改善。坚持把增进民生福祉作为发展的根本目的,全面落实区、市民生计划,加大民生投入、办好民生实事,坚决打好民生改善持久战。要全面改善基础设施条件。着眼补短板、增后劲、利长远,实施好交通、水利等重点项目,加快形成支撑发展的综合基础设施体系。开工建设G85彭阳过境段、G327彭青段等项目,争取立项建设通用机场,全力抓好"四好农村路"建设,着力构建对外大联通、对内大循环的交通网。建成茹河流域水污染防治工程三期,继续实施农村饮水安全巩固提升工程,争取开工建设石家峡水库,加快推进"智慧水利"建设,不断提升水资源保障能力和利用效率。要全面提升公共服务水平。着眼普惠性、保基本、均等化、可持续,加快推进公共服务均等化。开展教师素质和教育质量"双提升"行动,深化义务教育均衡发展,抓好"全面薄改"等项目,创新职业教育办学方式,建成悦龙新区全民健身中心。开展医疗服务能力和服务质量"双提升"行动,深化公立医院综合改革，做实医共体、医联体，完成县域医疗卫生信息化"云平台"和县中医院改扩建工程、妇计中心、疾控中心综合业务楼建设，提升计生优质服务水平。深入推进"双创"行动，落实就业援助、技能培训、创业贷款等扶持政策，打造"一园一街"创业孵化基地。实施全民参保计划，健全"8+2"社会救助体系，推进社会保障扩面提标。

六要突出抓好改革开放。坚持改革不停顿、开放不止步，破除思维定势，摆脱路径依赖，坚决打好改革开放突围战，以实际成效迎接改革开放40周年。要全面深化改革强动力。深化农村综合改革，统筹推进"三权分置"，充分发挥农村产权交易中心作用，积极开展"两权"抵押贷款，稳步推进农村集体资产股权权能改革，多渠道增加农民财产性收入。推广国有林场、小型水利产权和供销社改革经验，放大改革成果。深化"放管服"改革，推行"互联网+政务"模式，推广"不见面、马上办"审批，提高政务服务便利化水平。深化投融资体制改革，用好财政、水利、旅游、扶贫4个投融资平台，切实解决实体经济融资难题。要持续扩大开放激活力。借助中央和自治区战略平台、陕甘宁蒙毗邻城市合作平台，强化县会合作，大力发展外向型经济，积极培育开放新优势。树立"今天的投资总量就是明天的经济总量、今天的投资结构就是明天的产业结构"的理念，进一步转变招商思维、创新招商方式、优化招商环境，充分发挥挂职干部、"东西南北彭阳人"的作用，扎实开展"招商引资年"活动，聚焦转型发展有针对性地引进更多龙头企业和优势资本，跟踪抓好意向项目签约落地，力争全年招商引资实际到位资金达到31亿元以上。

（二）聚焦民主法治，大力营造和谐稳定新气象。团结稳定是福。社会和谐稳定，改革发展才有基础，百姓才会安居乐业。我们要更加自觉地贯彻落实党的十九大关于发展社会主义民主政治、推动社会主义文化繁荣兴盛、加强和创新社会治理的新部署新要求，持续用力，常抓不懈，巩固和发展政通人和、安定有序、富有活力的良好局面。

一要着力推进民主政治建设。充分发挥县委总揽全局、协调各方的领导核心作用，健全完善县四套班子沟通协作、协同推进机制，确保同心同向、各负其责、步调一致。支持人大及其常委会依法行使职权，支持政协积极履行政治协商、民主监督、参政议政职能，支持政府和法院、检察院依法依章程开展工作。巩固和发展爱国统一战线，加强同各民主党派人士和无党派人士的团结合作，支持工商联、"知联会"发挥作用，找到最大公约数，画出最大同心圆。加强和改进党对群团工作的领导，扎实推进群团改革，更好发挥工、青、妇等群团组织的桥梁纽带作用。坚持党管武装，加强国防动员建设，推进军民融合深度发展，争创全国"双拥"模范县。

二要着力推进民族宗教工作。全面贯彻党的民族政策，深入开展"拥护核心感党恩、同心携手奔小康"主题教育活动，使"三个离不开""五个认同"思想深深扎根各族群众心中。深化民族团结进步创建，广泛建立相互嵌入式的社会结构和社区环境，让民族团结之花开遍彭阳大地。坚持宗教中国化方向，牢牢掌握宗教工作主动权，依法加强宗教事务管理,切实维护现有宗教格局稳定。深入开展和谐寺观教堂创建工作,积极推进社会主义核心价值观、国旗、报刊、文化书屋进宗教场所,认真落实领导干部联系宗教场所和宗教界人士制度,引导宗教界人士和信教群众爱党爱国、遵法守法、正信正行,创造和顺平静的宗教氛围。

三要着力推进文化繁荣发展。严格落实意识形态工作责任制,坚持党管宣传、党管媒体,把握正确的政治方向、舆论导向和价值取向,弘扬主旋律,传播正能量。深入开展中国特色社会主义和中国梦宣传教育,持续推进核心价值观"六进"活动,把社会主义核心价值观融入社会发展各方面,转化为情感认同和行为习惯。深化群众性精神文明创建活动,大力开展道德模范评选,发挥农村"一约四会"作用,持续加强民风建设,引导全社会崇德尚善、见贤思齐。深入实施文化惠民工程,建成文化馆,用好博物馆、图书馆和综合文化服务中心,不断丰富群众精神文化生活。深化文化体制改革,扶持文艺队伍建设,加大文艺作品创作,积极申报姚河塬商周遗址列入全国重点文物保护单位,争取建设国家考古遗址公园,推动文化事业和文化产业发展。

四要着力推进社会依法治理。全面落实依法治县实施意见,加快推进法治政府建设,持续深化司法体制改革,扎实开展"七五"普法,认真抓好法律"八进"活动,着力建设法治彭阳,促进领导干部自觉运用法治思维和法治方式开展工作,让法治思维和法治方式成为广大群众生活方式的重要内容。深入推进"平安彭阳"建设,健全矛盾纠纷多元化解机制,完善"微信平安树"模式,开展"网上信访拓展年"和"积案化解攻坚年"活动,争创全国新一轮平安建设先进县。加快立体化、信息化社会治安防控体系建设,深入实施"雪亮工程",依法打击和惩治各类违法犯罪活动,确保人民安居乐业、社会安定有序。严格落实安全生产责任制,全面加强食品药品安全监管,维护人民群众生命财产安全。

(三)聚焦全面从严,全力推动党建工作再上新台阶。党政军民学,东西南北中,党是领导一切的。党的十九大强调"必须毫不动摇坚持和完善党的领导,毫不动摇把党建设得更加坚强有力",吹响了新时代全面从严治党的冲锋号。全县各级党组织要牢牢把握新时代党的建设总要求,自觉担负起全面从严治党的政治责任,以永远在路上的坚韧和执着,一刻不停歇地推动全面从严治党向纵深发展。

一要把政治建设摆在首位。旗帜鲜明讲政治,牢固树立"四个意识",严格遵守政治纪律和政治规矩,始终在政治立场、政治方向、政治原则、政治道路上同以习近平同志为核心的党中央保持高度一致,自觉维护党中央权威和集中统一领导。模范尊崇党章,严格执行新形势下党内政治生活若干准则,完善和落实民主集中制的各项制度,认真执行县委常委会议事规则,努力营造风清气正的良好政治生态。持续加强党性锻炼,切实强化政治担当,不断提高政治觉悟和政治能力,永葆共产党人政治本色。

二要强化思想理论武装。把学习贯彻习近平新时代中国特色社会主义思想作为党的思想建设的核心任务，扎实推进"两学一做"学习教育常态化制度化，开展好"不忘初心、牢记使命"主题教育，引导党员干部弘扬"红船精神"，坚定理想信念、牢记党的宗旨、挺起精神脊梁，解决好"总开关"问题，自觉做共产主义远大理想和中国特色社会主义共同理想的坚定信仰者和忠实实践者。发挥理论学习中心组的龙头作用，全面落实"月有主题、季有辅导、半年交流、年终述学"的学习机制，示范带动党员干部坚定自觉地用党的创新理论武装头脑、指导实践、推动工作。开展农民培训教育年活动，引导广大群众感党恩、听党话、跟党走。

三要提高干部素质能力。坚持党管干部原则，全面落实好干部标准，树立正确选人用人导向，突出政治标准，注重在脱贫攻坚主战场考察识别、选拔任用干部，选优配强各级领导班子。开展干部素质提升年活动，综合运用集中培训、实践教学、观摩考察等方式，提高干部八种本领和"摸清基本底数、掌握基本政策、把握基本规律"能力，打造高素质专业化干部队伍。坚持严管和厚爱结合、激励和约束并重，建立宽容失败、允许试错、责任豁免机制，完善干部考核评价机制，加强干部实绩档案管理，旗帜鲜明地为那些敢于担当、踏实做事、不谋私利的干部撑腰鼓劲。

四要加强基层组织建设。以提升组织力为重点，突出政治功能，全面落实自治区党建"四个重要文件"精神，强基础、优结构、看大局、严考核，营造干事创业的良好环境。深入开展星级基层服务型党组织创建，推广"五跨"措施，适地适度建设联合党组织，持续整顿转化软弱涣散基层党组织。深入推进"三大三强"行动，加大投入、培训、选拔力度，多措并举发展壮大村集体经济，全面消除"空壳村"，着力解决农村党组织"三缺"问题和部分村干部"三低"问题。深化农村"两个带头人"工程，突出融合转化，把致富带头人培育成党员、把党员培育成致富带头人、把党员致富带头人培育成"党员中心户"。推进过硬支部建设，坚持和完善"三会一课"、民主生活会和组织生活会、谈心谈话、民主评议党员等制度，更好担负起直接教育党员、管理党员、监督党员和组织群众、宣传群众、凝聚群众、服务群众的职责。抓好国有企业、非公企业、社会组织"三个覆盖"，推进机关支部"五化"建设。加强党员教育管理，持续开展"亮牌上岗"活动，强化党员意识，稳妥有序开展不合格党员处置工作，推动党员更好发挥先锋模范作用，保持党员队伍的先进性和纯洁性。搭建"智慧党建"平台，全面提升党建工作智慧化、科学化水平。

五要健全完善监督体系。深化国家监察体制改革是事关全局的重大政治体制改革，是健全党和国家监督体系的重要内容、推进国家治理体系和治理能力现代化的重要任务、推动全面从严治党向纵深发展的重要举措，要提高政治站位、精准对标对表，做好资源整合、衔接过渡工作，稳步推进全县深化国家监察体制改革试点工作。按要求按节点组建县监察委员会，尽快发挥职能作用，与公检法司形成合力，实现对所有行使公权力的公职人员监察全覆盖。坚持组织监督、民主监督、群众监督、同级相互监督同向发力，落实市县党委巡察制度，健全巡察工作机制,创新巡察方式方法,把权力关进制度笼子,让权力在阳光下运行。

六要持之以恒正风肃纪。开展干部作风转变年活动,坚持以上率下、层层带动,认真落实《中共中央政治局贯彻落实中央八项规定的实施细则》精神,健全完善"四风"问题交叉检查、督查督办、通报曝光、问责追究机制,紧盯老问题、关注新动向,驰而不息纠治"四风",巩固拓展落实中央八项规定精神成果,确保始终同人民群众想在一起、干在一起。加强纪律建设,运用监督执纪"四种形态",重点强化政治纪律和组织纪律,带动其他各项纪律严起来,让党员干部知敬畏、存戒惧、守底线。

七要深入推进反腐败斗争。深化标本兼治,坚持无禁区、全覆盖、零容忍,坚持重遏制、强高压、长震慑,坚持受贿行贿一起查,着力强化不敢腐的震慑、扎牢不能腐的笼子、增强不想腐的自觉。深入开展涉农扶贫领域专项整治行动,全面落实涉农惠农项目资金"331"监管机制,严肃查处侵害群众利益的腐败问题。

各位委员、同志们,新时代意味着新起点新要求,新时代呼唤着新气象新作为。让我们更加紧密地团结在以习近平同志为核心的党中央周围,深入贯彻落实党的十九大精神,全面贯彻落实区、市党委决策部署,不忘初心、牢记使命,振奋精神、实干兴宁,坚决打赢脱贫攻坚战,以优异成绩向改革开放40周年和自治区成立60周年献礼,为实现"两个一百年"奋斗目标、谱写新时代彭阳发展新篇章而努力奋斗!

名词解释

1. "585"创建行动计划:围绕"五大目标",即中华民族共同体意识进一步增强、各族群众交往交流交融进一步深入、民族团结宣传教育水平进一步提高、民族团结进步创建活动的覆盖面和影响力进一步扩大、先进典型的示范引领作用进一步增强;实施"八项工程",即学校民族团结育苗工程、幸福社区共建共享工程、乡村和谐发展工程、党政干部民族工作能力建设工程、企业民族团结互助共赢工程、军民互学共建工程、和谐寺观教堂创建工程、民族团结进步舆论引导工程;建立健全"五项机制",即组织领导机制、考核评价机制、督促检查机制、典型引领机制、政策保障机制。

2. "三大三强"行动:加大投入力度,强化基本保障;加大培训力度,增强能力素质;加大选拔力度,选优配强基层党组织书记。

3. "四个一"经验:一个支部一个堡垒,一名党员一面旗帜,一个产业一条路子,一个机制一项保障。

4. 五个聚焦:聚焦到习近平新时代中国特色社会主义思想是党必须长期坚持的指导思想上,聚焦到5年来党和国家事业取得历史性成就和发生历史性变革上,聚焦到作出中国特色社会主义进入了新时代、我国社会主要矛盾已经转化为人民日益增长的美好生活需要和不平衡不充分的发展之间的矛盾等重大论断的深远影响上,聚焦到贯彻落实党的十九大的重大决策部署上,聚焦到习近平总书记是全党拥护、人民爱戴、当之无愧的党的领袖上。

5. 三大战略:创新驱动战略、脱贫富民

战略、生态立区战略。

6. 六场硬仗：脱贫富民决胜战、创新驱动攻坚战、生态环境保卫战、城乡统筹大会战、民生改善持久战、改革开放突围战。

7. 两个先行区、两个示范区：西部地区转型发展先行区、西部地区生态文明建设先行区，全国民族团结进步示范区、全国脱贫攻坚示范区。

8. 四个示范市：西部地区绿色发展示范市、全国脱贫攻坚示范市、全国生态文明示范市、全国民族团结进步示范市。

9. "四新"经济：新技术、新产业、新业态、新模式。

10. 旅游"双融"计划：加快融入全区全国旅游网，加快旅游与各次产业融合。

11. "五水"共治：保供水、防洪水、治污水、用中水、抓节水。

12. "五土"共改：实施农村"土窑、土房、土墙、土棚、土路"共同改造治理。

13. "1411"城镇化体系：全市加快构建1个副中心城市、4个县域中心城市、10个中心小城镇、100个美丽村庄。

彭阳县人民政府工作报告

——在彭阳县第九届人民代表大会第二次会议上

（2017年12月22日）

彭阳县人民政府县长　刘启冬

各位代表：

现在，我代表县人民政府，向大会作政府工作报告，请审议，并请县政协委员和其他列席人员提出意见。

2017年工作回顾

2017年是本届政府的开局之年，也是我们立足新起点、谋划新发展的一年。一年来，在区、市党委、政府和县委的正确领导下，在县人大、政协的监督支持下，我们认真贯彻落实党的十九大、自治区十二次党代会、市委四届二次全会和县委八次党代会精神，以脱贫攻坚为统揽，抢抓机遇、突破创新，综合施策、精准发力，圆满完成了县九届人大一次会议确定的各项目标任务。全年实现地区生产总值49.95亿元，增长8.8%；地方一般公共财政预算收入2.4亿元，同口径增长9.8%；全社会固定资产投资67.47亿元，增长13.3%；社会消费品零售总额8.74亿元，增长10.1%；城镇居民人均可支配收入23341元，增长8%；农村居民人均可支配收入8790元，增长11.8%。经济社会发展呈现稳中有进的良好局面。

（一）狠抓脱贫攻坚，小康社会进程加快。坚持脱贫销号和巩固提升两手抓，强基础、补短板、育产业、促增收，贫困发生率由9.6%降低至4.1%。扶贫成效突显。坚持把产业发展作为脱贫富民根本，全年发放产业奖补资金7326万元、扶贫贷款3.13亿元，扶持建档立卡户发展致富产业，产业到户率和贷款覆盖面分别达91%、97%。全面推行"扶贫保"，受益群众17625户，贫困人口家庭意外伤害保险和大病补充医疗保险实现全覆盖，贫困群众抵御风险能力全面提升。短板逐步补齐。加强基础设施建设，整合涉农资金7.86亿元，实施整村推进项目58个，新修村组道路777.1千米，行政村道路通畅率和通客车率均达到100%；完成自来水入户5302户，入户率达94%；改造农村电网8651户；建成县内移民安置点13个、安置房1278套，完成易地扶贫搬迁1684户5892人，"十三五"任务全面完成；改造危房危窑1988户，累计完成总任务25955户的91%，改善农村人居环境3208户，贫困群众生产生活条件明显提升。机制持续完善。强化"四级包抓"责任制，积极完善社会帮扶体系，全年落实社会帮扶资金1.3亿元。深化中央单位定点帮扶和闽宁协作，争取扶贫资金1660万元，打造闽宁扶贫示范村4个，闽宁彭阳信息扶贫产业园正式落地。坚持正向激励，完成建档立卡户培训8198人次，培育"两个带头人"600人，表彰脱贫典型689人，激发了贫困群众内生动力。顺利通过国家2016年易地扶贫搬迁工作成效考核和自治区第三方评估。

（二）强化产业支撑，经济发展转型升级。按照"1+4"产业发展模式，转方式、调结构，促进产业优化升级，一、二、三产产值比达到26:30:44。农业扩规提质。以主导产业和地方特色产业为主攻方向，新建千亩紫花苜蓿示范点5个1.2万亩，种植优质牧草12万亩，打造肉牛万头养殖示范乡镇2个、千头养殖示范村4个，带动发展"5·30"养殖户1.5万户，全县畜禽饲养总量突破230万个羊单位，建成红河现代农业产业园，改造提升日光温室350栋，种植蔬菜12.5万亩；新建扩建林下养殖点12个，发展优质经果林3万亩，种植万寿菊和中药材7.5万亩，养殖中华蜂9100箱，红梅杏、朝那鸡获批国家地理标志保护产品，特色产业提供农民人均纯收入2300元以上。工业稳步发展。王洼煤矿600万吨改扩建项目基本完工，新打油井15口，预计全年生产原煤680万吨、原油13.7万吨；县城工业园区基础设施配套工程稳步推进，新入园企业5家，新增规上企业2家，培育"专精特新"企业5家、示范企业1家；预计全年完成工业增加值10.4亿元，增长23.9%。服务业提档加速。抢抓国家电子商务进农村综合示范县机遇，建成彭阳县农村电商公共服务中心、物流仓储配送中心、电商孵化园和96个乡村电商服务站，培育电商企业5家，物流企业3家。开工新建浙商国际、利民广场、财富广场商业综合体，打造创业孵化园1个，入驻各类创业主体200余家。加快茹河瀑布、金鸡坪梯田公园等核心景区开发建设，不断完善旅游基础设施，着力提升全域旅游接待能力，全年共接待游客52万余人次，实现旅游业总收入3.14亿元。被评为全国2017年"最美中国生态、自然旅游城市"和"文化魅力、特色魅力旅游城市"。

（三）实施项目带动，城乡发展统筹推进。全年开工建设重点项目76个，落实招商引资项目29个，预计完成社会资本投资27亿元，占比达41%。城镇化建设持续推进。编制完成12个乡镇总体规划、8个行业规划，划定了城市"四线"，实现了城乡规划全覆盖。实施城市重要节点、重点区域亮化美化绿化工程，建设停车场3个，新改扩建城市道路16条11.4千米，改造棚户区439户。3个美丽小城镇项目有序推进，6个美丽村庄全面建成，城镇功能日趋完善，城镇化率达32.9%。强化城市管理综合执法，推行精细化管理，国家卫生县城顺利通过复审。城乡基础设施持续完善。G327县城至沟圈段改扩建工程建成通车，夏山庄至王洼南街、刘高庄经红河至城阳杨坪一期公路开工建设。实施高效节水工程2个，加固病险水库、骨干坝6座，新增灌溉面积2000亩，新修高标准基本农田3.58万亩。新建改造4G基站94个，完成82个行政村、591个自然村宽带进村工程，行政村宽带网络实现全覆盖，20户以上自然村光纤户户通覆盖率达95%。生态环境持续优化。治理小流域9条80平方千米，完成造林绿化28.3万亩，全县森林覆盖率提高到27.5%。深化政府和社会资本合作，实施美丽茹河PPP项目。建立"公益岗位+民间河长"模式，探索出了扫"水路"除"穷路"的治河新路子，河长制工作走在全区前列。全面关停河道采砂、洗砂点，完成县城污水处理厂提标改造和工业园区污水处理站建设，主要河流水质长期稳定保持Ⅳ类以上。推进城乡环境综合整治，城市生活垃圾无害化处理二期工程开工建设。建立农膜循环利用体系，农田残膜回收率达98%。狠抓"四尘"治理，拆除20蒸吨以下燃煤锅炉6台，淘汰黄标车82辆，空气优良天数占比达93.1%。

（四）坚持以人为本，民生福祉持续提升。全面办结区、市、县民生实事，民生支出明显提高，占财政支出的89%。教育体育事业均衡发展。全面落实教育惠民政策，发放各类资助金3833.7万元、助学贷款3900万元，减免各类费用3620万元，农村学生教育扶贫政策实现全覆盖。县职教中心投入使用，改造设施薄弱学校37所，新（改）建幼儿园16所，义务教育基本均衡发展通过国家验收。农村义务教育学生营养改善工作成效显著，荣获全国阳光校餐示范县。开工建设悦龙新区全民健身中心和雷河滩体育公园，成功创建全国基本公共体育服务体系示范县，获得全国"2013—2016年度群众体育先进单位"称号。文化卫生事业全面推进。完成博物馆布展和图书馆标准化配套，开工建设县文化馆，创建县级以上文化大院14个，建成村综合文化服务中心144个，在全区率先实现行政村综合文化服务中心全覆盖。全面启动区域卫生信息化平台建设，推行医联体、医共体模式，完善三级诊疗服务体系，家庭医生签约率达41.4%；新建标准化村卫生室55个，改扩建县中医院、妇计中心、疾控中心综合业务楼，医疗卫生硬件设施和服务水平实现"双提升"。社会保障能力显著增强。"双创"工作持续推进，发放创业贷款7558万元，实施劳动力素质提升培训14313人，鉴定12452人，转移劳动力58000人，创收10.9亿元。新增城镇就业1612人，购买公益性岗位2454个，城镇登记失业率控制在

4.0%以内。和谐劳动关系持续巩固，农民工工资支付率达到100%。县综合福利服务中心、红河敬老院投入使用，建成县城老年活动中心、儿童福利院、城阳敬老院，新建标准化农村社区服务站17个，服务城乡居民能力有效提升。加强城乡低保动态管理，清退低保对象8095人，新增1539人，累计发放各类社会保障和救助资金1.52亿元。

（五）深化改革创新，发展难题有效破解。坚持把创新作为核心动力，大胆探索，试点突破，有效激发市场经济发展活力。农村改革亮点突出。推进农村"三权分置"改革，启动农村宅基地使用权和房屋所有权确权登记颁证工作，建成农村产权流转服务中心，开展农村集体资产股份权能和土地股份制改革试点，推行"村集体+企业+合作社+农户"模式，完成土地抵押贷款171笔606万元，荣获全国农村集体"三资"管理示范县和全区"农村承包地确权登记颁证工作一等奖"。完成国有林场改革，荣获全国集体林权制度改革先进集体。行政审批改革不断深化。持续简政放权，全面清理审批许可事项，保留行政许可事项183项、行政职权2705项，非行政许可事项全部"清零"。积极推广"不见面、马上办"审批和"代办制"服务模式，推行"五证合一"和"一证一税"联办，214项审批服务事项办理实现线上线下"双线"运行，办理时限压缩57%、申报材料减少26%。成立了彭阳县社会保险事业管理局，实现"五险合一"统一经办。重点领域改革成效显著。扎实推进城市管理体制改革，成立城市管理综合执法局，实现了城市管理行政处罚权集中行使。推进水资源管理体制改革，"移动互联网+人饮"管理模式在全区推广。深化供销社综合改革，创立了"223"农业社会化服务新模式，荣获全国供销社综合改革试点工作先进单位。积极开展金融机构结对帮扶，与长城国瑞证券公司、宁夏黄河农村商业银行签订帮扶合作协议，引进贺兰山村镇银行，县域金融组织体系日趋完善。

（六）加强社会治理，发展大局和谐稳定。大力培育和践行社会主义核心价值观，狠抓社会治理创新，和谐稳定大好局面持续巩固。平安彭阳建设扎实推进。有效整合人防技防资源，推行"一村（社区）一警+警务助理"和"微信平安树"治理模式，集中开展禁毒、网络诈骗等专项整治行动，群众安全感和治安满意度全面提升。打造民族团结进步示范点119个，全国民族团结进步示范县创建通过国家第三方评估验收。信访维稳工作成效明显。严格落实县级领导坐班接访和包抓重点信访案件长效机制，健全社会矛盾纠纷多元化解机制，推行"听证办访"和"网办信访"，全年办结信访案件152件，办结率达100%。深入开展矛盾纠纷大排查、大调处活动，化解各类矛盾纠纷3495件，化解率达到99.4%，全力维护党的十九大期间安全稳定，荣获全国信访系统先进集体。安全生产形势稳中向好。严格落实安全生产重大隐患分级治理机制，加强风险控制和隐患排查治理信息系统建设，推行企业安全生产托管帮扶和"三位一体"安全监管模式，安全生产形势持续平稳。加强食品药品安全监管执法，市场秩序不断规范。完善应急预案，加大防灾演练，群众防灾减灾意识和政府突发事件应急处置能力明显提高。国防动员和民兵预备役建设扎实推进,工青妇等群团组织纽带作用充分发挥,荣获全国维护妇女儿童权益先进集体。

2017年以来,政府系统持之以恒加强自身建设,切实增强"四个意识",坚定"四个自信",坚决贯彻落实县委各项决策部署,扎实推进"七五"普法和区级法治政府示范县创建,实行政府权责清单动态管理。坚持科学决策,建立8项重大行政决策制度,严格落实行政决策合法性审查和政府法律顾问制度,行政决策科学化、民主化、法制化水平明显提升。扎实开展国务院100个基层政务公开标准化规范化试点工作,自觉接受人大法律监督和工作监督,主动接受政协民主监督和社会监督,全面办结区市县人大议案、政协建议案。深入开展"两学一做"学习教育常态化制度化,积极开展"振奋精神、实干兴宁"大讨论活动,严格落实领导干部"四个清单"和包抓责任制,推进工作落实。自觉执行党风廉政建设责任制,切实发挥涉农惠农项目资金"331"监管平台作用,持续强化行政监察、审计监督和"四风"整治力度。全年共立案查处各类违法违纪案件46件,给予政纪处分3人,维护了清正廉洁高效的政府形象。

各位代表,即将过去的一年,我们在建成全面小康社会的征程上,取得了令人鼓舞的成绩。这些成绩的取得是中央和区、市党委、政府亲切关怀、大力支持的结果;是县委科学决策、正确领导的结果;是县人大、政协和社会各界有效监督、鼎力相助的结果;更是全县人民团结奋斗、拼搏进取的结果。在此,我代表县人民政府,向全县人民、社会各界人士;向人民团体、公安政法干警和驻彭部队官兵;向奋战在脱贫攻坚一线的广大干部群众致以崇高的敬意!向关心、支持彭阳建设的各界朋友、向在彭阳县创业的投资者、建设者,向给予县人民政府高度信任和倾力支持的各位人大代表、政协委员,表示衷心的感谢!

各位代表,在总结回顾工作的同时,我们也要清醒地认识到,全县经济社会发展中还存在不少困难和问题。主要表现在:经济发展不平衡、不充分,总量不大,质量不高,增长压力依然较大;产业结构不优,发展层次较低,产品附加值不高,产业及园区缺乏大企业、大项目支撑;财政收入增长困难,刚性支出增加,收支矛盾突出;基本公共服务水平较低,社会保障和民生改善与群众期盼还有一定差距;部分群众主动发展内生动力不足,稳定可持续脱贫任务艰巨,特别是一些群众还无安全住房、无产业支撑、无稳定收入,村集体经济发展滞后,部分村还是"空壳村";个别干部创新意识不强,作风不实,担当不够,对重点难点问题缺乏新思路、新办法。对此,我们要切实增强忧患意识,强化问题导向,采取有效措施加以解决。

2018年目标任务和工作重点

各位代表,2018年是贯彻落实党的十九大精神的开局之年,也是我们决战决胜脱贫攻坚、建成全面小康社会的关键之年,我们必须认真贯彻落实中央及区、市党委、政府和县委的各项决策部署,以脱贫攻坚、全面小康为主攻方向,凝心聚力、攻坚克难,为实现经济繁荣、民族团结、环境优美、人民富裕,与全国同步建成全面小康社会宏伟蓝图奠定坚实基础。

各位代表,站在新时代的历史起点,要有新气象,更要有新作为。一要始终坚持用习近平新时代中国特色社会主义思想武装头脑、指导实践、推动工作,奋力开创新时代彭阳发展新篇章;二要始终坚持把创新作为加快发展的最大引擎,大力实施创新驱动战略,全面推进发展理念、体制机制创新,增强发展内生动力;三要始终坚持以人民为中心的发展思想,大力实施脱贫富民战略,把实现人民对美好生活的向往作为我们工作追求,全心全意为人民谋幸福;四要始终坚持把生态文明作为立县之本,牢固树立生态优先发展理念,大力实施生态立县战略,着力把生态优势转化为经济优势。

新的一年,政府工作总体要求是:紧密团结在以习近平同志为核心的党中央周围,高举中国特色社会主义伟大旗帜,以邓小平理论、"三个代表"重要思想、科学发展观、习近平新时代中国特色社会主义思想为指导,深入贯彻落实党的十九大精神,全面贯彻落实自治区第十二次党代会、市委四届二次全会和县委八届二次全会精神,围绕经济繁荣、民族团结、环境优美、人民富裕目标,把握生态优先、富民为本、绿色发展定位,聚焦"三大战略""六场硬仗",坚持以脱贫攻坚统领经济社会发展全局,突出抓好脱贫富民、创新驱动、生态环境、城乡统筹、民生改善、改革开放,着力推进民主法治建设、民族宗教工作、文化繁荣发展、社会依法治理,坚定不移加强政府自身建设,不忘初心、牢记使命,振奋精神、实干兴宁,为实现"两个一百年"奋斗目标、谱写新时代彭阳发展新篇章而努力奋斗。

主要预期目标是:实现地区生产总值增长8%;地方一般公共财政预算收入增长8%;全社会固定资产投资增长10%;社会消费品零售总额增长9%;城乡居民人均可支配收入分别增长8%、9%。万元GDP综合能耗和主要污染物排放量、安全生产事故起数和死亡人数控制在区、市下达指标范围以内。

围绕上述目标,我们将重点抓好以下七个方面的工作:

(一)聚焦脱贫富民,决战决胜脱贫攻坚。以争创全国脱贫攻坚示范县为目标,对标"两不愁、三保障",紧紧抓住"精准、落实、可持续"三大关键,巩固提升脱贫成果,确保完成2018年脱贫攻坚各项工作。

一是在统筹推进上出实招。统筹好贫困村与非贫困村、贫困人口和非贫困人口均衡发展,对照国家销号验收标准,建立"一村一清单""一村一方案",强弱项补短板,开展"清零"行动,确保行政村全部达到验收标准。整合涉农资金8.5亿元,新修村组道路350千米,继续实施农村安全饮水工程,实现农村自来水入户率达到95%以上,完成4个行政村农村电网升级改造,新建4G基站94个,全面夯实脱贫基础。坚持"有土"和"离土"并重,实施"四个一"示范带动工程,安排涉农资金3亿元,培育脱贫富民"8大产业体系",推行每个产业体系1个包抓领导、1个组织机构、1个服务团队"三个一"工作机制,实现有发展能力的贫困户致富产业全覆盖。继续推行"龙头企业+合作社+农户""两个带头人+种养大户+贫困户"等模式,带动无劳动能力贫困群众脱贫。完善劳务输出转移对接机制，对标市场，实施劳动力素质提升培训6120人，鉴定1700人，促进全县转移劳动力5万人、进疆移民200户800人。

二是在精准落实上见实效。紧盯贫困县"四率一度"，健全动态管理机制，确保进入退出再精准。积极引导金融资源为脱贫攻坚服务，力争年内担保放大银行贷款4.1亿元，建档立卡贫困户户均贷款达5万元以上，实现贫困户"扶贫保"全覆盖。落实好教育、健康扶贫政策，实现农村学生资助政策全覆盖，确保建档立卡贫困人口参保人员年度住院医疗费用实际报销比例不低于90%，或当年住院自付费用累计不超过5000元。强化危房危窑改造政策落实，采取"九个一批"措施，关注"四类重点对象"住房安全，确保农村长期居住群众实现住有所居、居有所安。

三是在健全机制上下实功。完善大扶贫格局，全面深化中央单位定点帮扶和东西部协作，配强驻村帮扶力量，建立健全行业扶贫、社会扶贫、企业扶贫长效机制，积极引导社会资源向重点贫困村、贫困户聚集。树立"脱贫光荣"鲜明导向，坚持扶贫同扶智扶志相结合，大力调整政策扶持方式，采取贴息奖补、劳务补助、项目奖励等措施，激励贫困村、贫困户变"等着扶"为"干着扶"。强化扶贫资金使用管理，加强扶贫资金审计监督，确保扶贫资金安全高效使用。狠抓督查落实，加大履职激励和失责追究力度，倒逼责任落实，做到脱真贫、真脱贫。

（二）聚焦创新驱动，推动产业转型升级。以争创西北地区绿色发展示范县为目标，坚持把创新驱动重点放在加快产业转型升级和提质增效上，从生产端调结构，向市场端要效益，推进一二三产融合发展，提升经济发展速度和质量。

一是构建产业发展体系。实施现代农业产业化集群培育工程，依托草畜、冷凉蔬菜、林药蜂等产业资源优势，构建集生产、加工、营销、市场为一体的全产业链。加盟1家全国性知名农产品批发市场，建成1个农产品冷链物流体系，培育引进肉牛、中药材全产业链企业各1家。牢固树立"生态友好型"工业发展理念，加快构建能源工业、农副产品加工业、轻工产品加工业"三大工业体系"，积极引进100万吨水煤浆煤化工、杏壳活性炭加工、液化天然气等产业项目，大力发展民间工艺品、家纺服装、旅游商品等轻工企业。实施旅游"双融"行动，积极培育休闲观光农业、健康养老和电商物流等新业态，实现旅游与农业、林业、文化、健康养老等产业深度融合、相互促进、共同发展。

二是推进产业提质增效。实施产业品牌战略，巩固提升已有品牌效应，着力打造生态、绿色、有机无公害产业品牌，发展小秋杂粮6万亩，种植万寿菊和中药材10万亩。加快蔬菜品种更新换代，改造提升日光温室500栋，推行无公害蔬菜标准化生产，种植蔬菜12万亩。新种紫花苜蓿3万亩，发展青贮玉米等优质牧草5万亩。培育肉牛养殖万头示范乡镇1个、千头示范村4个，新增"5·30"养殖户1万户、家庭牧场20家、规模养殖场5家，饲养肉牛26万头，力争全县畜禽饲养总量达240万个羊单位。实施"民营经济提升"计划，制订"一企一策"扶持方案，加快推进产业要素、科技创新资源、政策等向园区聚集，争取年内打造科技型、成长型企业2家，培育规上企业2家、"专精特新"企业2家、示范企业1家，力争实现工业增加值增长9.8%以上。

三是大力培育新型产业。扎实推进全区全域旅游示范县创建，发挥"全国休闲农业示范县"和"中国美丽田园"等国字招牌效应，培育区级休闲农业示范点3个，围绕旅游环线发展观光农业1万亩。加快推进杨坪等4个旅游示范村建设，争取红岩大峡谷、影视基地、皇甫谧中医养生园等项目落地，办好"山花节"，力争旅游业总收入突破4亿元。扎实推进电子商务进农村示范县建设，积极开展线上销售，打通特色优质农产品走向市场"快速通道"。加快推进闽宁彭阳信息扶贫产业园建设，实施大数据灾备中心项目，带动信息产业快速发展，形成新的经济增长点和动力源。

（三）聚焦绿色发展，提升生态文明水平。以争创全国生态文明示范县为目标，牢固树立绿水青山就是金山银山的理念，加大环境保护力度，持续擦亮生态亮丽名片，努力实现"四增目标"。

一是持续推进生态建设。坚定不移抓好禁牧封育，充分发挥国有林场作用，全面落实国家级重点公益林和天然林资源保护工程管护责任。实施好乡镇生态提升、退耕还林还草、移民迁出区生态修复和小流域治理工程，治理小流域8条93.53平方千米。围绕"一园一廊三河三线"，完成六盘山重点生态功能区降雨量400毫米以上区域造林绿化工程18.75万亩，力争全县森林覆盖率达到29.2%，为"生态立区"贡献彭阳力量。

二是持续发展生态经济。牢固树立"绿色+"理念，坚持生态效益与经济效益并重，大力发展景观苗木、特色经济林和林下经济。紧盯市场选准"一棵树、一株苗、一枝花、一棵草"，加大引种驯化力度，建设树木新品种引种观光采摘示范园2个，新增育苗面积1万亩，力争将彭阳县打造成固原市最具区域特色的苗木生产基地。整合森林生态效益补偿基金，打造庭院型红梅杏经济林2.8万亩，建成矮砧苹果示范基地5000亩。发挥现有林草资源优势，种植林下中药材3万亩、投放生态鸡40万只、扩增中华蜂4000箱，实现生态与旅游、产业、扶贫融合发展，推进"生态大县"向"生态强县"转变。

三是持续加强生态保护。以重点生态功能区、生态红线保护区环境整治和生态修复为重点，全力推进"蓝天碧水·绿色城乡"专项行动。全面落实河长制，实施"五水"共治，完成茹河水污染防治工程，主要河流水质常年达到Ⅳ类以上。开展第三次耕地调查，严格落实基本农田保护责任，实行占一补一、占优补优，确保基本农田保有量不少于115.35万亩。加快推进污水处理项目和生活垃圾收转运系统建设，力争县城污水处理率和生活垃圾无害化处理率均达95.6%以上。加强城乡环境和农村面源污染综合治理，残膜回收率达90%以上。强化"四尘共治"，继续推进黄标车、老旧车辆淘汰和秸秆禁烧，加大废旧油气回收治理力度，力争全年空气优良天数达329天以上。加大环境综合执法力度，抓好源头防治，严格执行项目环评审批程序，确保环境影响评价和"三同时"执行率均达到100%，促进县域生态环境质量各项指标稳步提升。

（四）聚焦乡村振兴，协调推进城乡一体发展。以构建区域统筹、城乡一体、以城带乡新型城乡关系为目标，着力在城乡规划布局、建设管理上下功夫，形成发展优势、增强发展后劲。

一是加快中心城市建设。认真实施《彭阳县空间规划》，完成535户棚户区和2个老旧住宅小区改造，实施县城地下管网改造和重要节点增绿亮化美化工程，改扩建城市道路8条2.6千米，建成停车场2个，进一步完善城市服务功能。推进美丽茹河PPP项目实施，打造集休闲养生、健身旅游为一体的城区水上景观，全面提升城市品位和形象。加快"智慧城管"建设，探索推行环卫保洁市场化运作，实行"以克论净深度保洁"，加大城市管理综合执法，切实提高城市管理水平。落实户口迁移政策，推动农业人口向城镇转移，确保进城落户人员与城市居民在教育就业、住房保障等方面享受同等政策，力争城镇化率达34.6%。

二是加快美丽乡村建设。按照产业兴旺、生态宜居、乡风文明、治理有效、生活富裕的总要求，实施草庙、孟塬美丽小城镇建设项目，增强北部乡镇发展能力，完善南部乡镇服务功能，提升中心乡镇承载力和辐射带动力，引导偏远乡镇群众进入中心乡镇居住、务工、创业，便于产业培育和基础设施配套建设。扎实推进"三改两治行动"，大力实施行政村人居环境综合整治，推进农村垃圾、污水集中处理，确保建制镇和居民点垃圾、生活污水处理率均达75%以上。实施"五土"共改工程，加快农村土坯房、旧宅基拆除进度，在旅游环线及重要节点推行"厕所革命"。实施红河村等10个美丽村庄建设项目，打造一批望得见山、看得见水、记得住乡愁的美丽村庄，全面提升农村群众生产生活水平。

三是加快基础设施建设。全力以赴争取G85线彭阳过境段、G327线青彭段、孟塬椿树岔至城阳杨坪公路等重点交通项目开工建设，建成覆盖全县、连通周边的"六纵八横"交通路网体系。扎实做好通用机场前期准备工作，力争年内立项建设。加快推进农田水利项目建设，建设高标准农田4.45万亩，实施长城塬高效节水灌溉工程，加固改造病险水库2座，治理红河、小河河道31千米，争取开工建设石家峡水库。全面推进750kV、380kV输变电工程，提高动力电入户率，建设物联网网点103处，持续改善农业农村发展条件。

（五）聚焦民生改善，增强人民幸福感。以满足人民日益增长的美好生活需要为目标，认真办好民生实事，让发展"红利"更多惠及广大群众，切实增强人民幸福感、获得感。

一是加快推进公共服务均等化。巩固义务教育均衡发展成果，扎实开展教育"双提升"行动，争创区级基础教育质量先进县，新建改建中小学学校60所、幼儿园5所，持续改善办学办园条件。建成悦龙新区全民健身中心及文化馆，新建村史馆5个、文化大院13个，积极争取将姚河塬商周遗址建设成为国家级考古遗址公园，推动文化体育事业繁荣发展。推进健康彭阳建设，深化综合医改，完成县域卫生信息化平台建设，提高医共体覆盖面，确保县域就诊率达90%、户籍人口和重点人群家庭医生签约率分别达65%和80%以上。实施医疗服务能力和服务质量"双提升"工程，优化区域医疗资源布局，完成县中医院、妇计中心综合楼改扩建、疾控中心业务楼项目建设，争取健康扶贫工程示范县、健康促进县通过国家评估验收。加强基层民政服务能力建设，建成2个城镇社区、10个标准化农村社区服务站、90个儿童之家，持续提升社会保障能力。实施全民参保计划，推进社会保障扩面提标，实现户籍人口全覆盖。

二是大力实施富民增收工程。狠抓就业创业政策落实，争创1个区级创业示范基地，发放创业贷款5000万元，新增创新主体100户，购买公益性岗位2459个，新增城镇居民就业1400人。争取将200名建档立卡贫困人口转为生态护林员，实施移民新村产业后续配套工程，完成劳务移民订单培训3200人，确保劳务移民搬得出、稳得住、逐步能致富。实施产业脱贫富民工程，全方位、多渠道支持产业发展，确保农业致富产业为农民增收贡献3.8个百分点。加大城镇居民救助，提高城镇居民低保比例和城乡居民基础养老金标准，促进居民转移性收入稳步增长。发展壮大村集体经济，为每个村安排20万元以上启动资金，支持有条件行政村成立村镇银行、互助担保基金中心等金融机构，为农户及各类经营主体提供有偿服务。鼓励村委会领办兴办新型合作经济组织，实现经济合作组织全覆盖，新增村集体收入5万元以上村50个，全面消除"空壳村"。

三是全面提升社会治理创新。深入推进移风易俗，培育文明乡风，巩固文明创建成果。深入推进"七五"普法，完成中期督导评估。继续引进专业化、有资质的安全中介服务机构开展企业安全生产托管帮扶，坚决遏制重特大安全生产事故。巩固全国民族团结进步示范县创建成果，依法管理宗教事务，维护民族团结、宗教和顺。切实加强食品药品安全监管，保障群众饮食用药安全。完善网络舆情监测、研判和回复机制，提升网络舆情风险处置力。继续推进领导干部"四访一包"工作制度，健全矛盾纠纷预防调处化解机制，全面推行网办信访工作模式，依法有序合理解决群众信访诉求。实施"雪亮工程"，完善立体化、信息化治安防控体系，维护社会治安持续稳定，争创全国新一轮平安建设先进县。扎实推进全国双拥模范县创建，充分发挥群团组织桥梁纽带作用，促进社会和谐稳定。

（六）聚焦激发活力，全面优化发展环境。以深化改革为抓手，全方位对接合作，拓展发展空间，着力提升彭阳对外影响力。

一是全面推进深化改革。坚持"三个不能变"，全力攻坚克难，狠抓各项改革任务落实。持续深化农村改革，以增加农民收入为核心，稳步推进集体产权制度改革，统筹推进"三权分置"改革，增加农民资产性收入。继续深化行政管理体制改革，持续推进"放管服"改革，着力解决市场体系不完善、政府干预过多、服务管理不到位问题。大力推广"互联网+政务服务"，全面推行"不见面、马上办"审批模式，实现网上办、集中批、联合审、区域评、代办制、不见面。稳步推进文化体制、投融资等其他领域改革,为经济社会发展增动力、添活力。

二是全方位扩大合作。主动融入国家"一带一路"战略,以打造固原市开放发展前沿阵地、丝绸之路经济带建设重要节点为目标,充分发挥闽宁协作、县会合作三大平台作用,主动承接南方发达地区产业转移和创新成果转化。开展招商引资年活动,认真落实招商引资优惠政策,创新招商引资方式方法,建立政府推动、企业承办、市场运作招商引资机制,变政府主导为政府引导。突出特色产业、新型工业、现代服务、生态旅游四个重点招商领域,跟踪抓好仓储物流园等已签约项目落地建设,力争全年招商引资到位资金突破31亿元,增长15%以上。

三是着力创优发展环境。建立财政支持科技创新投入增长机制,设立创新创业投资引导基金,形成财政投入为引导、企业投入为主体、金融投资为补充的多元化投资机制,力争全年投入创新奖补资金6800万元,撬动社会创新投入7600万元,确保R&D经费投入增速达30%以上。争取建成专家服务、农村实用人才培训基地等人才载体平台10个,实施"彭阳名师"、医疗人才"双优"培养工程,培养本土和实用技术人才2000人,建成彭阳人才智库。改革公立医院薪酬制度,落实教师专业技术职务补贴政策,充分发挥卫生、教育人才作用。围绕产业转型升级和提质增效,深化与区内外科研院所、科技创新型企业合作,建成集培育、种植、加工、营销、生态于一体的红河现代农业科技创新示范园,着力优化创新发展环境。

(七)聚焦自身建设,提高履职尽责能力。以建设人民满意服务型政府为目标,牢固树立打铁必须自身硬的思想,持续加强政府自身建设,全面增强政府的执行力和公信力。

一是提高科学执政能力。树牢"四个意识",增强"四个自信",做到"四个看齐",提高政治站位,增强政治定力,在思想上、行动上与以习近平同志为核心的党中央保持高度一致。持续推进"两学一做"学习教育常态化制度化,扎实开展"不忘初心,牢记使命"主题教育,提升服务发展能力。扎实推进国务院100个基层政务公开标准化规范化试点县建设,全面推进政务公开,保障公众知情权、参与权、表达权和监督权。持续改进作风,坚决整肃庸政懒政怠政行为,坚决查处推诿扯皮、行政不作为等行为,全面提升政府公信力和执行力。

二是提高依法行政能力。深入贯彻落实全面依法治国要求,推进区级法治政府示范县建设,始终坚持运用法治思维和法治手段,推动改革发展、维护社会稳定、促进公平正义。始终坚持把公众参与、专家论证、风险评估、合法性审查、集体讨论决定作为重大行政决策的法定程序,确保决策科学、过程公开、责任明确。依法接受县人大及其常委会的工作监督和法律监督,坚决落实各项决议、决定,定期向人大报告工作。自觉接受政协民主监督、社会舆论监督和人民群众监督,认真办理人大代表建议和政协委员提案。

三是提高廉洁从政能力。坚持把纪律和规矩挺在前面,把中央和区市全面从严治党、从严治政各项规定贯彻到政府工作各个环节,坚决执行党内政治生活若干准则和党内监督条例。严格落实党风廉政建设"两个主体"责任,认真履行"一岗双责"。瞄准重点领域,深化廉政风险防控,进一步扎紧制度笼子,强化对公共资源交易、政府投资项目、扶贫资金等重点领域和环节的审计监督,深化涉农惠农资金专项整治,严肃查处各种违纪违法行为,努力营造风清气正的政治生态。

各位代表,征程万里风正劲,重任千钧再奋蹄。在新时代历史起点上,让我们更加紧密地团结在以习近平同志为核心的党中央周围,坚持以习近平新时代中国特色社会主义思想为指导,把思想和行动统一到区市党委、政府和县委各项部署上,把智慧和力量凝聚到各项目标任务落实上,不忘初心、牢记使命,振奋精神、实干兴宁,为决战决胜脱贫攻坚、全面建成小康社会而继续奋斗!

名词解释

1. 扶贫保:指贫困户家庭成员意外伤害保险、大病补充医疗保险、借款人意外伤害保险和优势特色产业保险。

2. "1+4"产业发展模式:指自治区围绕农民增收,立足资源禀赋,突出发展优质粮食和草畜、瓜菜、枸杞、葡萄特色优势产业。

3. 城市"四线":指城市绿线、紫线、黄线、蓝线,绿线指城市绿化用地,紫线指城市历史文化街区、历史建筑用地,黄线指城市基础设施用地,蓝线指城市地表水体等用地。

4. "专精特新"企业:指具有"专业化、精细化、特色化、新颖化"特征的中小微企业。

5. 医联体:指将同一个区域内的医疗资源整合在一起,通常由一个区域内的三级医院与二级医院、社区医院、村医院组成的一个医疗联合体。

6. 医共体:指由县级医疗机构为龙头,基层医疗机构为成员的医疗服务共同体。

7. 三权分置:指所有权、承包权、经营权三权分置。

8. 五证合一:指营业执照、税务登记证、组织机构代码证、社会保险登记证和统计登记证五证合并为营业执照,使用"统一社会信用代码"。

9. 一证一税:指不动产登记证和契税征缴实行联办。

10. "三位一体"安全监管模式:指政府买服务、专家查隐患、企业抓整改,健全安全生产责任体系。

11. 涉农惠农项目资金"331"监管平台:指涉农惠农项目资金"三级备案、三级审核、一个平台监管"。

12. 两不愁、三保障:指稳定实现扶贫对象不愁吃、不愁穿,保障其义务教育、基本医疗和安全住房。

13. "四个一"示范带动工程:指培育12个区级产业扶贫示范村、10家扶贫龙头企业、100个扶贫产业合作社、1000名产业致富带头人。

14. 8大产业体系:指草畜、蔬菜、林果三大主导产业和中药材、小杂粮、万寿菊、生态鸡、中华蜂五大特色产业。

15. 四率一度:指贫困发生率3%以下、系统信息比对错误率2%以下、漏评率2%以下、错退率2%以下、群众满意度达到90%以上。

16. 九个一批:指维修加固一批、群众

自建一批、政府代建一批、购房安置一批、租赁补贴一批、周转房安置一批、易地搬迁一批、政府帮建一批、有偿拆除一批。

17. 四类重点对象：指建档立卡贫困户、低保户、农村分散供养特困人员、贫困残疾人家庭。

18. 旅游"双融"行动：指旅游加快融入全区全国旅游网，加快旅游产业与各次产业融合。

19. 四增目标：指生态增量、林业增效、农民增收、社会增彩。

20. 五水共治：指保供水、防洪水、治污水、用中水、抓节水。

21. 三同时：指项目环保治理设施与项目主体工程同时设计、同时建设、同时投入使用。

22. 三改两治行动：指开展农村改厕改厨改村容村貌，治理垃圾、污水。

23. 五土共改：指对农村"土窑、土房、土墙、土棚、土路"共同改造治理。

24. 四访一包：指领导干部"定点接访、重点约访、专题接访、带案下访和领导包案"。

25. 雪亮工程：指以县、乡、村三级综治中心为指挥平台、以综治信息化为支撑、以网格化管理为基础、以公共安全视频监控联网应用为重点的"群众性治安防控工程"。

26. 三个不能变：指坚持党对改革的集中统一领导不能变，完善和发展中国特色社会主义制度、推进国家治理体系和治理能力现代化的总目标不能变，坚持以人民为中心的改革价值取向不能变。

彭阳县 2018 年改善民生 10 件实事

序号	实事	内容
1	农村道路	新建四级水泥混凝土路 200 千米、四级砂砾路 150 千米。
2	农村饮水	铺设输配水管线 1390 千米、串巷管道 830 千米,更换输配水管线 58 千米,铺设入户管道 15 千米,配建自动化测控系统。
3	电网改造	新建 10kV 线路 21 千米、接户和进户线 130 千米、电缆线 17 千米,改造配电变压器 51 台、低压线路 322 千米。
4	富民产业	建设肉牛标准化养殖示范基地和肉牛养殖示范村各 4 个,新种植优质牧草 8 万亩,扩增中华蜂 4000 箱、生态鸡 40 万只,发展小秋杂粮、中药材、万寿菊 16 万亩。
5	就业惠民	实施劳动力素质提升培训 6120 人,鉴定 1700 人,转移劳动力 5 万人,创收 8 亿元,新增城镇就业 1400 人。
6	安居工程	改造城市棚户区 6 个片区 535 户、农村危窑危房 2982 户(其中建档立卡贫困户 1890 户)。
7	市政工程	改造城市道路 6 条、新建 4 条。实施道路、重点区域、主要节点绿化亮化美化工程,完善给排水等城市基础设施。
8	生态提升	完成造林绿化 18.75 万亩,其中:新造林 10 万亩、未成林补植补造 6.25 万亩、退化林改造 2.5 万亩。
9	垃圾收转	建成总容积 50 万立方米、日处理垃圾 70 吨的垃圾无害化处理填埋场一处,建成垃圾运转站 6 座、冲水式公厕 10 座,购置垃圾收集车、转运车,完善城市生活垃圾收转运系统。
10	五水共治	新建石家峡中型水库,除险加固病险水库、骨干坝 6 座;发展高效节水灌溉面积 1 万亩;改造长城塬泵站 1 处;治理小流域 8 条 93.53 平方千米;治理红河、小河河道 31 千米;开展茹河、红河、安家川河"河长制"健康评估。

彭阳县人民代表大会常务委员会工作报告

——在彭阳县第九届人民代表大会第二次会议上

（2017年12月22日）

彭阳县人民代表大会常务委员会副主任　杨志杰

各位代表：

我受县人大常委会的委托，向大会报告工作，请予审议。

2017年工作回顾

过去的一年，是全县经济社会发展取得显著成就的一年，也是县九届人大常委会依法履职的开局之年。一年来，县人大常委会在县委的坚强领导下，深入学习贯彻党的十九大精神和习近平系列讲话精神，围绕中心、服务大局，认真履行宪法和法律赋予的职权，较好地完成了县九届人大一次会议确定的任务，各项工作取得了新成就，为全县民主法治建设和经济社会发展作出了积极贡献。

一、看眼发展大局，在贯彻县委决策、服务全县发展上主动站位

常委会始终把坚持党的领导贯穿于人大工作的各方面，牢固树立政治意识、大局意识、核心意识、看齐意识，坚定地贯彻落实县委决策，实现了人大工作与党心民意同频共振。

（一）坚持正确政治方向，共谋发展良策。始终坚持党委总揽全局、协调各方的基本原则，对决定的重大事项、召开的重要会议、开展的重大活动及时向县委请示报告。主动适应经济发展新常态，大力推动经济社会平稳健康发展，围绕全县经济发展的重点和事关人民群众利益的热点问题，开展调查研究，做到了履职不缺位，尽责不越位，实现了与县委、政府同步同拍、同向发力。按照县委安排，组织部分常委会组成人员、人大代表和相关部门负责人，赴北京、河北、陕西等地考察中药材和蔬菜产业发展、医药卫生体制改革、龙头产业培育及园区建设管理等方面先进经验和成功做法，并形成了高质量的调研报告，为县委、政府科学决策提出了一些建设性的意见建议，得到了县委充分肯定。

（二）全力服务发展大局，狠抓工作落实。坚持全县工作一盘棋，围绕全县总体工作部署，积极参与、支持全县重大项目建设及阶段性重点工作，较好地完成了联系乡镇、包扶贫困村、包抓重点项目等工作任务。按照县委决策部署，班子成员带头主动投身脱贫攻坚一线，深入贫困户家中和田间地头讲政策、鼓干劲，积极争取、协调项目资金，为贫困村新修高标准农田5000亩，硬化、砂化村组道路26千米,改造危房窑10户。负责包抓的县残疾人托养中心建设、红河高标准农田产业融合项目、栖凤街及次街道、环城东路道路绿化等一批重点项目顺利推进。

（三）严格依照法定程序，做好人事任免。坚持把党管干部原则和依法行使人事任免权有机统一起来，从有利于维护县委权威、有利于团结干事、有利于凝聚人心的角度出发，进一步规范供职发言、投票表决、颁发任命书、向宪法宣誓和任后监督等任免制度，保证了人事任免工作依法规范运行。一年来，共依法补选市、县人大代表12人，接受9人辞去人大代表和常委会委员职务，1人辞去县人民政府副县长职务，依法任免"一府两院"和人大机关工作人员49人次。组织29名被任命人员向宪法宣誓，切实增强了被任命干部的法律意识、责任意识和公仆意识，做到了"任前知情、任中知人、任后知行"。

二、紧扣主题主线，在行使监督职能、增进民生福祉上精准发力

常委会始终坚持发展导向、问题导向、民生导向，突出科学发展这一主题，围绕转变发展方式这一主线，议根本、监关键、督要害。

（一）突出重点，强化经济运行监督。高度关注全县经济运行情况，围绕经济发展的关键环节，认真听取和审议了县人民政府关于2017年上半年国民经济和社会发展计划、2016年度财政决算等工作报告4项，并进行了满意度测评。审查并批准了2016年度财政决算，作出调整预算等相关决议。通过审议意见的形式，提出了拓宽增收渠道、盘活财政存量资金、严格预算管理等9条建议。支持和督促政府及有关部门认真落实中央和区、市、县委关于经济工作的决策部署，按照稳中求进工作总基调，加快供给侧结构性改革，调整优化财政收支结构。审查和批准了2017年政府债务限额，要求县人民政府完善政府债务管理机制，防范因债务逾期带来的政府信用风险。县人民政府高度重视，认真办理审议意见，积极应对新常态下经济运行中面临的各种困难和挑战，保证了全年计划和预算的全面完成，促进了全县经济持续稳定增长。

（二）关注难点，持续推进民生改善。把谋民生之利、解民生之忧作为重要职责，紧紧围绕人民群众普遍关心的热点问题，先后组织开展了全县脱贫攻坚、草畜产业、棚户区改造和老旧小区改造提升等专题调研，组织部分代表对全县重点项目建设及改善民生10件实事办理情况进行了专项视察。在常委会会议上，听取和审议了县人民政府专项工作报告，并进行了满意度测评。提出合理化意见建议27条，推动了事关群众切身利益问题的落实和解决。

（三）注重实效，严格督办审议意见。为保证常委会审议意见的办理质量，增强监督实效，更好地推进"一府两院"工作。建立了审议意见主任会议交办机制，在召开主任会议时要求"一府两院"及相关部门负责人列席会议听取意见并进行交办，同时作表态发言，切实增强了"一府两院"办理落实的责任意识。明确办理时限，形成了三个月内反馈办理情况的工作机制。坚持跟踪检查、一抓到底，相关委室全程跟踪办理情况，使审议意见所提问题及时解决,办理质量有了质的提升。

(四)聚焦热点,依法开展专题询问。坚持把专题询问作为创新监督手段、增强监督实效的重要举措,深入调查研究,精心制订方案,在听取县人民政府专项工作报告的基础上,围绕全县脱贫攻坚工作开展了专题询问。并利用政府网站、县有线电视台等新闻媒体,对询问全程进行报道,有力提升了全社会对专题询问的认知度和关注度,扩大了监督工作的影响力和推动力,增强了"一府两院"及其部门接受人大监督的自觉性和主动性,也使得"一府两院"在推进工作中的一些薄弱环节得到了加强,一些突出问题得到了有效解决。

三、对标治国方略,在弘扬宪法精神、促进法治建设上履职尽责

常委会始终把加强法律监督摆在突出位置,积极支持和督促"一府两院"依法行政、公正司法,极大地维护了人民群众的合法权益,为全县经济社会发展创造了良好的法治环境。

(一)开展执法检查,规范依法行政。坚持"少而精、重实效"的原则,选择与人民群众生活息息相关、社会关注度较高的法律法规进行执法检查。先后对《宁夏回族自治区农村扶贫开发条例》《安全生产法》贯彻实施情况进行了检查,并听取和审议了执法检查情况的报告,配合区、市人大开展"中华环保世纪行——宁夏行动"环境保护法执法检查,有力地推动了相关法律法规在县域内的贯彻落实。从规范依法行政入手,启动了规范性文件备案审查工作,对《彭阳县人民政府重大行政决策程序规定》等7项制度进行了备案审查,确保了规范性文件的合法有效。

(二)加强司法监督,促进司法公正。围绕维护公平正义,推动解决人民群众反映强烈的突出问题开展监督,先后听取和审议了县人民法院民商事审判和县人民检察院反贪污贿赂工作报告,提出了强化审判管理、提高办案质量等合理化建议6条。先后组织68名代表参加法院案件庭审和检察、公安、消防开放日活动,有效地监督和支持了法检"两院"工作,促进了司法公正。

(三)强化普法教育,推进法治建设。围绕"七五"普法规划实施,听取和审议了县人民政府关于"七五"普法启动实施情况的报告,针对普法工作中存在的宣传形式单一、行政执法不够规范等问题,提出工作建议和要求,促进了普法工作深入开展。坚持常委会会前学习法律制度不动摇,积极创新学法方式,不断拓宽学法层次。先后举办了《监督法》《安全生产法》《宁夏回族自治区农村扶贫开发条例》等专题讲座,培训常委会组成人员、人大代表及"一府两院"工作人员300多人次。通过会前学法,有效提高了常委会组成人员和执法主体单位人员的法律素质和履职能力,为推进法治政府建设奠定了坚实基础。

(四)重视人大信访,维护社会稳定。把受理和督办群众来信来访作为关注民生、了解民情、反映民意的重要渠道,健全完善了接访、转办、督办、反馈等工作机制。常委会领导坚持节假日值班制度,主动参加信访接待日活动,耐心听取群众诉求,妥善解

决群众问题，有效化解了社会矛盾。一年来，受理群众来信来访案件32件（次），均已交办、转办、督办完结，做到了件件有落实、事事有回音，较好地维护了广大人民群众合法权益。

四、突出主体地位，在深化载体机制、激发代表活力上不断创新

常委会始终把代表工作作为打基础、谋提升的一项重要工作，积极搭建履职平台，不断强化服务保障，以创新的理念和务实的举措，有效激发了代表履职热情，使县、乡人大工作展现出新的活力。

（一）加强学习，提高代表履职能力。坚持把学习培训作为提升代表履职能力的基础性工作。县九届人大代表选举产生后，常委会举办了新一届人大代表培训班，采取集中与分片相结合的方式对850名县乡人大代表开展了履职培训。组织部分代表参加了在北京和深圳举办的人大代表培训班。在集中培训的基础上，坚持给代表订阅《中国人大》《宁夏人大》等学习资料，及时向代表印送《人大工作》，为代表学习相关法律法规和人大业务知识创造条件。通过多种形式培训，人大代表的政治素质、法律知识、履职能力不断提高。

（二）创新载体，激发代表履职活力。坚持邀请代表参加常委会组织的视察调研、执法检查、工作评议等活动，先后邀请126名代表参加工作视察、执法检查和专题调研等活动，推荐18名代表参加了区、市人大组织的视察调研活动，组织42名代表列席县人大常委会会议。在全县各级人大代表中开展"三联五创五带头"活动，建立了代表小组联系选区、常委会组成人员联系代表、代表联系选民制度，搭建了代表与群众的联系桥梁。充分发挥人大代表在全县脱贫攻坚及经济社会发展中的示范引领作用，在开展的"五创五带头"活动中，涌现出了一批"敬业奉献""勤劳致富""产业发展""文明新风""民族团结"等方面的先进典型，县人大常委会和乡镇人大向67名示范岗人大代表授牌，起到了模范带头作用。召开乡镇人大工作座谈会和人大代表工作推进会，组织对"五创五带头"先进典型进行观摩评比、交流学习，进一步激发了代表履职活力。开展代表向选民述职活动，组织159名县乡人大代表向选民述职，选民现场对人大代表履职情况进行评议和满意度测评，自觉接受选民监督。通过形式多样的活动，真正使代表"动起来""活起来"，进一步拓宽了代表知情知政渠道，激发了代表依法履职的积极性和主动性。

（三）完善机制，增强议案办理实效。常委会把督办代表议案建议作为发挥代表作用、落实人民意愿的途径。在议案办理过程中，政府高度重视，将议案建议逐一分解落实。常委会组织领衔代表跟踪调研、检查督办，12件议案已全部办理，42件建议已办结16件，通过其他项目解决的4件，正在办理14件，暂时未办理的8件，也向代表说明了情况。通过重点督办，促使一批群众关注的热点问题得到有效解决。

五、立足效能提升，在加强自身建设、增强履职能力上积极作为

常委会始终把加强自身建设摆在突出位置，按照新形势、新任务对人大工作的新要求,以忠诚担当、强化素质、规范运行为抓手,推动自身建设迈上新台阶。

(一)强化学习培训,提升综合素质。人大常委会始终把加强思想政治建设摆在首位,充分利用党组中心组、主任会议、常委会会议等平台,结合推进"两学一做"学习教育常态化制度化,开展讲学、荐学、研学活动,系统学习党章、十九大及习近平系列讲话精神,切实在思想上、行动上与党中央保持高度一致。组织人大常委会组成人员和机关工作人员参加了全国人大深圳培训基地举办的人大干部能力提升培训班,系统学习了《宪法》《监督法》《代表法》《组织法》等法律法规和理论业务知识,通过学习,常委会组成人员和机关工作人员政治思想觉悟、理论水平、业务素质和履职能力得到了进一步提高。

(二)加强作风建设,密切联系群众。严格落实中央八项规定精神,精简会议安排,改进调研视察方式,规范公务接待,压缩"三公"经费支出,持续推进"四风"整治。坚持群众路线,始终保持同人民群众的联系,通过各种方式和渠道广泛倾听民声、了解民情、集中民智,使人大工作更加符合实际。结合开展"三联五创五带头"活动,常委会领导和机关干部深入乡镇、村组、农户,访民情、察民困、送温暖,为基层群众解决了一些实际困难和问题。

(三)加强联系指导,推进乡镇人大工作。严格落实领导分片联系乡镇人大工作制度,经常深入乡镇,从政策法规、工作程序、制度建设、履行职责等方面进行指导。组织乡镇人大相互观摩学习,交流经验,总结工作。制定《乡镇人大工作考核办法》,对乡镇人大进行考核表彰。加强阵地建设,规范提升12个乡镇"人大代表之家"和36个代表小组活动室。提高县乡人大代表活动经费和乡镇人大工作经费,为乡镇人大开展工作和代表履职活动提供了经费保障。通过多种措施,有力推进了乡镇人大工作水平整体提升。

(四)积极协调对接,搞好联络服务。加强与"一府两院"的联系沟通,正确处理好监督与支持的关系,形成相互理解、相互支持、相互促进的良好工作格局。加强与上级人大的联系沟通,配合完成区、市人大常委会组织的12次代表视察、工作调研和执法检查等活动,密切与兄弟市县人大的工作交流,配合完成西吉、泾源县等人大来我县考察产业发展、脱贫攻坚及代表工作。建立了人大信息网站,加强人大工作宣传,全方位展示人大工作动态和代表风采,在宁夏人大网站、县有线电视台、宁夏人大等刊物和新闻媒体投送各类稿件36篇(条),展现了彭阳县人大对外的良好形象。

各位代表,一年来常委会所取得的成绩,是县委正确领导的结果,是"一府两院"和各乡镇、各部门积极配合的结果,也是全县人民和各界人士支持的结果。在此,我谨代表县九届人大常委会,向所有关心、支持人大工作的同志表示衷心的感谢和崇高的敬意!

在肯定成绩的同时,我们也清醒地认识到,对照宪法和法律赋予的职责,对照人民群众的愿望,常委会的工作还存在着一些不足和差距,主要是监督方式还需进一步改进;规范性文件备案审查还需进一步完善;

常委会自身建设还有待进一步加强等等,这些我们将在今后的工作中认真研究,努力加以改进。

2018年主要任务

各位代表,2018年是贯彻党的十九大精神的开局之年,是决胜全面小康社会、实施"十三五"规划承上启下的关键一年。做好明年的工作,对于承前启后,继往开来,加快全县经济社会发展步伐意义重大。在新的一年里,常委会工作的总体要求是:紧密团结在以习近平同志为核心的党中央周围,高举中国特色社会主义伟大旗帜,以邓小平理论、"三个代表"重要思想、科学发展观、习近平新时代中国特色社会主义思想为指导,深入贯彻落实党的十九大精神,按照县委八届二次全体会议总体部署和要求,围绕经济繁荣、民族团结、环境优美、人民富裕目标,把握生态优先、富民为本、绿色发展定位,聚焦"三大战略""六场硬仗",坚持以脱贫攻坚统领经济社会发展全局,突出抓好脱贫富民、创新驱动、生态立县、城乡统筹、民生改善、改革开放,着力推进民主政治建设、民族宗教工作、文化繁荣发展、社会依法治理,在县委的坚强领导下,认真履行宪法和法律赋予的职权,推动人大工作与时俱进,为实现"两个一百年"奋斗目标、谱写新时代彭阳发展新篇章而努力奋斗。

一、提高政治站位,以更加自觉的意识把握人大工作方向

十九大报告指出:"党政军民学,东南西北中,党是领导一切的"。新的一年里,县人大及其常委会将把学习贯彻党的十九大精神以及县委的决策部署作为谋划和开展、改进和加强人大工作的政治依据和行动指南,坚持重大事项向县委请示报告制度,自觉把人大工作置于县委领导之下,开展的重点工作、重大活动,及时请示县委,听取县委意见,服从县委决定,贯彻县委主张,自觉做到思想同心、目标同向、工作同力,把党管干部原则与人大依法任免有机统一起来,把党的主张与人民的意愿有机结合起来,确保人大工作正确的政治方向。

二、依法监督支持,以更加积极的作为服务经济社会发展

十九大报告指出:"发展是解决我国一切问题的基础和关键""健全人大组织制度和工作制度,支持和保证人大依法行使立法权、监督权、决定权、任免权"。新的一年里,县人大及其常委会进一步增强围绕中心、服务大局的自觉性和坚定性,坚持全县中心工作就是人大工作重心,围绕事关全局性、长远性、根本性的重大事项,广泛听取意见建议,积极开展调查研究,科学作出决议决定。坚持在参与中监督、在监督中支持,通过组织视察、调研、检查、专题询问、听取和审议专项工作报告等形式,重点对"十三五"规划中期评估、国民经济发展计划、财政预算执行、审计工作、职业教育、乡村振兴战略、招商引资、文物保护等方面开展监督检查,加大监督力度,增强监督实效,为全县经济社会发展和民生改善持续发力。

三、厉行法律监督,以更加有力的举措推进民主法治建设

十九大报告指出:"全面依法治国是国

家治理的一场深刻革命，必须坚持厉行法治，推进科学立法、严格执法、公正司法、全民守法"。新的一年里，县人大及其常委会坚持把依法治县作为己任，认真对"一府两院"制定的规范性文件进行备案审查，听取和审议法治政府建设工作报告，重点对《环境保护法》《森林法》等法律法规贯彻实施情况开展执法检查，督促"一府两院"依法行政、公正司法，认真接待处理群众来信来访，努力化解社会矛盾，维护社会公平正义。

四、强化服务保障，以更加有效的方式发挥代表主体作用

代表工作是人大工作的基础。十九大报告指出："要更好发挥人大代表作用，使各级人大及其常委会要成为全面负担起宪法和法律赋予的各项职责的工作机关和同人民群众保持密切联系的代表机关"。新的一年里，县人大及其常委会要坚持以人民为中心的思想，努力为代表依法履职搭建平台、搞好服务。根据代表履职需要，加强对代表的履职培训，不断提高履职能力和水平。坚持和完善代表列席常委会会议制度，组织代表参加视察、调研、执法检查等活动，加强人大网络平台建设，充分利用人大信息网、微信等手段，拓展代表知情知政渠道。深入开展"三联五创五带头"活动，创新代表活动载体，丰富代表活动内容和形式。全面开展代表向选民述职活动，增强代表履职尽责的使命感、责任感和自豪感。完善议案建议督办机制，采取跟踪督办、视察促办等方式，以"群众满意、代表满意"为标准，着力提高议案建议办理的质量和效率。

五、适应形势要求，以更加务实的作风提升自身建设水平

打铁必须自身硬，人大工作作为新时代中国特色社会主义事业的重要组成部分，只有切实加强自身建设，不断提高履职能力，才能推动人大整体工作上水平、上台阶。新的一年里，县人大及其常委会将全面学习贯彻落实好党的十九大精神，深入开展"不忘初心、牢记使命"主题教育。进一步加强常委会组成人员和机关干部的政策理论、法律法规和业务知识的学习培训，提高依法履职和服务保障能力。积极开展对外交流，学习借鉴外地先进经验，加强对乡镇人大工作的联系和指导，不断提高县乡人大工作整体水平。加强对外宣传工作，全方位、多层次、广角度地展现人大工作实绩，提高人大工作公开性和透明度，形成全社会重视人大、支持人大工作的良好氛围。

各位代表、同志们，新时代意味着新起点新要求，新时代呼唤着新气象新作为。让我们更加紧密地团结在以习近平同志为核心的党中央周围，在县委的坚强领导下，以高度的政治责任感、使命感，严格依法履职、有效开展工作、充分发挥作用，为实现"两个一百年"奋斗目标、谱写新时代彭阳发展新篇章而努力奋斗！

中国人民政治协商会议
彭阳县第九届委员会常务委员会工作报告

——在政协彭阳县第九届委员会第二次会议上

(2017年12月21日)

政协彭阳县委员会副主席 李廷枢

各位委员：

我受政协彭阳县第九届委员会常务委员会的委托，向大会报告工作，请予审议。并请列席会议的同志提出意见。

2017年工作回顾

2017年是第九届县政协履职的开局之年。一年来，在中共彭阳县委的坚强领导下，政协常委会高举中国特色社会主义伟大旗帜，牢牢把握团结和民主两大主题，充分发挥人民政协作为民主协商重要渠道和专门机构作用，团结带领全体政协委员，围绕中心，服务大局，切实履行政治协商、民主监督、参政议政职能，圆满完成了九届一次会议确定的各项目标任务，为促进全县经济社会平稳健康发展作出了积极贡献。

一、坚持理论武装，在思想政治建设上不断加强

常委会把思想政治建设摆在首位，坚持用正确的理论指导协商民主实践、推动政协自觉履职。一是强化政治理论学习。采取集中学习与个人自学相结合、辅导讲座与研讨交流相结合等多种形式，认真学习贯彻中共十八大和十八届历次全会精神，特别是十九大精神，深入学习领会习近平总书记系列重要讲话和治国理政新理念新思想新战略，特别是习近平新时代中国特色社会主义思想，深入学习贯彻自治区第十二次党代会、市委四届二次全会和县第八次党代会精神，扎实组织开展"振奋精神、实干兴宁，我为彭阳发展献良策"大讨论活动。政协主席、副主席在县委中心组学习会议上作交流发言7次，常委会其他人员撰写学习心得体会或理论文章34篇，坚定了推动发展的信心和决心，夯实了团结奋斗的共同思想政治基础。二是深化政协业务学习。通过编印《政协委员培训班学习资料汇编》、邀请全国政协研究室原副主任原冬平作专题报告、政协例会安排委员作交流发言等多种途径，深化了对中共中央《关于加强社会主义协商民主建设的意见》、中共中央办公厅《关于加强人民政协协商民主建设的实施意见》《关于加强和改进人民政协民主监督工作的意见》等文件的认识和理解。为全体委员和机关干部订阅《华兴时报》215份，积极选派委员和机关干部参加全国政协培训中心和区、市党校及政协举办的培训学习58人次，提升了综合素质，增强了准确把握人民政协性质定位做好政协工作的思想自觉和行动自觉。三是推进专题学习教育。按照中共中央和区市县党委的部署要求，夯实"学"的基础，把握"做"的关键，抓在日常，严在经常，深入推进"两学一做"学习教育常态化制度化。坚持开展"6+X"主题党日活动，坚持"三会一课"等制度，围绕践行"四讲四有"、做到"四个合格"开展专题研讨4次，政协党组织的战斗堡垒作用进一步增强，党员委员和机关党员干部的先锋模范作用得到充分发挥。

二、把握工作大局，在服务全县发展上献计出力

常委会把服务全县发展大局作为中心任务，坚持县委、政府的决策部署到哪里，政协的工作重心就跟进到哪里。一是协商议政谋划发展。九届一次会议期间，组织委员认真讨论"一府两院"工作报告，为彭阳经济社会发展"把脉问诊"、建言献策，从产业发展、脱贫攻坚、法治建设、社会治理等16个方面提出意见建议116条，其中50多条意见建议得到县委、政府高度重视，并被相关部门在实际工作中吸收采纳。政协常委会议多次听取全县经济运行情况和政府职能部门工作情况通报，为农牧、卫计、教体和文广等部门出主意、想办法，以科学合理的对策建议推动相关工作协调发展。认真组织实施2017年度协商计划，形成专题报告5篇，为县委、政府科学决策提供了参考依据。二是专题调研助推发展。为全面了解彭阳县草畜产业发展现状，组织农业、经济界委员开展草畜产业发展情况专题调研，协商提出"主导养牛，适度规模经营""发挥龙头企业引领作用，带动草畜产业全链条发展"等4条建议，对突出草畜产业主导地位、助推农民脱贫增收发挥了积极作用。针对社会对环境污染治理关注度较高的实际情况，在2016年调研的基础上再次把环境污染治理工作列入2017年协商议题，组织相关界别委员深入调研后，从"加强污染治理，切实解决生态环境突出问题""加强基础建设，全面提升生态环境保护水平"等3个方面建言献策，帮助相关部门认清严峻形势、改进治理工作。三是视察考察促进发展。卫生计生、教育教学和全域旅游事关群众切身利益。为了让这三项工作更加惠民利民、发挥最大效益，政协组织开展了卫生计生工作视察和教育教学、全域旅游工作考察。其中，视察卫计工作促使对口协商部门认识到基础设施建设、人才队伍建设和管理方面的不足，明确了努力方向和改进措施，为推动综合医改、提升医疗服务质量起到了促进作用。考察教育教学工作学到了山东省潍坊市奎文区、浙江省杭州市拱墅区等地先进的办学理念和管理经验，考察全域旅游工作取得了浙江省湖州市安吉县、江西省井冈山市等地在绿色发展、旅游增收方面的"真经"，视察考察形成的专题报告为县委、政府推进相关工作起到了参考作用。

三、立足履职为民，在改善民计民生上积极作为

常委会把促进民生改善作为履职的出发点和落脚点，坚持为人民群众谋利益、办实事。一是提案工作富有成效。通过委员小组组长收集初审、提案经济委汇总再审、提案审查委员会协商终审,严把提案质量关,确保委员提出精品提案。在对已立提案进行充分调研论证的基础上,坚持主席会议协商确定重点提案、分配提案办理经费指标制度,夯实提案办理基础。通过县级领导带队督办、委员现场视察督办、提案委"回头看"跟踪督办,提高提案办理实效。九届一次会议以来,收到提案109件,审查立案91件,其中5件被确定为重点提案。统筹使用600万元提案办理经费,支持办理受益面广的提案17件。截至年底,提案办复率为100%。关于加强中医药人才队伍建设和继续引进专家经费投入、将公益性岗位纳入安置县内劳务移民、对县城路灯进行数字化控制等提案的办理,使一大批民生实事得到有效落实。二是联系点工作扎实有效。认真落实县委、政府关于精准扶贫精准脱贫的部署要求和《彭阳县政协主席、副主席联系委员、委员联系服务群众制度》,在巩固提升白阳镇友谊街社区、古城镇任河村等8个委员基层联系点的同时,新建白阳镇姜洼村、小岔乡柳湾村等4个委员基层联系点,做到了委员基层联系点全县乡镇全覆盖。争取市政协提案办理经费100万元,为白阳镇姜洼村贫困户补贴种子、化肥、铡草机和养殖暖棚等,发展小秋杂粮种植业和肉牛养殖业;帮助罗洼乡薛套村、孟塬乡小石沟村改善村组道路等基础设施条件,扶持养牛、养蜂等产业发展,助推了脱贫攻坚进程。县政协自筹经费10万元,支持委员基层联系点开展"送政策、送法律、送科技、送文化、送健康、送温暖"等活动12场次。争取自治区政协"兴华爱心基金"12.5万元,救助重特大疾病患者。引导工商界委员扶危济困,开展捐资助学活动。三是民主监督取得实效。认真履行调研督导工作职责,政协主席带领县第四考核组,深入古城、交岔、罗洼3个乡镇,对上半年脱贫攻坚和重点工作、重点项目进展情况进行考核督导,为县委、政府全面准确掌握经济形势、谋划推进下半年工作发挥了参谋作用;3位副主席带领专项调研督导组定期了解王洼、红河、冯庄等6个乡镇和相关部门(单位)工作进展情况,提出对策建议,督促脱贫攻坚和农业提质增效、旧城镇改造、生态建设等重点工作任务落实以及水资源管理体制、人才体制、"放管服"等重点改革有序进行。积极参与各种监督活动,组织协调40余名委员参加法院观摩、公安局警务开放日活动和发改、信访部门听证会,参与义务教育均衡验收民主测评和幼儿教师招聘考试面试监督,促进相关工作公开、公正、公平进行。配合完成群众评议机关作风活动和机关效能建设测评,组织21名在彭阳市政协委员对市直部门(单位)机关作风进行满意度测评,158名县政协委员对县直部门(单位)机关作风进行满意度测评,并部分参与自治区对彭阳县机关效能建设第三方测评,发挥了民主监督作用。

四、着力促进团结,在构建和谐社会上发挥优势

常委会把维护社会和谐稳定作为自己应尽的义务,坚持发挥联系广泛、人才荟萃等优势,凝心聚力,增进团结。一是合作共事有序进行。政协主席带队深入新集乡、白阳镇和县直单位，调研指导民族团结进步示范县创建工作。副主席参加工作协调会、观摩交流会、考核汇报会，指导推进民族团结示范县创建工作有序开展。政协各位主席定期到各自联系的清真寺走访慰问，与宗教人士座谈交流，了解实际情况，解决有关问题。常委会其他人员结合岗位特点和工作实际，加强与少数民族委员、宗教界人士的经常性联系。政协委员利用在基层联系点开展活动之机，大力宣传党的民族宗教政策，及时反映社情民意，为维护民族团结、宗教和顺的良好局面发挥了积极作用。二是联谊交流不断深入。积极协助区、市政协来彭阳县调研视察，先后完成生态旅游建设、精准扶贫等重点工作、美丽乡村建设、茹河流域综合治理和工业园区改造升级等专题调研8次，为区、市层面研究解决相关问题、推动经济社会协调发展提供了第一手资料。加强与周边县(区)政协的联系交流，先后接待了甘肃省镇原县、环县和固原市泾源县、原州区等地政协关于文史资料和相关地域文化工作、全域旅游建设和政协履职情况以及生态环境建设等专项考察4次，在交流学习的同时，宣传推介彭阳，营造了良好的发展环境。三是文史宣传持续推进。在全市率先建立政协网站，并正式上线运行。积极撰稿投稿，全年编发政协内刊《参政议政要报》4期，印发政协工作信息28期，其中11篇信息被人民政协网、《华兴时报》、区政协《社情民意》采用。县"两会"召开之际，向人大代表、政协委员和特邀嘉宾及列席人员赠阅《彭阳文史》等重要资料，扩大了政协工作宣传面。突出政协文史工作的独特功能，着力挖掘地方特色文化，搜集整理《清末来过彭阳的克拉克探险队》《徐锡龄同志谈固北县委和固原县委》等文史资料近4万字，发挥了"存史、资政、团结、育人"的重要作用。

五、强化自身建设，在履职能力水平上提升层次

常委会把加强自身建设作为永恒的追求，持续用力抓管理、强素质、树形象，不断提升履职能力水平。一是加强委员队伍建设。建立委员履职档案，在学习培训、参加会议、参与活动、建言献策等方面如实记录，定期通报，加强管理，增强了委员履职的自觉性。教育引导委员开展"五个一"活动，即全年至少提出一件提案、参加一次调研视察、提出一项工作建议、反映一条社情民意、解决一个实际问题，提高了委员的综合素质。扎实组织开展委员"调研月"活动，通过提交高质量的提案、社情民意信息和调研报告，引导委员深入了解社情民意，知情明政，提升了履职能力。二是加强管理制度建设。适应新形势下做好政协工作的需要，健全完善相关管理制度。修订《政协彭阳县委员会全体会议工作规则》《政协彭阳县委员会常务委员会工作规则》，制定《政协彭阳县委员会委员履职工作规则》《政协彭阳县委员会委员履职量化考核办法》，进一步明确了全委会、常委会和委员履职的工作程序与职责义务，确保相关工作依规、有序、高效进行。三是加强机关效能建设。全面从严加强机关党建和党风廉政建设，靠实"两个责任"，加强监督检查，认真贯彻落实中央八项规定精神，严格执行区市县有关规定，做到"不越红线、不触底线"。对照"4+1"责任清单，做好跟踪问效,发挥办公室的协调联络、综合服务功能和专委会的基础性作用,不断提高政协机关服务能力和履职水平。

各位委员,过去一年县政协工作取得的成绩,是中共彭阳县委坚强领导的结果,是县人民政府和社会各界大力支持的结果,也是广大政协委员和全体机关干部和衷共济、不懈奋斗的结果。在此,我代表县政协常委会,向所有关心、支持政协工作的各级领导、各界人士,向为政协事业默默付出、无私奉献的各界别委员和干部职工表示衷心的感谢和崇高的敬意!

在肯定成绩的同时,我们也清醒地看到,政协工作还存在一些薄弱环节,主要是:民主监督的形式还需进一步拓展,社情民意的反映仍需进一步加强,建言献策的质量仍需进一步提高,协商民主的成果有待进一步转化,等等。对此,真诚希望各位委员提出批评和建议,常委会将高度重视,认真研究,切实加以改进。

2018年工作部署

2018年是全面贯彻中共十九大精神的开局之年,也是与全国同步建成全面小康社会的关键一年。县政协工作的总体要求是:紧密团结在以习近平同志为核心的中共中央周围,高举中国特色社会主义伟大旗帜,以邓小平理论、"三个代表"重要思想、科学发展观、习近平新时代中国特色社会主义思想为指导,深入贯彻落实中共十九大精神,全面贯彻落实区、市党委决策部署和县委八届二次全会精神,坚持团结、民主两大主题,围绕脱贫攻坚这一中心,紧扣脱贫富民、创新驱动、生态环境、城乡统筹、民生改善、改革开放等重点任务,认真履行政治协商、民主监督、参政议政职能,积极发挥协调关系、汇聚力量、建言献策、服务大局作用,为实现"两个一百年"奋斗目标、谱写新时代彭阳发展新篇章作出新贡献。

一、进一步夯实团结奋斗的共同思想政治基础

坚持思想政治建设不放松。一要坚定正确的政治方向。把学习宣传贯彻中共十九大精神作为首要的政治任务常抓不懈,在学懂、弄通、做实上下功夫,通过学报告、学决议、学讲话等方式,采取集中辅导、研讨交流、深入宣讲等形式,确保十九大精神入脑入心。把全面贯彻中共十九大精神与贯彻落实自治区第十二次党代会、市委四届二次全会和县委八届二次全会精神紧密结合起来,在深度融合上下功夫,使维护党中央核心权威和集中统一领导的自觉转化为"振奋精神、实干兴宁,推动彭阳发展"的行动。二要把握政协工作大局。坚持用习近平新时代中国特色社会主义思想武装委员和机关干部头脑、指导协商民主实践、推动政协各项工作。结合对十九大报告中关于社会主义协商民主重要论述的学习理解,深刻领会习近平总书记在庆祝人民政协成立65周年大会上的重要讲话、中共中央《关于加强社会主义协商民主建设的意见》和中共中央办公厅《关于加强人民政协协商民主建设的实施意见》《关于加强和改进人民政协民主监督工作的意见》精神,准确把握政协工作方向,服务发展大局,与县委同心、同向、同行。三要开展主题学习教育。持续推进"两学一做"学习教育常态化制度化,扎实开展"不忘初心、牢记使命"主题教育,进一步坚定理想信念,增强宗旨意识,把"为中国人民谋幸福、为中华民族谋复兴"作为永恒追求和价值取向,保持政协党组织的先进性和纯洁性,教育引导党员委员和机关干部忠诚、干净、担当,为推动政协履职奠定坚实的思想政治基础。

二、进一步提升社会主义协商民主水平

坚持协商民主不动摇。一要制订并实施好年度协商计划。把落实协商计划作为全年工作的重中之重,推动人民政协发挥协商民主重要渠道和专门机构作用。主动加强与县委、政府及其工作部门的有效衔接,进一步完善"协商议题共同确立、计划共同制订、人员共同参与、实施共同推进"的工作机制,确保2018年度协商计划更契合党政工作重点、更呼应群众关注焦点,实施方案更具体、组织机构更健全、程序性可操作性更强、人员经费得到全面保障。二要促进多种协商形式相互融合。按照"有事好商量,众人的事情由众人商量"的要求,统筹运用专题协商、对口协商、界别协商和提案办理协商等多种协商形式,更加活跃有序开展协商活动。围绕全县扶持发展小秋杂粮和中药材特色种植业、发展壮大林果产业、构建"田园综合体"发展模式开展专题协商;针对全县城市管理队伍建设、精细化管理、机械化作业等方面存在的问题开展对口协商;为了深入了解《彭阳县人民政府关于加快非公有制经济发展实施意见(试行)》落实情况,促进非公经济持续健康发展开展界别协商。坚持主席会议协商确定重点提案、督办重点提案制度,开展提案办理协商。三要推动协商成果有效转化利用。探索建立协商成果转化利用跟踪反馈机制,推动全委会期间委员讨论"一府两院"工作报告时提出的意见建议、专题议政常委会和对口协商座谈会上产生的意见建议、调研视察考察等活动中形成的专题报告,能够通报县直各部门(单位)知晓,确实有参考价值、真正在实际工作中吸收采纳的,相关部门(单位)函告反馈,促进政协进一步提高建言献策质量、提升协商议政水平。

三、进一步加强人民政协民主监督

坚持履职为民不懈怠。一要合理确定监督议题。着眼脱贫攻坚和事关彭阳长远发展的重点工作、重要改革,立足改善民生和涉及人民群众切身利益的实际问题,广泛征求党政部门、政协专委会、界别委员,特别是民主党派和无党派人士等方面的意见,充分协商后由政协办制订民主监督工作方案,提交主席会议研究决定。重点协商议题要纳入年度协商计划,征求县人民政府意见后报县委常委会审定。二要逐步拓展监督形式。政协有关会议安排涉及民生方面的监督性议题,邀请有关负责人列席会议,听取意见,改进工作,开展会议监督。组织委员视察涉及改革发展稳定重大问题的议题,提出批评和建议,推动县委、政府决策部署落实,开展视察监督。协商确定重点提案,邀请县委、政府主要领导和政协主席牵头督办,向社会公开提案内容和办理进度,加强提案监督。围绕法律法规实施和民生实事落实,开展监督性专题调研,实施专项监督。推荐特约监督员,组织民主监督小组,重视社情民意信息的监督作用,进一步扩大其他形式的监督。三要合力确保监督实效。建立健全重点监督议题政协副主席分工负责、主席会议定期听取监督情况汇报、民主监督意见办理情况联合督查等制度，及时向有关部门通报开展民主监督形成的意见建议，适时向县委政府报送开展民主监督情况专题报告，确保党和国家大政方针，区、市、县重要决策部署特别是各项惠民政策得到更好贯彻落实，各机关工作人员与群众的联系进一步密切、工作作风进一步好转，人民群众普遍关心关注的热点难点问题得到有效解决，老百姓有更多获得感、更强幸福感。

四、进一步汇聚推动发展的智慧力量

坚持促进和谐不停步。一要促进民族团结宗教和顺。发挥政协代表性强、联系面广、包容性大的优势，为维护安定团结的政治局面、促进社会和谐稳定增强"黏合力"。深化和巩固民族团结进步示范县创建成果，教育引导全社会牢牢把握"两个共同"主题，牢固树立"三个离不开"思想，增强"五个认同""五个维护"意识。深入开展委员基层联系点活动，围绕少数民族群众切身利益问题进行调研议政，认真听取宗教界委员的意见建议，积极反映利益诉求，帮助少数民族群众解决生产生活困难和实际问题，促进民族团结、宗教和顺。二要推进联谊交往合作交流。加强与区、市政协的对接联系，力争在政协平安建设暨委员基层联系点工作、反映社情民意暨信息报送工作、提案落实办理工作等专项考核中晋位升级，县（区）无力办理的事情、无法解决的问题能够在区市层面得以解决、办理。加强与外地政协特别是周边县（区）政协的联谊交往，学习先进经验，借鉴成功做法，互通有无，共同提高。加强与民主党派、无党派人士的合作交流，多听不同意见，改进政协工作。加强与工商界委员的联系，发挥其聪明才智，把更多的人才聚集到促进脱贫攻坚、助推彭阳发展上来。三要力争文史工作常做常新。坚持精心编发内刊《参政议政要报》，持续加大政协重点、亮点工作宣传力度。及时更新彭阳政协网内容，擦亮彭阳协商民主宣传窗口。着力做好彭阳古代史料、近现代资料的搜集整理，地域文化特别是姚河塬国家级考古遗址的挖掘保护工作，进一步发挥文史资料工作"存史、资政、团结、育人"的重要作用。继续做好资料补充征集、信息甄别核实、文稿修改完善工作，编辑出版《彭阳东西南北人》。

五、进一步强化政协组织自身建设

坚持自身建设不减力。一要真正发挥常委会的示范带动作用。认真落实《政协彭阳县委员会常务委员会工作规则》，发挥好常委会集体领导作用，进一步提升协商议事水平。按照"懂政协、会协商、善议政"的要求，常委会成员带头深入学习、认真履职，广泛联系、指导委员开展工作，不断增强四种能力，即政治把握能力、调查研究能力、联系群众能力、合作共事能力，为委员履职做好表率。二要切实发挥委员履职的主体作用。严格执行《政协彭阳县委员会委员履职量化考核办法》，健全委员履职档案，进一步增强参政议政意识。坚持"走出去"培训学习和"请进来"辅导讲座相结合，不断提升综合素质。坚持开展"五个一"和"调研月"等活动，确保委员知情明政。引导委员运用提案、社情民意信息、调研报告、交流发言等形式积极履职，做到"建言建在需要时、议政议在点子上、监督监在关键处"。三要充分发挥政协机关的服务作用。建立健全专委会联系界别委员、指导小组活动、开展调研视察、督办落实提案、反映社情民意等工作机制，加强专委会与对口部门的经常性联系，丰富专委会活动的内容和形式，增强专委会的协调服务功能。不断完善机关公文流转、会议筹备、后勤管理等制度，切实强化干部职工的政治素养、全局观念和服务意识，进一步提升机关服务政协履职的能力和水平，有效推进政协工作制度化、规范化、程序化发展。

各位委员，新时代开启新征程，新思想引领新发展。让我们更加紧密地团结在以习近平同志为核心的中共中央周围，在中共彭阳县委的坚强领导下，同心同德，群策群力，认真履职，积极作为，为实现"两个一百年"奋斗目标、谱写新时代彭阳发展新篇章而努力奋斗！

彭阳县人民法院工作报告

——在彭阳县第九届人民代表大会第二次会议上

（2017 年 12 月 22 日）

彭阳县人民法院院长　魏　凯

各位代表：

现在，我代表县人民法院向大会报告工作，请予审议，并请各位政协委员和列席会议人员提出意见。

2017 年工作回顾

2017 年，县人民法院在县委、人大、政府、政协和上级法院的领导、监督、关心和指导下，认真贯彻落实党的十九大精神和习近平总书记系列重要讲话精神，紧紧围绕县委重大工作部署，坚持司法为民、公正司法，深入推进司法体制改革，全面加强审判执行工作，为维护全县社会稳定、促进经济发展提供了应有的司法保障。截至 12 月 15 日，共受理各类案件 3997 件，审执结 3451 件，结案率为 86.34%，法定审限内结案率为 100%。受理案件数和结案数同比上升了 6.44% 和 11.57%。

一、依法履行审判职责，全力服务社会发展大局

依法惩治刑事犯罪。受理刑事案件 98 件，审结 90 件，判处罪犯 95 人，结案率 91.83%。从严惩处严重危害社会治安犯罪，审结故意伤害、抢劫、强奸、交通肇事及黄赌毒等案件 38 件，增强人民群众安全感。从严惩处扰乱市场经济秩序及涉众型经济犯罪，审结信用卡诈骗、电信诈骗、非法吸收公众存款等案件6件，维护人民群众财产安全。从严惩处职务犯罪，审结贪污、受贿、挪用公款等案件5件，加大对腐败犯罪的惩处力度。坚持宽严相济刑事政策和罪刑法定原则，依法判处有期徒刑、拘役、管制等54人，单处罚金4人，免予刑事处罚1人，宣告缓刑33人、无罪3人。

依法调节民商事纠纷。受理民商事案件2359件，审结2224件，结案率94.28%。高度重视人民群众的切身利益，审结教育、医疗、消费和权属、侵权等案件285件。积极推进家事审判方式改革，依法维护妇女、儿童和老人的合法权益，审结婚姻家庭、继承案件501件。高度重视供给侧结构性改革的司法应对，维护诚实守信、公平竞争的市场秩序，审结买卖、租赁、借贷、建筑工程等合同纠纷案件1406件。充分发挥督促程序作用，更加方便、快捷地保护债权人利益，审结支付令案件28件。坚持"调解优先、调判结合"工作原则，将调解贯穿于审判全过程和诉讼各环节，努力做到案结事了人和，以调解、撤诉方式结案1106件，调撤率49.73%。

依法化解行政争议。全面贯彻行政诉讼法，依法保障公民、法人和其他组织合法权益不受违法行政行为侵害，依法支持行政机关的合法行为。落实行政案件集中管辖制度，引导当事人依法合理行使诉讼权。审查非诉行政案件3件。

二、深入推进执行工作，努力破解"执行难"问题

开展"基本解决执行难"专项行动。深入贯彻落实上级法院关于基本解决执行难工作的安排部署，按照"七个一批"工作要求，强化执行措施，狠抓执行款物清理，集中开展规范执行行为、夏季集中执行、基本解决执行难"百日攻坚"、执行"金秋行动"等专项执行活动，着力推进基本解决执行难工作。共受理执行案件1535件，执结1131件，执结率73.68%，执结标的4965.9万元，标的到位率58.94%。受理数和执结数与上年同期相比分别上升14.72%和21.86%。

加大执行工作力度。全面加强对民商事案件的执行，对有履行能力的被执行人，依法及时采取查封、扣押、拍卖、变卖等强制执行措施。对暂无财产可供执行的，积极采取限制高消费、纳入失信被执行人名单、公开曝光等措施，共曝光失信被执行人153人次，限制高消费76人次，采取悬赏方式查找被执行人120人次。对恶意转移财产、抗拒阻碍执行的，依法罚款、拘留直至追究刑事责任，共向公安机关移送布控被执行人85人，司法拘留58人次，以拒不执行判决罪判决2案5人。

完善执行联动工作机制。坚持"党委领导、政法委协调、人大监督、政府支持、法院主办、部门配合、社会参与"的执行工作格局，成立了彭阳县执行联动机制工作领导小组；与银行、市监、房管等相关部门单位建立了"点对点""总对总"信息查询机制；将不自觉履行的被执行人纳入全国法院"失信被执行人名单"和银行征信系统，强化对失信被执行人的信用惩戒；与公安、检察机关建立协助法院执行、联合打击拒执违法犯罪工作机制。

三、全面深化司法改革，着力提升司法公信力

推进审判权运行机制改革。按照"1+1+1"模式，科学、合理设置专业化、特色化审判团队8个。健全主审法官与合议庭办案机制、院庭长审判管理和监督机制，进一步落实主审法官自主裁判权、规范庭长权力。探索实施案件繁简分流机制和要素审判机制，制定案件繁简分流实施细则和要素式审判办法，做到简案快审、难案精审，适用要素式审判机制审理案件32件。明确院、庭长办案指标，院、庭长共承办案件1265件，占结案总数的36.66%。认真开展第二批入额法官选任工作，严格选任标准和程序，顺利选任出第二批员额法官5名。

推进刑事诉讼制度改革。认真贯彻落实最高人民法院关于全面推进以审判为中心的刑事诉讼制度改革的实施意见，全面落实庭审实质化，确保诉讼证据出示在法庭、案件事实查明在法庭、控辩意见发表在法庭、裁判理由和裁判结果形成在法庭，使庭审真正成为解决罪、责、刑问题的核心环节。积极适用刑事案件轻刑快办程序，对事实清楚，证据充分，被告人自愿认罪，当事人对适用法律没有争议的轻微刑事案件，适当简化程序，提高办案效率，以此方式审结案件37件。

推进家事审判方式改革。探索家事审判专业化模式，组建家事审判团队3个。强化制度保障功能，制定《家事审判实施细则》《家事纠纷调解规则》等9项制度，确保家事案件在立案、调解、审理、判后答疑等环节规范运行。加强家事审判硬件设施建设，设立家事审判庭和家事调解室，营造轻松、舒适、和谐、宽松的调解审判氛围。创新审判方式，注重家事案件的司法人文关怀，发出离婚冷静期通知书34份，人身保护令13份，出具《离婚证明书》28份；将调解工作贯穿到家事审判始终，调解、撤诉结案298件，调撤率达59.48%。

四、践行司法为民要求，满足人民群众司法需求

拓宽司法便民渠道。全面实行"一站式"诉讼服务机制，丰富立案、审判、执行、信访等各个环节的便民利民措施，强化对当事人的诉讼指导。深入推进矛盾纠纷多元化解机制建设，设立诉前调解室，聘请专职调解员坐班调解，邀请特邀调解组织和特邀调解员参与调解。开设律师安检"绿色通道"，为律师参与诉讼提供便利。建立农民工工资、抚养费、赡养费等涉民生案件"绿色通道"机制，实行优先立案、优先审理、优先执行。发挥小额速裁程序快捷、高效的特点，减轻当事人诉累，速裁结案117件。出台《彭阳法院关于为全县民风建设提供司法保障和服务的实施意见》，加大对农村聚众赌博、通过"天价彩礼"非法牟利等活动的打击力度，营造风清气正的乡风民俗。出台《彭阳法院联系乡镇工作实施意见》，加强与乡镇的沟通联系，有效化解基层社会矛盾。加强司法救助工作，为困难当事人减、免、缓交诉讼费5.52万元，为符合条件的刑事被害人、申请执行人申请司法救助资金43.7万元。

落实司法公开要求。全面落实最高人民法院、宁夏回族自治区高级人民法院建设"智慧法院"总要求，积极推进裁判文书、审判流程、执行信息和庭审直播"四大公开平

台"建设,满足当事人随时查询案件办理进程的需求。召开集中发放执行案款新闻发布会,现场为18名案件当事人集中发放执行案款226万元。举办"法院开放日"活动4场次,邀请代表、委员、师生、普通民众等各界人士参观法院、旁听庭审,与法院进行"零距离"接触,全方位展示法院工作,面向社会各界广泛征求意见,让司法在阳光下运行。

强化法治宣传举措。用足用活网络媒体和微媒体,开通彭阳法院门户网站、官方微博和微信公众号,公开司法信息,讲好司法故事,传播司法声音,累计发布司法信息165条,"一网双微"互联互通的宣传新机制逐步建立。积极开展"法律八进"活动和"流动法庭"巡回审理,将审判法庭开进广场、学校、企业、农户家中,以鲜活的案例教育旁听群众,提升群众学法用法尊法意识。共举办各类法律讲座3场次,巡回审理案件94件。

五、大力强化内外监督,不断提高公正司法水平

全面加强内部监督。强化程序规范意识,严格办案流程管理,实行节点控制,对立案、审判、执行、归档等节点预警、催办、督办,杜绝出现超审限案件。建立问题案件复查机制,对改判、发回重审以及重大信访投诉案件实行逐件复查,及时纠正问题,并对相关责任人员严肃处理。加强审判质量监督,深入开展庭审、裁判文书和审判质量评查活动,定期通报案件审理执行情况,庭审、裁判文书评查情况,实现审判管理监督常态化。共举行庭审观摩25次,评查法律文书845份,召开发改案件评析会4次,下发评查通报12期,审判质效不断提升。

自觉接受外部监督。坚持自觉接受人大监督,积极向县人大常委会报告各项工作情况,及时整改存在的问题和不足。不断完善与人大代表、政协委员联络沟通机制,主动邀请人大代表、政协委员视察法院、旁听案件庭审、参与见证执行。认真办理人大代表、政协委员的议案和建议,强化跟踪督办,确保件件有落实、事事有回音。依法接受检察机关的法律监督,加大与检察机关的沟通、协调力度,依法、公正地审理好各类案件。全面加强人民陪审员工作,充分调动人民陪审员参与审判、监督法院工作的积极性,一审普通程序案件人民陪审员参审率达94.8%。

六、着力加强自身建设,切实增强队伍战斗力

强化班子建设。深入开展"两学一做"学习教育,认真查找并整改存在的突出问题,进一步增强班子党性修养,提升整体素质,把握正确的政治方向。坚持民主集中制,在重大事项决策上,做到集体决策、民主决策、科学决策,促进班子团结合作。进一步强化领导担当,厘清并落实责任,根据各班子成员分工及职责范围,列出责任清单,做到环环相扣,权责界限明晰,推动"两个责任"的落实。加强班子成员的选任和调配,院党组成员由5人增加到7人,班子力量得到充实,工作水平不断提升。

改进司法作风。深入开展"严明工作纪律,规范司法礼仪"学习教育,切实解决工作纪律松懈、工作效率低下问题,解决不讲司法礼仪、不注重司法形象问题。集中开展"三不为"纪律作风专项整治活动,切实解决庸懒散软、推诿扯皮、不愿担当、不守规矩等突出问题。紧盯重要节日节点，加强节日纠风工作，严防穿上"隐身衣"的"四风"蒙混过关。落实领导干部干预司法活动和司法内部人员过问案件的登记、上报、追究制度，防止领导干部和内部人员违反规定干预司法活动、插手具体案件处理。落实周督查月通报制度，对不守纪律的干警实名通报，共开展专项督查36次，下发督查通报12期，通报干警8人次。

提高队伍素质。坚持公开公正选人用人，调整充实中层岗位人员配置，提拔任命11人，调整任职4人。在全院范围内开展竞争上岗、双向选择，对全院干警岗位进行优化调整，有效调动干警队伍的工作积极性。注重教育培训，参加上级法院组织的业务培训169人次，选派优秀法官赴外地法院学习、调研33人次，举办"法官讲堂"7场次、书记员技能比赛4场次。完成法院书画长廊建设，建成"一室两馆"（体能训练室、羽毛球馆、乒乓球馆），购置健身器材，缓解干警工作压力，激发队伍活力。

各位代表，2017年，县人民法院工作取得了一定的成绩，获得全区优秀法院、驻村帮扶工作先进单位等荣誉称号，在全市法院工作目标管理考核中获一等奖，在全县部门综合考核中获一等奖。这些成绩，是县委领导、人大监督、政府、政协及社会各界大力支持的结果。在此，我代表县人民法院向支持法院工作的各位代表、委员和社会各界人士表示崇高的敬意和衷心的感谢！

同时，我们也清醒地认识到存在的困难和不足：一是案件量持续增长，人才流失严重，审判力量薄弱，案多人少矛盾愈加突出。二是人民群众对"执行难"与"执行不能"的理解还存在偏差，逃避执行、规避执行、抗拒执行等行为还未得到根本遏制，基本解决执行难困难重重。三是案件审判管理、监督制约机制亟待加强，案件质效有待进一步提高。四是从严治院要求有待进一步深化，个别干警工作不细致、行为不规范、处事不严谨、作风不端正等现象依然存在。对此，我们将认真研究，内挖潜力，外聚合力，努力加以解决。

2018年工作安排

2018年，是贯彻落实党的十九大精神的开局之年，是彭阳县决战脱贫攻坚、建成全面小康社会的关键之年，县人民法院的工作思路是：高举中国特色社会主义伟大旗帜，以习近平新时代中国特色社会主义思想为指引，深入贯彻落实党的十九大精神和自治区第十二次党代会精神，按照上级法院确定的目标任务和县委的决策部署，加快推进"智慧法院"和"文化法院"建设，全面推进司法体制改革，全面提升审判执行工作质效，全面加强班子队伍建设，不忘初心、牢记使命，振奋精神、实干兴宁，为实现"两个一百年"奋斗目标，谱写新时代彭阳发展新篇章提供优质高效的法律服务和坚强有力的司法保障。

一、发挥审判职能，在服务大局上强化新担当

紧紧围绕全县工作部署，充分发挥审判职能作用，扎实做好扶贫工作，为打赢脱贫攻坚战作出更大贡献。依法严惩各类严重刑事犯罪,推进平安彭阳建设,坚决维护国家安全和社会稳定。妥善调处各类民商事纠纷,依法支持经济结构调整和供给侧结构性改革,维护经济活动法律秩序。巩固行政案件集中管辖成果,监督、支持依法行政,促进法治政府建设。坚持内外联动,强化工作措施,确保按期完成"基本解决执行难"目标任务,兑现人民法院对党和人民的庄严承诺。

二、深化司法改革,在审判质效上完成新飞跃

深入推进审判团队建设和运行,不断完善员额法官、合议庭主体地位,实施随机分案、办案权责清单、责任追究等制度,全面落实"谁办案、谁签字、谁负责"的司法责任。深化以庭审为中心的刑事诉讼制度改革,完善庭前会议制度,提高当庭认证率和当庭宣判率。健全案件繁简分流机制和要素审判机制,加大小额诉讼和简易程序适用力度,提升办案效率。完善矛盾纠纷多元化解机制建设,动员社会力量参与矛盾纠纷化解,努力实现审判执行工作的良性发展。创新工作机制,着力破解案多人少突出矛盾。

三、加快信息化建设,在智慧法院建设上实现新突破

积极投入人力、物力、财力,全面推进信息化建设工作。着力构建网络化、阳光化、智能化的信息化系统,支持全业务网上办理,为法官、诉讼参与人、社会公众和政务部门提供全方位智能服务。创建电子送达平台,精准定位诉讼参与人,提升送达效率,破解送达难题。继续推行"四大平台"建设,促进实现审判执行全要素依法公开,助推司法公开工作。进一步加强执行指挥中心建设,在现有执行信息系统平台上逐步融入案款管理、执行会商、执行委托、异地调度、快速反应等功效,推广网络司法拍卖系统的应用,形成上下一体,协调统一的执行工作运行机制。

四、加强文化建设,在司法公信上创造新亮点

坚持"文化兴院"理念。深入开展"建书香法院,育'三型'(学习型、研究型、专家型)法官"活动,强化价值观念、打牢思想基础、激发队伍活力、树立法院新形象。加强廉政文化建设,定期开展警示教育和先进典型示范教育,营造廉洁司法氛围,促进廉洁办案。以打造"学习型法院,学习型法官"为平台,广泛开展"爱读书、读好书、善读书"活动,激发全院干警的读书热情,提升干警文化素养。坚持人文关怀,鼓励干警开展健康向上、丰富多彩的业余文化生活,营造良好的文化氛围。积极与市、县相关部门对接,制订切实可行的争创方案,努力争创全国文明单位。

五、强化队伍建设,在司法能力上获得新提升

坚持"三会一课"和中心组学习不放松,切实做好党的十九大、自治区十二次党代会、市委四届二次全会精神的学习宣传教育,推进"两学一做"学习教育常态化制度化,进一步强化干警的政治意识、大局意识、责任意识和纪律意识,提升队伍精神面貌。继续抓好法官的教育培训,组织干警分批次赴先进法院学习审判经验,不断提升法官队伍的专业化水平。坚决落实"两个责任"和"一岗双责",强化作风建设,营造风清气正、干事创业的良好生态,建设一支政治坚定、业务过硬、一心为民、公正廉洁的法院队伍。

各位代表,在新的一年里,县人民法院将在县委的坚强领导、县人大及其常委会的有力监督以及县政府、县政协和社会各界的关心支持下,全面贯彻落实县委八届二次全会确定的任务目标及此次会议精神,忠实履行宪法法律职责,开拓创新,攻坚克难,奋发有为,为实现"两个一百年"奋斗目标,谱写新时代彭阳发展新篇章而不懈努力。

名词解释

1. 基本解决执行难:2016年3月,最高人民法院院长周强明确提出了"用两到三年时间基本解决执行难问题"的基本目标,固原市两级法院在此基础上提出用两年时间基本解决执行难问题。

2. "七个一批"工作要求:"集中公布曝光一批、集中限制消费一批、集中网络拍卖一批、集中司法拘留一批、集中追究拒执罪一批、集中司法救助一批、集中执结一批"。

3. 审判权运行机制改革:此项改革的重点是完善以审判权为核心、以审判监督权和审判管理权为保障的审判权力运行机制,落实审判责任制,做到让审理者裁判,由裁判者负责。

4. "1+1+1"审判团队模式:是指建立由主审法官、法官助理和书记员组成的审判团队,并明确审判团队的职责分工,为主审法官配足配齐审判辅助人员,减少主审法官的事务性工作负担,使其专心于审判核心事务。

5. "法律八进"活动:是指法律进机关、法律进单位、法律进企业、法律进学校、法律进乡村、法律进社区、法律进家庭、法律进宗教场所,统称为"法律八进"。

6. "智慧法院":由最高人民法院提出,内容主要包括以实现司法公正和高效为目标,推动司法信息的数据化、标准化和可视化,在构建政府间数据、政府与社会组织及公众数据公开共享的数据协作机制,以及数据安全可信的保障机制之基础上,运用大数据和云计算等信息技术,促进司法审执公正化和法院管理高效化的信息化系统。

彭阳县人民检察院工作报告

——在彭阳县第九届人民代表大会第二次会议上

（2017年12月22日）

彭阳县人民检察院检察长　石永忠

各位代表：

现在，我代表县人民检察院向大会报告工作，请予审议，并请政协委员和列席同志提出意见。

2017年工作回顾

2017年，县人民检察院在县委和上级检察机关的正确领导下，在县人大、政府、政协及社会各界的监督关心支持下，以习近平新时代中国特色社会主义思想为指导，认真学习贯彻党的十八大历次会议和十九大会议精神，以及上级党委人大政府的工作部署和要求，自觉践行"绿色检察"发展理念，抓紧落实司法体制改革各项措施，各项检察工作取得较大进步。

一、践行"绿色检察"发展理念，保障全县经济社会发展，确保检察服务大局见实效

注重司法方式转变，实现理念践行有效。2017年初，固原市检察院提出"绿色检察"发展理念，彭阳县人民检察院党组研究制订了《彭阳县人民检察院关于贯彻落实"绿色检察"发展理念保障服务彭阳经济社会发展实施方案》。将践行"绿色检察"发展理念作为执法办案的基本遵循，确保办案力度、办案时机与经济社会发展大局步调一致。围绕保护生态环境，开展公益诉讼工作，办理破坏生态环境和土地资源案件4件，向相关行政主管部门发出检察建议4份，督促其严格及时履行监管职责，追缴罚款、土地植被恢复费1000余万元。准确适用不起诉、从宽处理量刑建议等手段，在兰某某等18人拒不执行裁判案、张某某等4人聚众扰乱社会秩序案件办理中，对情节轻微、社会危害不大的16名犯罪嫌疑人决定不起诉，法律的教育功能和惩治功能得到了有效发挥。注重修复社会关系，对在押犯罪嫌疑人启动羁押必要性审查，向办案单位提出变更强制措施建议10件，向4名刑事案件被害人及其家属发放救助金30万元，减轻被害人因刑事犯罪所受到的经济损失和心理创伤，及时化解了社会不稳定因素。

建立完善监督机制，参与法治政府建设。2017年对"两法衔接"工作进行再推进，已和16家行政执法单位接通行政执法与刑事司法衔接信息共享平台，审查行政单位录入案件77件。主动到市监局、交警、运管、水务等行政执法单位查阅案卷142册，针对他们在执法过程中适用法律不准确、程序不规范的问题，提出改进工作检察建议18份，督促行政机关纠正不作为、慢作为、适用法律错误及执法不规范、不严谨等问题，促进依法行政。开展行贿档案查询1392人次，对有行贿犯罪记录的2家单位取消其投标资格。

延伸检察服务触角，推进重点工作开展。开展下基层对口精准扶贫工作和法律"八进"法制宣传活动。严格落实"精准扶贫"工作任务，检察长包扶冯庄乡崖湾村、高庄村，选派2名驻村第一书记及2名工作人员在王洼镇石岔村、路寨村开展工作，其余31名干警职工积极参与古城镇古城村、羊坊村对口帮扶工作，为帮扶农户提供帮扶资金和实物6.2万余元，帮助石岔村、路寨村建成文化墙等基础设施。联合县教体局制订《关于在全县开展"法治进校园"巡讲活动实施方案》，建立全县首家未成年人观护帮教站，截至年底，"法治进校园"巡讲活动已在全县63所学校开展，对6312名在校学生进行法治宣传教育。

二、参与平安彭阳建设，全力维护社会和谐稳定，促进检察职能履行上台阶

打击刑事犯罪，深化平安彭阳建设。扎实做好检察环节社会治理各项工作。2017年受理公安机关提请逮捕案件39件64人，审查后作出批准逮捕41人，不批捕22人，不捕后审查复议1件，追捕2人。受理移送起诉各类刑事案件91件129人，审结案件78件122人，其中提起公诉101人，不起诉21人，追加起诉遗漏犯罪嫌疑人3人。严厉打击影响人民群众安全感的严重暴力犯罪、多发性侵财犯罪和毒品犯罪，其中起诉故意杀人、强奸、绑架等严重暴力犯罪案件11件33人，起诉危险驾驶、非法持有枪支等危害公共安全犯罪案件26件28人，起诉盗窃、抢劫等多发性犯罪案件25件28人，起诉容留他人吸毒、种植毒品原植物犯罪案件4件4人。批捕、起诉案件质量显著提升，在全区检察机关评选的19份优秀法律文书中，彭阳县人民检察院报送的3份法律文书获奖。

查办职务犯罪，推进反腐预防建设。严肃查办涉农领域职务犯罪案件。2017年共受理贪污贿赂案件线索9件，初查9件13人，立案侦查4人，移送审查起诉8人，法院有罪判决7人，挽回经济损失40余万元。查办的"袁某某贪污案""马某某贪污案"分别入选全区检察机关集中整治和预防扶贫领域职务犯罪十大"精品案件"、十大"优秀案件"。联合县纪委、组织部建成县乡村三级党员干部警示教育基地，其中建筑总面积为216平方米的多媒体干部勤政廉政教育基地，已建成并投入使用。分别在文广局、王洼镇、红河镇、城阳乡、信用联社等乡镇及单位举办警示教育讲座10场次。进一步深化邮路专项预防工作，与固原市邮政公司和彭阳县邮政公司联合制作"预防职务犯罪邮路"动漫微信和微视频，向社会全面推送。开展互助资金安全运行专项调查，督促收回拖欠互助资金35.3万余元。调查过程中发现职务犯罪案件线索1件，并立案查处。开展职务犯罪专项预防调查3项，预防咨询19次，完成调查终结报告3件，结合查办案件，开展职务犯罪案件现场剖析会2次，以身边事教育身边人，达到"办案一件，教育一片"的法律社会效果。

强化诉讼监督,营造良好法治环境。强化立案监督和侦查活动监督。依托检察官监督办公室,主动与侦查机关联系,要求其说明立案理由和不立案理由,通知侦查机关撤销不当立案18件,立案1件;在审查办理批捕、起诉案件中,针对侦查活动不规范情形,发出纠正违法通知书15份,提前介入引导侦查取证2件。强化刑事审判监督,出庭支持公诉72件,审查刑事审判文书66件,提请刑事抗诉1件1人,上级法院予以采纳。强化刑罚执行和监管活动监督,联合监管单位进行安全大检查7次,会同监管单位召开联系会议5次,检察室单独进行安全防范检查32次,与在押人员谈话教育140人次,就加强和改进监管工作发出检察建议4份;完成全国检察机关第五届驻所检察室规范化建设达标考评验收工作;开展社区矫正监督检察,向司法行政机关发检察建议1份,防止脱管漏管问题发生。强化民事行政审判监督,开展"基层民事行政检察工作推进年"专项活动,审查法院已生效裁判案卷173本,发现民事审判执行程序不规范问题27件,向法院发出监督纠正审判程序违法检察建议20件,再审检察建议1件,所发检察建议均得到整改回复。

排查矛盾纠纷,维护和谐稳定。今年以来,接待群众来信来访26件30人,其中来访22件26人,受理举报贪污贿赂案件线索5件,受理并立案复查刑事申诉案件4件。集中开展法治宣传咨询7场次,引导群众依法表达诉求,认真解决群众困难,维护社会和谐稳定。开展检察长接待及巡回下访,切实做好节日节点、"两会"和党的十九大会议召开期间的矛盾纠纷排查化解工作。落实服务型窗口建设工作措施,按照区检院《加强服务型窗口建设实施办法》要求,进一步加强服务型窗口单位建设,彭阳县人民检察院窗口接待工作得到各级党委和上级检察机关的充分肯定,2017年,控告申诉接待大厅继续被自治区人民检察院、最高人民检察院评为全区文明接待室、全国检察机关文明接待室。

三、加强基层基础建设,从严治检打造自身硬,提升检察队伍建设有亮点

坚持分工分类定岗,优化人员结构配置。按照上级检察院机构改革的要求,将10个内设机构整合为"五部一组",各部部长由院党组成员、检委会专职委员担任,负责管理行政事务,协调业务工作和其他工作。根据检察权力类别,制定不同业务岗位职责清单和权力清单。执行员额检察官办案工作责任制,严格落实院领导办案规定,2017年以来,院领导直接办理各类案件96件,占员额检察官办案数的55%。减少执法办案审批环节,司法效率进一步提升。建立员额检察官个人司法档案,进一步完善对检察人员业务实绩、司法技能、职业操守三方面的综合考评体系。

丰富检务公开形式,积极打造阳光检察。定期向人大、政协报告检察工作,自觉接受监督,听取并认真办理人大代表、政协委员及社会各界对检察工作的意见建议。以公开促公正,严格执行《人民检察院案件信息公开工作规定(试行)》,2017年以来,共接待律师查阅卷10次,接受案件当事人、诉讼代理人等程序性信息查询46次,公开终结性法律文书95份,程序性信息156条。借助"彭阳检察"两微一端新媒体平台,以检察工作为核心,深入开展检务公开与检察宣传,受理举报控告、处置网络舆情。截至年底,官方网站发布信息899条;新浪微博粉丝数11960人,发布信息1655条;微信公众号订阅量675人,发布信息492条;新闻客户端发布信息452条。

落实从严治检要求,队伍素能不断提升。推进"两学一做"教育常态化制度化,全面落实从严治党、从严治检各项要求。制定《检务督察工作实施办法》《约谈问责办法》,将各项检察工作与检容风纪等全部纳入督察范围,加大检务督察力度和次数,对工作纪律、案件评查、卫生安保等方面存在问题进行通报;不断强化自身党风廉政建设,落实党风廉政建设工作责任分工,对党风廉政建设责任清单进行公示;注重机制和制度建设,建立预警机制、通报制度、约谈问责追究制度强化责任意识,签订党风廉政建设责任书层层传递压力,落实责任。持续抓好干警纪律作风警示教育,坚决抵制"四风"问题反弹,全年公务接待、公车运行成本大幅下降。积极开展岗位练兵和业务竞赛活动,以庭审观摩、文书评比、类案研讨、业务实训等载体为抓手,实现以赛促学、促练、促提升,进一步增强各类人员履职能力,不断提高检察干警业务水平。

紧扣科学发展主题,促进基层基础建设。认真落实基层人民检察院建设规划纲要,开展"一院一品牌"创建活动,深入推进基层示范院建设。通过加强机关党的建设,以"党建带队建"品牌创建为抓手,主抓"班子带检、素质兴检、廉洁治检、文化育检、团建促检"五项工程,有效运用"两微一端"打造"智慧党建"阵地,建立"微信党支部群",对重点学习内容及时宣传推送。以"三会一课"制度的落实推进"两学一做"学习教育,以党小组为单位自主开展"6+X"主题党日活动。中国检察官文联《百名检察长访谈》摄制组深入彭阳县人民检察院就队伍建设工作进行采访,随后通过检魂网、中国长安网等各主流媒体报道宣传。积极参与全县民族团结进步创建工作,连续第三次被评为"自治区文明单位"。

做好转隶工作对接,推进监察体制改革。牢固树立"四个意识",坚决贯彻落实中央和区、市、县委的部署,配合做好国家监察体制改革试点工作各项要求。加强与县纪委的协调沟通,注重做好职务犯罪查处、预防工作的对接,就案件受理、案件调查、审查办理、强制措施、线索移送等工作进行衔接。落实自治区深化国家监察体制改革试点方案,严格按照政法专项编制23%的比例进行划转,根据专业需要、能力水平、个人意愿,做好转隶人员思想工作,对相关装备,建立移交清单,确保转隶政策执行到位。

各位代表:检察工作的发展,是县委正确领导、人大有力监督、政府关心帮助、政协民主监督和社会各界大力支持的结果,在此,我代表县人民检察院对长期以来关心、支持检察工作的各级领导、人大代表、政协委员和社会各界人士表示衷心的感谢!

回顾2017年的工作,彭阳县人民检察院各项工作虽然取得了一些成绩,但与县委和上级检察机关的要求还有一定差距,主要是:思想还不够解放,抢抓机遇意识不浓;检察工作服务大局、保障民生的能力还不够强；检察队伍司法理念、职业素养、法律监督能力还有待进一步提升；对工作总结提炼、做好做强、打造精品的意识还需加强。对这些问题，我们将紧盯不放，努力克服和改进。

2018年工作目标任务

2018年，彭阳检察工作的总体思路是：以邓小平理论、"三个代表"重要思想、科学发展观、习近平新时代中国特色社会主义思想为指导，深入贯彻党的十九大精神，全面落实县委和上级检察机关的决策部署，积极践行"绿色检察"发展理念，以深化司法责任制改革为动力，以强化法律监督、强化自身监督、强化高素质队伍建设为着力点，切实履行好维护社会大局稳定、促进社会公平正义、保障人民安居乐业的职责使命，为实现经济繁荣、民族团结、环境优美、人民富裕，谱写新时代彭阳发展新篇章提供坚强有力的司法保障！

学习贯彻十九大精神，践行"绿色检察"发展理念。继续深入学习贯彻党的十九大、自治区第十二次党代会及市、县党委会议精神，积极响应"振奋精神、实干兴宁"的号召，切实增强加快创新发展的责任感和使命感，立足检察工作实际抓好贯彻落实。积极发挥"绿色检察"服务全县工作大局的能动作用，自觉承担起构建良好法治生态的职责使命，把思想和行动统一到县委的决策部署上来，结合精准扶贫和普法工作，主动深入基层联系群众，广泛宣传会议精神及党的惠农富民政策，帮助制定脱贫发展规划和解决实际困难。

抓好检察业务工作，推进平安彭阳建设。充分发挥检察职能，践行"绿色检察"发展理念，积极推动平安彭阳建设，促进提升社会治理法治化水平。密切关注社会治安和公共安全出现的新情况，严厉打击严重危害人民群众生命健康、财产安全的刑事犯罪。加强法律监督，维护公平正义，准确把握和切实贯彻宽严相济刑事政策，最大限度减少社会对抗，最大限度促进社会和谐稳定。进一步加强对民事诉讼活动全过程的监督，做好与法院沟通协调，定期开展监督专项检查。积极探索行政检察监督，认真开展行政、民事公益诉讼工作，加大对生态环境、资源保护、食品药品安全、国有资产保护、国有土地出让等领域的行政公益诉讼案件的办理，促进依法行政和法治政府建设。加强涉检信访和窗口建设工作，努力把化解矛盾贯穿于执法办案的全过程，把矛盾消除在萌芽状态。

推进体制机制创新，确保各项改革落地。继续推进以司法责任制为核心的四项基础改革落实，完善不同类别人员的教育管理、考核评价、监督问责工作机制和制度体系；健全符合司法规律的以侦查监督、公诉、刑事执行监督等为主要内容的刑事检察工作机制；探索"民事诉讼监督、支持起诉、公益诉讼"协调发展的多元化民事检察工作格局；建立集信访、纠错、赔偿、救助于一体的控告申诉检察工作制度，提升化解涉检信访能力。按节点要求，积极配合县纪委做好相关工作，确保人员转隶到位、装备移交到位、政策落实到位，案件线索全部安全移交，严格落实国家监察体制改革试点工作要求。

提升规范司法水平，打造过硬检察队伍。以提高检察人员的素质为重点，以提高法律监督能力为核心，以规范司法行为专项整治工作为抓手，以"建设学习型检察院，做学习型检察官"为契机，加强政治教育、业务培训和监督管理，建设一支专业化、职业化的高素质检察队伍。加强思想政治和作风纪律建设，继续推进"两学一做"学习教育常态化制度化，强化检察干警政治立场和规矩意识。加大对年轻检察干部的培养力度，促进干警业务能力整体协调发展。

强化基层基础建设，夯实检察事业根基。坚持抓基层强基础，深入推进基层检察院业务、队伍、管理、保障四项建设。不断创新党建工作模式，进一步深化"党建带队建"彭阳检察品牌创建工作。继续推进技侦楼工程立项建设工作，深入实施科技强检战略，全面推进电子检务工程，不断提高信息化水平，探索完善"互联网+检察"工作模式，打造智慧检察，努力提高检察工作信息化水平。继续完善司法办案、检察办公、队伍管理、检务保障、检察决策支持、检务公开和服务"六大平台"建设，实现检察工作信息化水平质量实质性提升。

各位代表，面临新时代新的社会矛盾，新的社会需求，新的社会变革，检察机关使命光荣，责任重大！我们将认真贯彻本次会议精神，不忘初心、牢记使命，振奋精神、实干兴宁，以习近平新时代中国特色社会主义思想为指导，发扬"不到长城非好汉"的精神，抢抓机遇，砥砺前行，努力为打赢脱贫攻坚战、全面建成小康社会提供坚强的司法保障！

名词解释

1. 绿色检察：是指以司法规律为基本遵循、以规范、理性、文明为核心，以优化司法资源配置为重点，以司法公开、司法公正和司法公信力为本质要求，以最大限度地减少司法办案的负面产出为最终目标，重构检察司法内外和谐关系，促进法治生态文明健康发展。其改变了传统的唯数字办案的评价模式，更加注重案件质效，更加注重司法过程中执法动机、方式方法、质量效果三者的有机统一，更加注重司法结果中法律效果、政治效果和社会效果的有机统一，标志着全市检察工作理念和发展方式的重大转变。

2. 两法衔接信息共享平台：是指行政执法机关、公安机关、检察机关在信息共享、案件移送、协调配合、监督制约等方面建立工作制度，并将执法信息和办案情况实时上传网络信息平台，对行政执法活动进行动态监督，保证涉嫌犯罪案件依法及时进入司法程序，促进依法行政。

3. 羁押必要性审查：是指根据《中华人民共和国刑事诉讼法》第九十三条规定，人民检察院对被逮捕后的犯罪嫌疑人、被告人，应当对其有无羁押的必要进行审查。对不需要继续羁押的，应当建议予以释放或者变更强制措施。

4. 刑事被害人救助：是指根据《关于开展刑事被害人救助工作的若干意见》的规定，在刑事被害人遭受犯罪行为侵害，无法及时获得赔偿的情况下，由国家给予适当的经济资助，帮助刑事被害人或其近亲属缓解经济困难。

5. 社区矫正：是指利用各种社会资源、

整合社会各方面力量,对罪行较轻、主观恶性较小、社会危害性不大的罪犯或者经过监管改造、确有悔改表现、不致再危害社会的罪犯在社区中进行有针对性管理、教育和改造的工作。

6. 以司法责任制为核心的四项改革:是指实行司法人员分类管理、完善司法责任制、健全司法人员职业保障、推动省以下地方法院检察院人财物统一管理的四项基础性、制度性改革措施。

7. 终结性法律文书:是指检察机关不立案、不起诉、不支持监督申请(民行)决定等终结诉讼程序的法律文书的合称。

8. 一院一品牌:是指固原市人民检察院贯彻落实高检院、自治区检察院关于加强基层检察院建设的要求,深入推进创先争优活动而提出的创建活动形式。彭阳县检察院创建品牌为"党建带队建"。

9. "互联网+检察"工作模式:是指检察机关积极贯彻党中央关于"互联网+"的重要战略部署,主动适应"互联网+"的发展趋势,以合法、安全为前提,在职能范围内灵活运用互联网思维,充分利用大数据,云计算、物联网等现代信息技术,在司法办案、检务公开、便民服务等方面激发创新智慧与创造活力,通过检察业务的流程再造,推动检察工作创新发展,构建互联网时代的检察工作新模式。

关于彭阳县2017年国民经济和社会发展计划执行情况与2018年国民经济和社会发展计划(草案)的报告

——在彭阳县第九届人民代表大会第二次会议上

(2017年12月22日)

彭阳县发展和改革局局长　刘胜利

各位代表:

受县人民政府委托,现将2017年国民经济和社会发展计划执行情况与2018年国民经济和社会发展计划(草案)提请大会审议,并请各位政协委员和列席人员提出意见。

一、2017年国民经济和社会发展计划执行情况

2017年是彭阳县脱贫攻坚和经济转型升级发展的重要之年,在县委的正确领导和人大、政协的监督指导下,全县上下认真贯彻落实县九届一次人代会确定的各项工作,

高举中国特色社会主义伟大旗帜,以邓小平理论、"三个代表"重要思想和科学发展观为指导,按照"五位一体"总体布局和"四个全面"战略布局要求,深入贯彻落实新发展理念,大力弘扬"不到长城非好汉"的宁夏精神,继续坚持"二十字"建县方针,突出以赶超跨越、强县富民为主题、以脱贫攻坚为统领、以增加城乡居民收入为核心,推进产业转型、生态建设、城乡发展、民生改善,全面深化各项改革,同心同德,凝心聚力,务实创新,负重拼搏,狠抓项目建设,全力以赴稳增长、调结构、惠民生、补短板,各项工作取得新进展。

(一)抓监测,重调控,经济运行稳中有进。2017年以来坚持每月监测分析,准确研判经济形势,提出应对措施,确保全县经济运行稳中有进、稳中向好,主要经济指标好于预期。到年底,全县实现地区生产总值49.95亿元,同比增长8.8%,其中一、二、三产业增加值分别为12.70亿元、14.82亿元、21.77亿元,同比分别增长3.5%、16.7%、5.7%;地方一般公共财政预算收入2.4亿元,同比增长9.8%;完成全社会固定资产投资67.47亿元,同比增长13.3%;城镇、农村居民人均可支配收入分别达23345元、8790元,同比分别增长8%、11.8%。粮食、食品、蔬菜、农业生产资料、大宗农产品价格平稳。

(二)抓基础,补短板,脱贫攻坚成效显著。按照"六个精准"总要求,紧盯贫困村、贫困户脱贫目标任务,围绕"五个一批"脱贫路径精准发力。发展生产:整合涉农资金7.86亿元,实施村组道路777.1千米,改造危房危窑1988户(建档立卡1125户),人居环境改善3208户(建档立卡1387户)。扶持建档立卡贫困户10728户,新建标准化养殖暖棚2241栋,补栏肉牛13458头、肉羊27854只。易地搬迁:搬迁安置1528户5786人,建成县内安置区13个。生态补偿:通过吸纳护林员使1150人受益。发展教育:完成建档立卡户劳动力技能培训8198人,取得国家鉴定资格证书2500人,实施建档立卡户"雨露计划"项目1198人。社会保障兜底:对通过产业扶持和就业安置帮助无法脱贫的贫困户,全部纳入农村低保兜底。发放扶贫贷款3.13亿元,安排"扶贫保"补贴资金1000万元,实现建档立卡贫困户"扶贫保"全覆盖。调整安排帮扶责任人4016人,实现贫困户帮扶全覆盖。贫困发生率下降到4.1%。

(三)抓培育,促发展,特色产业提质增效。全面推进农业供给侧结构性改革,不断深化农业资源配置,切实加快农业经营方式转变。粮食生产面积保持稳定,种植业结构不断优化,设施蔬菜提质增效。全县农作物播种面积108.4万亩,粮食总产量22.84万吨。蔬菜产业:按照"巩固面积、优化结构、科技支撑、打造品牌、拓展市场"的发展思路,种植蔬菜12.5万亩,坚持做亮"彭阳辣椒"品牌,切实推进设施园区升级换代。精心打造红河现代农业产业园,新建新型可移动日光温室104栋220亩,改造二代节能日光温室350栋,统繁统供蔬菜种苗822万株,引进亨椒神龙、朗悦407等辣椒新品种81个。成功打造新集、红河万亩蔬菜生产基地2个,韩堡、海子塬等千亩设施农业示范园区16个。草畜产业:坚持"家家种草、户户养畜,小群体、大规模"与"标准化规模养殖"同步发展模式,打造新集、古城2个万头肉牛养殖示范乡镇和挂马沟、白草洼等4个种养一体化千头肉牛养殖示范村。建成50头以上肉牛家庭牧场35家、200头以上肉牛规模养殖场8个。示范带动全县发展"5·30"标准养殖户1.5万户。建设1000亩以上集中连片紫花苜蓿种植示范点5个,新种紫花苜蓿1.2万亩,完成玉米青贮12.3万立方米,畜禽饲养总量230万个羊单位。林业产业:建成经果林示范基地2个、花椒基地1个,引进东昂集团在红河镇红河村发展500亩苹果矮砧密植集约栽培示范点1个,建成阳洼流域1000亩文冠果景观园。新建林下养殖、种植示范点5个,全县发展黄芪等林下药材3000亩,积极发挥彭阳"红梅杏""朝那鸡"国家地理标志认证产品品牌优势,对外销售红梅杏40万斤,实现销售收入400余万元,成功举办彭阳"生态鸡"品牌银川推介会。特色产业:支持发展万寿菊、中药材、小杂粮、中华蜂,建成万寿菊色素初加工厂1座,鲜花收购站8个。建成百亩标准化中药材种苗繁育基地3个,千亩中药材规范化种植基地4个,百亩百药种植科普示范园1个,带动全县种植以万寿菊为主的中药材5.17万亩。发展小杂粮示范基地13个,全县种植小杂粮7.5万亩。以孟塬、冯庄等乡镇为重点,全县养殖中华蜂9100箱。

(四)抓扶持,调结构,工业经济持续优化。全年完成全部工业增加值10.36亿元,同比增长23.9%,完成规上工业增加值8.18亿元,同比增长35%。能源开发:王洼煤矿全年生产原煤680万吨,实现增加值7.4亿元,同比增长36%;新打油井15口,全年生产原油13.7万吨。企业培育:严格落实产业准入负面清单制度,工业备案项目21个,开工建设12个,争取国家支持工业发展专项资金1000万元,新建农产品加工、新型轻工业11家,"入规"企业2家,发展"专精特新"企业6家、示范企业1家,引进有机肥制造、蜂蜜酿造等新业态,兑现2016年度非公奖补资金421.8万元。园区建设:实施县城工业园区道路及给排水管网二期工程,建设园区道路1.54千米,铺设给水管网1.54千米、雨水管网2.07千米、污水管网2.46千米,入园企业达39家,成功孵化出园企业10家。

(五)抓服务,挖潜力,服务业态不断拓展。以构建开放型经济体系和现代市场体系为核心,加快改造提升商贸服务、餐饮住宿等传统服务业,积极培育发展电子商务、生态旅游等新型服务业,实现全社会消费品零售总额8.72亿元,同比增长10%。旅游产业:编制完善全域旅游总体规划、旅游扶贫规划,建成旅游驿站5个,创建阳洼、杨坪2个旅游示范村,大力发展休闲观光农业,建成青云湾、金鸡坪2个区域景观梯田公园。创建县级休闲农业示范点5个和区级休闲农业与乡村旅游三星级农家乐15家。电子商务:扎实推进电子商务进农村综合示范县项目,建成县级电商公共服务中心、92个电商服务站,培育电子商务示范企业5家、物流企业3家,通过电商销售彭阳农工产品3100万元。建成县级物流分拨中心,整合全县物流快递公司开辟邮路4条,总里程810千米,物流快递送达12个乡镇82个行政村。商贸流通:完善商贸流通基础设施建设,加快浙商国际广场、财富广场、利民广场等项目建设进度,强化龙头企业示范引领作用,带动产业转型升级,组织企业开展各类促销活动。扶持菜篮子超市1家,打造特色商业街区1个。**创业创新**:以打造"一园一街"(彭阳县电商孵化园、彭阳县古城民族创业示范街)载体为抓手,投放就业创业、农村妇女创业担保贷款7558万元,培养小老板113个,培育小微企业57家,创造就业岗位455个,带动就业1415人。彭阳县电商孵化园被固原市命名为市级创业孵化基地。

(六)抓项目,强基础,城乡面貌持续改善。坚持以项目建设为抓手,着力改善城乡基础设施,组织外出招商29次,落实招商引资项目29个,全年开工建设项目76个,完成投资67.3亿元。**城乡基础**:劳务移民已入住东昂景苑,危房危窑改造、美丽小城镇、美丽村庄建设项目、茹河街道路给排水工程全部竣工。实施电信普遍服务试点和宽带乡村建设项目,新建4G基站94个,完成82个行政村591个自然村电信普遍服务工程,全县自然村4G网络全覆盖。**交通电力**:G327沟圈至彭阳段二级公路改扩建完成主体工程,积极配合自治区交通厅办理G85银昆高速彭阳段和G327青彭段公路土地预审、环境评价等前期工作,刘杨公路和夏山庄经北洼至王洼南街公路开工建设。实施农网改造工程,新建配电变压器173台,建设输配线路1155千米,新建接户、进户线543千米。**水利水保**:美丽茹河PPP项目建设稳步推进,开工建设水利水保工程19个,治理水土流失面积64平方千米,新增灌溉面积2000亩,自来水入户5302户,解决2.05万人饮水问题。**生态环境**:按照"一园两河三线多点"总体思路,围绕"一条主线",造林绿化28.3万亩,乡村道路绿化109千米,绿化居民点3个,义务植树10万株,启动实施降水量400毫米以上区域造林绿化工程。治理丰台、东岳山等小流域9条,治理水土流失面积80平方千米。加大城乡环境整治力度,创建国家卫生县城顺利通过复审验收。

(七)抓统筹,促保障,社会事业全面进步。认真落实改善民生10件实事,着力保障和改善民生,统筹推进社会保障、科技文化、教育体育、卫生计生等工作,全力构建和谐社会。**社会保障**:建成县综合福利服务中心、红河敬老院、儿童福利院救助站,累计发放各类社会保障和救助资金1.37亿元,27651名民政保障对象基本生活得到保障,救助困难群众8374人次。**科技文化**:成立各种合作组织、企业协会15家,发展家庭农场27家,建成千亩标准化种植基地2个,发展特色种植3万亩。完成博物馆布展和图书馆标准化配套,建成村级综合文化服务中心144个,成立文艺宣传队15个。**教育体育**:县职教中心投入使用,新建学校教学楼3栋、教师周转宿舍60套,新建、改扩建幼儿园16所。实现了中职学生"一免一补一减"、农村学前班幼儿营养改善计划和农村在园幼儿"一免一补"全覆盖,适龄儿童按时入学率100%。开工建设雷河滩体育公园和悦龙山新区文体中心,承办了全区网球和羽毛球培训班,参加2017年全区青少年锦标赛,取得8个第一名、15个第二名、19个第三名的优异成绩。**卫生计生**:以深化医药卫生体制改革为主线,全面启动区域卫生信息化平台建设,推行医联体、医共体模式,完善三级诊疗服务体系,组建家庭医生签约服务团队,签约81473人,家庭医生签约率41.4%,新建标准化村卫生室55个,改扩建县中医院、妇计中心、疾控中心。重大传染病报告率100%,人口自然增长率7.54‰,出生政策符合率96.99%以上。

一年来,我们在完成计划任务的同时,虽然取得了较好的成绩,但距县委、政府的要求和全县广大干部群众的期望还有差距,全县经济社会发展仍存在一些困难和问题:一是脱贫攻坚任务艰巨,贫困群众自我发展能力不强,增收渠道不宽,贫困户发展产业、脱贫致富的内生动力不强。二是农业产业化程度低,农业产业发展水平低,龙头企业数量少、规模小、效益低、特色不明显、品牌影响力小、辐射带动能力弱。三是工业经济结构性矛盾突出,一强众弱,一头沉现象严重,地方规上工业少,农产品加工、轻工企业规模小、产业链条短、附加值不高,市场竞争力弱。四是服务业短板明显,全县餐饮住宿、交通运输等传统服务水平层次低,现代服务业短板突出,新型服务业发展滞后,协同带动发展能力不强。五是项目投资后劲乏力,地方财力不足,投资项目少,社会投资积极性低,招商引资吸引力弱,缺乏新的投资增长极。

二、2018年国民经济和社会发展调控目标和主要任务(草案)

站在新时代的历史起点上,面临新任务,新要求,做好2018年工作对决胜全面建成小康社会至关重要。全县上下要认真学习贯彻党的十九大精神,深入贯彻落实自治区第十二次党代会和市委四届二次全会精神,县委八届二次全会精神,按照"五位一体"总体布局和"四个全面"战略布局要求,牢固树立和践行新发展理念,准确把握"生态优先,富民为本,绿色发展"定位,坚持以脱贫攻坚统领经济社会发展全局,紧盯产业强、人民富、环境美目标,全力打好脱贫富民、创新驱动、生态环境、城乡统筹、民生改善、改革开放"六场硬仗",不忘初心、牢记使命,凝心聚力、攻坚克难,确保完成2018年脱贫攻坚各项工作。

2018年全县国民经济和社会发展的主要预期目标是:

——地区生产总值(GDP)53.46亿元,同比增长7.5%。其中,第一产业13.27亿元,同比增长4.5%;第二产业16.28亿元,同比增长9.8%;第三产业23.91亿元,同比增长7.8%;

——全社会固定资产投资73.88亿元,同比增长10%;

——实现地方一般公共财政预算收入2.59亿元,同比增长8%;

——城镇居民人均可支配收入25210元,同比增长8%;

——农村居民人均可支配收入9430元,同比增长9%;

——人口自然增长率控制在10‰以内;

——城镇登记失业率控制在4%以内;

——完成区市下达的单位GDP能耗控制指标。

围绕实现目标任务,我们将努力抓好以下几个方面的工作:

(一)聚焦精准脱贫,不断提升发展能力。坚持精准扶贫精准脱贫基本方略,大力实施脱贫富民战略，紧盯贫困村巩固提升、非贫困村补齐短板和贫困户脱贫目标，狠抓基础设施建设、产业扶贫、移民后续产业、金融扶贫、脱贫能力培训等五项重点工作。对122个贫困村村组道路进行巩固提升、对34个非贫困村村组道路进行补短板，抓实"5·30"及其倍增计划，大力实施"四个一"示范带动工程，培育12个产业扶贫示范村、10家扶贫龙头企业、100个扶贫产业合作社和1000名产业致富带头人。发挥驻村工作队的优势以及村级"两委"班子和致富带头人的作用，深入推进社会定点帮扶工作，不断拓展帮扶工作的深度和广度。

（二）注重示范带动，做大做强特色产业。围绕自治区"1+4"产业布局，把重点放在"接二连三"上，力促草畜、蔬菜、林果"三大主导产业"和中药材、小杂粮、万寿菊、生态鸡、中华蜂"五大特色产业"提质增效。蔬菜产业：以"两河"流域为重点，积极推进现有蔬菜产业设施升级换代和提质增效，种植蔬菜12万亩，生产蔬菜50万吨，实现销售收入10亿元。草畜产业：新建万头肉牛养殖示范乡镇1个，培育优质高档肉牛扶贫示范村12个，培育"5·30"养殖户1万户、"10·60"养殖户5000户，畜禽饲养总量达240万个羊单位。林业经济：造林18.75万亩，发展庭院红梅杏2.8万亩、苹果矮砧集约栽培示范基地5000亩，嫁接改良低产山杏5000亩。中药材：以万寿菊为主打品种，建立种植基地3万亩、种苗繁育基地2000亩，带动全县种植中药材6万亩。

（三）坚持内引外联，不断优化工业结构。加快传统能源产业转型升级，积极发展现代纺织、服装加工等劳动密集型产业，推动中小微企业竞相发展、扩规提档。新发展工业企业15家、培育规上企业2家、"专精特新"企业2家、示范企业1家，培育一二三产业融合发展龙头企业1家，全县工业增加值达11.38亿元，同比增长9.8%。推进国有企业公司制改革，力争开工建设王洼煤矿输煤走廊、矿井水及煤矸石综合利用项目，新打油井15口。继续实施县城工业园区道路及给排水工程，支持建设闽宁彭阳信息扶贫产业园、年产500万套服装生产线项目，力争新招商入园企业10家。

（四）培育新型业态，推动服务业提档升级。紧盯旅游富县，促进连锁百货、休闲娱乐、金融保险等现代服务业提速，培育发展新业态。旅游产业：加快旅游示范县创建，以举办山花节和梯田节为契机，继续实施百里画廊五彩梯田基础设施项目，开工建设乔家渠红军长征毛泽东宿营地旧址、五彩梯田观光园，创建乡村旅游示范村4个，建设休闲度假窑洞100处，扶持发展农家乐70家。商贸流通：继续推进便民特色商业圈发展，建立城乡分拨配送中心，建成利民商业广场，积极发展现代服务业，加快培育旅游、健康养老、电子商务等新兴产业，引导各商场、超市开展形式多样的促销活动，进一步刺激消费市场活力，不断提升服务业水平，实现全社会消费品零售总额9.56亿元，同比增长9%。

（五）实施项目带动，完善城乡基础设施。实施创新驱动、脱贫富民、生态立区"三大战略"，加快县域经济发展，实施乡村振兴战略，力争建设项目87个，完成投资73.88亿元。城乡基础：继续实施县城及重点镇供排水、城区停车场，加快推进城市生活垃圾无害化处理。建设美丽小城镇2个、美丽村庄10个，全面消除农村危房危窑，实施农村"五土"共改，加密改造信号盲弱区通信基站，建设4G基站21处。**交通电力**：全力推进G85银昆高速公路彭阳段前期工作，新建农村扶贫公路350千米，实施安防工程65千米，续建刘杨公路和夏山庄经北洼至王洼南街等农村扶贫公路。新建及更换变压器59台，建10kV线路21千米，改造低压线路390千米，安装进户线130千米。**水利水保**：全面推行河长制，加快推进美丽茹河PPP项目建设及自治区60周年大庆项目，扎实开展"五水"共治。**生态环境**：推进大生态与大扶贫、大产业融合发展，选准"一棵树、一株苗、一枝花、一棵草"，中幼林抚育1.8万亩，封山育林2万亩，实施降雨量400毫米以上区域造林18.75万亩。

（六）注重创新驱动，全面发展社会事业。坚持把增进民生福祉作为发展的根本目的，加大民生投入、办好民生实事，坚决打好民生改善持久战。**社会保障**：开工建设救灾物资储备库、残疾人康复中心，建设10个农村社区服务站，争取在留守儿童相对集中的村委会建设"儿童之家"10个。开发就业岗位，拓宽就业渠道，新增就业1000人，转移劳动力5万人，创劳务收入8亿元，打造"农民工返乡创业示范县"，培育小微企业60家，创造就业岗位500个，发放创业贷款5000万元，推进社会保障扩面提标，持续提升社会保障能力。**科技文化**：新建新华书店综合业务用房，不断巩固提升12个乡镇及156个行政村综合文化服务中心服务功能，培养文艺骨干300名以上。力争建成科技示范乡镇2个，建设特色产业科技示范基地5个，发展种养殖科技示范村10个、示范户500户以上。**教育体育**：继续实施"全面改薄"项目，新建改进中小学校60所、幼儿园5所，建设悦龙山新区全民健身中心及文化馆、草庙等4个乡镇足球场地项目，确保全县小学适龄儿童按时入学率100%。**卫生计生**：推进健康彭阳建设，深化公立医院综合改革，扩大医共体覆盖面，县域就诊率、家庭医生签约率分别达90%和80%以上，完成中医院、妇幼保健院、疾控中心搬迁，全县人口出生率、自然增长率分别控制在13‰、10‰以内。

各位代表：2018年是决胜全面建成小康社会承上启下的关键之年，让我们在县委坚强领导和人大、政协的监督支持下，以学习贯彻党的十九大精神为动力，认真落实区、市、县党委、政府的各项决策部署，不忘初心，牢记使命，凝心聚力，务实苦干，为决战决胜脱贫攻坚、全面建成小康社会而努力！

彭阳县2018年国民经济和社会发展计划调控目标(草案)

指标	计算单位	2016年			2017年			2018年		
		计划	同比增减%	完成	计划	同比增减%	完成	计划	同比增减%	完成
一、地区生产总值	万元	438300	8.0	437026	477500	8.0	492900	8.0	534600	7.5
第一产业	万元	123200	3.5	12329	129600	4.0	127000	3.5	132700	4.5
第二产业	万元	140300	9.0	115772	116900	6.6	148200	16.7	162800	9.8
工业	万元	96900	8.0	74590	72200	7.5	103600	23.9	113800	9.8
第三产业	万元	174800	10.5	198015	231000	11.4	217700	5.7	239100	7.8
二、地方一般公共财政预算收入	万元	23900	8.0	21866	21990	8.0	24000	10.0	25900	8.0
三、全社会固定资产投资	万元	632700	10.0	595531	673000	13.0	673000	13.0	738800	10.0
四、城镇居民人均可支配收入	元	21853	9.0	21612	24148	10.0	23341	8.0	25210	8.0
五、农村居民人均可支配收入	元	7875	10.0	7861	8740	11.0	8650	10.0	9430	9.0
六、社会消费品零售总额	万元	79000	9.0	79341	86110	9.0	87200	10.0	95600	9.0
七、粮食总产量	万公斤	21000		21287	20000			20000	20000	
八、当年造林面积	万亩	10.7		12.92	20.75		28.3		18.75	
九、年末人口	万人	25.1		25.1	25			25.1	25	
出生率	‰			13			13			≦13
自然增长率	‰			9.2			10		7.54	≦10
出生政策符合率	%			95			95		95.99	≧95
十、畜禽饲养量	万羊单位	220		220	240			230	240	

关于彭阳县2017年财政预算执行情况和 2018年财政预算（草案）的报告

——在彭阳县第九届人民代表大会第二次会议上

（2017年12月22日）

彭阳县财政局局长　王永贤

各位代表：

受县人民政府委托，现将2017年全县财政预算执行情况和2018年财政预算（草案）报告提请县九届人大二次会议审议，并请县政协委员和其他列席人员提出意见和建议。

2017年财政预算执行情况

2017年，是深入推进"十三五"规划和脱贫攻坚战略的重要一年。一年来，在县委的正确领导和人大、政协的监督指导下，深入学习贯彻党的十八大和十八届三中、四中、五中、六中全会，党的十九大，自治区第十二次党代会，市委四届二次全会和县委八次党代会精神，彭阳县财政局紧扣脱贫攻坚大局，抓财源，强保障，抓支出，提绩效，抓改革，建机制，财政预算执行情况良好。截至11月底，财政总收入完成2.77亿元，同比下降9.40%；财政总支出完成33.73亿元，同比增长21.64%。全年地方财政总收入完成2.99亿元，财政总支出完成36.03亿元，圆满完成县九届人大一次会议确定的目标任务。

截至11月底，全县地方一般公共预算收入完成22136万元，为预算的100.66%，同比增加3719万元，同比增长20.19%，同口径增长33.06%。其中：税收收入完成16572万元，同比增加4720万元，增长39.82%，占地方一般公共预算收入的74.86%；非税收入完成5564万元，同比减少1001万元，同比下降15.25%，占地方一般公共预算收入的25.14%。地方一般公共预算支出完成324721万元，为变动预算的91.71%，同比增加62668万元，同比增长23.91%。其中一般公共服务、公共安全、教育等八项非营利性服务业财政支出200670万元，同比增长17.19%。全年完成地方一般公共预算收入24000万元，同比增长9.76%，同口径增长19.49%，完成地方一般公共预算支出349000万元，同比增长14.89%。上解支出111万元，债务还本付息支出12110万元。预算执行结果为：地方一般公共预算收入加上自治区各项补助和上年结余，总财力达363521万元，收支相抵，结余2300万元。

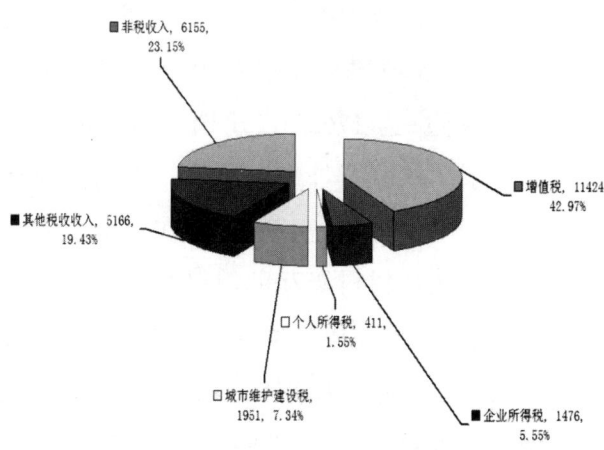

图 1　2017 年全县一般公共预算收入结构
（万元、占比%）

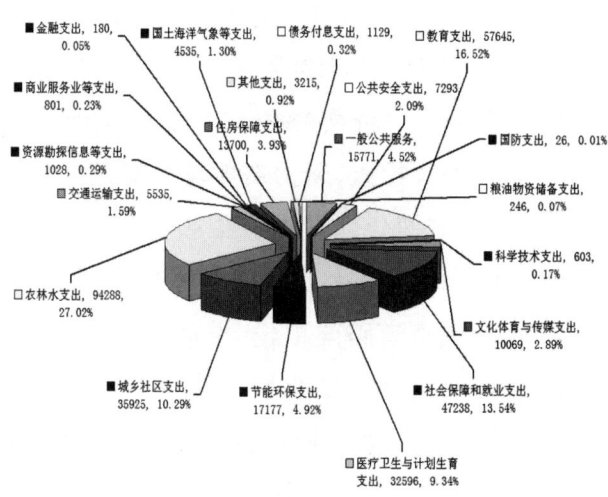

图 2　2017 年全县一般公共预算支出结构
（万元、占比%）

截至 11 月底，政府性基金预算收入完成 5549 万元，为预算的 81.60%，同比减少 6591 万元，同比下降 54.29%。政府性基金预算支出完成 12607 万元，为预算的 90.91%，同比减少 2657 万元，同比下降 17.41%。全年完成政府性基金预算收入 5970 万元，完成政府性基金预算支出 11302 万元。预算执行结果为：地方政府性基金收入加上自治区补助和上年结余，总财力达 11702 万元，收支相抵，结余 400 万元。

截至 11 月底，社会保险基金总收入完成 24208 万元，为预算的 92.00%，同比增长 74.16%。社会保险基金支出 25494 万元，为预算的 90.71%，同比增长 6.78%。全年完成社会保险基金收入 43159 万元，完成社会保险基金总支出 43031 万元。预算执行结果为：社会保险基金收入加上自治区补助和上年结余，总财力达到 65940 万元，收支相抵，结余 22909 万元。

截至 11 月底，地方政府性债务余额 13.18 亿元，其中：政府负有偿还责任的债务余额 13.11 亿元，政府负有担保责任的债务余额 0.07 万元，未超过自治区人民政府批准、自治区财政厅核定的 14.5923 亿元的限额，政府性债务在可控范围内。

需要说明的是：上述全年数据根据 1—11 月份预算执行情况初步预测汇总，在年终实际执行和财政决算正式编制完成后，还会有所变化。对此，我们将向人大常委会专题报告。

各位代表，2017 年财政工作坚持以脱贫攻坚为统领，深入推进"两学一做"学习教育常态化制度化，贯彻落实中央稳中求进工作总基调和"稳增长、调结构、惠民生、防风险"总体要求，加强分析研判，完善征管措施，挖掘增收潜力，依法依规组织收入，创新投入方式，优化支出结构，突出保障重点，各项事业健康协调发展。取得上述成效，我们重点抓了以下几方面的工作：

一、综合施策，着力增强保障能力

加大依法治税，积极协调配合税务部门，加强对煤炭、石油等重点行业、重点企业的征收监管，加大对增值税、企业所得税等重点税种的调控，强化对城市维护建设税、城镇土地使用税等小税种的管理,对重大建设工程项目继续实施"就地纳税、税源监控、国库集中支付"三项措施,堵漏增收,应收尽收,地方一般公共预算收入稳步增长。积极争取项目,认真贯彻落实区、市关于做好政策项目资金争取工作的总体要求,准确把握政策导向和支持重点,积极主动与自治区财政厅沟通对接,积极主动向上反映困难,着力争取清水河产业带建设项目、自治区一般性转移支付和地方性政府债券等项目资金,切实增强保障能力,截至11月底,共争取清水河产业带建设项目、自治区一般性转移支付和地方性政府债券等项目资金20.37亿元,同比增长24.38%。积极开展政府融资,充分发挥润彭投资管理有限责任公司、国有资产经营有限公司平台作用,不断加强银企协作,积极开展政府融资。截至11月底,在固原市农业发展银行争取贷款5.79亿元,其中:棚户区改造项目1.6亿元,扶贫开发整村基础设施建设项目1.6亿元,茹河流域水污染防治工程项目2亿元,古城刘高庄经红河至杨坪公路项目5880万元。

二、精准发力,着力助推脱贫攻坚

积极有效整合涉农资金,坚持以统筹整合使用财政涉农资金试点县为契机,以支持实施"1+20+122"精准扶贫规划为目标,全面落实统筹整合资金政策,全年累计统筹整合财政涉农资金7.86亿元,其中扶贫专项资金3.07亿元,彻底打破行业界限、部门分割和"打酱油的钱不能买醋"的困局,化"零钱"为"整钱",集中财力助推脱贫攻坚,初步形成"多个渠道引水、一个池子蓄水、一个龙头放水"的扶贫投入新格局。不断创新金融扶贫机制,安排资金1012万元,积极推行"扶贫保",为9595户建档立卡贫困户购买了种养殖农业保险;为17625户建档立卡贫困户全额购买了"家庭意外伤害保险""大病医疗补充保险"。积极推行互助担保,在总结城阳乡长城村、杨坪村村级互助担保基金中心运行试点的基础上,新成立罗洼乡罗洼村、寨科村和王洼镇崖堡村互助担保基金中心。与长城国瑞证券公司、宁夏黄河农村商业银行签订帮扶合作协议,宁夏贺兰山村镇银行年内正式开业,有效融入彭阳县经济发展脉络。截至11月底,累计发放涉农贷款20266户17.94亿元,其中建档立卡贫困户贷款6857户3.13亿元;普通农户贷款13409户11.32亿元。

三、加大投入,着力夯实城乡基础

安排城镇化建设资金2.89亿元,支持实施439套6.62万平方米棚户区改造、茹河街等16条城市道路改扩建、城区停车场工程,以及城阳、冯庄美丽小城镇建设和6个美丽村庄建设。安排交通道路建设资金1.02亿元,支持实施G327沟圈至彭阳段、古城刘高庄经红河至杨坪公路、310千米扶贫硬化道路建设、419千米扶贫砂砾路建设。安排生态环保建设资金2.34亿元,支持实施天然林保护二期工程、六盘山重点生态功能区降水量400毫米以上区域造林绿化工程、十二五生态移民迁出区生态恢复项目和封山育林项目,茹河流域水污染防治工程、农村高效节水灌溉工程、饮水安全巩固提升工程,以及县城污水处理设施、垃圾填埋场二期工程、县污水处理厂提标改造、工业园区污水处理站项目建设;启动实施"美丽茹河"建设PPP项目。

四、多措并举，着力推动经济转型

安排现代农业建设资金6200万元，支持发展万头肉牛养殖示范乡镇2个、千头肉牛养殖示范村4个，标准养殖户1.5万户，千亩以上紫花苜蓿种植示范点5个。在红河镇新建新型可移动日光温室103栋，改造精英园区二代节能日光温室350栋，带动发展设施蔬菜12.5万亩。支持实施旱作节水农业项目35万亩，种植马铃薯15万亩；种植万寿菊和中药材7.5万亩，培育千亩中药材规范化种植基地4个，打造青云湾、金鸡坪等景观梯田公园2个和精英庄园、五子山庄等县级休闲农业示范点5个。安排二三产业发展资金425万元，大力支持"一园三区"基础设施建设和功能配套，着力打造便捷、高效、低成本园区，切实降低入园企业运行成本。支持现代金融、现代物流、电子商务、市场流通多极发展，加快网上丝绸之路建设，推进贸易便利化促进计划、"互联网+"行动计划和"千村电商"工程，建成电商服务网点96个，其中示范县项目20个，脱贫村服务站72个，落实补助资金276万元。

五、聚焦重点，着力保障改善民生

安排教育事业2.19亿元，支持完善农村义务教育经费保障机制，积极推进义务教育均衡发展，支持实施"全面改薄"项目，开工建设县三小、城阳乡中心学校、新集乡初级中学教学楼，以及古城中学、交岔中心学校教师周转宿舍和红河何塬、冯庄小园子、城阳韩寨等16所村级幼儿园，完成县职教中心整体搬迁。安排卫生计生事业9835万元，支持公共卫生服务、卫生民生计划、医药卫生体制改革和计划生育"少生快富"整村推进工作，支持实施城区卫生资源整合项目、11个乡镇55个标准化村卫生室建设及67个村卫生室光伏发电供暖工程。安排公共文化事业8192万元，支持推进公共文化设施建设、自然遗产保护和旅游基础设施建设。开工建设悦龙山新区全民健身中心、雷河滩体育公园，推动全民健身深入开展。

安排社会保障事业2.42亿元，落实城乡低保、高龄、五保人员及孤儿养育等惠民政策，有力保障33062名生活困难人员基本生活；支持社会救助兜底保障工作，将2181户5392人全部纳入农村低保范围，保障资金按月发放到户；支持医疗救助，救助困难群众4266人次；新建农村社区服务站17个；支持职业技能培训、公益性岗位、农村妇女创业，全力推进大众创业，万众创新。

六、改革创新，着力提高管理水平

加强财政预算管理，认真贯彻落实《预算法》，大力压减一般性支出，严控"三公"经费，压缩会议费等非急需、非刚性支出。优化财政支出结构，调整存量、优化增量，加快建立支出合理、结构优化、规范有效的现代财政运行机制，收回、统筹使用2014年以前结余的财政存量资金4.17亿元，确保了重点工程和项目建设资金需求。提高财政预算绩效，组织对2015年基层政权建设、朝那鸡提纯复壮保种、中小企业孵化园建设等项目开展了财政支出绩效评价，涉及资金7000万元。配合自治区财政厅对2015年全县城乡低保资金管理、使用情况、实施效果进行了绩效评价。强化政府性债务管理，编制政府债务年度计划，将一般债务收支纳入公共财政预算管理，专项债务收支纳入政府性基金预算管理,全年预算安排债务还本付息资金7382万元,有效防范和化解政府性债务风险。积极探索财政事权与支出责任划分改革,制定出台《彭阳县乡镇工作经费保障实施办法》,综合考虑乡镇服务人口、地域面积、偏远程度和实际工作量等因素,对乡镇工作经费实行"包干预算",由乡镇统筹安排使用,确保乡镇事权责任落实。配合做好资源税从价计征改革,贯彻落实国家和自治区取消、减免相关收费等惠民政策,最大限度地释放财税政策的减负作用,助推"降本增效"。全面公开财政预算信息,以政府网站"财政资金"专栏为平台,及时将2016年财政决算、2017年财政预算和涉农资金信息主动公开。督导全县74个一级预算单位在法定时限内主动公开部门预算,公开率100%;涉农部门(单位)及12个乡镇公开涉农资金信息292条,涉及资金8亿元。建立"惠农资金监管"平台,健全县乡村"331"监管机制,对扶持到村到户项目及资金实行"公示制",涉农资金使用透明度明显提高。扎实开展财政监督检查,组织开展"财务制度执行提升年"专项治理活动,开展查处涉农扶贫领域腐败问题专项行动,对农牧、林业、水务、扶贫等10个部门(单位)和12个乡(镇)2015—2016年度涉农资金使用管理突出问题开展专项检查。配合开展2017年财政预算编制执行及公开情况上下联动专项检查,着力强化预决算公开管理和动态监控。完成全县134个行政事业单位2016年度内部控制报告的编辑审核、汇总报送、查询修改、集中会审工作,对全县113个行政事业单位基本情况、财务情况以及资产情况等进行全面清理和核查。

各位代表,上述成绩的取得,得益于县委的正确领导和人大、政协的监督指导,得益于自治区财政厅的大力支持和全县各个方面的通力协作,得益于广大干部群众的负重拼搏和共同努力。

在肯定成绩的同时,我们清醒地认识到在改革与发展进程中地方财政仍面临诸多困难和问题:一是受基础财源薄弱、政策减收因素增多等不利因素影响,财政增收困难持续增加;二是偿债付息压力加大,政府债务融资面临挑战;三是政策性保障项目增多,刚性支出大幅增长,财政收支矛盾呈加剧之势;四是财政资金监管和财政资金绩效管理尚待进一步提高。对于面临的挑战和存在不足,我们将在以后工作中着力强化,努力加以解决。

2018年财政预算草案

2018年,财政工作将深入学习宣传贯彻党的十九大精神、习近平新时代中国特色社会主义思想,贯彻落实稳中求进的工作总基调和"建立全面规范透明、标准科学、约束有力的预算制度,全面实施绩效管理"总体要求,贯彻落实县委八届二次全会精神,继续紧扣脱贫攻坚主题,进一步加强财源建设,壮大地方财力,优化支出结构,保障重点建设,有效推动全县经济社会持续健康协调发展。2018年财政预算草案主要指标是:

预计地方一般公共预算收入26000万元,同比增长8.33%,主要收入项目为:税收收入19200万元,非税收入6800万元;自治区财政补助134459万元;调入资金886万元,地方一般公共预算收入加上自治区财政补助、调入资金,总财力为161345万元。

预计地方一般公共预算支出161231万元，主要支出项目为：一般公共服务支出15688万元、国防支出70万元、公共安全支出4315万元、教育支出38624万元、科学技术支出232万元、文化体育与传媒支出2265万元、社会保障和就业支出24326万元、医疗卫生与计划生育支出14437万元、节能环保支出5171万元、城乡社区支出8156万元、农林水支出31124万元、交通运输支出1282万元、资源勘探信息等支出656万元、商业服务业等支出10万元、金融支出20万元、国土海洋气象等支出1029万元、住房保障支出9252万元、粮油物资储备支出88万元、预备费500万元、债务付息支出3270万元、其他支出717万元。上解支出114万元。

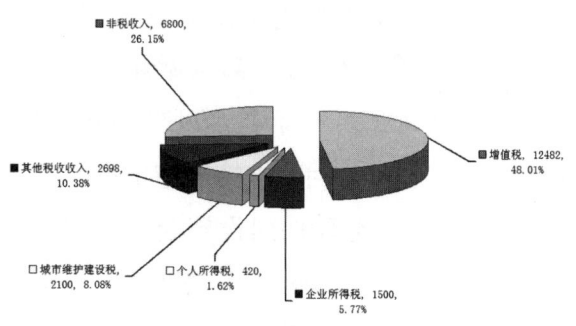

图3　2018年全县一般公共预算收入结构（万元、占比%）

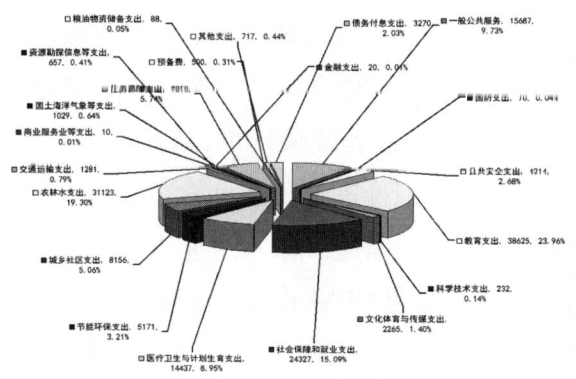

图4　2018年全县一般公共预算支出结构（万元、占比%）

需要说明的事项：一是以上预算安排包括自治区财政提前告知补助资金134459万元；二是以上预算安排围绕"保工资、保运转、保民生"进行编制，其中：确保机关正常运转、人员工资等刚性支出99553万元，债务还本付息支出12700万元，社会保障支出24326万元，分别占一般公共预算支出的61.75%、7.88%、15.09%；三是以上预算安排重点向基层倾斜、扶贫攻坚倾斜，在保障原有各项民生服务专项经费的基础上，对乡镇工作经费实行"包干预算"，首次将乡镇人大工作经费、乡镇职工食堂补助和环境整治工作经费等纳入部门预算。四是贯彻落实开展"三大三强"行动，深化"两个带头人"工程促脱贫富民实施方案精神，进一步提高村级办公经费、村干部交通和通信费、村组干部工资标准，预算安排3350万元，同比增长1.88倍。五是贯彻落实县委、政府重大决策部署，全力保障重点建设和民生项目，县级财力安排脱贫富民资金1000万元、生态建设及旅游开发资金1000万元、乡村振兴战略及创新驱动战略资金1000万元、县城基础设施建设资金500万元、"民营经济提升"计划和招商引资项目资金500万元。

预计政府性基金预算收入4100万元，其中：国有土地使用权出让金收入3990万元，城镇公用事业附加等其他政府性基金收入110万元。预计政府性基金预算支出4100万元，其中：城乡社区支出4080万元，资源勘探信息等支出20万元。

预计社会保险基金总收入30050万元，其中：社会保险基金收入15552万元，上级补助收入8351万元。预计社会保险基金支出31366万元,其中:企业职工基本养老保险基金支出13375万元、城乡居民基本养老保险基金支出5162万元、机关事业单位职工基本养老保险基金支出12196万元、工伤保险基金支出246万元、失业保险基金支出387万元。收支相抵,当年结余负1316万元。综合养老金政策调整、物价和工资指数的增长以及到龄退休人员增加等因素,企业职工基本养老保险基金供需矛盾仍然严峻,预算执行中还需积极争取自治区职工基本养老保险调剂金。

为确保圆满完成上述预算任务,我们将着力抓好以下工作:

一是持续加强财源建设。坚持把稳中求进工作总基调贯穿始终,继续落实减税降费政策,及时向社会公布收费基金目录清单,切实减轻企业负担,支持实体经济发展。加大依法综合治税力度,加强对重大建设工程项目实施就地纳税、税源监控、国库集中支付等措施,堵漏增收,确保收入有序增长,力争完成地方一般公共预算收入2.6亿元的目标任务。

二是积极争取项目支持。抢抓中央"加大力度支持革命老区、民族地区、边疆地区、贫困地区加快发展"和自治区"建立支持贫困地区发展的长效机制,推动资源要素向西海固聚集"等政策机遇,多谋划和储备一批大项目好项目,积极争取自治区财政更多的支持。加大与政策性银行、投融资公司合作力度,下大力气争取国家专项建设基金及融资性项目贷款,切实增强地方财政保障和支持经济社会发展的能力。

三是全力支持三大战略。支持实施脱贫富民战略,统筹整合使用财政涉农资金8.5亿元,重点用于贫困村村组道路、村级文化广场、农贸市场建设、富民产业培育、农村人居环境改善、土地整治、建档立卡贫困户贷款补偿和担保、农民技能培训等项目。计划安排公共服务发展资金5300万元,重点用于教育、卫生计生、公共文化、社会保障等事业发展。支持实施创新驱动战略,计划安排基础设施建设资金15650万元,重点用于县城基础、美丽小城镇、美丽村庄、交通道路、水利水保、信息基础设施建设;计划安排产业转型发展资金3921万元,重点用于现代农业产业化集群培育工程、生态友好型工业体系和现代服务业发展。计划安排科技创新资金1100万元,重点用于农业特色优势产业科技支撑、种植业优新技术推广、草畜和设施蔬菜产业技术推广、菌草循环经济产业构建关键技术研究与示范、农民田间学校建设及农民培训等项目。支持实施生态立县战略,计划安排生态环保建设资金7576万元,重点用于小流域治理、天然林保护、造林绿化、公益林生态效益补偿、林业生态综合治理、水污染防治、农村饮水安全、污水处理、垃圾填埋、环境整治等项目建设。

四是深入推进财政改革。认真贯彻落实《自治区区以下财政事权和支出责任划分改革方案》及其配套政策精神,结合县情实际,积极探索谋划推进财政事权与支出责任划分改革机制相关措施。深入推进政府购买服务工作,探索建立"财政投入基金化""政府投资资本化"机制,最大限度发挥财政资金"四两拨千斤"的杠杆作用,引导撬动社会资本投入产业发展、基础设施建设和公共服务领域。

五是着力强化预算管理。进一步规范预算管理，增强预算编制的科学性和完整性。贯彻新《预算法》，完善基本支出和项目支出标准体系。严格控制代编预算规模，提高年初预算的到位率。进一步完善政府预算体系，加强各类资金统筹整合使用力度。继续推进预算绩效管理，健全绩效评价质量控制机制，提高财政资金使用效益。进一步严格预算执行，强化预算约束和决算管理。加强部门协作，依法依规及时足额组织财政收入。调整优化支出结构，优先保工资、保运转和保最基本民生支出。严禁超预算和无预算安排支出。坚持厉行节约，降低行政成本。健全预算支出责任制度和执行通报制度，加快预算支出进度。建立结转结余资金清理机制，强化预算约束力。加强决算管理，确保数据的准确性和完整性。

六是优化盘活财政资金。盘活财政存量资金，调整增量资金，优化资源配置；推行政府购买服务，严控"三公经费"，有效降低行政运行成本；规范国有资产处置处理程序，着力提高国有资产收益；规范政府采购行为，扩大政府采购范围和规模。强化收支两条线管理，规范非税收入收支行为，加强对行政事业性收费、国有资源有偿使用、国有土地出让等收入的管理，增强政府调控能力；推进财政管理一体化信息系统改革，切实提高财政管理水平。

七是不断加强债务管理。认真贯彻落实国家和自治区相关债务政策，全面清理整改不规范融资担保行为，加强融资平台公司管理，推进举债融资信息公开。规范政府和社会资本合作（PPP）模式运用，合理确定项目范围和边界，严格控制PPP项目支出责任规模。完善债务风险评估预警、风险化解和应急处置机制，切实提高政府债务风险防控能力。

八是切实提升自身建设。深入推进"两学一做"学习教育常态化制度化和"6+X"主题党日活动，系统学习宣传贯彻党的十九大精神、习近平总书记治国理政新理念新思想新战略和区市县党委重大决策部署精神，切实提高干部队伍综合素质。贯彻落实全面从严治党要求和中央八项规定精神，巩固提升整治干部作风优化发展环境活动，着力解决"三不为"等影响和制约发展的突出问题。扎实组织开展干部联系贫困户、干部下基层和定点帮扶活动，加强精神文明建设，努力培养造就一支"信念坚定、为民服务、勤政务实、敢于担当、清正廉洁"高素质干部队伍。

各位代表，新起点开启新征程，新目标赋予新任务，让我们在县委的正确领导和人大、政协的监督指导下，不忘初心，牢记使命，提振信心，锐意进取，创新作为，努力使财政管理在分配上更加科学、在执行上更加高效、在监管上更加严谨、在资金使用上更有绩效，为谱写新时代彭阳发展新篇章作出新的更大的贡献！

专 载（二）

彭阳县 2017 年国民经济和社会发展统计公报[1]

（2018 年 4 月 15 日）

彭阳县统计局

2017年，全县坚持以脱贫攻坚统揽经济社会发展全局，牢牢把握稳中求进工作总基调，主动适应新常态，抢抓机遇，综合施策，精准发力，奋力拼搏，稳增长、促改革、调结构、惠民生、防风险，各项工作统筹推进，经济运行呈现总体平稳、稳中向好的运行态势，较好地完成了全年预期目标。

一、综合

初步核算，全年实现地区生产总值[2] 499476万元，比上年增长8.8%。从三次产业看，第一产业完成增加值128834万元，增长3.9%；第二产业完成增加值144725万元，增长13.1%；第三产业完成增加值225917万元，增长9.4%。三次产业增加值构成为25.8:29.0:45.2。从行业看，农林牧渔业完成增加值134012万元，增长4.1%；工业完成增加值74434万元，增长12.9%；建筑业完成增加值50336万元，增长13.5%；交通运输、仓储和邮政业完成增加值12147万元，下降3.6%；批发和零售业完成增加值34476万元，增长11.2%；住宿和餐饮业完成增加值15510万元，增长3.7%；金融业完成增加值23265万元，增长21.5%；房地产业完成增加值17271万元，增长56.0%；营利性服务业完成增加值4829万元，增长5.7%；非营利性服务业完成增加值113196万元，增长4.2%。

2017年末，全县户籍户数82275户。户籍人口251481人。其中城镇户籍人口62260人，占户籍人口的24.76%；乡村户籍人口189221人，占户籍人口的75.24%。汉族人口173775人，占户籍人口的69.10%，回族人口77578人，占户籍人口的30.85%，其他少数民族128人，占户籍人口的0.05%。全县常住人口[3]196997人。其中，城镇常住人口62861人，占常住人口比重31.91%；乡村常住人口134136人，占常住人口比重68.09%。人口出生率为14.67‰，死亡率为5.23‰，人口自然增长率为9.44‰。

2017年末，全县户籍人口从业人员13.47万人。其中，第一产业7.35万人，第二产业3.15万人，第三产业2.97万人。年末城镇失业率[4]为3.75%。外出农民工5.80万人。

全年全员劳动生产率[5]为25379元/人,比上年提高13.6%。

全年完成全口径财政收入79555万元,比上年增长34.0%。其中:中央收入25644万元,增长90.0%;区级收入23608万元,增长101.9%;地方收入30303万元,比上年下降11.3%。在地方收入中:公共财政预算收入24016万元,增长9.8%;政府性基金收入6287万元,下降48.9%。在地方公共财政预算收入中税收收入17939万元,增长31.7%。

全年财政支出376333万元,比上年增长16.2%。其中,地方公共财政预算支出362727万元,增长19.4%;政府性基金支出13606万元,下降32.5%。

二、农业

全年全县实现农林牧渔业总产值270133万元,比上年增长3.6%。其中,农业总产值157656万元,增长5.1%;林业总产值21807万元,下降10.1%;牧业总产值82560万元,增长4.2%;农林牧渔服务业总产值8110万元,增长8.6%。农林牧渔业增加值134012万元,比上年增长4.1%。其中,农业增加值84866万元,增长5.1%;林业增加值7220万元,下降10.1%;牧业增加值36747万元,增长4.2%;农林牧渔服务业增加值5179万元,增长8.6%。

全年农作物总播种面积65778公顷,下降0.6%。粮食播种面积50553公顷,下降4.1%,总产量达170923吨,下降19.7%。其中:夏粮播种面积9820公顷,下降2.9%,夏粮产量19907吨,下降6.9%,秋粮播种面积40733公顷,下降4.4%,秋粮产量151016吨,下降21.1%。

全年油料种植面积3367公顷,增长5.2%,油料产量4140吨,下降5.2%;烟叶种植面积333公顷,下降8.8%,烟叶产量1485吨,下降9.2%;药材播种面积2848公顷,增长126.6%,药材产量9510吨,增长96.5%;蔬菜播种面积7155公顷,增长1.7%,蔬菜产量238929吨,增长6.3%;瓜类种植面积163公顷,下降39.0%,瓜类产量4146吨,下降38.6%。

园林水果面积10229公顷。园林水果产量51887吨,增长1.0%。当年完成人工造林8066公顷,增长18.6%。

年末,大牲畜存栏95315头,比上年下降3.4%;其中,牛存栏为92175头,增长0.7%。生猪存栏32200头,下降4.5%。羊只存栏243350只,下降6.3%。家禽存栏3935百只,增长33.8%。年内出栏牛69350头,比上年增长3.5%。出栏生猪34449头,下降7.9%。出栏羊320920只,下降2.0%。出栏家禽5447百只,下降1.1%。全年肉类总产量20504吨,下降0.2%;禽蛋产量689吨,增长24.1%。

三、工业和建筑业

年末,工业企业144家,从业人员10597人。其中:规模以上工业企业6家,从业人员2829人。全年完成工业总产值241734万元,比上年增长13.1%,工业增加值94434万元,增长12.9%。其中:规模以上工业完成总产值181172万元,比上年增长16.8%,工业增加值76262万元,增长16.6%。

全年规模以上工业企业资产595217万元,比上年增长7.0%。主营业务收入191094万元,增长81.0%。主营业务成本102853万元,增长38.5%。实现利润总额45914万元,增长2887.2%。

主要工业产品产量：原煤720万吨，增长32.4%；自来水292万吨，增长13.2%；果脯1481吨，增长4.3%；烟叶1万担，下降47.4%；磷肥11762吨，增长2.6%；小麦粉10503吨，增长7.4%；白酒23吨，增长8.2%；黄酒230吨，增长9.7%；矿泉水2905吨，增长5.8%；淀粉4803吨，下降2.7%；饲料50494吨，增长4.8%；机砖27253万块，增长2.3%。

年末，全县有资质的建筑业企业4家。全年实现建筑业总产值25631.6万元，增长67.3%。房屋建筑施工面积65476平方米，增长82.5%。房屋竣工面积64746平方米，增长81.7%。主营业务收入23296.4万元，增长53.3%。主营业务成本22611.9万元，增长57.2%。实现利润总额118.1万元，下降0.3%。

四、固定资产投资

全年全县完成全社会固定资产投资674723万元，比上年增长13.3%。其中：新建投资606749万元，增长32.3%；扩建投资24475万元，下降57.5%；改建和技术改造43499万元，下降45.3%。中央、区属完成项目投资34826万元，下降18.9%；县属完成项目投资584984万元，增长15.7%，其中：房地产开发完成投资43852万元，下降34.6%；农村农户完成投资54913万元，增长16.9%。

分产业看，第一产业完成投资67171万元，下降20.4%；第二产业完成投资87369万元，下降45.5%；第三产业完成投资520183万元，增长48.2%。

五、交通运输邮电通信业

年末，全县营运汽车保有量达2008辆，比上年末增长9.6%，其他机动车辆保有量32092辆，增长11.2%。年末公路通车里程达2286.9千米，增长17.2%。

全年邮政完成业务总量969万元，增长7.2%。电信完成业务总量1913万元，增长8.9%。移动完成业务总量6344万元，增长9.5%。联通完成业务总量804万元，增长7.1%。全县本地电话用户20.37万户，增长10.1%；其中固定电话用户0.52万户，增长4.0%，全县移动电话用户19.85万户，增长10.3%。互联网用户数29359户，增长123.5%。电话普及率81.0部/百人，比上年末增加7.3个百分点。

六、贸易业

全年实现社会消费品零售总额87393万元，比上年增长10.1%。其中，县的零售额58747万元，增长10.0%；县以下零售额28919万元，增长10.4%。全县批发业实现消费品零售额20799万元，增长9.7%；零售业实现消费品零售额45838万元，增长9.0%；住宿业实现零售额3408万元，增长10.2%；餐饮业实现零售额17348万元，增长13.8%。全县接待各类游客51万人次，实现社会综合收入3.05亿元，同比增长12.2%，其中在线旅游收入76万元，增长115%。

七、金融保险业

年末，全县金融机构各项存款余额达643338万元，比上年增长8.7%。其中住户存款余额308411万元，增长15.0%。年末全县金融机构各项贷款余额321112万元，比上年增长17.0%；中长期贷款余额116842万元，增长11.9%。金融存贷比49.9%，比上年提高3.5个百分点。

全年全县实现保费收入9909万元,比上年增长53.1%;全年支付各项赔款和给付4465万元,比上年增长138.9%。

八、教育

年末,全县共有各类学校216所。其中:幼儿园27所,教学点50所,普通小学128所,普通初中8所,普通高中2所,职业高中1所。专任教师总数2793人,其中:幼儿园189人,普通小学1455人,普通初中669人,普通高中379人,职业高中101人。在校学生总数35754人,其中:幼儿园5841人,普通小学15453人,普通初中8933人,普通高中3734人,职业高中1793人。适龄儿童入学率100%;适龄少年入学率97.5%;17周岁人口义务教育完成率94.9%;高中阶段学生毛入学率90.6%。全县参加高考考生2866人,录取2273人,录取率79.3%。其中:本科录取932人,录取率32.5%。

九、文化、卫生和体育

年末,全县有文化馆1个,图书馆1个,博物馆1个,文化站12个。文化馆举办展览4场次,组织文艺活动160场次,藏书2.0万本(册)。图书馆图书报刊总藏量22.0万本(册)。文物馆藏品数0.72万件。文化站举办展览次数26场次,组织文艺活动48场次,藏书11.0万本(册)。广播电视农村直播卫星用户43682户。

年末,全县共有各类卫生机构22个,其中:医院及卫生院19个、妇幼保健院1个、疾病预防控制中心1个、卫生监督所1个。各类卫生技术人员629人。实有病床数800张。建有村级卫生室156个,从业人员193人。

全年全县举办各种比赛15次。彭阳县运动员在全区各项比赛中获第一名8人次,第二名15人次,第三名19人次。

十、人民生活和社会保障

年末,全县城镇单位在岗职工9940人,下降2.2%;全年城镇单位在岗职工劳动报酬总额88014.5万元,增长3.8%。

全年城镇居民人均可支配收入23345.04元,比上年增加1733.42元,增长8.0%;城镇居民人均生活消费性支出13283.97元,增长6.9%。城镇居民恩格尔系数为29.8%。城镇居民人均住房面积28.61平方米,增长2.0%。

全年农村居民人均可支配收入8790.11元,比上年增加929.13元,增长11.8%;农村居民人均生活消费支出6805.51元,增长8.1%。农村居民恩格尔系数为34.3%。农村居民人均住房面积29.92平方米,增长5.0%。

年末,参加基本养老保险人数为122819人,其中参加城乡居民养老保险人数111464人。企业养老金社会化发放率达到100.0%。参加基本医疗保险人数217816人,其中参加城乡居民医疗保险人数207650人。年末全县享受低保救济的困难人员达20386人,其中农村16818人。

年末,全县各类收养性社会福利单位数6个,收养各类人员379人。

十一、资源与环境

全年全社会电能消费量比上年增长18.6%。其中:生产电能消费量增长21.1%,居民生活电能消费量增长8.8%。在生产用电中:第一产业电能消费量增长31.8%;第二产业电能消费量增长20.3%;第三产业电能消费量增长22.2%。

当年治理水土流失面积达80平方千米,水土流失治理程度达72.6%。林木覆盖率达27.5%。农田残膜回收率达98%。空气优良天数占比达93.1%。

年末,有环境监测站1个,全县环境保护系统人员13人,企业专(兼)职环保监测人员34人。

注释

[1]本公报中数据均为初步统计数。部分数据因四舍五入的原因,存在与分项合计不等的情况。

[2]地区生产总值、各产业增加值和人均国内生产总值绝对数按现价计算,增长速度按不变价格计算。

[3]常住人口、出生率、死亡率、人口自然增长率为自治区统计局2016年人口抽样调查推算反馈数据。

[4]年末城镇失业率为自治区统计局2016年人口抽样调查推算反馈数据。

[5]全员劳动生产率为国内生产总值(以当年价格计算)与全部就业人员的比率。

彭阳县机构名录(2017年)

彭阳县机构编制委员会办公室

序号	类别	主管部门	级别	下属事业单位	级别
1	县委	彭阳县纪律检查委员会(与彭阳县监察委员会合署办公)	正科		
2		彭阳县委办公室	正科		
3		彭阳县委组织部	正科	中共彭阳县委组织部党员电化教育中心	副科
4		彭阳县委宣传部	正科		
5		彭阳县委统战部(与彭阳县民族宗教局合署办公)	正科		
6		彭阳县政法委员会	正科		
7		彭阳县政策研究室	正科		
8		彭阳县机构编制委员会办公室	正科	彭阳县事业单位登记管理局	副科
9		彭阳县老干部局	正科		
10		中国共产党彭阳县委员会党校	正科		
11		彭阳县档案局	正科		
12	人大	彭阳县人大常委会办公室	正科		
13		彭阳县人大常委会财政经济工作委员会	正科		
14		彭阳县人大常委会法制工作委员会	正科		
15		彭阳县人大常委会教育科学文化卫生工作委员会	正科		
16		彭阳县人大常委会代表联络选举工作委员会	正科		

续表 1

序号	类别	主管部门	级别	下属事业单位	级别
17	政府	彭阳县人民政府办公室	正科	彭阳县网络信息中心	副科
18				彭阳县机关事务管理局	副科
19		彭阳县发展和改革局	正科	彭阳县石油产业发展服务中心	副科
20				彭阳县工业和商务服务中心	
21		彭阳县扶贫开发办公室	正科	彭阳县扶贫和移民服务中心	副科
22		彭阳县教育体育局	正科	彭阳县教学教研室	
23				彭阳县教育考试中心	
24				彭阳县师资培训中心（挂宁夏广播电视大学彭阳县工作站牌子）	
25				彭阳县人民政府教育督导室	
26				彭阳县体育中心	
27				彭阳县幼儿园	
28				彭阳县第一中学	
29				彭阳县第二中学	
30				彭阳县第三中学	
31				彭阳县第四中学	
32				彭阳县职业中学	
33				彭阳县第一小学	
34				彭阳县第二小学	
35				彭阳县第三小学	
36				彭阳县第四小学	
37				彭阳县第五小学	
38				彭阳县白阳镇中心学校	
39				彭阳县古城镇初级中学	
40				彭阳县古城镇中心学校	
41				彭阳县王洼镇第一中学	
42				彭阳县王洼镇中心学校	
43				彭阳县新集乡初级中学	
44				彭阳县新集乡中心学校	
45				彭阳县城阳乡初级中学	
46				彭阳县城阳乡中心学校	
47				彭阳县红河镇初级中学	
48				彭阳县红河镇中心学校	
49				彭阳县孟塬乡中心学校	
50				彭阳县草庙乡中心学校	
51				彭阳县冯庄乡中心学校	
52				彭阳县罗洼乡中心学校	

续表 2

序号	类别	主管部门	级别	下属事业单位	级别
53	政府	彭阳县教育体育局	正科	彭阳县交岔乡初级中学	
54				彭阳县交岔乡中心学校	
55				彭阳县小岔乡中心学校	
56		彭阳县公安局	正科	彭阳县禁毒管理服务中心	
57				彭阳县公安局社区警务管理中心	
58		彭阳县民政局	正科	彭阳县老龄工作委员会办公室	副科
59				彭阳县城乡居民最低生活保障和救助管理中心（挂彭阳县社会救助家庭经济状况核对中心牌子）	
60				彭阳县烈士陵园管理所	
61				彭阳县殡葬管理所	
62		彭阳县司法局	正科	彭阳县公证处	副科
63				彭阳县法律援助中心（挂彭阳县茹河律师事务所牌子）	
64		彭阳县财政局	正科	彭阳县会计核算中心	副科
65				彭阳县农业综合开发办公室	副科
66				彭阳县国库支付中心	
67		彭阳县人力资源和社会保障局	正科	彭阳县劳动保障监察执法局	副科
68				彭阳县就业创业和人才服务局	副科
69				彭阳县劳动人事仲裁院	副科
70		彭阳县国土资源局	正科	彭阳县土地储备中心	
71				彭阳县地籍管理站	
72				彭阳县国土资源执法监察队	
73				彭阳县不动产登记事务中心	
74		彭阳县城乡建设和环境保护局	正科	彭阳县地震局	副科
75				彭阳县建设工程质量监督站	
76				彭阳县房屋产权产籍管理所	
77				彭阳县环境监测站	
78				彭阳县城乡规划建设服务中心	
79		彭阳县交通运输局	正科	彭阳县公路管理段	副科
80				彭阳县农村公路建设管理中心	副科
81		彭阳县水务局	正科	彭阳县水利服务中心	副科
82				彭阳县水政监察大队	
83				彭阳县防汛抗旱指挥部办公室	
84				彭阳县水土保持工作站	副科
85				彭阳县节约用水办公室	
86				彭阳县水利工程质量监督站	

续表 3

序号	类别	主管部门	级别	下属事业单位	级别
87		彭阳县水务局	正科	彭阳县水库灌溉管理站	
88				彭阳县红河水利工作站（红河、新集）	
89				彭阳县白阳水利工作站（城阳、白阳、古城）	
90				彭阳县草庙水利工作站（草庙、冯庄、孟塬）	
91				彭阳县王洼水利工作站（王洼、小岔、罗洼、交岔）	
92	政府	彭阳县农牧局	正科	彭阳县动物卫生监督所（挂彭阳县动物疾病预防控制中心牌子）	
93				彭阳县畜牧综合技术推广服务中心	
94				彭阳县草原工作站（挂彭阳县草原监理中心牌子）	副科
95				彭阳县农业机械化推广服务中心（挂彭阳县农业机械安全监理站牌子）	副科
96				彭阳县农村合作经济经营管理站	副科
97				彭阳县科学技术服务中心	副科
98				彭阳县种子管理站	
99				彭阳县农业技术推广服务中心（挂彭阳县农业广播电视学校牌子）	
100				彭阳县能源工作站	
101				彭阳县气象站	
102				彭阳县蔬菜产业发展服务中心	副科
103				彭阳县白阳农牧技术服务中心	
104				彭阳县古城农牧技术服务中心	
105				彭阳县王洼农牧技术服务中心	
106				彭阳县城阳农牧技术服务中心	
107				彭阳县红河农牧技术服务中心	
108				彭阳县新集农牧技术服务中心	
109				彭阳县草庙农牧技术服务中心	
110				彭阳县孟塬农牧技术服务中心	
111				彭阳县冯庄农牧技术服务中心	
112				彭阳县小岔农牧技术服务中心	
113				彭阳县交岔农牧技术服务中心	
114				彭阳县罗洼农牧技术服务中心	
115		彭阳县文化旅游广电局	正科	彭阳县广播电视台（挂彭阳县广播影视公共服务中心牌子）	副科
116				彭阳县旅游发展中心	
117				彭阳县文化馆	

续表 4

序号	类别	主管部门	级别	下属事业单位	级别
118		彭阳县文化旅游广电局	正科	彭阳县图书馆	
119				彭阳县博物馆(挂彭阳县文物管理所、彭阳县无量山石窟管理所牌子)	
120	政府	彭阳县卫生和计划生育局	正科	彭阳县红十字会	
121				彭阳县疾病预防控制中心	副科
122				彭阳县妇幼保健计划生育服务中心(挂彭阳县妇幼保健所牌子)	副科
123				彭阳县卫生监督所	
124				彭阳县人民医院	副科
125				彭阳县中医医院(挂皇甫谧中医研究所牌子)	
126				彭阳县白阳镇政府街社区卫生服务站	
127				彭阳县白阳镇友谊街社区卫生服务站	
128				彭阳县流动人口计划生育服务中心	
129				彭阳县白阳镇卫生院(挂郑河街社区卫生服务站牌子、挂白阳镇妇幼保健计划生育服务站牌子)	
130				彭阳县新集乡卫生院(挂新集乡妇幼保健计划生育服务站牌子)	
131				彭阳县王洼中心卫生院(挂王洼妇幼保健计划生育服务站牌子)	
132				彭阳县红河镇卫生院(挂红河镇妇幼保健计划生育服务站牌子)	
133				彭阳县城阳乡卫生院(挂城阳乡妇幼保健计划生育服务站牌子)	
134				彭阳县草庙乡卫生院(挂草庙乡妇幼保健计划生育服务站牌子)	
135				彭阳县孟塬乡卫生院(挂孟塬乡妇幼保健计划生育服务站牌子)	
136				彭阳县冯庄乡卫生院(挂冯庄乡妇幼保健计划生育服务站牌子)	
137				彭阳县小岔乡卫生院(挂小岔乡妇幼保健计划生育服务站牌子)	
138				彭阳县交岔乡卫生院(挂交岔乡妇幼保健计划生育服务站牌子)	
139				彭阳县罗洼乡卫生院(挂罗洼乡妇幼保健计划生育服务站牌子)	
140				彭阳县古城镇卫生院(挂古城镇妇幼保健计划生育服务站牌子)	
141		彭阳县审计局	正科		
142		彭阳县林业和生态经济局	正科	彭阳县林业技术推广服务中心	
143				彭阳县林木检疫站	

续表 5

序号	类别	主管部门	级别	下属事业单位	级别
144	政府	彭阳县林业和生态经济局	正科	彭阳县草庙林场	
145				彭阳县小园子林场	
146				彭阳县茹河林场	
147				彭阳县古城林业工作站（古城、新集）	
148				彭阳县王洼林业工作站	
149				彭阳县草庙林业工作站（草庙、孟塬）	
150				彭阳县城阳林业工作站（红河、城阳、白阳）	
151				彭阳县冯庄林业工作站	
152				彭阳县交岔林业工作站	
153				彭阳县罗洼林业工作站	
154				彭阳县小岔林业工作站	
155		彭阳县市场监督管理局	正科	彭阳县消费者协会	
156				彭阳县个体私营企业协会	
157		彭阳县城市管理综合执法局	正科	彭阳县城市公用事业管理所	
158				彭阳县智慧城管指挥中心	
159				彭阳县城市建设监察大队	
160		彭阳县统计局	正科	彭阳县统计普查中心	
161		彭阳县安全生产监督管理局	正科	彭阳县安全生产执法监察大队	
162				彭阳县安全生产应急救援指挥中心	
163		彭阳县王洼产业园区管理委员会	副处	彭阳县王洼产业园区安全生产监督管理办公室	
164		彭阳县政务服务中心	正科		
165		彭阳县社会保险事业管理局	正科		
166		彭阳县党史地方志编纂委员会办公室	正科		
167		彭阳县经济技术合作局	正科		
168	武装部	彭阳县民兵武器装备库			
169	政协	彭阳县政协委员会办公室	正科		
170		彭阳县政协委员会提案经济委员会	正科		
171		彭阳县政协委员会科教文卫体文史学习委员会	正科		
172		彭阳县政协委员会民族宗教法制工青妇委员会	正科		
173		彭阳县政协委员会专门委员会办公室	正科		
174		彭阳县人民法院	正科		
175		彭阳县人民检察院	正科		
176	群团	彭阳县总工会	正科		
177		共青团彭阳县委员会	正科		
178		彭阳县妇女联合会	正科		
179		彭阳县工商业联合会	正科		

续表 6

序号	类别	主管部门	级别	下属事业单位	级别
180	群团	彭阳县伊斯兰教协	正科		
181		彭阳县残疾人联合会	正科		
182		彭阳县科学技术协会	正科		
183		彭阳县文学艺术界联合会	正科		
184	乡镇	彭阳县白阳镇人民政府	正科	彭阳县白阳镇民生服务中心	
185				彭阳县白阳镇科教文卫服务中心	
186				彭阳县白阳镇特色产业发展服务中心	
187		彭阳县王洼镇人民政府	正科	彭阳县王洼镇民生服务中心	
188				彭阳县王洼镇科教文卫服务中心	
189				彭阳县王洼镇特色产业发展服务中心	
190		彭阳县古城镇人民政府	正科	彭阳县古城镇民生服务中心	
191				彭阳县古城镇科教文卫服务中心	
192				彭阳县古城镇特色产业发展服务中心	
193		彭阳县红河镇人民政府	正科	彭阳县红河镇民生服务中心	
194				彭阳县红河镇科教文卫服务中心	
195				彭阳县红河镇特色产业发展服务中心	
196		彭阳县新集乡人民政府	正科	彭阳县新集乡民生服务中心	
197				彭阳县新集乡科教文卫服务中心	
198				彭阳县新集乡特色产业发展服务中心	
199		彭阳县城阳乡人民政府	正科	彭阳县城阳乡民生服务中心	
200				彭阳县城阳乡科教文卫服务中心	
201				彭阳县城阳乡特色产业发展服务中心	
202		彭阳县草庙乡人民政府	正科	彭阳县草庙乡民生服务中心	
203				彭阳县草庙乡科教文卫服务中心	
204				彭阳县草庙乡特色产业发展服务中心	
205		彭阳县孟塬乡人民政府	正科	彭阳县孟塬乡民生服务中心	
206				彭阳县孟塬乡科教文卫服务中心	
207				彭阳县孟塬乡特色产业发展服务中心	
208		彭阳县冯庄乡人民政府	正科	彭阳县冯庄乡民生服务中心	
209				彭阳县冯庄乡科教文卫服务中心	
210				彭阳县冯庄乡特色产业发展服务中心	
211		彭阳县小岔乡人民政府	正科	彭阳县小岔乡民生服务中心	
212				彭阳县小岔乡科教文卫服务中心	
213				彭阳县小岔乡特色产业发展服务中心	
214		彭阳县罗洼乡人民政府	正科	彭阳县罗洼乡民生服务中心	
215				彭阳县罗洼乡科教文卫服务中心	
216				彭阳县罗洼乡特色产业发展服务中心	
217		彭阳县交岔乡人民政府	正科	彭阳县交岔乡民生服务中心	
218				彭阳县交岔乡科教文卫服务中心	
219				彭阳县交岔乡特色产业发展服务中心	

综　　述

县情概况

【政区概况】　彭阳县隶属宁夏回族自治区固原市，位于宁夏东南部，六盘山东麓，西连固原市原州区，东、南、北分别接甘肃省镇原县、平凉市和环县。现辖4镇8乡156个行政村4个居民委员会。户籍总人口251481人，其中城镇户籍人口62260人，占24.76%；乡村户籍人口189221人，占75.24%；汉族173775人，占69.10%，回族77578人，占30.85%，其他少数民族128人，占0.05%。少数民族主要居住在白阳镇、古城镇、王洼镇、红河镇、新集乡、罗洼乡、交岔乡。人口密度99.3人/平方千米。全县常住人口196997人，其中城镇62861人，占31.91%；乡村134136人，占68.09%。总土地面积2533.49平方千米，其中耕地面积125.5万亩。海拔1248~2418米，年降水量450~550毫米，年平均气温7.4℃~8.5℃，日照2311.2小时，无霜期140~170天。属黄土高原丘陵沟壑区，典型的温带半干旱大陆性季风气候，是以农业经济为主的国家扶贫重点县。

【建制沿革】　彭阳历史悠久，旧石器时代就有人类在红河、茹河流域繁衍生息。夏商时，居住在漠北以戎族为主的少数民族相继进入，与土著民族融合，统称"西戎诸国"，西周早期在姚河塬建立封国。战国秦昭襄王三十五年（前272年），秦灭义渠国后在今古城镇设朝那县，秦汉魏晋续延，十六国设长城护军。北朝时设黄石县、白池县、长城县。隋唐设平凉县、百泉县，唐贞观十年（636年）在百泉县设折冲都尉府。唐末五代陷于吐蕃，宋咸平六年（1003年）设彭阳城。金置东山县、三川县。元设广安县又升州。明初撤广安州并入开成县。明清民国隶属固原州、固原直隶州、固原县。1936年，设中共固北县委、县苏维埃政府、中共固原县委（驻三岔、草庙）。中华人民共和国成立后，彭阳境隶属固原县。1983年7月，固原县析置彭阳县。

经济建设

【经济指标】　全年实现地区生产总值49.95亿元，增长8.8%；地方一般公共财政预算收入2.4亿元，同口径增长9.8%，其中税收收入1.79万元，增长31.7%；全社会固定资产投资67.47亿元，增长13.3%；社会消费品零售总额8.74亿元，增长10.1%；城镇居民人均可支配收入23345.04元，比上年增加1733.42元，增长8.0%，城镇居民恩格尔系数为29.8%；农村居民人均可支配收入8790.11元，比上年增加929.13元，增长11.8%，农村居民恩格尔系数为34.3%。

【脱贫攻坚】　坚持脱贫销号和巩固提升

两手抓,强基础、补短板、育产业、促增收,贫困发生率由9.6%降低至4.1%。全年发放产业奖补资金7326万元、扶贫贷款3.13亿元,建档立卡户产业到户率和贷款覆盖面分别达91%、97%。推行"扶贫保",受益群众17625户,贫困人口家庭意外伤害保险和大病补充医疗保险实现全覆盖。整合涉农资金7.86亿元,实施整村推进项目58个,新修村组道路777.1千米,行政村道路通畅率和通客车率均达到100%;完成自来水入户5302户,入户率达94%;改造农村电网8651户;建成县内移民安置点13个、安置房1278套,完成易地扶贫搬迁1684户5892人;改造危房危窑1988户,累计完成总任务25955户的91%,改善农村人居环境3208户。完善社会帮扶体系,全年落实社会帮扶资金1.3亿元。深化中央单位定点帮扶和闽宁协作,争取扶贫资金1660万元,打造闽宁扶贫示范村4个,闽宁彭阳信息扶贫产业园正式落地。完成建档立卡户培训8198人次,培育"两个带头人"600人,表彰脱贫典型689人。通过国家2016年易地扶贫搬迁工作成效考核和自治区第三方评估。

【特色产业】 全年实现农林牧渔业总产值27.01亿元,比上年增长3.6%,其中农业总产值15.77亿元,林业总产值2.2亿元,牧业总产值8.3亿元,农林牧渔服务业总产值0.8亿元,农林牧渔业增加值13.4亿元。全年粮食播种面积50553公顷,总产量达170923吨。实现园林水果种植面积10229公顷,园林水果产量达51887吨。新建千亩紫花苜蓿示范点5个1.2万亩,种植优质牧草12万亩。打造肉牛万头养殖示范乡镇2个、千头养殖示范村4个,带动发展"5·30"养殖户1.5万户,全县畜禽饲养总量突破230万个羊单位。建成红河现代农业产业园,改造提升日光温室350栋,种植蔬菜12.5万亩。新建扩建林下养殖点12个,发展优质经果林3万亩,种植万寿菊和中药材7.5万亩,养殖中华蜂9100箱。红梅杏、朝那鸡获批国家地理标志保护产品,特色产业提供农民人均纯收入2300元以上。

【二、三产业】 王洼煤矿600万吨改扩建项目完工,新打油井15口,全年生产原煤720万吨、原油13.7万吨;建成彭阳县农村电商公共服务中心、物流仓储配送中心、电商孵化园和96个乡村电商服务站,培育电商企业5家,物流企业3家。开工新建浙商国际、利民广场、财富广场商业综合体,打造创业孵化园1个,入驻创业主体200家。加快茹河瀑布、金鸡坪梯田公园等核心景区开发建设,完善旅游基础设施,全年共接待游客52万人次,实现旅游业总收入3.14亿元。推进县城工业园区基础设施配套工程,新入园企业5家,新增规模以上企业2家,培育"专精特新"企业5家、示范企业1家。全年完成工业总产值24.17亿元,比上年增长13.1%,工业增加值9.44亿元,增长12.9%,其中规模以上工业企业6家,完成总产值18.12亿元,比上年增长16.8%,工业增加值7.63亿元,增长16.6%。全年实现社会消费品零售总额8.74亿元,比上年增长10.1%。一、二、三产业增加值构成为25.8:29.0:45.2。

【城乡建设】 全年开工建设重点项目76个,落实招商引资项目29个,完成社会资本投资27亿元,占比达41%。编制12个乡镇总体规划、8个行业规划,划定城市"四线",实现城乡规划全覆盖。实施城市亮化美化绿化工程,建设停车场3个,新改扩建城市道路16条11.4千米,改造棚户区439户。推进3个美丽小城镇项目,建成6个美丽村庄,城镇化率达32.9%。强化城市管理综合执法,推行精细化管理,国家卫生县城顺利通过复审。G327县城至沟圈段改扩建工程建成通车,夏山庄至王洼南街、刘高庄经红河至城阳杨坪一期公路开工建设。实施高效节水工程2个,加固病险水库、骨干坝6座,新增灌溉面积2000亩,新修高标准基本农田3.58万亩。新建改造4G基站94个,完成82个行政村、591个自然村宽带进村工程,行政村宽带网络实现全覆盖,20户以上自然村光纤户户通覆盖率达95%。

【生态建设】 全年治理水土流失面积达80平方千米,水土流失治理程度达72.6%。完成造林绿化28.3万亩,林木覆盖率达27.5%。建立农膜循环利用体系,农田残膜回收率达98%。深化政府和社会资本合作,实施"美丽茹河"PPP项目。建立"公益岗位+民间河长"模式,探索出扫"水路"除"穷路"治河新路子。关停河道采砂、洗砂点,完成县城污水处理厂提标改造和工业园区污水处理站建设,主要河流水质保持Ⅳ类以上。推进城乡环境综合整治,城市生活垃圾无害化处理二期工程开工建设。狠抓"四尘"治理,拆除20蒸吨以下燃煤锅炉6台,淘汰黄标车82辆,空气优良天数占比达93.1%。

社会事业

【民生建设】 年内,县职教中心投入使用,改造薄弱学校37所,新(改)建幼儿园16所,义务教育基本均衡发展通过国家验收。开工建设悦龙新区全民健身中心和雷河滩体育公园,成功创建全国基本公共体育服务体系示范县,荣获全国阳光校餐示范县、2013—2016年度全国群众体育先进单位。完成博物馆布展和图书馆标准化配套,开工建设县文化馆,创建县级以上文化大院14个,建成村综合文化服务中心144个,在全区率先实现行政村综合文化服务中心全覆盖。启动区域卫生信息化平台建设,新建标准化村卫生室55个,改扩建县中医院、妇计中心、疾控中心综合业务楼,医疗卫生硬件设施和服务水平实现"双提升"。县综合福利服务中心、红河敬老院投入使用,建成县城老年活动中心、儿童福利院、城阳敬老院,新建标准化农村社区服务站17个,服务城乡居民能力提升。

【社会保障】 全年发放各类教育资助金3833.7万元、助学贷款3900万元,减免各类费用3620万元,农村学生教育扶贫政策实现全覆盖。推行医联体、医共体模式,完善三级诊疗服务体系,家庭医生签约率达41.4%。推进"双创"工作,发放创业贷款7558万元,实施劳动力素质提升培训14313人,鉴定12452人,转移劳动力5.8万人,创收10.9亿元。新增城镇就业1612人,购买公益性岗位2454个,城镇登记失业率控制在

4.0%以内。巩固和谐劳动关系，农民工工资支付率达100%。年末参加基本养老保险人数为122819人，其中参加城乡居民养老保险人数111464人。企业养老金社会化发放率达到100.0%。参加基本医疗保险人数217816人，其中参加城乡居民医疗保险人数207650人。年末全县享受低保政策困难群众达20386人，其中农村16818人，全年发放各类社会保障和救助资金1.52亿元。

【社会治理】　推进平安彭阳建设，推行"一村（社区）一警+警务助理"和"微信平安树"治理模式，实施"雪亮工程"。推行"585"创建行动计划，打造民族团结进步示范点119个，成功创建全国民族团结进步示范县。落实县级领导坐班接访和包抓重点信访案件长效机制，推行"听证办访"和"网办信访"，全年办结信访案件152件，办结率达到100%。开展矛盾纠纷大排查、大调处活动，化解各类矛盾纠纷3495件，化解率达99.4%。开展"七五"普法，推进司法体制改革，乡镇司法所全部升格为副科级建制，全面依法治县进程加快。落实安全生产重大隐患分级治理机制，推行企业安全生产托管帮扶和"三位一体"安全监管模式，安全生产形势平稳。加强食品药品安全监管执法，市场秩序更加规范。完善应急预案，加大防灾演练，群众防灾减灾意识和政府突发事件应急处置能力明显提高。

【改革创新】　推进农村"三权分置"改革，启动农村宅基地使用权和房屋所有权确权登记颁证工作，建成农村产权流转服务中心，开展农村集体资产股份权能和土地股份制改革试点，推行"村集体+企业+合作社+农户"模式，完成土地抵押贷款171笔606万元。完成国有林场改革，荣获全国集体林权制度改革先进集体。持续简政放权，推广"不见面、马上办"审批和"代办制"服务模式，推行"五证合一"和"一证一税"联办，214项审批服务事项办理实现线上线下"双线"运行，办理时限压缩57%、申报材料减少26%。成立彭阳县社会保险事业管理局，实现"五险合一"统一经办。推进城市管理体制改革，成立城市管理综合执法局，实现城市管理行政处罚权集中行使。推进水资源管理体制改革，"移动互联网+人饮"管理模式在全区推广。深化供销社综合改革，创立"223"农业社会化服务新模式，荣获全国供销社综合改革试点工作先进单位。开展金融机构结对帮扶，与长城国瑞证券公司、宁夏黄河农村商业银行签订帮扶合作协议，引进贺兰山村镇银行，县域金融组织体系日趋完善。

自身建设

【党的建设】　认真学习贯彻习近平新时代中国特色社会主义思想及党的十九大精神，增强"四个意识"，坚定"四个自信"，坚决贯彻落实中央、区、市各级党委决策部署，推进全面从严治党向纵深发展。深入推进"两学一做"学习教育常态化制度化，开展"6+X"主题党日活动。落实"20字"好干部标准，健全容错纠错、能上能下机制，建立干部实绩档案，坚持在脱贫攻坚一线提拔任用优秀干部,激发党员干部干事创业热情。开展星级基层服务型党组织创建活动,推广"五跨"措施,整顿软弱涣散基层党组织15个,全县非公企业和社会组织党组织覆盖率分别达83%、92%。开展"三大三强"行动,深化农村"两个带头人"工程,抓党建促脱贫攻坚"四个一"经验交流座谈会上书面交流。落实全面从严治党"两个责任",落实中央八项规定精神制度机制,强化党内监督,建立巡察制度,推进全县深化国家监察体制改革试点工作,开展查处涉农扶贫领域腐败问题专项行动、"三不为"纪律作风专项整治行动,立案46件,给予党政纪处分45人,移送司法机关1人,营造风清气正发展环境。

(杨平梅)

机构和组成人员

县级领导

中共彭阳县委员会

书　　记　赵晓东
副 书 记　刘启冬
　　　　　王少波
　　　　　杨海林（挂职）
常　　委　崔　涛（3月调离）
　　　　　马文山（回）
　　　　　李国帅
　　　　　杨　军
　　　　　张彩虹（女）
　　　　　杨天峰
　　　　　李全德（回）
　　　　　刘　旭
　　　　　史金龙（挂职）
　　　　　吴志怀（挂职）
　　　　　蒋筱宁（挂职，2月任职）

彭阳县人民代表大会常务委员会

党组书记、主任
　　　　　邓万儒
副 主 任　杨志杰（回）
　　　　　晁建勇
　　　　　陈玉玲（女，回）
　　　　　王　儒

彭阳县人民政府

县　　长　刘启冬
副 县 长　李国帅
　　　　　史金龙（挂职）
　　　　　吴志怀（挂职）
　　　　　蒋筱宁（挂职，2月任职）
　　　　　朱红社
　　　　　马　英（女，回）
　　　　　沙广学（回）
　　　　　何少庸
县长助理　连一洲（挂职）

政协彭阳县委员会

党组书记、主席
　　　　　冶三奎（回）
副 主 席　李廷枢
　　　　　杨志让
　　　　　刘彩琴（女，5月调离）
　　　　　韩淑兰（女，12月任职）

县委工作部门

中共彭阳县纪律检查委员会（监察委员会）

纪委书记　张彩虹（女）
纪委副书记
　　　　　韩志琦（5月调离）
　　　　　王宏东
　　　　　虎佑峰（5月任职）
纪委常委　马　峰
　　　　　张　娟（女）

马存林(回)

台平虎

监委主任　张彩虹(女,12月任职)

监委副主任

王宏东(12月任职)

虎佑峰(12月任职)

监委委员　韩　东(12月任职)

马　峰(12月任职)

马存林(回,12月任职)

王凤海(12月任职)

监察局

局　　长　韩志琦(5月调离)

王宏东(5月任职)

副 局 长　马存林(回)

王凤海

案件审理室

主　　任　张　娟(女)

案件监督管理室(信访室)

主　　任　台平虎

办公室(宣教政研室)

主　　任　田志明(回)

党风政风监督室

主　　任　李亚茹(女)

纪检监察一室

主　　任　张彦春

纪检监察二室

主　　任　马　峰

中共彭阳县委办公室

主　　任　牛治忠

副 主 任　李　剑(9月调离)

姚世平

黄　飞(9月任职)

组织部

部　　长　杨　军

副 部 长　雅玉贵

余长会(5月调离)

职晓霞(女)

杨　乾(5月任职)

马　福(回)

县直机关工委

书　　记　雅玉贵

非公有制经济组织工委

书　　记　余长会(5月调离)

杨　乾(5月任职)

副 书 记　杨　乾(5月调离)

王雪晶(女,回,5月任职)

党员电化教育中心

主　　任　谭成帅

宣传部
(精神文明建设指导委员会办公室)

部　　长　杨天峰

副 部 长　白云鹏(5月调离)

余长会(5月任职)

孙有亮

统一战线工作部
(民族宗教事务局)

部　　长　马文山(回)

副 部 长　李佐江

祁登明

兰正刚(回)

民族宗教事务局

局　　长　兰正刚（回）

副 局 长　杨正刚（6月任职）

政法委员会

书　　记　王少波

副 书 记　赵银汉

　　　　　石玉金

综治办

主　　任　赵银汉

副 主 任　兰天秀（回，5月任职）

政策研究室

主　　任　安振杰

副 主 任　贺永顺

机构编制委员会办公室

主　　任　米彦多

副 主 任　王立国（9月调离）

事业单位登记管理局

局　　长　杨粉霞（女）

老干部局
（关心下一代工作委员会办公室）

局　　长　马　福（回）

副 局 长　何国功

关工委办公室

主　　任　白巨刚

县委直属事业单位

档案局

党支部书记、局长

　　　　　杨占辉

副 局 长　李忠文（9月调离）

　　　　　席克智（9月任职）

　　　　　张　崎

党校（行政学院）

校　　长　王少波

常务副校长（院长）

　　　　　王　兴

副 校 长　董　彦

　　　　　温发祥（6月调离）

　　　　　许　涛（6月任职）

县人大办公室及各工作委员会

人大办公室

机关党组书记

　　　　　张建荣（11月任职）

机关党组副书记

　　　　　曾焕荣（11月任职）

主　　任　张建荣

副 主 任　杨国儒（5月调离）

　　　　　曾焕荣（5月任职）

各工作委员会

财经工作委员会

主　　任　虎　地（9月调离）

　　　　　李　伟（9月任职）

法制工作委员会

主　　任　张建治（5月调离）

　　　　　章建波（5月任职）

科教文卫工作委员会
主　　任　李　龙(5月任职)
代表联络和选举工作委员会
主　　任　王效雄

县政府办公室

政府办公室

机关党组书记
　　　　王志会(11月任职)
机关党组副书记
　　　　薛　凯(11月任职)
主　　任　王志会
副 主 任　杨世福(5月调离)
　　　　武汉平(5月调离)
　　　　薛　凯
　　　　孙文升
　　　　佘春广(9月任职)
　　　　马文龙(回,5月任职)
信访局
局　　长　武汉平(5月调离)
　　　　马文龙(回,5月任职)
法制办
主　　任　陈让云
机关事务管理局
局　　长　王应鹏

县政协办公室及各专门委员会

政协办公室

机关党组书记
　　　　常兆斌(11月任职)
机关党组副书记
　　　　王兴旺(11月任职)
主　　任(秘书长)
　　　　常兆斌
副 主 任　王兴旺

各专门委员会

提案经济委员会
主　　任　余在德
文史学习委员会
主　　任　杜占山
科教文卫体委员会
主　　任　雅进坤(5月任职)
民族青妇委员会
主　　任　海向刚(回)
专委会办公室
主　　任　沈继刚(9月调离)
　　　　马春华(女,回,9月任职)

法检两院

彭阳县人民法院

党组书记、院长
　　　　魏　凯
党组副书记
　　　　武应龙(2月任职)
副 院 长　武应龙
　　　　米占廷

彭阳县人民检察院

党组书记、检察长
　　　　石永忠
副检察长　秦　春
　　　　刘　广

军事武装

彭阳县人民武装部

政　　委　崔　涛（3月调离）
　　　　　李世金（7月任职）
部　　长　李世金（7月调离）
　　　　　彭　波（12月任职）
副 部 长　张玉贤（5月调离）

彭阳县武警中队

中 队 长　沈思发
指 导 员　谢　凯

彭阳县消防大队

大 队 长　赵海波
大队教导员
　　　　　赵和军
中 队 长　黄大伟
政治指导员
　　　　　曹奇超

政府派出机构

王洼产业园区管理委员会

工委书记、主任
　　　　　张文军
工委副书记
　　　　　张明山
副 主 任　张明山
　　　　　张　涛（11月任职）
综合办公室
主　　任　杜玉斌

建设规划国土局

局　　长　张世杰

县政府工作部门

发展和改革局（粮食局）

党组书记　刘胜利（11月任职）
党委书记、局长
　　　　　刘胜利
副 局 长　虎　攀
　　　　　冯天生
　　　　　韩　钊
　　　　　赵锦华（女）
石油产业发展服务中心
主　　任　朱天龙

扶贫开发办公室

党组书记　陈宗惠（11月任职）
主　　任　李　伟（9月调离）
　　　　　陈宗惠（9月任职）
副 主 任　许　涛（6月调离）
　　　　　袁志清
　　　　　赵金平
　　　　　余德明（6月任职）
　　　　　党孝奇（9月任职）
扶贫和移民服务中心
主　　任　程彦文

教育体育局

党委书记、局长
　　　　　李　龙（5月调离）

韩星明(5月任职)
副 局 长　韩星明(5月调离)
　　　　　杨田仓
　　　　　吴力祥

公安局

党委书记、局长
　　　　　李全德
党委副书记、政委、纪委书记
　　　　　王继祖
副 局 长　李夏生
　　　　　马宏福(回)
　　　　　张永生(2月任职)
　　　　　张彦文(2月任职)
　　　　　祁俊明(2月调离)
刑事侦查大队
大 队 长　张永生
教 导 员　杜军平(2月任职)
法制大队
大 队 长　张彦文
指挥中心(办公室)
主　　任　焦方行
政工监督室(督察大队)
主　任(大队长)
　　　　　刘如意
政工监督室
教 导 员　王万峰
警务保障室
主　　任　杨志远
交通管理大队
大 队 长　贾文怀
教 导 员　李　峰
看守所
所　　长　王文辉

教 导 员　贾　君
国内安全保卫大队
大 队 长　赵登永(2月任职)
教 导 员　马玉柱
经济犯罪侦查大队
大 队 长　李　磊
教 导 员　虎永军(2月任职)
禁毒大队
大 队 长　马　锐(回)
教 导 员　郑作新
治安管理大队
大 队 长　韩　龙(2月任职)
教 导 员　张小涛(2月任职)
拘留所
所　　长　朱维杰(2月任职)
教 导 员　王建会
强制隔离戒毒所
所　　长　赵　健
教 导 员　张少琴(女)
白阳派出所
所　　长　曹登榜
教 导 员　陈　钊
副 所 长　薛建武
　　　　　李维勇
古城派出所
所　　长　马贵仁(回)
教 导 员　张志尧
副 所 长　袁永军
王洼派出所
所　　长　马志龙(回)
教 导 员　王晓庶
副 所 长　姚爱东

红河派出所

所　　长　张志睿

教 导 员　罗毅军（2月任职）

副 所 长　闫忠祥

新集派出所

所　　长　王海东

教 导 员　黄　伟

副 所 长　苏　锋（回，2月任职）

城阳派出所

所　　长　马应林

教 导 员　王维哲

副 所 长　朱帅民（2月任职）

草庙派出所

所　　长　刘志仁（2月任职）

教 导 员　杨治军

副 所 长　杨树诚

孟塬派出所

所　　长　张万政

教 导 员　金生有（回）

副 所 长　庞　明

冯庄派出所

所　　长　郭　明

教 导 员　薛　强

副 所 长　惠永明

小岔派出所

所　　长　任海军

教 导 员　刘　新（2月任职）

副 所 长　胡正升（2月任职）

罗洼派出所

所　　长　连　鹏

教 导 员　王　遥

副 所 长　苏清君（女）

交岔派出所

所　　长　杨培昌（2月任职）

教 导 员　王　勇（2月任职）

副 所 长　海立波（2月任职）

民政局

党支部书记

　　　　　李忠仓（9月调离）

党组书记　曹建刚（11月任职）

局　　长　曹建刚

副 局 长　朱建鹏

　　　　　杨志梅（女，回）

老龄工作委员会办公室

主　　任　海立峰（回）

社会组织工委

书　　记　李忠仓（9月调离）

副 书 记　海凤林（回）

司法局

党组书记、局长

　　　　　徐宏禧（5月调离）

　　　　　曹永昕（5月任职）

副 局 长　陈　宏

　　　　　王天奇

白阳司法所

所　　长　李　福（9月任职）

古城司法所

所　　长　兰金昌（回，9月任职）

王洼司法所

所　　长　陈广科（9月任职）

红河司法所

所　　长　韩　广（9月任职）

新集司法所
所　　长　马国兴（回，9月任职）
城阳司法所
所　　长　李世安（9月任职）
草庙司法所
所　　长　刘克斌（9月任职）
孟塬司法所
所　　长　刘彩英（女，9月任职）
冯庄司法所
所　　长　柴慧娟（女，9月任职）
小岔司法所
所　　长　苟建红（9月任职）
罗洼司法所
所　　长　张克忠（9月任职）
交岔司法所
所　　长　高智宁（9月任职）
公证处
主　　任　赵占雄

财政局

党组书记　王永贤（11月任职）
党总支书记、局长
　　　　　王永贤
副 局 长　丁会林（回）
　　　　　陈效义
　　　　　韩有恒
　　　　　罗会云（女）
金融工作局
局　　长　陈效义
会计核算中心
主　　任　蔺杰
农业综合开发办公室
党支部书记、主　任
　　　　　王利

副 主 任　杨正刚（6月调离）
　　　　　袁仁
　　　　　梁生蕃

人力资源和社会保障局

党组书记　王建军（11月任职）
党总支书记、局长
　　　　　王建军
副 局 长　杨晓勇
　　　　　张金霞（女）
　　　　　王霖（1月任职）
就业创业和人才服务局
党支部书记
　　　　　虎威
局　　长　杨改兰（女）

国土资源局

党组书记　王志成（11月任职）
党支部书记、局长
　　　　　杨如芝（9月调离）
　　　　　王志成（9月任职）
副 局 长　惠忠民
　　　　　王继科
　　　　　吴生勤
不动产登记事务中心
主　　任　王继科

城乡建设和环境保护局

党支部书记、局长
　　　　　王继讲
副 局 长　景德镇
　　　　　袁治栋
　　　　　张晓东（5月调离）

地震局

党支部书记
　　　　宋克武
局　　长　孙建文

交通运输局
（交通战备办公室）

党组书记　杨昌基（11月任职）
党总支书记、局长
　　　　陈宗慧（9月调离）
　　　　杨昌基（9月任职）
副 局 长　童志祥（回）
　　　　高应广
　　　　祁士龙
公路管理段
党支部书记
　　　　高应文
段　　长　杨桂霞（女）
农村公路建设管理中心
主　　任　张旭清
客运公司
经　　理　虎永岐

水务局

党委书记、局长
　　　　张小平
副 局 长　张志科
水土保持工作站
站　　长　张志政
水利服务中心
主　　任　孟成才

农牧局

党组书记　白云鹏（11月任职）
党委书记、局长
　　　　刘世锋（5月调离）
　　　　白云鹏（5月任职）
副 局 长　席克智（9月调离）
　　　　梁　林
　　　　黄金智
　　　　李　云（1月任职）
科技服务中心
主　　任　李万斌
农业机械化推广服务中心
主　　任　谈志斌
农村合作经济经营管理站
站　　长　胡长青
草原工作站
站　　长　杨彦军（5月任职）
蔬菜产业发展服务中心
主　　任　杨存祥

文化旅游广电局

党组书记　袁继安（11月任职）
党总支书记、局长
　　　　袁继安
副 局 长　刘永明
　　　　赵志武
　　　　徐枫兰（女）
工会主席　徐枫兰（女）
广播电视台
台　　长　韩广新

卫生和计划生育局

党组书记　韩治军（11月任职）
党委书记　王复位（5月调离）
　　　　　韩治军（5月任职）
局　　长　章建波（5月调离）
　　　　　韩治军（5月任职）
副 局 长　王晓军（5月调离）
　　　　　张明岳（5月调离）
　　　　　高应升
　　　　　杨文斌（回，5月调离）
　　　　　韩丽玲（女）
　　　　　李　刚（6月任职）

疾病预防控制中心
主　　任　文　荣

县医院
党支部书记
　　　　　台银科
院　　长　高　勇

县妇幼和计划生育服务中心
党支部书记
　　　　　周　勇（6月调离）
　　　　　冯秀梅（女，6月任职）
主　　任　李　刚（6月调离）
　　　　　周　勇（6月任职）

审计局

党组书记　孙智慧（11月任职）
党支部书记、局长
　　　　　孙智慧
副 局 长　张玉龙
　　　　　虎佑峰（5月调离）
　　　　　惠彬琴（女）

林业和生态经济局

党组书记　韩志琦（11月任职）
党总支书记
　　　　　杨宁远
局　　长　曹永昕（5月调离）
　　　　　韩志琦（5月任职）
副 局 长　杨宁远
　　　　　高志涛
　　　　　周　雄

森林派出所
所　　长　张承仁
教 导 员　吴克祥
副 所 长　姬秀林

市场监督管理局

党组书记、党总支书记
　　　　　王汉英
局　　长　祁　旺
副 局 长　兰正禧（回）
　　　　　虎志忠
　　　　　马均奎（回）
　　　　　时彩武（女）
纪检组长　褚映红（女）

市场稽查大队
大 队 长　王　斌

城区市场监督管理所
所　　长　孙国财

古城市场监督管理所
所　　长　汪秉军

王洼市场监督管理所
所　　长　宗向阳

草庙市场监督管理所
所　　长　海玉富（回）

城市管理综合执法局
党组书记　吴　毅（11月任职）
党总支书记、局长
　　　　吴　毅（9月任职）
副 局 长　张和凯（9月调离）
　　　　姬文军（回，9月任职）
　　　　海　鹏（回，9月任职）

统计局
党支部书记
　　　　雅进坤（5月调离）
　　　　徐宏禧（5月任职）
局　　长　雅进坤（5月调离）
　　　　杨世福（5月任职）
副 局 长　赵佰明
　　　　任三敬

安全生产监督管理局
党组书记　刘世锋（11月任职）
党支部书记、局长
　　　　韩治军（5月调离）
　　　　刘世锋（5月任职）
副 局 长　马秀梅（女，回）
　　　　张金鸿（5月调离）
　　　　吴秉锋（5月任职）

县政府直属事业单位

党史地方志编纂委员会办公室
主　　任　祁悦章
副 主 任　张文明（5月调离）
　　　　杨　新（5月任职）

经济技术合作局
党支部书记
　　　　王三军
局　　长　马文生
副 局 长　王三军
　　　　祁　玉（女）
　　　　景玉英（女）

政务服务中心
主　　任　米占国
副 主 任　虎秀乾
　　　　朱建军

社会保险事业管理局
局　　长　李鹏元（5月任职）
副 局 长　米克仕（5月任职）
　　　　周凤勤（5月任职）
　　　　徐　梅（女，5月任职）

群团组织

总工会
党组书记　杨志杰（回，11月任职）
党组副书记
　　　　马文智（回，11月任职）
主　　席　杨志杰（回）
副 主 席　马文智（回）
　　　　王　玲（女）
经费审查委员会
主　　任　虎军勤

团县委

书　　记　陈雪霞(女)
副 书 记　刘慧成

妇女联合会

主　　席　韩淑兰(女,5月调离)
　　　　　罗金彩(女,5月任职)
副 主 席　李　凡(女)

科学技术协会

主　　席　马春华(女,回,9月调离)
　　　　　文珍珠(女,9月任职)
副 主 席　杨巨强

残疾人联合会

理 事 长　文珍珠(女,9月调离)
　　　　　杨如芝(9月任职)
副理事长　李维春

伊斯兰教协会

副 会 长　海向武(回)
　　　　　马国斌(回,5月任职)

工商业联合会

党组书记　祁登明
副 主 席　祁登明
商会副会长
　　　　　蔺建勋

文学艺术家联合会

主　　席　林生库
副 主 席　文　元

区、市驻彭各单位

彭阳县国家税务局

党组书记、局长
　　　　　杨明民(7月调离)
　　　　　段永刚(7月任职)
副 局 长　高永志
　　　　　虎维耀
　　　　　张启程
　　　　　王廷武
纪检组长　程海东(3月调离)
　　　　　高吉银(3月任职)

中国人民银行彭阳县支行

党组书记、行长
　　　　　杨志君
副行长、工会主席
　　　　　刘　燧
副行长、纪检组长
　　　　　赵　博

中国建设银行股份有限公司彭阳支行

行　　长　郭　鹏(6月调离)
　　　　　王维一(6月任职)
副 行 长　石建忠(12月调离)
　　　　　徐荣荣(挂职)
　　　　　贾立庭

中国农业银行股份有限公司彭阳支行

行　　长　李学武
副 行 长　高玉波
　　　　　高　涌
　　　　　海建梅（女,回,7月任职）

宁夏彭阳农村商业银行股份有限公司

党委书记、董事长
　　　　　王玉君（12月任职）
党委副书记、行长
　　　　　段亚斌（12月任职）
监 事 长　王坤龙（12月任职）
副 行 长　王　赟（12月任职）
　　　　　徐万平（12月任职）
　　　　　薛　浩（12月任职）
纪委书记　侯慧东（12月任职）

国网彭阳县供电公司

党支部书记
　　　　　王　辉
经　　理　张会东
副 经 理　司小雄
　　　　　张鹏东（10月任职）
工会主席　虎志文（10月调离）
　　　　　张鹏东（10月任职）

中国电信股份有限公司彭阳分公司

总 经 理　宋掌玺
副总经理　郭天星

邮政局

经　　理　王　红（女,4月调离）
　　　　　杨列君（4月任职）

烟草局

局　　长（经理）
　　　　　杨春燕（回）
副 局 长　李　勇
副 经 理　张宗义（5月调离）
　　　　　马晓勇（回,5月任职）

彭阳县社会经济调查队

队　　长　杨汉邦
副 队 长　高文坛

中国人民财产保险股份有限公司彭阳支公司

经　　理　陈生杰（11月调离）
副 经 理　高文杰
经理助理　徐万顺（6月任职）

中国人寿保险股份有限公司彭阳支公司

经　　理　曹志文（10月调离）
　　　　　冯国军（10月任职）
副 经 理　冯国军（10月调离）

中国移动通信集团宁夏有限公司彭阳县分公司

经　　理　伍贵生（12月调离）
　　　　　贾学丰（12月任职）

中国联合网络通信有限公司彭阳县分公司

经　　理　郅　韬

新华书店

经　　理　王天科

中国邮政储蓄银行彭阳县支行

行　　长　杨晓蓉

固原市住房公积金管理中心彭阳管理部

主　　任　何　信

交通运输管理所

党支部书记
　　　　　刘具有
所　　长　刘　慧
副 所 长　曹耿乾
　　　　　王廷栋

宁夏广播电视网络有限公司彭阳分公司

经　　理　张建贵

企　　业

供销社

党总支书记
　　　　　张生忠

主　　任　黄彦忠
副 主 任　邓志儒
　　　　　韩世文
监事会主任
　　　　　张生忠
工会主席　火起红

烟叶公司

党支部书记
　　　　　吴富祥
总 经 理　杨　俭（5月调离）
　　　　　张和先（5月任职）
副总经理　吴富祥（5月任职）
　　　　　赵仲凯

乡　　镇

白阳镇

党委书记　乔　升
党委副书记、镇长
　　　　　陈伯洲
人大主席　时建武（5月调离）
　　　　　张晓东（5月任职）
党委副书记
　　　　　马文龙（回，5月调离）
　　　　　杨廷财（5月任职）
纪委书记　马文丽（女）
副 镇 长　李　静
　　　　　马莹莹（女，回）
　　　　　张万科（回）
组织委员　张向玲（女，9月调离）
　　　　　马进龙（回，9月任职）

武装部长　马进龙(回,9月调离)
　　　　　杨卫民(9月任职)

古城镇

党委书记　王克祥
党委副书记、镇长
　　　　　姬志珍(回)
人大主席　王志成(9月调离)
　　　　　李　剑(9月任职)
党委副书记
　　　　　马世清(回)
纪委书记　余德明(6月调离)
　　　　　温发祥(6月任职)
副 镇 长　姬秀金(回)
　　　　　马　晶(女,回)
　　　　　郭　仁
组织委员　马继梅(女,回)
武装部长　秦士乾(回,9月调离)
　　　　　赵　锐(9月任职)

王洼镇

党委书记　赵　坤
党委副书记、镇长
　　　　　祁　涛
人大主席　王建国(5月调离)
　　　　　杨晓琴(女,5月任职)
党委副书记
　　　　　贺永乾
　　　　　姚建军(挂职)
纪委书记　韩福金(5月调离)
　　　　　马爱琴(女,回,5月任职)
副 镇 长　马爱琴(女,回,5月调离)
　　　　　刘　库
　　　　　海　笔(回)
　　　　　周　平(回,5月任职)
组织委员　赵志宏
武装部长　周　平(回,5月调离)
　　　　　任正坤(9月任职)

红河镇

党委书记　郑小义
党委副书记、镇长
　　　　　王生东
人大主席　马巧玲(女)
党委副书记
　　　　　晁海军
纪委书记　沙彦秀(女,回)
副 镇 长　杨廷财(5月调离)
　　　　　康登文
　　　　　马宏芳(女,回)
　　　　　马玉星(回,5月任职)
组织委员　郭天利(6月任职)
武装部长　马玉星(回,5月调离)
　　　　　海耀贵(回,5月任职)

新集乡

党委书记　马素贵(回)
党委副书记、乡长
　　　　　高文学
人大主席　李维奎
党委副书记
　　　　　文小荣
　　　　　张金豹(挂职)
纪委书记　马旭东(回)
副 乡 长　马学武(回)

郭　勇

妥　文(回)

组织委员　马　莉(女,回)

武装部长　马德仁(回)

王继东

张德胜

组织委员　冯　丹(女)

武装部长　杨延峰

城阳乡

党委书记　刘　旭

党委副书记、乡长

　　　　　杨正虎

人大主席　杨昌基(9月调离)

　　　　　张和凯(9月任职)

党委副书记

　　　　　张　翔

纪委书记　薛　香(女)

副 乡 长　常富礼

　　　　　王　立(9月调离)

　　　　　张宁霞(女)

　　　　　张社军(5月任职)

组织委员　王　茂

武装部长　张宝文

草庙乡

党委书记　胡晓香(女)

党委副书记、乡长

　　　　　徐升光

人大主席　郭　勇(5月调离)

　　　　　王建国(5月任职)

党委副书记

　　　　　安海斌

　　　　　王　瑞(挂职)

纪委书记　王晓成(5月任职)

副 乡 长　伏小明

孟塬乡

党委书记　郭耀武

党委副书记、乡长

　　　　　安希洲

人大主席　罗金彩(女,5月调离)

　　　　　杨国儒(5月任职)

党委副书记

　　　　　吴秉锋(5月调离)

　　　　　李青英(5月任职)

　　　　　杨彦宾(挂职)

纪委书记　李青英(5月调离)

　　　　　张向玲(5月任职)

副 乡 长　马　平

　　　　　刘克效

　　　　　王　莉(女)

组织委员　褚玫红(女)

武装部长　鲁　东

冯庄乡

党委书记　张生录

党委副书记、乡长

　　　　　火占宝

人大主席　陈彩云(女)

党委副书记

　　　　　杨　慧(女)

　　　　　宗志远(挂职)

纪委书记　王晓成(9月调离)

　　　　　王　忠(9月任职)

副乡长	王　忠(9月调离)	人大主席	马继祥(回)
	党孝奇(9月调离)	党委副书记	
	秦士乾(9月任职)		张耀辉
	何绍龙(9月任职)	纪委书记	马科龙(回)
组织委员	沈亚男(女,蒙古族)	副乡长	张社军(5月调离)
武装部长	杨剑锋		伏亚妮(女)

小岔乡

党委书记　虎俭斌
党委副书记、乡长
　　　　　王克岳
人大主席　王生林
党委副书记
　　　　　张　锐
纪委书记　马彦杰(9月调离)
　　　　　王　霞(女,9月任职)
副 乡 长　王　霞(女,9月调离)
　　　　　王志和
组织委员　姚运玲(女)
武装部长　甄长青

罗洼乡

党委书记　刘　惠
党委副书记、乡长
　　　　　张　勇(回)

　　　　　马少科(回,5月任职)
组织委员　海耀平(回)
武装部长　马少科(回,5月调离)
　　　　　陈宏璋(9月任职)

交岔乡

党委书记　安续堂
党委副书记、乡长
　　　　　海立平(回)
人大主席　海文春(回)
党委副书记
　　　　　马国斌(回,5月调离)
　　　　　韩福金(5月任职)
纪委书记　王晓明
副 乡 长　剡成龙(回)
　　　　　海　岗(回)
组织委员　贾世莉(女)
武装部长　马鑫銮(回)

年内任职副县级以上领导简历

赵晓东 男,汉族,1975年7月出生,甘肃临洮人。1997年6月参加工作,1996年11月加入中国共产党,宁夏大学信息工程系计算机及应用专业毕业,研究生学历。现任中共彭阳县委书记。1997年6月,宁夏人事劳动厅信息中心工作。2000年4月,任宁夏人事厅信息中心副主任科员。2002年11月,任宁夏人事厅办公室主任科员。2003年12月,任自治区政府办公厅副处级秘书。2006年6月,任自治区政府办公厅主席办公室副主任。2006年12月,任自治区政府办公厅正处级秘书。2008年4月,任中共青铜峡市委副书记(正处级)。2011年5月,任中共彭阳县委副书记,提名彭阳县县长候选人;是年6月,任中共彭阳县委副书记、代县长;是年12月,任中共彭阳县委副书记、县长。2013年12月,任中共彭阳县委书记。

刘启冬 男,汉族,1971年8月出生,江苏仪征人。1992年7月参加工作,1992年6月加入中国共产党,西北工业大学工商管理专业毕业,研究生学历。现任中共彭阳县委副书记、政府县长。1992年7月,宁夏工业干部学校工作。1996年6月,宁夏经贸委工作。

1997年11月,任宁夏经贸委企业处副主任科员。2002年1月,任宁夏经贸委企业处主任科员。2003年7月,任宁夏经委办公室主任科员。2005年1月,任宁夏经委办公室副主任。2008年7月,任宁夏经委人力资源处处长。2009年6月,任宁夏经济和信息化委员会运行监测协调处处长(其间2009年7月至2010年12月挂职任中共平罗县委常委、副县长)。2013年1月,任宁夏经济和信息化委员会办公室主任;是年12月,任中共彭阳县委副书记、代县长。2014年1月,任中共彭阳县委副书记、县长。

邓万儒 男,汉族,1963年1月出生,宁夏彭阳人。1979年9月参加工作,1985年6月加入中国共产党,中央党校行政管理专业毕业,大学学历。现任彭阳县人大常委会党组书记、主任。1979年9月,彭阳县城阳中学工作。1983年9月,固原教师进修学校上学。1985年7月,彭阳县城阳中学任教。1987年2月,彭阳县一中任教。1988年2月,彭阳县教育局工作。1996年4月,任彭阳县新集乡政法副书记。1998年4月,任彭阳县新集乡党委书记。2001年10月,任彭阳县副县长。2004年4月,任中共彭阳县委常委、副县长。2007年9月,任彭阳县政协党组副书记;是年11月,任彭阳县政协党组书记、主席。2012年9月,任彭阳县人大常委会主任;是年10月,任彭阳县人大常委会党组书记、主任。

冶三奎 男,回族,1962年10月出生,宁夏泾源人。1982年7月参加工作,1990年9月加入中国共产党,中央党校行政管理专业毕业,大学学历。现任彭阳县政协党组书记、主席。1982年7月,泾源县泾河源镇白面小学任教。1985年1月,中央民族学院学习。1987年1月,泾源县教育体育局工作。1992年11月,任泾源县泾河源镇副镇长。1995年11月,任泾源县东峡乡乡长。1996年11月,任泾源县黄花乡党委书记。2002年7月,任泾源县水利局局长。2007年9月,任原州区副区长。2010年9月,任中共彭阳县委常委、统战部部长。2012年9月,任彭阳县政协党组书记、统战部部长;是年10月,任彭阳县政协党组书记、主席。

王少波 男,汉族,1976年8月出生,宁夏隆德人。2000年7月参加工作,2001年6月加入中国共产党,宁夏党校公共管理专业毕业,研究生学历。现任中共彭阳县委副书记、政法委书记、党校校长。1996年9月,就读于宁夏大学历史系。2000年7月,隆德县大庄中学任教。2003年6月,任隆德县奠安乡人民武装部部长。2006年7月,任共青团固原市委副书记。2012年8月,任共青团固原市委书记。2015年3月,任中共彭阳县委副书记、政法委书记。2016年9月,任中共彭阳县委副书记、政法委书记、党校校长。

杨海林 男,汉族,1975年5月出生,宁夏海原人。2001年7月参加工作,2006年5月加入中国共产党,宁夏大学数学系应用数学专业毕业,研究生学历,硕士学位。现任中共彭阳县委副书记(挂职)。1994年9月,宁夏大学数学与电算工程系数学专业学习(本科)。1998年7月,宁夏大学数学系应用数学专业学习(研究生)。2001年7月,宁夏财政投资评审中心干部(其间2008年7月至2009年7月,英国威尔士大学卡迪夫管理学院访问学者)。2015年6月,任宁夏财会函授学校校长(2014年9月至2015年9月,被选派为原州区大店村扶贫开发驻村工作队员)。2016年12月,挂职任中共彭阳县委副书记。

马文山 男,回族,1968年6月出生,宁夏彭阳人。1988年3月参加工作,1990年6

月加入中国共产党,宁夏党校党政管理专业毕业,大学学历。现任中共彭阳县委常委、统战部部长。1988年3月,彭阳县古城乡工作。1992年11月,任彭阳县沟口乡党委副书记。1995年10月,任彭阳县红河乡党委委员、副乡长。1996年5月,任彭阳县红河乡党委副书记。1997年2月,任彭阳县交岔乡党委副书记、乡长。2001年9月,任彭阳县交岔乡党委书记。2003年12月,任彭阳县委组织部副部长。2006年1月,任彭阳县委组织部副部长,县直机关工委委员、书记。2007年1月,任彭阳县纪委常委、纪委副书记、监察局局长。2012年12月,任中共彭阳县委常委、纪委常委、纪委副书记、监察局局长。2013年1月,任中共彭阳县委常委、宣传部部长、统战部部长。2016年9月,任中共彭阳县委常委、统战部部长。

李国帅 男,汉族,1975年8月出生,宁夏泾源人。1997年7月参加工作,2004年10月加入中国共产党,宁夏农学院牧医系动物营养与饲料加工专业毕业,大学学历。现任中共彭阳县委常委、副县长。1997年7月,固原市畜牧兽医站工作。1999年8月,固原市农牧局工作。2003年5月,任固原市农牧局畜牧兽医管理科副科长。2005年7月,任固原市农牧局畜牧兽医管理科科长。2010年2月,任固原市农牧局副局长、党委委员。2013年1月,任彭阳县副县长。2016年2月,任中共彭阳县委常委、副县长。

杨 军 男,汉族,1976年6月出生,宁夏隆德人。2000年7月参加工作,2003年12月加入中国共产党,中央党校经济管理专业毕业,大学学历。现任中共彭阳县委常委、组织部部长。1998年9月,宁夏人民警察学校学习。2000年7月,隆德县公安局工作。2001年6月,隆德县政府办公室工作(其间2002年4月至2004年12月,在中国人民公安大学公安管理专业学习;2004年8月至2006年12月,在中央党校函授学院经济管理专业学习)。2006年6月,任隆德县政府办公室秘书(副科级)。2007年7月,固原市委组织部副科级干部。2007年11月,任固原市委组织部副科级组织员。2010年1月,任固原市委组织部干部二科科长。2013年7月,任固原市纪委执法监察室主任。2014年8月,任固原市纪委党风政风监督室主任。2016年2月,任中共彭阳县委常委、组织部部长。

张彩虹 女,汉族,1968年10月出生,宁夏隆德人。1990年7月参加工作,1995年6月加入中国共产党,中央党校经济管理专业毕业,大学学历。现任中共彭阳县委常委、

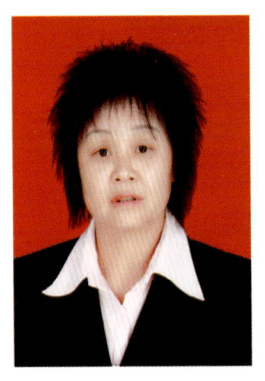
纪委书记、监委主任。1990年7月，任隆德县神林乡司法助理员。1996年7月，隆德县神林乡人民政府工作。1998年8月，任隆德县神林乡副乡长。2001年8月，任隆德县神林乡党委副书记、纪检委员。2004年12月，任隆德县神林乡乡长。2006年8月，任隆德县神林乡党委书记、乡长。2008年6月，任固原市城市管理局副局长、党组成员。2016年9月，任中共彭阳县委常委、纪委书记。2017年12月，任中共彭阳县委常委、纪委书记、监委主任。

5月加入中国共产党，西北政法大学劳动改造法专业毕业，大学学历。现任中共彭阳县委常委、公安局党委书记、局长、督察长。2002年3月，任固原市中级人民法院民事审判第一庭副庭长。2006年3月，任固原市中级人民法院正科级审判员。2011年6月，任固原市中级人民法院研究室主任。2013年6月，任固原市中级人民法院审判委员会专职委员。2013年12月，任西吉县人民法院院长。2016年9月，任中共彭阳县委常委、公安局党委书记、局长、督察长。

杨天峰　男，汉族，1967年5月出生，宁夏彭阳人。1988年1月参加工作，2000年5月加入中国共产党，宁夏党校党政管理专业毕业，大学学历。现任中共彭阳县委常委、宣传部部长。1988年1月，彭阳县农建办工作。1989年1月，彭阳县财政局工作。2003年3月，任彭阳县财政局副局长。2005年7月，任彭阳县财政局局长。2011年11月，任彭阳县副县长、财政局局长。2012年1月，任彭阳县副县长。2016年9月，任彭阳县副县长、宣传部部长；是年10月，任中共彭阳县委常委、宣传部部长。

李全德　男，回族，1970年11月出生，宁夏泾源人。1993年7月参加工作，1992年

刘　旭　男，汉族，1975年6月出生，宁夏彭阳人。1994年7月参加工作，1994年12月加入中国共产党，宁夏大学行政管理学专业毕业，大学学历。现任中共彭阳县委常委、城阳乡党委书记。1997年7月，彭阳县王洼镇农机站工作。1999年7月，彭阳县农机局工作。2003年4月，彭阳县委办公室工作。2008年8月，任彭阳县委办公室副主任。2011年8月，任彭阳县委办公室副主任、主任科员。2012年1月，任彭阳县王洼镇党委委员、副书记、镇长；是年8月，任彭阳县委办公室主任、保密委员会办公室主任、县国家保密局局长。2016年6月，任彭阳县城阳乡党委书记；是年10月，任中共彭阳县委常委、城阳乡党委书记。

史金龙 男，汉族，1978年1月出生，河北清河人。2000年8月参加工作，1999年1月加入中国共产党，北京大学行政管理专业毕业，研究生学历。现任中共彭阳县委常委、副县长（挂职）。1996年9月，河北科技大学信息科学与工程学院计算机科学与技术专业学习。2000年8月，北京大学人民医院信息中心助理工程师（其间2002年7月至2004年11月，兼任北京大学人民医院团委书记）。2004年11月，任北京大学医学部团委副书记（其间2005年9月至2008年7月，北京大学政府管理学院行政管理专业学习；2007年3月至2007年6月，借调北京奥组委志愿者服务部工作）。2008年1月，北京大学医学部团委副书记、北京大学团委副书记。2008年7月，北京大学医学部武装部副部长、学工部副部长，北京大学团委副书记。2008年9月，北京大学医学部武装部副部长、学工部副部长。2010年10月，任中国宋庆龄基金会基金部项目处副处长。2012年1月，任中国宋庆龄基金会基金部项目处处长。2012年5月，任中国宋庆龄基金会基金部公益项目处处长。2015年4月，任中国宋庆龄基金会事业发展部资产管理合作处调研员。2016年12月，挂职任中共彭阳县委常委、副县长。

吴志怀 男，汉族，1970年10月出生，福建厦门人。1991年7月参加工作，1995年12月加入中国共产党，中央党校函授学院涉

外经济管理专业毕业，大学学历。现任中共彭阳县委常委、政府副县长（挂职）。1987年9月，福建省漳州农业机械化学校农机化专业学习。1991年7月，福建省厦门市思明区滨海街道办事处干部、科员（其间1993年8月至1996年6月，中央党校函授学院经济管理专业大专学习；1996年8月至1998年12月，中央党校函授学院涉外经济管理专业本科学习）。1999年7月，任福建省厦门市思明区滨海街道办事处城管办副主任。2003年1月，任福建省厦门市思明区滨海街道办事处综治与城管办公室主任。2011年11月，任福建省厦门市思明区滨海街道办事处计划生育管理办公室主任。2012年5月，任福建省厦门市思明区滨海街道党工委委员（副处级）、计生办主任。2015年6月，任福建省厦门市思明区厦港街道办事处副主任、党工委委员。2016年12月，挂职任中共彭阳县委常委、副县长。

崔　涛 男，汉族，1966年3月出生，陕西宜川人。1985年10月参加工作，1989年7月加入中国共产党，解放军石家庄军械工程学院工程管理专业毕业，大学学历。1985年10月，中国人民解放军陆军四十七集团军电子对抗营工作。1987年9月，解放军郑州电子技术学院学习。

1989年7月，任西藏阿里军分区山岗边防连正排职译电员。1990年11月，任新疆喀什军分区司令部正排职译电员。1992年5月，任新疆喀什军分区司令部机要科副连职参谋。1994年5月，任新疆喀什军分区民兵装备仓库主任（正连职）。1995年5月，任新疆喀什军分区司令部管理科正连职管理员。1997年5月，任新疆喀什军分区通信站副站长（副营职）。1998年5月，任新疆喀什军分区司令部直工科副营职助理员。2000年12月，任兰州军区联勤第二十八分部装备仓库管理处正营职助理员。2004年3月，任兰州军区宝鸡综合仓库业务处处长（副团职）。2006年8月，任兰州军区富平弹药仓库业务处处长（副团职）。2008年1月，任彭阳县人武部政委。2011年6月，任中共彭阳县委常委、人武部政委。2017年3月调离。

李世金　男，汉族，1974年1月出生，陕西定边人。1993年12月入伍，1995年3月加入中国共产党，信息工程大学财务专业毕业，大学学历，现任中共彭阳县委常委、人民武装部政委。2009年3月，任宁夏军区独立步兵团政治处副主任。2011年4月，任宁夏军区司令部直属工作处政治协理员。2016年5月，任彭阳县人民武装部代理部长。2017年7月，任彭阳县人民武装部政委。2018年1月，任中共彭阳县委常委、人民武装部政委。

蒋筱宁　男，汉族，1978年8月出生，陕西西安人。2001年7月参加工作，2010年6月加入中国共产党，重庆交通大学道路工程系公路与城市道路工程专业，工学学士学位。2001年7月，宁夏公路勘测设计院干部。2004年4月，宁夏交通厅公路处干部。2005年10月，宁夏盐中高速公路工程建设指挥部干部。2006年6月，宁夏公路建设管理局干部。2008年6月，自治区发改委工作。2010年6月，任宁夏公路建设管理局副科长。2011年8月，任自治区宁东管委会规划建设土地局副主任科员。2012年8月，任自治区宁东管委会规划建设土地局主任科员。2013年11月，任自治区宁东管委会规划建设土地局主任科员，宁东镇党委委员、副书记、镇长。2014年9月，任自治区宁东管委会规划建设土地局主任科员，宁东镇党委委员、书记、镇长。2015年4月，任自治区宁东管委会规划建设土地局主任科员、宁东镇党委委员、书记；是年5月，任自治区宁东管委会规划建设土地局主任科员、宁东镇党委委员、书记、人大主席团主席；是年10月，任宁东能源化工基地管理委员会社会事务局（综合执法局）副局长、宁东镇党委委员、书记、人大主席团主席。2016年10月，任宁东能源化工基地管理委员会社会事务局（综合执法局）副局长、宁东镇党委委员、书记。2017年2月，挂职任中共彭阳县委常委、副县长。

杨志杰 男,回族,1963年11月出生,宁夏彭阳人。1985年2月参加工作,1986年10月加入中国共产党,宁夏党校经济管理专业毕业,大学学历。现任彭阳县人大常委会副主任、总工会党组书记、主席。1985年2月,彭阳县人事劳动局工作。1992年3月,任彭阳县民政局局长。1997年7月,任彭阳县文化局局长。2002年1月,任中共彭阳县纪委副书记;是年10月,任中共彭阳县纪委副书记、监察局局长。2007年2月,任彭阳县人大常委会副主任。2008年11月,任彭阳县人大常委会副主任、总工会主席。2017年11月,任彭阳县人大常委会副主任、总工会党组书记、主席。

晁建勇 男,汉族,1965年8月出生,宁夏彭阳人。1988年7月参加工作,1993年6月加入中国共产党,宁夏农学院园林专业毕业,大学学历,学士学位。现任彭阳县人大常委会副主任。1988年7月,彭阳县林业局工作。1994年6月,任彭阳县林业局副局长。2002年8月,任彭阳县林业局党总支副书记、局长。2006年8月,任彭阳县发展和改革局党委副书记、局长。2012年8月,任彭阳县产业园区筹建处副主任;是年10月,任彭阳县人大常委会副主任。

陈玉玲 女,回族,1964年1月出生,甘肃平凉人。1988年9月参加工作,1996年8月加入中国共产党,宁夏党校经济管理专业毕业,大学学历。现任彭阳县人大常委会副主任。1988年9月,甘肃省平凉市寨合中学任教。1990年3月,甘肃省平凉市大寨乡工作。1992年5月,彭阳县宗教局工作。2003年12月,任彭阳县伊协副会长。2006年7月,任彭阳县民政局副局长。2007年5月,任中共彭阳县委组织部副部长。2007年12月,任中共彭阳县委组织部副部长、县直机关工委书记。2013年12月,任彭阳县人大常委会党组成员、县委组织部副部长、县直机关工委书记。2014年1月,任彭阳县人大常委会副主任、县委组织部副部长、县直机关工委书记;是年5月,任彭阳县人大常委会副主任。

王 儒 男,汉族,1967年9月出生,宁夏彭阳人。1988年7月参加工作,2013年11月加入民进党,宁夏大学教育管理专业毕业,大学学历。现任彭阳县人大常委会副主任。1988年6月,彭阳县白阳镇周沟中学任教(其间1988年7月至1992年6月,宁夏教育学院汉语言文学专业专科学习)。1991年4月,彭阳县刘塬乡政府工作。1992年4月,彭阳县广播电视局工作(其间2001年9月至2004年6月，宁夏大学教育管理专业本科学习）。2002年5月，任彭阳县广电局副局长、广播电视台副台长。2006年7月，任彭阳县广电局副局长（正科级）、广播电视台副台长。2008年6月，任彭阳县文化广播电视旅游局副局长（正科级）、广播电视台副台长。2009年8月，任彭阳县文化旅游广播电视局副局长（正科级）、广播电视台副台长。2010年3月，任彭阳县监察局副局长。2012年9月，任彭阳县招商局局长。2013年9月，任彭阳县王洼产业园区管理委员会副主任。2016年12月，任彭阳县人大常委会副主任。

朱红社 男，汉族，1973年8月出生，河北保定人。1991年12月参加工作，1994年4月加入中国共产党，武警工程学院法律专业毕业，大学学历。现任彭阳县副县长。1991年12月，武警宁夏总队吴忠支队服役。1996年7月，任武警宁夏总队吴忠支队直属二中队正排职干事。1997年2月，任武警宁夏总队吴忠支队直属二中队排长。1998年7月，任武警宁夏总队吴忠支队中宁县中队副中队长。1999年12月，任武警宁夏总队吴忠支队中宁县中队代中队长、中队长。2002年12月，任武警宁夏总队吴忠支队直属大队四中队中队长。2003年12月，任武警宁夏总队吴忠支队直属大队副大队长。2004年12月，任武警宁夏总队教导大队二队副队长。2006年6月，任武警宁夏总队训练基地学员一队队长。2009年1月，任武警宁夏总队训练基地副主任（副团级）。2010年10月，任自治区住房与城乡建设厅政策法规处副处级干部。2012年3月，任自治区住房与城乡建设厅法规处副调研员。2015年10月，任自治区住房与城乡建设厅法规处副处长。2016年2月，挂职任中共彭阳县委常委、副县长；是年8月，任彭阳县副县长。

马 英 女，回族，1971年9月出生，宁夏彭阳人。1991年7月参加工作，1992年7月加入中国共产党，宁夏大学教育管理专业毕业，大学学历。现任彭阳县副县长。1991年7月，固原县中河小学任教。1993年2月，固原县同仁回小任教。1999年12月，任固原城关八小副校长、特殊教育中心副主任。2003年4月，原州区委组织部工作。2005年3月，任原州区开城镇党委委员、副镇长。2006年8月，任原州区开城镇党委副书记。2007年10月，任原州区三营镇党委副书记、镇长。2008年10月，任原州区三营镇党委书记、人大主席团主席。2010年1月，任固原市妇联党组成员、副主席。2014年12月，任固原市扶贫开发和移民办公室党组成员、副主任。2016年8月，任彭阳县副县长。

沙广学 男，回族，1969年7月出生，宁夏泾源人。1991年7月参加工作，1994年10月加入中国共产党，宁夏大学历史专业毕业，大学学历。现任彭阳县副县长。1991年7

月,泾源二中任教。1995年8月,泾源一中任教。1997年7月,泾源县计划经济统计局工作。2001年10月,任泾源县计划经济统计局副局长。2007年12月,任泾源县发展和改革局副局长、主任科员。2009年1月,任泾源县招商局局长。2013年1月,任泾源县香水镇党委书记、人大主席团主席。2016年2月,任彭阳县副县长。

何少庸 男,汉族,1968年12月出生,宁夏彭阳人。1991年7月参加工作,1991年5月加入中国共产党,宁夏农学院农学专业毕业,大学学历。现任彭阳县副县长。1991年7月,彭阳县多种经管站工作。1992年3月,彭阳县粮援办工作。1997年7月,彭阳县委办工作。1999年4月,彭阳县委办副科级秘书。1999年12月,任彭阳县政协办副主任。2002年1月,任彭阳县新集乡党委副书记、乡长。2004年12月,任彭阳县城阳乡党委副书记、乡长。2006年1月,任彭阳县城阳乡党委书记。2006年8月,任彭阳县城阳乡党委书记、乡长。2007年12月,任彭阳县人事劳动保障局副局长、就业局局长。2012年8月,任彭阳县交通运输局党委书记、局长。2015年5月,任彭阳县发展和改革局党委书记、局长。2016年10月,任彭阳县副县长。

李廷枢 男,汉族,1964年3月出生,宁夏彭阳人。1985年7月参加工作,1993年12月加入中国共产党,宁夏大学行政管理专业毕业,大学学历。现任彭阳县政协副主席。1985年7月,彭阳县检察院工作。1988年9月,中央政法管理干部学院学习。1990年7月,彭阳县检察院工作。1991年8月,彭阳县法制局工作。1996年5月,任中共罗洼乡党委副书记。1999年4月,任中共川口乡党委副书记、乡长。2001年9月,任中共川口乡党委书记。2003年12月,任中共古城镇党委书记。2006年1月,任彭阳县扶贫开发办公室主任。2007年11月,任彭阳县人大常委会副主任。2012年10月,任彭阳县政协副主席。

刘彩琴 女,汉族,1964年9月出生,宁夏彭阳人。1986年3月参加工作,1991年3月加入中国共产党,宁夏大学行政管理专业毕业,大学学历。1986年3月,彭阳县罗洼乡政府工作;是年9月,彭阳县孟源乡政府工作。1988年1月,彭阳县王洼乡政府工作;是年7月,固原地区学习。1991年1月,彭阳县王洼乡政府工作。1994年9月,任中共王洼乡党委副书记。1998年4月,任彭阳县妇联副主席。1999年11月,任彭阳县妇联主席。2003年6月,任彭阳县政协文史学习委员会主任。2006年1月，任彭阳县政协副主席。2017年5月调离。

杨志让 男，汉族，1965年6月出生，宁夏彭阳人。1987年7月参加工作，无党派人士，宁夏大学水利水电工程专业毕业，大学学历。现任彭阳县政协副主席。1987年7月，彭阳县水电局工作。1996年4月，任彭阳县水保站站长。2007年3月，任彭阳县水利局副局长。2009年8月，任彭阳县水务局副局长。2012年10月，任彭阳县政协副主席。

韩淑兰 女，汉族，1965年7月出生，宁夏彭阳人。1984年6月参加工作，1989年3月加入中国共产党，宁夏大学行政管理学专业毕业，大学学历。现任彭阳县政协副主席。1984年6月，彭阳县孟塬乡政府工作。1992年4月，任彭阳县孟塬乡党委委员。1993年4月，任彭阳县孟塬乡党委副书记。1997年2月，任彭阳县委、政府信访办公室副主任（其间1997年10月至2000年12月，在西北政法学院法律专业学习）。2002年8月，任彭阳县信访局副局长。2003年6月，任彭阳县民政局副局长（其间2001年3月至2003年12月，在宁夏大学行政管理学专业学习）。2005年1月，任彭阳县残疾人联合会理事长。2009年3月，任彭阳县妇女联合会主席。2012年9月，任彭阳县妇女联合会主席、县非公经济组织工委委员。2017年5月，任彭阳县政协党组成员；是年12月，任彭阳县政协党组成员、副主席。

魏　凯 男，汉族，1963年12月出生，宁夏原州区人。1983年7月参加工作，1992年6月加入中国共产党，宁夏大学政治系思想政治教育专业毕业，大学学历。现任彭阳县人民法院党组书记、院长。1983年7月，固原第一中学任教。1986年7月，任固原县人民检察院检察员。2000年9月，任固原县司法局党组副书记、副局长。2001年9月，任固原市原州区张易镇党委书记。2003年1月，任固原市原州区黑城镇党委书记。2003年8月，任固原市原州区政法委副书记。2004年8月，任固原市原州区人民检察院副检察长。2006年1月至2007年12月，挂职任福建省龙海市检察院党组成员、副检察长。2008年1月，任固原市人民检察院检察员。2009年1月，任固原市人民检察院反贪局局长。2012年3月，任固原市人民检察院检察委员会专职委员、反贪局局长；是年9月，任西吉县人民检察院党组书记、检察长。2016年9月，任彭阳县人民法院党组书记、代院长；是年10月，任彭阳县人民法院党组书记、院长。

石永忠 男，汉族，1964年3月出生，甘肃庄浪人。1987年7月参加工作，1987年6

月加入中国共产党，中央党校法律专业毕业，大学学历。现任彭阳县人民检察院党组书记、院长。1987年7月，固原地区公安局办事员（其间1988年9月至1991年6月，中国刑警学院大专学习）。1992年6月，固原地区公安局技侦支队科员。1996年4月，泾源县惠台乡挂职（副科级）。1997年4月，固原地区公安局技侦支队侦察员（副科级）。1999年4月，任固原地区公安局技侦支队副支队长。2003年10月，固原市公安局技侦支队支队长（正科级，其间2002年9月至2005年12月，中央党校函授学院法律本科班学习）。2009年5月，任固原市公安局国保支队支队长（副处级）。2010年12月，任固原市公安局原州区分局政委（副处级）。2016年9月，任彭阳县人民检察院党组书记、副院长、代院长；是年10月，任彭阳县人民检察院党组书记、院长。

**彭　波**　男，汉族，1976年9月出生，河南浚县人。1992年9月参加工作，1996年7月加入中国共产党，原兰州军区后勤工程学院油料管理专业毕业，大学学历。现任彭阳县人民武装部部长。1992年9月，中国人民解放军信息工程学院学员。1995年7月，原兰州军区第四十七集团军技术侦察队见习学员。1996年7月，原兰州军区第四十七集团军技术侦察队技术员（技术14级）。1998年12月，兰州军区司令部第一技术侦察局技术侦察大队侦测中队技术员（技术13级）。2001年6月，任兰州军区司令部第一技术侦察局技术侦察大队侦测中队正连职副中队长。2001年12月，任兰州军区司令部第一技术侦察局后勤部运输科正连职助理员。2003年3月，任兰州军区司令部第一技术侦察局后勤部运输科副营职助理员。2003年12月，任联勤二十七分部物资油料处副营职助理员。2005年3月，任联勤二十七分部军交运输油料处副营职助理员。2006年6月，任联勤二十七分部军交运输油料处正营职助理员。2008年8月，任兰州军区联勤部军需物资油料部油料供应处正营职助理员。2009年6月，任兰州军区联勤部军需物资油料部油料供应处副团职助理员。2016年3月，任西部战区陆军后勤部物资供应处副团职助理员。2017年12月，任彭阳县人民武装部部长。

**张文军**　男，汉族，1966年11月出生，宁夏彭阳人。1986年7月参加工作，1991年10月加入中国共产党，宁夏党校经济管理专业毕业，大学学历。现任彭阳县王洼产业园区管理委员会工委书记、主任。1986年7月，彭阳县畜牧站工作。1987年4月，彭阳县农牧局工作。1990年1月，彭阳县畜牧局工作。1992年2月，彭阳县粮援办工作。1994年5月，任彭阳县畜牧局副局长。

1996年5月，任彭阳县崾岘乡党委副书记、乡长。2000年7月，任彭阳县孟塬乡党委书记。2003年6月，任彭阳县畜牧局局长。2008年3月，任彭阳县农牧与科学技术局局长。2010年9月，任彭阳县委办公室主任、县委保密委员会办公室主任、县国家保密局局长。2012年7月，任彭阳县产业园区筹建处主任；是年12月，任彭阳县王洼产业园区管理委员会主任。2016年10月，任彭阳县王洼产业园区管理委员会工委书记、主任。

王继祖 男，汉族，1965年2月出生，宁夏固原人。1987年7月参加工作，1998年3月加入中国共产党，中国人民公安大学公安管理专业毕业，大学学历。现任彭阳县公安局党委副书记、纪委书记、副处级侦查员、政委。1987年7月，固原地区公安处工作。1999年5月，任固原地区公安处治安科副科长。2003年10月，任固原市公安局治安管理支队支队长。2010年4月，任固原市公安局经济犯罪侦查支队支队长；是年9月，任固原市公安局副调研员、经济犯罪侦查支队支队长。2013年2月，任彭阳县公安局副处级侦查员；是年4月，任彭阳县公安局副处级侦查员、党委副书记、纪委书记；是年5月，任彭阳县公安局党委副书记、纪委书记、副处级侦查员、政委。

连一洲 男，汉族，1980年5月出生，福建惠安人。2000年12月参加工作，2002年6月加入中国共产党，中央党校函授学院公共管理专业毕业，大学学历。现任彭阳县县长助理（挂职）。1998年9月，武汉体育学院运动系运动训练专业学习。2000年12月，部队服役。2003年9月，福建省厦门市城市建设管理监察支队思明大队工作。2004年7月，福建省厦门市思明区城市管理行政执法局工作（其间2005年8月至2007年12月，中央党校函授学院本科班公共管理专业学习）。2007年7月，任福建省厦门市思明区城市管理行政执法局滨海行政执法中队副中队长。2011年2月，任福建省厦门市思明区城市管理行政执法局筼筜行政执法中队副中队长。2012年9月，任福建省厦门市思明区城市管理行政执法局筼筜行政执法中队中队长。2016年12月，挂职任彭阳县县长助理。

大 事 记

1月

3日 自治区党委常委、固原市委书记纪峥一行到彭阳县贫困村检查2016年脱贫攻坚工作。纪峥了解红河镇友联村设施农业示范园区蔬菜种植品种、市场行情、技术辅导、收入等情况。走进建档立卡贫困户冶文权、兰明发、兰成元家中，看新居、查建档立卡户精准扶贫明白卡，访贫苦、问生计。

同日 彭阳县委常委班子召开2016年度民主生活会。自治区党委常委、固原市委书记纪峥，固原市委常委、组织部部长景瑜，自治区党委组织部相关领导到会指导。纪峥强调，要在政治合格上、执纪合格上、品德合格上、作用发挥合格上做表率，带头抓好班子和自身建设，展现新班子的新气象、新面貌、新作为。

4日 彭阳县依法治县领导小组成立彭阳县"七五"普法讲师团。

6日 丁酉年生肖特种邮票、原地纪念封在彭阳首发。

同日 彭阳县残联与宁夏军宏职业技能培训学校联合举办的彭阳县残疾人电子商务培训班圆满结束，培训残疾人42名。

△ 彭阳县委书记赵晓东，县委常委、副县长李国帅，带领县农牧局、林业局、古城镇、红河镇、新集乡等部门乡镇负责人及技术人员，到吴忠国家农业科技园区和永宁县小任果蔬基地考察学习。

8日 自治区统计局、自治区社会经济调查队、自治区农普办工作人员到彭阳县调研第三次全国农业普查工作开展情况。县委副书记王少波陪同。

10日 彭阳县委、政府安排1031.95万元，对42591人（户）、47个部门单位走访慰问。

同日 自治区基层关工委主任马天玉带领检查组到彭阳县检查基层关工委工作开展情况，市、县关工委相关负责人陪同。

11日 固原市政府副秘书长、调研员王伦，市纪委常委、党风政风监督室主任范克钧，市电子政务中心主任王国柱及相关人员一行督查验收彭阳县涉农惠农资金监管平台示范村建设和应用情况。

同日 固原市副市长吴会军带领市人社、就业等部门负责人到彭阳县督查调研劳动力素质提升培训工作。副县长马英陪同。吴会军一行先后到白阳镇老庄村挖掘机、双磨村装载机及县城工业园区美容师培训点，详细了解学员培训、就业、收入、市场需求及对培训学校监管情况。

△ 彭阳县纪检监察系统"一周一培训"打造监督执纪问责"铁军"。县纪委抽调

乡镇纪委书记成立2个监督检查组、4个纪律审查组,参与纪律审查案件3批35件。全县12个乡镇纪委书记全部实现专职化,每个乡镇纪委配备专职纪检员1名。

△ 彭阳县委常委、副县长史金龙带领园区管委会、文广局、经合局负责人一行到浙江德清考察对接招商引资项目,开展经济技术合作交流活动。考察组实地考察德清安泰集团参与打造的下渚湖国家湿地公园项目和莫干山特色小镇项目,参观安泰集团的桃花庄、服装加工厂,与企业负责人就文化旅游项目进行座谈交流。

12日 宁夏师范学院与彭阳县城阳乡政府签订科研合作协议。

17日 中国文联党组书记、副主席赵实,中国文联党组成员、副主席李前光一行到彭阳县第四中学调研文艺扶贫工作开展情况。自治区党委副书记崔波,自治区党委常委、固原市委书记纪峥,县委书记赵晓东、县长刘启冬陪同。调研组一行先后参观县四中开办的剪纸班、刺绣班、手工编织班,并对学员学习热情给予充分肯定。

同日 "我们的中国梦——中国文联文艺志愿服务团送欢乐下基层"慰问演出在彭阳县体育场举行。中国文联党组书记、副主席赵实,中国文联党组成员、副主席李前光,自治区党委副书记、自治区政协副主席崔波,自治区党委常委、固原市委书记纪峥,固原市委常委、宣传部部长、统战部部长王正儒与广大群众一同观看演出。演出前,赵实、李前光与知名书画艺术家向彭阳县赠送书法长卷和美术作品。

18日 自治区副主席马力一行到彭阳走访慰问困难老党员、贫困户、敬老院老人、困难企业、全国劳模等,并到王洼煤业公司督查安全生产情况。县委书记赵晓东,县长刘启冬,县委常委、统战部部长马文山,副县长何少庸及区、市、县相关部门负责人陪同。

19日 彭阳县人民政府出台《2017年彭阳县景观梯田种植业结构调整实施方案》和《2017年彭阳县万寿菊种植实施方案》。其中景观梯田种植业结构调整配套资金675万元,万寿菊种植配套补贴资金初步测算1050万元。

同日 彭阳县人民政府划拨城市低保资金1049.92万元为农村低保资金,用于城乡低保(高龄)对象"两节"期间生活补贴。

是月 彭阳县举办宁夏南部生态移民迁出区植被恢复技术培训班,特邀北京林业大学水土保持学院朱清科和宁夏大学农学院蒋全熊两位教授做专题培训。

2月

3日 中共彭阳县委邀请中央党校副校长、博士唐爱军,新华社高级记者李新民,自治区党委统战部民宗处处长杨玉龙举办为期2天的全县领导干部专题学习班。

同日 彭阳县对12个乡镇156个行政村新当选的630名村"三委"班子成员进行集体廉政谈话和廉政教育。

4日 彭阳县举办全区宗教工作会议精神专题培训班。邀请自治区党委统战部民宗处处长杨玉龙作专题培训。在彭阳县级领导,全县副科级以上领导干部,各乡镇统战民族宗教干事及部分宗教界代表人士共计478人参加培训。

6日 自治区扶贫办副主任丁建懿一行到彭阳县调研精准扶贫工作。县委副书记杨海林、副县长马英、县委组织部及县扶贫办负责人,各乡镇党委书记,驻村第一书记代表、村干部代表、村民代表参加座谈会。

9日 自治区党委常委、固原市委书记纪峥,市长马汉成一行到彭阳县调研2017年重点项目、红茹河流域综合治理等工作进展情况并召开座谈会。县委书记赵晓东、县长刘启冬、县人大常委会主任邓万儒、政协主席冶三奎等县领导及各有关部门负责人参加。

同日 自治区民政厅救灾处副处长马汉武、固原市民政局副局长尹聚仁、救灾科科长马媛媛一行到彭阳县草庙乡王岔村、孟塬乡草滩村、王洼镇崖堡村、罗洼乡寨科村、交岔乡关台村实地查看旱情,调研抗旱救灾工作。

10日 彭阳县爱国卫生运动委员会印发《彭阳县健康村镇建设实施方案(2017—2020年)》。

11日 宁夏王洼煤矿首次开出煤炭专列,全长36.96千米。从王洼煤矿站开出,在固原站整编后驶向郑州铁路局略阳西、首阳山,与全国路网联通,是宁夏西海固首次开出全程经由铁路运出深山的煤炭专列。

13日 彭阳县中医院加挂皇甫谧中医研究所牌子。

同日 宁夏广播电视大学彭阳县工作站(挂彭阳县师资培训中心牌子)调整为彭阳县师资培训中心(挂宁夏广播电视大学彭阳县工作站牌子)。

16日 彭阳县召开县纪委八届二次全会。会上签订2017年党风廉政建设责任书,6个乡镇党委、部门(单位)党组织主要负责人述廉述责,8个部门(单位)党组织负责人书面述廉述责。

同日 自治区旅游发展委员会副主任万学道一行到彭阳县调研全域旅游和重点旅游项目建设工作。调研组一行先后到金鸡坪梯田公园、贞爱花峪等彭阳县旅游重点项目建设现场,了解项目进度及项目推进过程,实地察看公共服务项目建设。

24日 彭阳县召开创建全国民族团结进步示范县工作推进会,全面启动全国民族团结进步示范县创建工作。

同日 固原市林业局局长陈胜远带领造林绿化科、森林公安、林业产业中心负责人一行到彭阳县督促检查2017年2月林业重点工作。

26日 固原市科技局局长李海、固原市中药协会副会长王玉富一行深入彭阳县调研中药材产业发展状况。调研组一行先后到小岔乡榆树村党参种植示范户、冯庄乡小湾村千亩红花种植示范基地、城阳乡杨塬村百亩种苗繁育示范园等实地考察。

27日 彭阳出台"片区长"层级管理制度。

28日 彭阳县成立肉牛产业发展领导小组。

是月 固原市委副书记王刚、副市长周文贵到彭阳县古城镇任河村居民点养殖园、红河镇文沟村、何塬村养牛示范户、孟塬乡草滩村致富带头人养牛示范点、小石沟村中华蜂养殖基地、冯庄乡月子鸡孵化园,实地调研彭阳县肉牛产业发展情况和扶贫工作。县委副书记王少波,县委常委、城阳乡党委书记刘旭,副县长马英等陪同。

3月

2日 彭阳县举办精准扶贫招聘会。固原市经济开发区度量装饰经销部、固原市经济开发区水暖建材经销部、原州区合兴苗木合作社、河北汇元游乐设施有限公司、扬州梦工科教设备有限公司等10多家优质企业,共提供建筑、室内装饰、保洁、养殖等就业岗位18个,现场达成意向性用人协议100人,其中包括建档立卡贫困户中有劳动力但未就业的人员80人。

6日 彭阳县召开九届人大一次会议和政协九届一次会议,共立人大代表议案12件、建议42件;政协委员建议5件、提案67件。

同日 彭阳县阳洼和大沟湾流域被自治区林业厅、教育厅和共青团宁夏区委命名为第一批自治区生态文明教育基地。

7日 彭阳县召开全市肉牛产业现场观摩推进会。固原市委副书记、肉牛产业发展领导小组组长王刚主持会议,副市长、肉牛产业发展领导小组副组长周文贵,固原市政协副主席杨志荣出席会议。参会人员深入古城镇牧丰养殖场、城阳乡佩东养殖合作社、为民阳光牧业公司和荣发草业公司,实地观摩肉牛养殖和饲草料加工情况。

8日 自治区国税局党组书记、局长张曙东到彭阳县孟塬乡牛塬村慰问困难群众并视察牛塬村产业发展等工作。自治区国税局党组成员、副局长杨勇,固原市国税局党组书记、局长郑荣,彭阳县委常委、副县长李国帅陪同。

9日 彭阳县委书记赵晓东深入孟塬乡赵山庄村调研万寿菊等特色产业种植、扶贫和民风建设等重点工作。

19日 固原经济开发区党工委书记、管委会主任张汉斌一行到彭阳县白岔村实地调研,并与村"三委"班子成员、种养大户、致富带头人进行座谈。

20日 彭阳县2017年农业农村工作暨机关干部"下农村送政策促发展"会议召开。会上表彰奖励2016年农业农村工作、农民增收等先进集体和先进个人。

21日 固原市人大常委会副主任云生元一行到彭阳县污水处理厂、茹河流域水污染防治工程施工点、草庙乡新洼村、鑫鹏再生资源有限公司和县环境空气自动监测站检查《中华人民共和国环境保护法》贯彻实施情况。县人大常委会副主任杨志杰、政府副县长朱红社等陪同。

22日 彭阳县法治政府建设领导小组确定全县2017年建设法治政府示范创建单位。

23日 自治区文明办评选出彭阳县妇幼保健中心为自治区第十七批文明单位,彭阳县城阳乡沟圈村为自治区第十七个文明村镇,彭阳县第二小学为自治区第一批文明校园,彭阳县人民检察院、彭阳县道路运输管理所、彭阳县新华书店为重新确认的自治区文明单位,彭阳县红河镇常沟村为重新确认的自治区文明村镇。

24日 自治区住房和城乡建设厅厅长杨玉经到彭阳县调研农村危旧窑洞加固改造项目进展情况。副县长朱红社陪同。

29日 自治区党委常委、固原市委书记纪峥一行到彭阳县交岔乡庙庄村调研农村"两个带头人"工程。县委书记赵晓东,县长刘启冬,县委常委、组织部长杨军,县委常委、纪委书记张彩虹等陪同。

同日 自治区党委常委、固原市委书记纪峥到彭阳县王洼镇调研检查党风廉政建设工作,市委常委、纪委书记纳冰,市委常委、组织部部长景瑜和彭阳县委书记赵晓东、县长刘启冬及市纪委、市委办、市委政研室等市直部门负责人陪同。

△ 自治区党委常委、固原市委书记纪峥一行到彭阳县小岔乡调研月子鸡产业发展情况。县委书记赵晓东、县长刘启冬陪同。

△ 彭阳县开展农村"两个带头人"工程"五大行动"。

30日 民盟宁夏区委会主委冀永强、副主委田桦一行到彭阳县草庙乡新洼村和王洼镇邓岔村调研脱贫攻坚工作。副县长马英陪同。

31日 彭阳县召开涉农惠农资金监管平台推广应用暨开展"三不为"专项整治活动动员部署会。县委常委、副县长李国帅主持会议,县委副书记、政法委书记王少波,县委常委、组织部部长杨军,县委常委、纪委书记张彩虹,县人大常委会副主任陈玉玲,副县长马英,县政协副主席李廷枢出席会议。

同日 固原市政协副主席、总工会主席呼延俊杰带领市总工会领导班子成员及相关人员,到彭阳县罗洼乡薛套村调研脱贫攻坚工作。

是月 彭阳县开展电子商务技能培训,大学生村官、农村创业青年和电商从业人员等共计60人参加培训。

△ 彭阳县行政村制定《村规民约》,建立红白理事会、村民议事会、道德评议会、禁赌禁毒会,"一约四会"实现全覆盖。

4月

1日 彭阳县委政法委、综治办"开展第27个政法综治宣传月"活动。

同日 彭阳县政协网运行。

5日 彭阳县召开2017年度安全生产委员会第二次全体(扩大)会议。县长刘启冬,人大常委会副主任王儒,副县长何少庸,政协副主席杨志让出席会议。

同日 彭阳县司法局所属12个基层司法所机构规格调整为副科级,核定副科级领导职数12名。

6日 彭阳3名重特大疾病患者获得宁夏政协"兴华爱心基金"救助。

10日 彭阳县开展"全民国家安全教育日"法治宣传教育活动。

12日 中共麻子沟圈区委纪念馆建成并完成布展。

13日 彭阳县就业创业局联合县职中

举办毕业生就业推介会。会上,宁夏众泰人力资源有限公司、南京华宝公司、上海海立集团公司等7家企业提供500个岗位,涉及电子电气、机械、服装、文秘、财会等专业,406名毕业生参加推介会,256名毕业生现场签订就业协议。

17日 彭阳县建立县、乡、村三级河长组织体系。

20日 城阳乡出台《城阳乡"好人好事"扶持办法》,村村建立"一约四会",规范婚丧嫁娶事宜。

21日 自治区民委纪检组组长王耀东一行到彭阳县红河镇调研精准扶贫工作。组织召开自治区民委主题党日活动——彭阳红河精准扶贫座谈会,县委常委、统战部部长马文山,副县长沙广学出席会议。

22日 中国旅美医学专家联合会协作医院和宁夏回族自治区人民医院医疗集团成员单位揭牌仪式在彭阳县举行。中国旅美医联第五届执委会主席朱光烁,自治区卫计委党组成员、自治区人民医院院长田丰年参加揭牌仪式。

是月 孟塬乡邀请国家蜜蜂产业技术系固原综合实验站站长、研究员王彪,对全乡"两个带头人"、养蜂专业户、"雏形户"及部分乡村干部、村民代表等100人进行中华蜂饲养管理技术专题辅导。

△ 城阳乡召开旅游产业发展暨手工艺品开发推进会,并与宁夏佰康实业有限公司签订手工艺品收购框架协议。

△ 自治区林业厅副厅长平学智带领林业厅造林处、资源处、规划院、退耕与三北站主要负责人到彭阳县茹河林场、春季干部义务植树基地、城阳区域北山造林点及阳洼文冠果选种试验示范基地,实地督导检查彭阳县国有林场改革、林业重点工程建设及林业产业发展情况。县人大副主任晁建勇陪同。

△ 彭阳县开展以集中学习、缴纳党费、上好党课、评议党员、民主议事、党务公开"六项规定动作"和若干自选动作为主要内容的"6+X"主题党日活动。

5月

2日 彭阳县社会保险事业管理局升格为政府直属正科级事业单位,业务由县人力资源和社会保障局代管;彭阳县地震局由政府直属正科级事业单位调整为彭阳县城乡建设和环境保护局所属副科级事业单位。

同日 彭阳县成立旅游发展中心,隶属彭阳县文化旅游广电局管理。设4个内设机构、核定全额预算事业编制11名。

3日 自治区政协副主席蔡国英带领视察组一行到彭阳县调研视察生态旅游建设情况。固原市政协主席马玉芳、副市长周文贵、市政协副主席马宝福、彭阳县委书记赵晓东、县政协主席冶三奎、副县长朱红社、县政协副主席李廷枢等领导陪同。蔡国英一行视察了麻喇湾流域、金鸡坪梯田公园、乔家渠红军长征毛泽东宿营地和茹河瀑布风景区,在听取了赵晓东及旅游部门负责人的介绍后,对彭阳县生态环境治理、红色革命遗址保护开发利用以及打造"天蓝、地绿、水清、城净、宜居、宜游"彭阳品牌等方面的做法和取得的成效表示充分肯定。

同日 自治区人大常委会委员、内务司法委员会副主任委员刘春增带领视察组到彭阳县古城镇民生服务中心、红河镇民生服务中心、白阳镇郑河街社区视察社会救助工作开展情况。自治区民政厅副厅长王万虎、固原市民政局副局长王泽稷、彭阳县县长刘启冬、县人大常委会副主任陈玉玲、副县长沙广学陪同。

4日 自治区水利厅副厅长麦山一行到彭阳县调研水利重点项目建设及安全生产工作。固原市水务局副局长张志利陪同。麦山一行实地调研店洼水库除险加固、李渠水库等重点水利项目建设及安全生产工作后，对彭阳县2017年水利工作呈现出的项目谋划布局靠前、重点工程进展迅速、安全保障措施得力局面给予充分肯定。

6日 国道327沟圈（甘宁界）至彭阳段公路项目茹河1号桥组织开展高空坠落事故安全应急预案演练活动。

9日 国家发改委委托广西壮族自治区移民工作管理局，由广西移民搬迁专责小组常务副组长、移民管理局局长沈永明带队，到彭阳县检查2016年易地扶贫搬迁工作完成情况。自治区扶贫办副主任米超、固原市副市长周文贵陪同。检查组一行5人到彭阳县幸福城劳务移民安置小区检查考核。

同日 全区宣传思想文化系统"深化走转改见证新发展"集中观摩团采访活动在彭阳县开展。《人民日报》社、新华社、中央人民广播电台、中央电视台等中央驻宁媒体记者，自治区党委宣传部、网信办，自治区文化厅、新闻出版广电局、《宁夏日报》报业集团、宁夏广播电视台等自治区宣传思想文化系统干部职工、记者到彭阳县观摩采访彭阳县脱贫攻坚、科技扶贫、基层党建、民族团结进步创建、生态文明建设、特色产业发展等工作。

10日 古城镇倡导移风易俗、抵制高额彩礼、反对红白事大操大办签字仪式暨微电影《远去的新娘》开机仪式在古城镇举行。

同日 中共彭阳县委办公室印发《彭阳县群团工作联席会议制度（试行）》。

11日 《人民法治》杂志社"依法治国地方实践"宁夏课题中心在彭阳县公安局举行地方实践基地揭牌仪式。

12日 固原市第二届"春草杯"中学生写作大赛颁奖仪式在彭阳一中赛区举行，彭阳一中张岳岩等40名学生受到表彰奖励。

24日 彭阳县委中心组（扩大）专题学习暨电子商务培训班开班，商务部中国国际电子商务中心研究院副院长张建军应邀授课。

同月 彭阳县被国家旅游局评为第二批国家全域旅游示范区。将享受"八优先"：优先纳入中央和地方预算内投资支持对象；优先支持旅游基础设施建设；优先纳入旅游投资优选项目名录；优先安排旅游外交、宣传推广重点活动，纳入国家旅游宣传推广重点支持范围；优先纳入国家旅游改革创新试点示范领域；优先支持A级景区等国家重点旅游品牌创建；优先安排旅游人才培训；优先列入国家旅游局重点联系区域。

6月

1日 在以"孩子·营养·未来"为主题的农村学生营养改善专题研讨会上，彭阳县被中国发展研究基金会授予全国阳光校餐示范县。是继2013年获得全国农村学生营养改善先进县之后，再次在农村义务教育学生营养改善计划工作中获得的全国性奖项。

同日 固原市副市长朴凤兰到彭阳县调研医改工作。固原市卫计局局长杨银梅及市政府办、编办、发改、财政、医保等部门相关领导及彭阳县委常委、副县长史金龙陪同。调研组一行深入新集乡卫生院、友谊街社区卫生服务站和县人民医院进行实地调研。

△ 彭阳县交岔乡庙庄村甘草种植及深加工项目扶贫工厂正式开工。自治区质监局党组书记罗万里、宁夏富泓电子商务有限公司总经理李海宏、宁夏夏瑞生物科技有限公司董事长安学智、彭阳县委书记赵晓东参加开工仪式。

△ 由彭阳县文联、教体局联合举办的彭阳县首届"文育杯"少儿绘画大赛颁奖暨作品展在彭阳县幼儿园举行。县委副书记、政法委书记王少波，县人大常委会副主任王儒，县文联主席林生库、副主席文元出席颁奖仪式。

5日 中共彭阳县委宣传部、教体局等五部门联合印发《彭阳县"戏曲进校园"工作实施方案》。

7日 农业部农机化司司长李伟国、处长宋建武一行到彭阳县调研农机化工作。自治区农机局局长虞景龙，彭阳县委常委、副县长李国帅及市、县相关部门负责人陪同。李伟国一行先后到彭阳县农业机械化推广服务中心、县世阳再生资源有限公司，就彭阳县旱作农业、农业机械化推广、农机购置补贴、农用残膜回收再利用等工作进行调研。

8日 固原市人大常委会副主任杨大素带领巡视组到彭阳县巡视检查高考考点考务工作。县政协主席冶三奎、县委副书记杨海林、县人大常委会副主任王儒、副县长沙广学、县政协党组成员韩淑兰陪同。

9日 彭阳县设立PPP项目办公室，抽调林业、水利、建环等部门项目业务人员，专门负责PPP项目运作、建设、管理工作。

同日 彭阳县建立以县委书记赵晓东任总河长，县委副书记、县长刘启冬任副总河长，人大、政府、政协分管领导任县级河长，44名乡镇领导任乡镇河长，156名村党支部书记任村级河长的工作责任网络。

10日 彭阳县举办为期两天的中国文联（彭阳）摄影培训班。来自彭阳县及县外摄影家和摄影爱好者参加培训学习。培训班邀请中国摄影金像奖获得者、著名影像学教授、湖北省摄影家协会副主席宋刚明老师，中国摄影家协会会员、宁夏摄影家协会副主席詹安稳老师授课。

12日 彭阳县委书记赵晓东主持召开全县领导干部大会，传达学习自治区第十二次党代会精神，安排部署全县学习宣传贯彻落实工作。

同日 彭阳县安全生产执法监察大队、彭阳县安全生产应急救援指挥中心成立，隶属彭阳县安全生产监督管理局管理。

14日 彭阳县将全县"十二五"生态移民规划范围内新增的157户498人搬迁安置，对剩余的77户一人户按相关政策进行安置。

同日 中共彭阳县委员会印发《关于加强和改进新形势下县委党校工作的实施意见》。

15日 中共彭阳县委组织部、宣传部等10个单位联合印发《彭阳县农村"两个带头人"扶持激励办法》。

20日 彭阳县召开彭阳籍在外人才"情系家乡·献力脱贫"研讨系列活动。彭阳籍在外人才、彭阳县内企业、合作经济组织负责人、农村致富带头人代表、各乡镇相关负责人参加研讨会。

21日 固原市"悦龙杯"门球邀请赛开幕式在彭阳县城茹河生态体育公园门球场举行。县委常委、统战部部长马文山，县人大常委会副主任杨志杰出席开幕式。

22日 自治区商务厅、扶贫办等单位处室负责人到彭阳县督查全国电子商务进农村综合示范县项目进展情况。政府副县长何少庸陪同。督查组一行在认真听取彭阳县工作汇报后，深入县电子商务公共服务中心实地检查。

同日 固原市档案局党支部书记、局长曹芳带领全体党员到彭阳县冯庄乡冯庄村，开展"我的初心·走好新的长征路"主题党日活动。

23日 固原市委常委、政法委书记李志达，市人大常委会副主任云生元，市政协副主席杨志荣一行到彭阳县看望慰问宗教界人士，向他们送去节日的祝福和问候。县委副书记王少波、副县长沙广学等陪同。

同日 彭阳县举办自治区第十二次党代会精神专题辅导报告会。自治区党委政策研究室副主任刘雨到会做专题辅导，在家县级领导，各乡镇、县直各部门（单位）及自治区、固原市属驻彭单位副科级以上领导干部，部分"两代表一委员""两个带头人"，派驻贫困村第一书记参加。

△ 彭阳县美丽茹河PPP项目建设正式拉开序幕。固原市水务局局长杨生俊、市发改委副主任张恭昌、市财政局副局长任远景、市经合局副局长何学义、市发改委张晓娥，彭阳县委书记赵晓东、县长刘启冬、县人大常委会主任邓万儒、县政协主席冶三奎、副县长朱红社，北京碧水源科技股份有限公司执行总裁程发彬、总裁助理高林杰，彭阳碧水源生态环境科技有限公司总经理孙亚军，北京碧水源科技股份有限公司市场部副总监俞文泽，北京久安建设投资集团有限公司工程部经理周国伟，碧水源市场部项目经理刘书宇，河南省广宇建设集团有限公司宁夏分公司总经理刘天伟及美丽茹河PPP项目建设涉及的相关乡镇、部门（单位）主要负责人参加签约仪式。

△ 彭阳县将全县生态移民迁出区国有土地确权到所属林场。

△ 彭阳县增加基层一线警务人员40名，其中从现有的空编中招录30名，划转事业编制干部10名。

25日 中共彭阳县委宣传部、县文化旅游广电局开展"2017年文化系列活动",丰富群众文化生活。

7月

1日 彭阳县举行中共彭阳县委党校、彭阳县职业教育中心新校区揭牌仪式。自治区党校(行政学院)校务委员、教育长马国君,自治区教育厅副厅长张治荣,彭阳县人大常委会主任邓万儒,县委副书记、政法委书记、党校校长王少波,县委副书记杨海林,县委常委、组织部长杨军,副县长沙广学及自治区、固原市党校、教育等相关部门负责人出席仪式并为新校区揭牌。

4日 自治区审计厅社法处检查组到彭阳县开展审计执法和审计质量检查工作。

同日 全国政协副主席、中国宋庆龄基金会主席王家瑞一行到彭阳县调研脱贫攻坚工作。自治区政协副主席张乐琴,固原市领导马汉成、马玉芳、景瑜、杨彦文及县级领导赵晓东、刘启冬、冶三奎等陪同。调研组一行先后深入城阳、古城、孟塬、草庙4个乡镇和县城共7个调研点开展调研,实地了解彭阳县扶贫攻坚进展及宋基会帮扶项目实施情况,走访慰问6户建档立卡贫困户。

5日 固原市委常委、宣传部部长、统战部部长王正儒与市人大常委会副主任杨大素、副市长周文贵、市政协副主席马宝福带领全市民族团结进步创建工作互观互检观摩活动人员到彭阳县观摩。县委副书记杨海林,县委常委、统战部部长马文山,县人大常委会副主任杨志杰,副县长沙广学,县政协党组成员韩淑兰等陪同。王正儒一行深入彭阳县古城镇海口村、新集乡、县第三幼儿园、白阳镇郑河街社区、县民政局等观摩点,通过查阅资料、观看专题片、听取汇报等方式,深入了解彭阳县在民族团结进步创建方面的做法和成效。

△ 自治区人民政府发出关于表彰"宁夏第十三届社会科学优秀成果"决定,由宁夏文物考古研究所、彭阳县文物管理所编纂,上海古籍出版社2013年10月出版的《彭阳海子塬墓地发掘报告》一书获优秀成果著作类三等奖。

6日 自治区党委政法委巡视员王敬元、宣传处长邓志华、固原市政法委副书记马学明一行,到彭阳县法院督查调研司法体制改革、政法队伍建设、矛盾纠纷多元化解等工作。县委副书记、政法委书记王少波陪同。王敬元一行参观了彭阳法院诉讼服务中心、诉调对接中心、人民调解室、信访接待室、小额速裁庭,并询问该院司法体制改革、队伍建设、信访维稳等工作情况。

同日 甘肃省庆阳市环县政协副主席孙振华带领考察组到彭阳县考察交流文史工作。县政协副主席李廷枢、党组成员韩淑兰及县史志办、文物管理所负责人陪同。

△ 固原市工信局局长苏厚贤带领局领导班子成员及科室负责人一行,到彭阳县调研工业和信息化及"双创"工作,县长助理连一洲陪同。调研组深入彭阳县工业园区、彭阳县电商孵化园、彭阳县三泰科技公司、彭阳县古城民族创业示范街现场观摩指导。

△ 自治区政协副秘书长、民进宁夏区委会副主委杨立华带领部分民进政协委员到彭阳县调研精准扶贫等工作。县政协主席冶三奎、副主席杨志让及相关部门负责人陪同。

7日 彭阳县人民政府办公室印发《彭阳县临时救助实施细则（试行）》《彭阳县医疗救助办法（试行）》。

10日 彭阳县科技服务中心组织全区科技扶贫指导员"百人团"工程12名科技扶贫指导员、结对帮扶贫困村村干部、农牧、财政、扶贫等部门负责人，对5年来的科技扶贫工作进行观摩学习。

同日 彭阳县城市管理局更名为彭阳县城市管理综合执法局；原彭阳县城市管理局下属事业单位县城市建设监察大队和城市公用事业管理所整建制划归彭阳县城市管理综合执法局；新成立彭阳县智慧城管指挥中心，为彭阳县城市管理综合执法局所属事业单位。

11日 彭阳县被中央电视台科教频道列入大型纪录片《中国影像方志》（原名）、《中国影像志》采访拍摄名单。

12日 固原市人大常委会主任罗永红一行到彭阳县视察水污染治理工作情况。县长刘启冬、县人大常委会主任邓万儒、副县长朱红社陪同。罗永红一行深入古城镇古城村和高庄村污水处理点、彭阳茹河流域水污染防治工程施工现场和县污水处理厂实地察看，并肯定彭阳县政府在治理水污染工作上取得的成绩。

同日 中央电视台大型纪录片《中国影像方志·彭阳篇》在彭阳举行开机仪式。中央电视台科教频道主编导张篮匀带领拍摄团队，深入彭阳县城乡实地拍摄彭阳风土人情、自然风光、历史文化、特色美食、扶贫攻坚等方面内容。

△ 西吉县委常委、统战部部长马保师，副县长穆春带领西吉教体系统一行60人到彭阳县考察学习民族团结示范学校创建工作。县委常委、统战部部长马文山，副县长沙广学陪同。

△ 彭阳县举办刑释解教和社戒康复人员就业创业技能培训班。

12日 自治区森防总站副站长田海燕带领区、市林业有害生物测报、检疫、防治专家一行6人，到彭阳县考核2017年上半年森防工作完成情况。

同日 彭阳县农牧局组织参加自治区农牧厅主办的"全国知名蔬菜销售商走进宁夏活动"。彭阳县委常委、副县长李国帅对彭阳蔬菜产业特点和优势进行推介交流。

13日 自治区党委常委、固原市委书记张柱到彭阳县调研脱贫攻坚工作。固原市领导马玉芳、景瑜、陆菁，彭阳县领导赵晓东、刘启冬、王少波等陪同。张柱深入宁夏为民阳光牧业有限责任公司、国道327沟圈至彭阳段公路建设项目施工现场、"美丽茹河"项目、城阳乡长城塬闽宁现代循环农业科技示范园进行实地调研。

同日 自治区商务厅在彭阳县电子商务公共服务中心举办"彭阳县农村商务信息服务工作培训班"。

△ 固原市委常委、副市长刘学武到彭

阳县城阳乡韩寨村,为全体党员专题辅导自治区第十二次党代会精神。

14日 固原市林业局局长陈胜远到彭阳县小岔乡,为乡、村党员干部宣讲自治区第十二次党代会精神。

△ 彭阳县组织132名运动员参加全区青少年锦标赛。共参加11个项目比赛,取得8个第一名、15个第二名、19个第三名、22个第四名、14个第五名、5个第六名、11个第七名、4个第八名的优异成绩。

16日 新华社宁夏分社社长孙波到彭阳县孟塬乡调研采访产业扶贫工作。固原市委常委、宣传部部长王正儒,市委宣传部副部长李志坚,彭阳县委书记赵晓东、县人大副主任王儒陪同。

17日 自治区民委副主任陈建龙到彭阳县古城镇海口村调研民族团结创建工作。固原市宗教局局长海连鹏等人陪同。

18日 彭阳县政协主席冶三奎督查新集乡、白阳镇郑河街社区和县职业教育中心民族团结进步创建工作。督查中,冶三奎认真听取创建情况汇报,查看台账资料、观看作品布展,并与各点责任领导及工作人员进行座谈,深入了解其在民族团结进步创建工作中的做法和经验。

同日 彭阳县人大常委会主任邓万儒带队督查古城镇海口村、县民政局民族团结进步创建工作。

19日 台湾青年商会在彭阳县小岔乡小岔村举行眼镜捐赠发放仪式,为小岔乡700名60周岁以上老人及在县二中、三中就读的300名学生捐赠1000幅价值30万元的眼镜。台湾青年商会大陆委员会文教部部长陈旭伟、台湾胜利眼镜公司总经理许美仪等企业负责人参加发放仪式,县委常委、副县长史金龙出席。

21日 由宁夏浪涛文化传媒有限公司创作的电影《这一道沟,那一道梁》新闻发布会在彭阳县举行。

同日 彭阳县畜牧技术推广服务中心举办彭阳县2017年肉牛肉羊生产节本增效技术培训会。市、县级27个肉牛肉羊节本增效科技示范场(点)技术负责人、12个乡镇畜牧兽医站和县畜牧技术推广服务中心全体干部参加专题培训。

△ 中共彭阳县委宣传部开展"我是家乡代言人"主题作品征集活动。

22日 国家林业局委托北京林业大学侯方淼教授一行及自治区林业厅专家、宁夏大学林学专业大学生20人到彭阳县孟塬乡调研林下经济发展情况。

23日 彭阳县召开群众评议机关作风工作推进会。会议旨在贯彻落实习近平总书记系列重要讲话精神,深化群众评议机关作风活动,增强机关党员干部政治意识、大局意识、核心意识、看齐意识。

24日 自治区民委主任丁卫东带领全区民族团结进步创建互观互检现场观摩团成员到彭阳县观摩民族团结进步创建工作。固原市副市长周文贵,彭阳县县长刘启冬,县委副书记王少波,县委常委、统战部部长马文山陪同。

同日 固原市副市长、市公安局党委书记、局长刘文戈带领市局党委班子成员、各县(区)公安局(分局)局长,市局办公室、刑侦支队、国保支队、交警支队、治安支队、缉毒支队、法制支队主要负责人到彭阳观摩公安工作。

25日 自治区金融工作局马飞带领区扶贫办、宁夏银监会和人行银川中心支行相关部门负责人一行到彭阳县督查指导金融扶贫工作。县委常委、副县长蒋筱宁,县金融局及金融机构负责人陪同。

同日 彭阳县召开首届"彭阳文学艺术奖"颁奖大会,彭阳县委宣传部、文联对姬莉红等92名荣获首届"彭阳文学艺术奖"的作者及获奖作品,予以表彰奖励。

26日 全区特色产业精准扶贫现场推进会在彭阳县草庙乡赵洼产业扶贫示范点召开。自治区农牧厅党组书记、厅长王文宇,彭阳县委书记赵晓东及吴忠市、固原市、中卫市、中南部九县(区)、中宁县分管农业和扶贫工作的副市长、县(区)长、农牧局局长、扶贫办主任及邀请自治区相关单位、新闻媒体工作人员一行90余人参加现场观摩会。

同日 自治区推进新型城镇化工作领导小组办公室主任、自治区住房城乡建设厅厅长杨玉经带领督查组到彭阳县督查城市建设工作。县委书记赵晓东、副县长朱红社陪同。督查组重点对彭阳县城市"四线"规划及城市"四线"管理办法执行、规划建设用地规模管控、城市建设区违法建设查处、建筑设计方案审查决策机制建设及执行、园林绿化建设及开展生态修复、老旧小区改造、农村危窑危房加固和改造、城市管理执行体制改革推进等工作进行督查。

△ 彭阳县林业和生态经济局召开2017年生态移民迁出区生态恢复项目动员会。政府公开招投标中标的20家绿化企业项目经理、技术负责人、3家监理单位及乡镇林业工作站站长、国有林场场长和林业局相关股室业务人员参加会议。

△ 彭阳县双拥工作领导小组开展纪念建军90周年暨庆八一双拥系列活动。

27日 彭阳法院邀请30名市县党代表、人大代表和政协委员走进法院,零距离感受司法公正公开。

同日 固原市政协副主席、工商联主席何学虎带领参加全市非公经济企业"互促互学"观摩暨"振奋精神、实干兴宁"大讨论活动的各县代表,到彭阳县观摩非公经济企业发展情况和脱贫攻坚工作亮点。县委常委、统战部部长马文山,县政协副主席李廷枢等陪同。何学虎一行先后来到宁夏汇融鼎信担保有限公司、彭阳县宏泰汽车检测有限责任公司、宁夏云雾山果品开发有限责任公司、草庙乡赵洼村扶贫示范点进行观摩。

△ 中共彭阳县委办公室印发《彭阳县委管理干部选拔任用工作动议办法(试行)》《彭阳县推荐干部"实绩档案"工作管理办法(试行)》。

△ 彭阳县妇联组织全县58个脱贫销号村妇联主席参加自治区扶贫办、自治区妇联在固原市举办的全区整村推进和脱贫销号贫困村妇联主席、妇代会主任培训班。

28日 泾源县政协主席胡秀德带领考察组到彭阳县茹河瀑布风景区、乔家渠红军长征毛泽东宿营地、金鸡坪梯田公园,考察学习彭阳县旅游基础设施提升、精品路线打造等全域旅游建设和政协履职情况。县政协主席冶三奎、副县长朱红社、县政协党组成员韩淑兰陪同。

同日 中共彭阳县委宣传部开展征集移风易俗树文明新风和践行社会主义核心价值观主题文艺节目活动。

29日 参加固原市县域经济观摩暨上半年经济形势分析会的代表们到彭阳县观摩。自治区党委常委、固原市委书记张柱，市长马汉成，市人大常委会主任罗永红，市政协主席马玉芳，彭阳县委书记赵晓东、县长刘启冬与各县区党委政府负责人、相关部门负责人参加观摩。张柱带领与会代表们先后到彭阳县"美丽茹河"项目施工现场、草庙乡赵洼村、红河镇红河村现代农业产业园观摩。张柱在观摩中指出，PPP项目要严格管理程序，确保规范运行。

8月

1日 自治区党委书记、人大常委会主任石泰峰到彭阳县王洼镇邓岔村、草庙乡包山村贫困户家中督查调研贫困县（区）贯彻落实习近平总书记在深度贫困地区脱贫攻坚座谈会上的重要讲话精神和自治区第十二次党代会精神情况。

2日 自治区教育厅厅长郭虎、基础教育处处长张可生一行到彭阳县职教中心、白阳镇崾岘幼儿园、红河镇初级中学对彭阳县职业教育、教育民生工程项目和义务教育均衡发展工作进行调研并召开座谈会。固原市教育局局长虎玉赟，县长刘启冬、副县长沙广学陪同。

4日 宁南山区苜蓿机械化收割现场观摩培训会在彭阳县草庙乡刘塬村召开。自治区牧草产业首席专家、自治区草原站副站长杨发林，固原市农牧局副调研员张和广、草原站站长何志军，固原市五县（区）草原站、畜牧中心、牧草企业及合作组织负责人、技术人员，彭阳县各乡镇分管领导和畜牧负责人及草庙乡刘塬村部分村民参加观摩会。

同日 西安交通大学人文学院党委副书记李重、副院长王伟带领博士生团一行5人到彭阳县参加挂职座谈会。县委常委、组织部部长杨军，县委常委、副县长史金龙及县人社局、文广局、卫计局等相关部门负责人参加座谈交流。

8日 21时19分46秒，四川阿坝州九寨沟县（北纬33.2°，东经103.82°）发生7级地震，震源深度20千米。彭阳县有震感。

9日 彭阳县城阳乡中心学校教师陈平、草庙乡中心学校教师赵得发、古城镇初级中学教师李彩龙、新集乡初级中学教师马进春、红河镇中心学校教师马守鹏、罗洼乡马涝小学教师余广恩、古城镇中心学校教师杨真选、城阳乡初级中学教师杨逢春被自治区政协办公厅和自治区教育厅授予"最美乡村教师"称号。

同日 固原市农业技术推广服务中心联合彭阳县蔬菜产业发展技术服务中心，在彭阳县红河镇韩堡村蔬菜基地举办固原市冷凉蔬菜巡回示范宣讲活动。

△ 彭阳县农业广播电视学校组织100

名新型职业农民(肉牛养殖)及部分培训骨干,赴隆德县、西吉县观摩学习。

△ 县长刘启冬深入孟塬乡实地调研万寿菊采摘、用工、交售等情况。

10日 固原市人大常委会副主任李志菊带领检查组到彭阳县检查医疗体制改革及7项13件民生实事实施工作。县人大常委会主任邓万儒、副主任王儒,副县长沙广学陪同。

同日 固原市委常委、政法委书记李志达带领市委、市政府督查室及综治、信联、维稳、反恐、防邪、禁毒各办公室负责人到彭阳县督查政法系统贯彻落实自治区、固原市主要会议精神及2017全市重点工作落实情况。县委副书记王少波,县委常委、公安局局长李全德,县法院院长魏凯,县检察院检察长石永忠参加座谈会。

△ 由自治区农技总站邀请自治区农科院土肥所原所长罗代雄、农科院作物所原党委书记马维亮等老科协成员一行9人,到彭阳县开展测土配方施肥与旱作节水农业项目调研。自治区农技推广总站土肥科副科长尹雪红、高升,彭阳县农业技术推广服务中心负责人及主要业务人员陪同。

△ 中卫市卫生和计划生育局副局长孙素香带领全市卫计系统一行12人,到彭阳县学习交流创建国家妇幼健康优质服务示范县工作经验。

11日 彭阳县司法局、妇联开展"婚姻家庭矛盾纠纷排查调处百日专项行动"。

同日 彭阳县白阳镇人民政府搬入新址(彭阳县人民法院原办公楼)办公。

12日 农业部绿色食品发展中心副主任陈兆云、工作人员王俊飞,自治区农牧厅农产品质量安全中心副主任郭荣一行到彭阳县闽宁现代食用菌产业科技示范园考察调研。同时为彭阳县福泰菌业有限责任公司颁授"BioFach China 2017有机产品"金奖奖牌与荣誉证书。

同日 自治区林业厅林业调查规划设计院高级工程师李天跃一行3人,到彭阳县核查验收2015年新一轮退耕还林工程。通过实地调查和内业资料完善整理,彭阳县2015年度新一轮退耕还林工程顺利通过自治区级核查验收。

13日 《自治区文学六十年》文学史撰写工程,史料和文献(作品著作)征集座谈会在彭阳县举办。宁夏大学教授李生滨、彭阳县部分作家及作家协会成员参加座谈并各自发表创作情况。

14日 固原市总工会常务副主席王世明一行到彭阳县督查调研工会工作开展情况。县人大常委会副主任、总工会主席杨志杰陪同。

同日 自治区党委宣传部副部长毛录一行到彭阳县督导检查社会主义核心价值观阵地建设、推动移风易俗树乡风强民风和倡导绿色生活反对铺张浪费等工作。固原市委宣传部副部长李志坚、彭阳县委副书记杨海林陪同。毛录一行先后对彭阳县检察院精神文明建设工作、社会主义核心价值观主题公园建设情况及孟塬乡赵山庄村民风建设工作进行督导检查。

17日 彭阳县2017年医改工作推进会

议暨基层医疗卫生服务能力提升工程启动仪式在彭阳县城举行。

18日 彭阳籍田径运动员张永贵在中华人民共和国第十三届全运会比赛周期内积分位居全国第十二名,取得参加四年一届全国运动会参赛资格。

同日 全区林下经济现场培训及经验交流会议在彭阳县召开。自治区林业厅党组成员、副厅长陈建华,彭阳县委常委、副县长李国帅出席会议。

△ 固原市首届"文化大院文艺调演暨第五届移风易俗树文明新风小品小戏大赛彭阳县专场"在固原市人民广场演出。

△ 在"科技支宁"东西部合作推进会暨宁夏沿黄科技创新改革试验区建设启动会上,彭阳县科技局与福建省农科院签订"菌草循环经济产业构建关键技术研究与示范"项目合作协议。

△ 彭阳县博物馆成立,挂彭阳县文物管理所、彭阳县无量山石窟管理所牌子,将原彭阳文物管理所人员编制整建制划转到彭阳县博物馆。

22日 "韩红爱心·百人援宁"大型医疗义诊活动在彭阳县进行。此次义诊团队为彭阳县捐赠巡诊车3辆、"韩红爱心·乡镇急救室"2个、爱心急救包1503个。

同日 中国残联党组成员、副理事长王梅梅一行到彭阳县开展残疾人脱贫攻坚专项调研工作。自治区残联党组书记、理事长娄晓萍,固原市残联党组书记、理事长李荣善,彭阳县委书记赵晓东、副县长马英陪同。

23日 彭阳县开展"志愿之城"创建工作。

24日 中国宋庆龄基金会优衣库"让爱远传"公益项目衣物捐赠仪式在彭阳县草庙乡和谐村举行。该公益项目受助对象为彭阳县2017年计划脱贫的58个销号村2821户建档立卡贫困户,捐赠衣物共计8945件,价值118.36万元。

同日 彭阳县开展"全民阅读·书香彭阳"读书月活动。

△ 中共彭阳县委宣传部、彭阳县教体局、彭阳县总工会、共青团彭阳县委员会、彭阳县妇女联合会组织开展"砥砺奋进的五年"群众性主题宣传教育活动。

同日 彭阳县人民政府划定高污染燃料禁燃区。

27日 中组部博士团挂职干部、南京邮电大学教授、博士生导师、自治区经济和信息化委员会副主任李飞,自治区经济和信息化委员会产业信息化处处长聂朝照一行到彭阳县王洼镇资助贫困大学生及慰问建档立卡贫困户。

28日 彭阳县政协主席冶三奎带领70名政协委员调研视察全县卫生计生工作开展情况。

同日 举办城乡一体化住户调查样本轮换暨入户摸底培训会。县委常委、副县长李国帅出席会议并讲话。

29日 中国共产党彭阳县第九届人民代表大会常务委员会第五次会议召开。县人大常委会主任邓万儒主持会议,县人大常委会副主任杨志杰、晁建勇、陈玉玲、王儒出席会议。县委常委、副县长李国帅及法检两院负责人列席会议。

是月 全市畜禽屠宰加工技术培训班在彭阳县举办。

△ 彭阳县小岔乡被国务院防范和处理邪教问题办公室授予"全国创建无邪教示范乡"荣誉称号。

△ 由新华社新华网主办的"2017最美中国榜"揭晓,彭阳县上榜。

△ 国家民委"中华民族一家亲,文化下基层"彭阳县大型义诊活动圆满结束。

△ 彭阳县档案馆、博物馆、图书馆、文化馆迁入新址。

9月

2日 3时30分,中国地震台正式测定:在宁夏固原市原州区(北纬36.28°,东经106.01°)发生4.6级地震,震源深度10千米。距彭阳县74千米,彭阳县有明显震感。

同日 彭阳县综合福利服务中心正式搬迁运营。

4日 自治区农发办第一检查组组长周华带领验收组到彭阳县检查验收2016年批复的2个土地治理项目、6个产业化项目、8个部门项目共16个农业综合开发项目。

6日 彭阳县总河长第一次会议暨河长制工作推进会议召开。主要任务是进一步深入贯彻落实习近平总书记视察宁夏时的重要讲话精神和自治区第十二次党代会精神,认真学习领会自治区、市总河长第一次会议精神和自治区全面推进河长制工作电视电话会议精神,研究部署全县全面推行河长制工作。

同日 举办彭阳县"践行核心价值观 唱响和谐新彭阳"暨"民族团结杯"歌手大赛;彭阳县"六盘儿女一家亲 同心共筑小康梦"暨"民族团结杯"演讲比赛。

△ 彭阳县人大常委会主任邓万儒带领彭阳籍自治区、市、县、乡人大代表,视察全县2017年重点项目建设及改善民生10件实事办理情况。县委常委、副县长李国帅、蒋筱宁陪同。代表们先后到县城东昂景苑移民小区、茹河街道道路给排水改造工程现场、美丽茹河建设及美丽茹河体育公园建设项目施工现场、县污水处理厂、金鸡坪梯田公园、草庙乡赵洼村、孟塬乡双树村、孟塬乡高效节水灌溉工程施工现场、茹河瀑布、G327沟圈至彭阳段二级公路项目现场对各工程进展情况及扶贫整村推进项目进展情况等进行实地视察。

7日 中共彭阳县委员会、彭阳县人民政府对教育教学工作成绩突出的县第一中学等47个先进集体、杨志钰等244名先进个人及职业中学在全区职业技能竞赛中获奖的25名学生予以表彰奖励。

8日 自治区党委统战部副部长、宁夏社会主义学院党组书记杨志文一行到彭阳县调研民族团结进步创建工作,副县长沙广学陪同。调研组一行先后到彭阳县第三幼儿园、郑河街居委会、县民政局、城关清真寺,通过听取汇报、查阅资料、观看展室等方式,了解彭阳县在民族团结进步创建工作中的做法和经验。

同日 为迎接党的十九大胜利召开,由中国文联、中国音乐家协会、中国文艺志愿者协会主办，中国文联文艺志愿服务中心、中国文联音乐艺术中心承办的"喜迎十九大唱响小康路"文艺扶贫歌曲创作成果汇报音乐会（16个县），在北京民族文化宫举行。国内著名音乐人胡力为彭阳创作的歌曲《幸福彭阳唱起歌》，由张燕、胡力精彩演绎。

△ 彭阳县古城镇任河村被自治区文明办推荐为"第五届全国文明村镇"。

△ 彭阳县供销合作社第二次代表大会召开。自治区供销合作社理事会副主任孙向前、指导处负责人郑亚亮，固原市供销社合作社理事会主任虎久强，彭阳县委副书记王少波，县委常委、副县长蒋筱宁，县人大常委会副主任晁建勇，县政协副主席杨志让等领导出席会议。

9日 彭阳县水务局被自治区文明办推荐为"第五届全国文明单位"。

12日 国家旅游局副局长李世宏、安全监管总局统计司巡视员周永平一行到彭阳县督查安全生产大检查工作。自治区政府副秘书长吴涛，固原市副市长何炜，县长刘启冬，县委副书记王少波等陪同。督查组一行深入王洼煤矿，通过查阅资料、进入矿井和救护站实地检查等方式，对彭阳县安全生产大检查工作责任落实、安全监管执法、问题隐患整改、专项整治、严肃追责问责等情况进行重点督查。

△ 彭阳县国防教育办公室组织开展第17个"全民国防教育日"活动。

13日 中国老教授协会创新创业教育研究院执行院长赵紫晨一行6人到彭阳县考察特色产品发展情况。自治区妇联副主席李咏梅、固原市妇联副主席高秀萍、副县长马英陪同。

同日 彭阳县以"践行核心价值观、唱响和谐新彭阳"为主题的"民族团结杯"歌手大赛成功举办。

△ 自治区畜牧工作站副站长张凌青带领专家组一行5人到彭阳县督查指导粮改饲项目暨全株玉米青贮工作。

△ 由自治区党委组织部、人社厅组织的"百名专家基层服务行活动"在彭阳县开展。来自宁夏农科院、水科院、中医研究院、自治区林业厅、旅游委、银川市妇幼保健院、中医院等单位的18名专家参加服务活动，主要涉及医疗卫生、特色产业、旅游规划等行业和领域。

14日 彭阳县金凯杏子合作社被国家林业局评为"全国林业专业合作社示范社"。

15日 彭阳县开展为期一个月的"法律赶大集"活动。

17日 全县开展"家和万事兴·中国梦彭阳美"主题实践活动。

19日 《宁夏日报》、宁夏电视台、宁夏广播电台、《银川日报》、宁夏财经网、新商务周刊6家新闻媒体在自治区金融工作局调研员徐东的带领下，到彭阳县白阳镇白岔村、中庄村和古城镇丁岗堡村，对彭阳县金融部门支持地方经济发展及金融环境创建事迹进行集中采访。彭阳县金融局、彭阳县农村信用合作社、中国人寿彭阳支公司等单位相关负责人陪同并接受采访。

20日 以"六盘儿女一家亲，同心共筑小康梦"为主题的"民族团结杯"演讲比赛决赛在彭阳县怡园广场举办。

21日 《求是》杂志社总编辑陶骅到彭阳县草庙乡调研脱贫攻坚工作。

22日 固原市副市长、公安局局长刘文戈,政法委副书记马晓明及护路办主任刘昌银一行5人,到彭阳县古城镇境内实地检查铁路护路工作。副县长何少庸,政法委副书记赵银汉,政法委副书记、护路办主任石玉金陪同。

同日 盐池县副县长边卡带领县民族团结进步创建工作领导小组成员单位负责人一行到彭阳县观摩学习民族团结进步创建工作。县委常委、统战部部长马文山陪同。

23日 彭阳县组织全县宗教界代表人士赴云南、广西等地进行为期一周的考察学习。

24日 自治区住房和城乡建设厅村镇规划处处长杨浦一行到彭阳县冯庄乡小园子村指导美丽小城镇建设工作。

同日 彭阳县农牧局选送的缀画"春夏秋冬"在全区休闲农业创意精品大赛上被评为金奖。

26日 固原市委常委、纪委书记纳冰到彭阳县红河镇调研党风廉政建设工作。固原市纪委常委张永祯,彭阳县委常委、纪委书记张彩虹陪同。

27日 全区中药材观摩组一行60人到彭阳县中药材初加工企业壹珍药业有限公司、孟塬乡中药科普体验示范园、彭宁丰中药材膜下滴灌育苗中心观摩交流学习。

同日 彭阳县老龄工作委员会开展2017年"敬老月"活动。

29日 "全民阅读·书香彭阳"知识竞赛在彭阳县文广局举办。

△ 宁夏关工委携手"菩提之梦"团队爱心校服发放仪式在彭阳县红河镇何塬小学院内举行。

是月 彭阳县被自治区人民政府、自治区金融改革专项小组授予"金融环境创建奖"。

△ 彭阳县三泰科技实业有限责任公司提供的"梓辛"牌香醋在第二十届中国农产品加工业投资贸易洽谈会上再次荣获金质产品奖,是其连续获得的第三个金奖。同时,宁夏云雾山果品开发有限责任公司提供的"云雾山庄"牌杏脯获得优质产品奖。彭阳县组织3家企业6类产品参加展评。

△ 中国宋庆龄基金会党组成员、副主席井顿泉,澳门基金会行政委员会主席吴志良一行到彭阳县就援建项目实施和运行情况进行检查。县委副书记、县长刘启冬,县委常委、副县长史金龙陪同。

10月

12日 国家教育督导检查组专家梁国仕、莘悦英、王东红、李廷贵一行,到彭阳县督导检查义务教育均衡发展情况。国家督学、自治区教育厅厅长郭虎,固原市委常委、副市长刘学武,县委书记赵晓东、县长刘启冬、县委副书记杨海林等领导及自治区、市、县教育等相关部门负责人参加汇报答辩会并陪同。

同日 自治区法制办督查法治政府示范创建汇报会在彭阳县召开。自治区政府法制办办公室副主任亢晟出席会议，县委常委、公安局局长李全德，29个县级法治政府示范创建单位参加会议。

△ 全区党史工作经验交流会参会人员到彭阳县观摩。自治区党委党史研究室主任宋建钢，副主任饶彦久、郭小涛，副巡视员任建耀以及全区各市县党史部门主要负责人参会。县委副书记王少波、副县长朱红社陪同。参会人员先后对彭阳县博物馆"红色彭阳"展馆、任山河战斗纪念馆、红色彭阳（任山河）专题展和红二十八军军部纪念碑（县城民生家园），彭阳革命纪念馆建设；红色专题展陈；革命旧址、遗址维修、立碑、保护；旧址、遗址资料收集与研究；红色书籍编纂出版等工作进行实地观摩。

13日 中国共产党彭阳县纪律检查委员会举办"抵制腐败·共享和谐"警示教育宣传周活动。

16日 固原市"抵制腐败·共享和谐"警示教育宣传周活动在彭阳县举行。固原市纪委副书记马辉、纪委信访室主任胡巧琴，彭阳县委常委、纪委书记张彩虹，县人大、政府、政协分管领导，各涉农部门负责人，派驻纪检组组长、专职纪检员，各乡镇党委书记、乡（镇）长、纪委书记和村党支部书记、主任、会计，县纪委监察局机关全体干部及部分群众参加活动。

17日 宁夏精准扶贫APP"全民惠农"系统上线暨彭阳试点工作启动会在彭阳县召开。自治区金融工作局副局长刘正虎，彭阳县委副书记、政法委书记王少波，中国银联商务公司宁夏分公司总经理王洋，中国联通宁夏分公司总经理周建强等出席启动会议。彭阳县金融局、发改局、财政局、农牧局、扶贫办、经合局、供销社、工商联、各乡（镇）分管金融扶贫工作负责人，人民银行、各银行机构及有关企业负责人参加启动会。

同日 自治区供销社监事会主任俞学虹、自治区金融工作局副局长刘正虎一行到彭阳县调研供销社合作金融工作。县委副书记王少波陪同。

△ 全国就业扶贫日暨秋季用工招聘会在县城浙商国际广场举办。此次招聘会吸引宁夏天元锰业有限公司、新疆建设兵团三师46团和浙商国际投资置业有限公司等县内外企业15家，提供就业岗位2000个。

18日 全区农产品产地追溯检测方法内容研讨会在彭阳县举办。全区各市县农牧系统80多名管理及专业技术人员参加研讨会。

19日 自治区农牧厅厅长王文宇带领调研组一行，到彭阳县红河镇红河村、古城镇任河村调研以设施农业生产和草畜产业为主的秋、冬季农业生产、农民增收等工作情况。县长刘启冬、县委副书记王少波陪同。

同日 自治区纪检委驻区发改委纪检组组长张晓兵带领稽查办、机关党委、西部处、农经处一行6人，到彭阳县督查2017年退牧还草、新一轮退耕还林、交岔乡中心学校教师周转宿舍3个项目进展情况。

△ 自治区科协副主席张晓玲、科普部部长赵文象、科技厅创新体系建设处调研员李金芝一行到彭阳县督查《全民科学素质行动计划纲要》《宁夏回族自治区全民科学

素质行动计划纲要实施方案（2016—2020年）》实施情况。县人大常委会副主任王儒陪同。

△ 自治区发改委地区处处长张静到彭阳县督查自治区60周年大庆项目进展情况。

20日 全区农办主任座谈会在彭阳县召开。自治区农办副主任罗全福、农村研究处处长张洪斌、农村改革处处长牛彦文，县长刘启冬、县委副书记王少波，全区市、县（区）农办主任及代表参加会议。

同日 彭阳县农村宅基地和房屋统一确权登记颁发工作开始。

23日 中共彭阳县委员会、彭阳县人民政府表彰2017年脱贫攻坚先进集体和先进个人，授予白阳镇白岔村等12个脱贫攻坚先进村、自治区民委等20个部门帮扶先进集体，安有斌等110户脱贫光荣户、海向虎等60名发展奋进户、袁俊福等24名农村"两个带头人"先进个人、张世新等22名脱贫攻坚优秀第一书记（工作队员），刘彩云等41名脱贫攻坚先进工作者获得荣誉称号。

同日 固原市妇联主席王萍、副主席高秀萍等一行到彭阳县检查指导妇联改革、"妇女之家建设"、关爱留守妇女、妇女创业等工作。县政协副主席李廷枢陪同。

△ 自治区防范办副主任李永禄、自治区政法委政治部副调研员潘彦华一行到彭阳县草庙乡调研公安工作。县委常委、政法委书记王少波，县委常委、公安局局长李全德陪同。

△ 彭阳县中小学、幼儿园河长制宣传教育活动启动仪式在彭阳县第二中学举行。

24日 吴忠市红寺堡区委常委、统战部部长李海龙，红寺堡区政协副主席宋立忠带领辖区内民族团结进步创建工作领导小组成员单位负责人到彭阳县观摩学习。县委常委、统战部部长马文山，县政协副主席李廷枢等陪同。观摩组先后到彭阳县职业中学、新集乡政府和古城镇海口村部等实地观摩，了解彭阳县在民族团结进步创建工作中的做法和经验。

31日 自治区商务厅总经济师梁万荣一行到彭阳县督导检查电子商务进农村工作。督查采取实地抽查、查阅资料、现场询问和座谈交流方式，分别对彭阳县农村电商公共服务中心、物流仓储配送中心、村级电商服务站、电商企业进行检查。

是月 从福建引进彭阳县的"中华红芝"栽培试验初步成功。该品种是一种珍贵药用真菌，出芝期为5月中旬至9月中旬，出菇约60天，每个菌袋预计利润7元。

11月

1日 彭阳县2017年新建农机作业公司通过自治区验收。

同日 闽宁信息扶贫产业园项目论证会暨宁夏闽宁云信息扶贫产业开发有限公司成立揭牌仪式在彭阳县举行。县委副书记、县长刘启冬主持仪式。

2日 自治区党委常委、固原市委书记张柱，自治区质监局党组书记罗万里，固原市委常委、组织部部长景瑜一行，到彭阳县交岔乡庙庄村、关口村调研指导脱贫攻坚工作,县委书记赵晓东陪同。张柱一行到庙庄村甘草种植基地、庙庄蝎子养殖场、宁夏鑫富美彩印包装庙庄分公司、庙庄甘草茶叶加工厂,通过听取汇报、实地查看、与在场人员交流等方式对庙庄村脱贫攻坚及自治区质监局定点帮扶工作进行调研。

同日 自治区质监局党组书记罗万里一行到交岔乡关口、庙庄村,开展爱心棉衣捐赠活动。

△ 自治区人大常委会副主任孙贵宝一行,到彭阳县调研督查燃煤锅炉"煤改气"污染治理、茹河水污染防治、石油开采废物处理等工作。固原市人大常委会副主任云生元,县长刘启冬、县人大常委会主任邓万儒陪同。

3日 召开以"弘扬正气、立德修德,做到品德合格""担当负责、苦干实干,做到发挥作用合格"为主题的县级党员领导干部"两学一做"学习教育常态化制度化专题研讨会。县委书记赵晓东主持,县委副书记、县长刘启冬等县级领导出席会议。

8日 自治区工商联主席何晓勇、经济联络处处长廉俊杰一行,到彭阳县工商联检查指导工作,并召开民营企业家座谈会。彭阳县委常委、统战部部长马文山,县委常委、副县长李国帅陪同并出席座谈会。

14日 自治区住建厅城建处副处长高荃带领考核组一行5人,到彭阳县实地考核调研2017年度环卫保洁和垃圾规范化处理工作。

15日 自治区司法厅副厅长李春劳一行,到彭阳县调研督导基层司法行政工作。固原市司法局局长马天峡,彭阳县委常委、公安局局长李全德,副县长朱红社陪同。李春劳一行到县第二中学、县道路交通事故纠纷人民调解委员会、县安置帮教和社区矫正中心、白阳司法所、法律援助中心进行实地调研。

16日 彭阳县人民政府与宁夏黄河农村商业银行金融扶贫示范县战略合作协议签署暨彭阳农村商业银行挂牌开业仪式在县城举行。宁夏黄河农村商业银行党委副书记、行长魏根东,彭阳县人大常委会主任邓万儒、政协主席冶三奎、县委副书记杨海林、副县长蒋筱宁,中国人民银行固原市中心支行副行长康彦华,固原银监分局副局长尹怀恩及彭阳县各金融企业负责人,县农商行董事、监事,新闻媒体,企业家代表和农民专业合作社、两个带头人、建档立卡贫困户代表参加签约开业仪式。

宁夏黄河农村商业银行党委副书记、行长魏根东与彭阳县委常委、副县长蒋筱宁签署彭阳县人民政府与黄河农村商业银行金融扶贫示范县战略合作协议;宁夏黄河农村商业银行党委副书记、行长魏根东与彭阳县委副书记杨海林签订黄河农村商业银行向彭阳县村级互助担保基金捐资协议,宁夏黄河农村商业银行向彭阳县村级互助担保基金捐资100万元;六盘山投融资集团总经理戴旭红和彭阳农商行行长段亚斌签订彭阳农村商业银行与六盘山产业扶贫开发投融资集团产业扶贫战略合作协议;彭阳农村商业银行向县内扶贫企业、农民专业合作社、两个带头、建档立卡贫困户代表颁发信贷授信意向书。

同日 住房和城乡建设部专家组到彭阳县督导城镇污水处理和节水减排专项工作，并召开汇报会。副县长朱红社出席。

△ 彭阳县成立党的十九大精神宣讲团。安排主讲810场次。

17日 固原市人大常委会副主任胡杰带领市发改委、财政局、住建局、水务局和教体局等相关部门负责人，到彭阳县检查固原市四届人大一次会议代表议案建议办理情况。彭阳县人大常委会副主任陈玉玲、县长助理连一洲陪同。胡杰一行到城阳乡吴川居民征迁集中安置点了解工程进度、配套基础设施建设等情况。

同日 中共彭阳县委办公室印发《彭阳县健康扶贫工程实施方案》。

△ 彭阳县稳妥推进监察体制改革试点工作。

△ 彭阳县组织、人社、农牧、水务、建环、林业、卫计等部门相关负责人一行，分别赴兰州、长春、武汉、银川招聘急需紧缺高层次人才。现场登记急需紧缺高层次人才共计32人（博士2人，硕士30人），其中农牧10人，建环7人，水务6人，林业6人，文广3人。

21日 中共彭阳县委宣传部、彭阳县司法局、彭阳县依法治县领导小组办公室开展2017年"12·4"国家宪法日暨全国法制宣传日系列宣传活动。

22日 自治区文明办城市处处长李军、未成处副处长朱君南、固原市文明办专职副主任王万龙一行到彭阳检查验收全国文明单位、文明村镇。

23日 彭阳县第五次妇女代表大会在县城召开。县委书记赵晓东、县长刘启冬、县人大常委会主任邓万儒、县政协主席冶三奎，固原市妇联副主席张秀桂等出席会议。来自全县各行各业、各条战线的99名妇女代表参加会议。在第五届执行委员会召开的第一次会议上，罗金彩当选为县妇联第五届执行委员会主席，李凡、张慧子、刘文娟、刘淑萍、李润润、杨彩秀当选为副主席。

24日 彭阳县交岔乡庙庄村被自治区党委统战部、自治区民委命名为"第七批全区民族团结进步创建活动示范单位"，成为彭阳县首个"全区民族团结进步创建活动示范村"。

29日 中宁县商经局、枸杞局等单位相关负责人到彭阳县调研电子商务进农村综合示范工作。调研人员到县级农村电商公共服务运营中心和物流快递分拨配送中心进行实地调研。

同日 固原市政协副主席、总工会主席呼延俊杰到彭阳县罗洼乡宣讲党的十九大精神。罗洼乡全体乡、村干部及各驻村第一书记参加宣讲会。

△ 固原市宣讲团团长刘东带领7名成员，到彭阳县红河镇、古城镇、王洼镇等7个乡镇和县一中、县医院等13个学校、单位，开展党的十九大精神宣讲20场次。

△ 彭阳县罗洼乡举办首届"新风杯"篮球运动会。

30日 自治区科协少数民族科普工作队副队长黄建忠一行两人，到彭阳县调研指导基层农技协工作。县科协主席文珍珠陪同。黄建忠一行到彭阳县红河镇勤民种植专业技术协会、秉儒现代农业种植专业技术协会，实地察看协会产业发展情况、运作模式、基础设施建设、效益情况及科普信息化建设等情况。

同日 固原市农机中心主任方海军一行，到彭阳县考核验收残膜回收利用工作。方海军一行到彭阳县8家残膜加工企业，重点对企业内部运行管理情况、生产经营情况及节能环保措施等进行考核检查。

△ 中共彭阳县委员会设立县人大机关等18个党组。

是月 彭阳县检察院公诉部门报送的林某某贪污案起诉书、魏某某敲诈勒索案不起诉决定书和李某某招摇撞骗案抗诉书等3份法律文书，在全区检察机关组织的优秀公开法律文书评选活动中，被评为"全区检察机关优秀法律文书"。

△ 彭阳县史志办公室在2017年度全区地方志系统考评中被自治区地方志编审委员会评为全区地方志工作县级先进集体，同时，在全市2017年度地方志考评中获一等奖。

12月

1日 彭阳县新集乡姚河塬西周遗址专家论证会召开。国内考古界的权威专家王巍、李伯谦、刘绪、苏荣誉、张天恩、王占奎等出席会议，自治区文化厅副厅长、文物局局长卫忠，固原市委常委、副市长陆菁，县委书记赵晓东、县人大常委会主任邓万儒、县政协主席冶三奎、县委副书记杨海林等区、市、县领导、文化部门负责人陪同考察并出席会议。

同日 彭阳县兑现被征地农民参保财政配套资金百分之百。

△ 王洼镇人民政府对桑某某等四人切割报废汽车引起大火产生烟尘污染环境行为进行顶格处罚。这在王洼镇为首例。

4日 彭阳县开展集中特困供养失能人员照料护理（试点）政府购买服务工作。

6日 自治区人大常委会副主任马三刚带领自治区环境保护执法检查组，到彭阳县检查污水处理厂提标改造、茹河综合治理、燃煤锅炉脱硫脱硝治理等工作。固原市人大常委会主任罗永红、副市长吴会军，县人大常委会主任邓万儒、副主任晁建勇，副县长朱红社陪同。

同日 彭阳县举办科级领导干部党的十九大精神专题培训班。此次培训班分三期进行，每期两天，对全县550名科级领导干部进行轮训。

7日 彭阳县召开深化国家监察体制改革试点工作动员部署会。主要是贯彻落实党的十九大精神、全国推进国家监察体制改革试点工作动员部署电视电话会议精神和区、市深化国家监察体制改革试点工作动员部署会议精神，对彭阳县深化国家监察体制改革试点工作进行动员部署。县委书记、县深化监察体制改革试点工作小组组长赵晓东出席会议并讲话。

8日 彭阳县人民政府办公室加挂"彭

阳县政务公开办公室"牌子。

9日 彭阳县开展残疾人"看一本书、看一场电影、参观一次展览"等文化进家庭活动。

12日 中共彭阳县委办公室印发《2018年彭阳县农业产业脱贫富民实施方案》。

同日 自治区法制办监督指导处处长李增民带领考核组,到彭阳县考核验收法治政府示范创建工作。县委副书记王少波,县委常委、副县长李国帅陪同。

13日 南京市六合区工商联党组成员、副主席卢兴明带领南京远望富硒农产品有限责任公司董事长尹正丰一行4人,到彭阳县交流考察农业合作项目。

同日 自治区工商联副主席范瑜一行3人,到彭阳县检查验收创建"五好"县级工商联工作。固原市工商联主席牛军奇,彭阳县委常委、统战部部长马文山陪同。

14日 党的十九大代表、自治区高级人民法院党组副书记、副院长李金英到彭阳县法院调研指导工作。李金英先后参观诉讼服务中心、诉调对接中心、家事审判庭、法警备勤室和执行指挥中心,了解彭阳县法院审判质效、司法改革、基本解决执行难、便民服务及队伍建设等情况。

15日 彭阳县第五届"财税工商金融杯"职工运动会在县体育馆召开。

20日 中共彭阳县委八届二次全体会议在彭阳县悦龙山文化影剧院召开。31名县委委员、8名候补委员出席会议。县委书记赵晓东代表县委常委会作了题为《全面贯彻落实党的十九大精神,不忘初心、牢记使命,振奋精神、实干兴宁,奋力谱写新时代彭阳发展新篇章》的工作报告。

同日 中共彭阳县委办公室印发《彭阳县向新疆生产建设兵团转移就业安置职工实施方案》。

△ 在北京召开的2017全国百佳农产品品牌暨中国农产品流通年度领军人物授牌会上,彭阳县"三福来""朝那"两个商标荣获"2017全国百佳农产品品牌"商标。

21日 中国人民政治协商会议彭阳县第九届委员会第二次会议在县城召开。大会应出席委员170名,实出席158人。县委书记赵晓东出席会议讲话。大会的执行主席:冶三奎、李廷枢、杨志让、韩淑兰、常兆斌。

赵晓东、刘启冬、邓万儒、王少波等县委、人大、政府领导,县人武部、法、检两院领导到会并在主席台就座,部分离退休老干部及其他主席团成员也在主席台就座。在彭市政协委员、县直部门单位、区市属驻彭单位负责同志列席大会。

大会选举韩淑兰为政协彭阳县第九届委员会副主席,选举海向刚、余在德为政协彭阳县第九届常务委员会委员。

22日 彭阳县第九届人民代表大会第二次会议在县城召开,会议应到代表179人,实到169人。大会的执行主席是:赵晓东、邓万儒、冶三奎、王少波、马文山、杨军、杨志杰、晁建勇、陈玉玲、王儒、马巧玲、马成荣、马继祥、王生林、王建国、王效雄、李维奎、海鹏、海文春、韩继春。

大会表决通过关于县人民政府工作报告的决议、关于2017年国民经济和社会发展计划执行情况及2018年国民经济和社会发展计划的决议、关于2017年财政预算执行情况和2018年财政预算的决议、关于县人大常委会工作报告的决议、关于县人民法院工作报告的决议、关于县人民检察院工作报告的决议。

大会选举张彩虹为彭阳县监察委员会主任,补选李龙、李伟、李剑、杨乾、杨国儒、张和凯、张晓东、章建波、扈志峰为县第九届人大常务委员会委员。

23日 彭阳县民间商会助力贫困村发展村集体经济捐资仪式在县城举行。县政协主席冶三奎,县委常委、统战部部长马文山,副县长何少庸出席捐资仪式。

同日 新集乡沟口村举办首届农民运动会。

25日 宁夏六盘山(彭阳)优质特色产品展销中心落户福建省厦门市前埔嘉盛豪园小区。展销中心主要销售宁夏本土优质粮油制品、牛羊肉、蜂蜜、宁夏枸杞、六盘山亚麻籽油、月子鸡等。

同日 彭阳县总工会筹资30万元为465名建档困难环卫工人免费体检。

26日 彭阳县被国家民委命名为全国民族团结进步创建示范县。

同日 固原市委常委、组织部部长周兆川带领市委组织部有关人员,到彭阳县孟塬乡小石沟村和赵山庄村调研基层党建工作。县委副书记、政法委书记王少波,县委常委、组织部部长杨军,孟塬乡党委书记郭耀武等陪同。

△ 固原市人社局党组书记、局长李世明一行,到彭阳县调研2017年度人社重点工作落实情况。

△ 新集乡司法所开展"送法律,讲政策,促脱贫"活动。

28日 彭阳县博物馆、图书馆开馆仪式在县博物馆举行。县人大常委会副主任王儒主持。县委副书记杨海林出席仪式并致辞。

同日 宁夏夏瑞生物科技有限公司彭阳分公司在交岔乡庙庄村召开大会。80户建档立卡贫困户获得分红。

△ 彭阳县城市管理与执法局举办"不忘初心 牢记使命"——党的十九大精神主题演讲比赛。

29日 彭阳县委中心组举办2017年度第20次集体学习会。县委书记赵晓东主持会议并讲话。会议学习贯彻党的十九大精神,持之以恒加强作风建设;传达中央经济工作会议精神和自治区党委十二届三次全会、自治区经济工作会议精神,研究彭阳县贯彻系列精神及讲话意见。

同日 召开2018年全县安全生产工作会议暨第一次全体(扩大会议)。县委副书记王少波主持。县长、安委会主任刘启冬,县人大常委会副主任晁建勇,副县长、安委会副主任何少庸及园区管委会主任、安委会副主任张文军出席会议,安委会各成员单位、部分企业负责人参加会议。

△ 孟塬乡赵山庄村举办村民扶贫政策知识竞赛。

△ 县司法局召开全体干部职工扶贫帮扶工作促进会。

是月 全区农村承包地确权登记颁证

总结会暨深化农业农村改革工作会在自治区农牧厅召开,在此次会议上,彭阳县荣获全区农村承包地确权登记颁证工作一等奖,彭阳县农经站被评为全区农村承包地确权登记颁证工作先进集体。

△ 彭阳出台农业产业脱贫富民新政,一批种养业获得不同标准补贴。

△ 县首家村史馆——交岔乡关口村村史馆完成布展,并对外展出。

△ 县交通运输局提前部署"两节""两会"春运期间安全生产工作。

是年 年内出版书籍:彭阳县史志办主编的《彭阳年鉴2017》,彭阳县档案局主编的《彭阳清代契约档案》。

△ 年内出版季刊:《参政议政要报》《彭阳党建》(创刊)、《彭阳史志》《彭阳文学》《彭阳民政》(创刊)。

△ 年内出版专著:彭阳县史志办主编的《好汉壮歌——中央红军长征过彭阳资料选编》,杨宁国主编的《彭阳历史文物》。

△ 年内,彭阳县史志办收藏的家谱(按姓氏笔画排序):台维斌主编的《台氏家谱》,申耀全主编的《申氏家谱》,张怀德主编的《张氏家谱》,张和道主编的火张《张氏家谱》,苏生瑜主编的彭阳红河上王沟里头《苏氏家谱》,李廷藩主编的《李氏家谱》,虎地策划的上园子虎氏家族文化采撷,点亮心灯——《追远泽世》,徐万儒主编的彭阳徐家塬《徐氏族谱》,惠宇主编的镇原惠沟门《惠姓人氏的源与流》,杨振中主编的《杨家族史》(修订本),慕喜安主编的《慕容·慕·容氏族谱》,魏坤主编的《魏氏家谱》。

政 党 政 权

中国共产党彭阳县委员会

综　述

【脱贫攻坚】　贯彻落实习近平总书记扶贫开发战略思想,特别是在延安、贵阳、银川、太原4个跨省区脱贫攻坚座谈会上的重要讲话精神,坚持"六个精准"要求,统筹实施"五个一批"工程,贫困发生率下降到4.1%。聚焦"有土""离土"产业,建立"企业+合作社+贫困户"模式,实施劳动力素质提升工程,"5·30"及其倍增、"林药蜂"等产业规模效益"双提升"。实施金融扶贫贷款倍增和"扶贫保"全覆盖计划,为建档立卡贫困户发放贷款累计达8.99亿元,贷代率达88.2%。整合涉农扶贫资金7.86亿元精准到村到户,农村生产生活基础设施条件明显改善,行政村道路畅通率达100%,自来水入户率达94%,改造危房危窑1988户,累计完成总任务25955户的91%,"十三五"易地搬迁任务完成。建立涉农惠农资金监管"331"机制,涉农扶贫资金安全高效运行。落实教育扶贫和健康扶贫,缓解贫困群众教育、就医负担。开展"移风易俗树乡风强民风"活动,表彰、奖励、宣传脱贫致富先进典型,激发贫困群众内生动力。落实"四级包抓"责任制,梳理12个重点贫困村并明确包抓领导,创新第一书记"网格+"管理模式,深化闽宁对口协作,健全社会帮扶体系,形成上下同心、齐抓共管强大合力。

【产业优化】　以供给侧结构性改革为主线,坚定"一特三高"现代农业发展路子,规划建设红河现代农业科技示范园,建立林果引种驯化示范园2个,发展新型农业经营主体15家,彭阳红梅杏、朝那鸡获批国家地理标志保护产品,在银川等目标市场成功举办彭阳特色农产品宣传推介活动。草畜、蔬菜、林果规模化发展步伐加快,中药材、小杂粮、万寿菊、生态鸡、中华蜂促农增收成效显著。推进工业经济发展,王洼煤矿600万吨技改扩建项目完工,闽宁彭阳信息产业园带动新产业、新业态破局,新培育规上企业2家、"专精特新"中小微企业5家,规上工业增加值增速16.6%。发展全域旅游,茹河瀑布、梯田公园等景区景点功能提升,全年接待游客52万人次,实现旅游综合收入3.14亿元。加快发展现代服务业,农村电商公共服务中心、物流仓储配送中心建成投运,浙商国际、利民商业广场、物流园建设进展顺利,带动商贸物流、餐饮住宿等传统服务业提升,促进电子商务、健康养老等现代服务业提速。

【基础设施】　全年实施重点项目76个,城乡规划实现全覆盖,城市美化亮化绿化和道路改建扩建新建工程竣工,完成棚户区改造任务,推进3个美丽小城镇建设,建成6个美丽村庄,城市功能完备,城市管理精细,城乡环境优美,国家卫生县城通过复审,城镇化率达32.9%。补齐基础设施短板,G327沟圈至彭阳段建成通车,农村饮水安全巩固提升工程进展顺利,行政村宽带网络全覆盖。坚持生态立县,坚守生态底线,降水量400毫米以上区域造林绿化工程和生态建设"七大工程"成效明显,森林覆盖率达27.5%,河长制工作走在全区前列,美丽茹河首个PPP项目开工,县城污水处理厂提标改造完成。

【民生事业】 增加优质公共服务供给,县城便民利民"五分钟生活圈"实现。教育惠民政策落实,职教中心投入使用,薄改项目完成,悦龙新区全民健身中心、雷河滩体育公园有序推进,义务教育均衡发展通过国家验收,荣获全国阳光校餐示范县、2013—2016年度全国群众体育先进单位。实施文化惠民工程,博物馆和图书馆建成并免费向公众开放,在全区率先实现行政村综合文化服务中心全覆盖。医疗卫生资源下沉,三级诊疗服务体系完善,外联"三甲"建立医联体、内扶乡村建立医共体,医疗卫生信息化"云平台"建设进展顺利,中医院改扩建工程、妇计中心、疾控中心综合业务楼开工建设。推进"双创"工作,电商孵化园实现市级命名。县综合福利中心和红河敬老院启用,老年活动中心和儿童福利院建成,城乡低保实现应保尽保,社会保障网织密扎牢。

【深化改革】 以"改革督查年"为抓手,建立清单,协同推进,40项重点改革任务取得实质性进展。农村综合改革亮点纷呈,县农村产权流转交易中心挂牌成立,荣获全国农村"三资"管理示范县、供销合作社综合改革试点工作先进单位、集体林权制度改革先进单位和全区农村承包地确权登记颁证工作一等奖。创新"移动互联网+人饮"供水管理服务模式,"智慧水利"建设为区市提供彭阳经验。深化"放管服"改革,非行政许可事项全部"清零",审批服务事项办理时限压缩57%,"五险合一"实现统一经办。改革投融资体制,贺兰山村镇银行落户彭阳。融入对外开放大格局,启动"招商引资年"活动,落实招商引资项目29个,实际到位资金27亿元。

【和谐社会建设】 坚持党管武装原则,开展全国"双拥模范县"创建工作。落实村民代表会议制度,推进和谐社区创建。培育和践行社会主义核心价值观,加强意识形态工作,营造健康向上舆论环境。开展"七五"普法,推进司法体制改革,乡镇司法所全部升格为副科级建制,全面依法治县进程加快。推行"585"创建行动计划,成功创建全国民族团结进步示范县。深化"平安彭阳"建设,创新"微信平安树"模式,实施"雪亮工程",荣获全国信访系统先进集体,社会大局总体稳定。

【党的建设】 制定《关于推进全面从严治党若干问题的意见》,推进全面从严治党向纵深发展。落实县委理论学习中心组学习制度，推进"两学一做"学习教育常态化制度化，开展"6+X"主题党日活动，常委班子带头真学实做严改，为广大党员干部作出表率。落实"20字"好干部标准，健全容错纠错、能上能下机制，建立干部实绩档案，坚持在脱贫攻坚一线提拔任用优秀干部，激发党员干部干事创业热情。开展星级基层服务型党组织创建活动，推广"五跨"措施，整顿软弱涣散基层党组织15个，全县非公企业和社会组织党组织覆盖率分别达83%和92%。开展"三大三强"行动，深化农村"两个带头人"工程，抓党建促脱贫攻坚"四个一"经验交流座谈会上书面交流。落实全面从严治党"两个责任"，落实中央八项规定精神制度机制，强化党内监督，建立巡察制度，推进全县深化国家监察体制改革试点工作，开展查处涉农扶贫领域腐败问题专项行动、"三不为"纪律作风专项整治行动，立案46件，给予党政纪处分45人，移送司法机关1人，营造风清气正的发展环境。

（王萍萍）

纪检监察

【两个责任】 深化"五步深入"机制，健全"两个责任"工作体系。签订党风廉政建设责任书6类87份，落实全程纪实工作台账、"双报告"、述廉述责、检查考核等制度。制定全面从严治党责任清单78项、问题清单和问责清单59项，督促逐级建立"三个清单"。强化"三级同述""三级包抓"，14名乡镇、部门党组织负责人向县纪委全会进行述廉述责，实现县纪委班子成员联系包抓乡镇纪委和派驻纪检组、乡镇纪委联系包抓重点村和站所全覆盖。制订《关于推进全面从严治党若干问题的意见任务分工方案》及乡镇纪委、委局各室重点工作责任清单，实行"清单式管理、项目化推进"。加强对"两个责任"落实情况督导督查，通报乡镇、部门36个，约谈乡镇党委主要负责人4人。市、县部署开展3轮巡察，涉及6个乡镇，反馈整改问题53个，移交问题线索19件，问责6人，给予党政纪处分1人。

【作风建设】 强化纪律和警示教育，利用"清风彭阳"、《党风廉政建设快讯》等发送廉洁过节提醒7期、典型案例通报21起，组织党员干部观看警示教育专题片3600人次、参观廉政书画摄影工艺作品展60人次，全县3500名党员干部进行党纪法规知识测试，党员干部纪律规矩意识增强。落实《彭阳县纠正党员苗头性问题实施办法》，建立"四必四谈一预警"机制，做实抓早抓小文章，全县各级党组织约谈16人，提醒谈话38人，诫勉谈话23人，廉政谈话667人。扎紧制度的"笼子"，落实中央八项规定精神"回头看"，修订完善制度17项，编印《落实中央八项规定精神文件制度汇编》700册，举办专题培训班2次。紧盯重点时间，坚持逢节必查，开展交叉督查、监督检查5次，问责部门1个、责任领导3名，给予党政纪处分1人。开展"三不为"纪律作风专项整治和"整治干部作风 优化发展环境"活动，通报部门（单位）12个，约谈负责人2人，问责3人；督查双休日领导带班值班制度执行情况15次，约谈乡镇、部门（单位）3个，问责1人。

【执纪审查】 执行执纪监督工作规则,修订完善《彭阳县纪检监察机关纪律审查案卷管理制度》《违纪违规典型案例报送办法》等制度11项,健全完善"7453"纪律审查机制。成立4个执纪审查协作片区,建立纪检监察室分片联系制度。印发《关于进一步加强全县执纪审查工作的通知》,建立"五位一体"纪律审查工作机制,推进执纪审查程序化规范化。共处置问题线索172件,立案46件,给予党政纪处分45人,移送司法机关1人,下发纪检监察建议书55份,收缴违纪资金57.7万元。12个乡镇纪委自办案件27件,消除办案"空白点"。

【涉农扶贫领域监督执纪问责】 紧盯民政资金、危房窑改造资金和草原禁牧补助资金,开展查处涉农扶贫领域腐败问题专项行动,督促整改问题104个,移交处理问题线索11件。开展涉农扶贫领域大督查大排查活动,各乡镇排查问题173个,整改问题135个,初核问题线索11件;围绕脱贫攻坚政策、项目、资金和帮扶责任落实开展督查2次,约谈7人,问责2人,免职村干部1人、提醒谈话11人。受理处置扶贫领域问题线索63件,立案25件,给予党政纪处分28人,移送司法机关1人。推进涉农惠农资金"331"监管平台建设,网上受理、移交问题线索5件,公开监督效果明显。

【自身建设】 深化纪委"三转",夯实基层基础,委局机关和乡镇纪委办公办案条件改善,履职能力提升。加强教育培训,推进"两学一做"学习教育常态化制度化,参加各层次培训学习140人次。通过县纪委领办、乡镇自办、"以案代训"、互查互评等措施提升业务素质,对执纪审查全程监督、全程指导、全程把关,推动全面从严治党走向严实硬。深化国家监察体制改革试点工作,完成县监察委员会成立挂牌、人员转隶、线索移交等,依法履职,改革试点工作按既定"路线图"推进。

【精准帮扶】 确定19名党员干部分别联系2个行政村、1个农村小学、1个乡镇卫生院,派驻2名机关干部分别挂任交岔乡东洼村第一书记和工作队员。筹措2万元布置东洼村廉政教育室,筹集7000元选派东洼村33名农村党员赴六盘山长征纪念馆开展警示教育活动。协助乡镇申请财政专项资金77万元,硬化村组水泥硬化道路5.5千米、砂砾路20千米;为东洼村购买办公用品2000元;协调县妇联"护航春雷"帮扶资金资助4名高中女生上学;协调完成自来水进户70户,危房危窑改造20户。

(虎小慧)

县委办工作

【综合协调】 发挥办公室沟通上下、协调内外作用,完善四大办主任联席会议制度,加强与人大办、政府办和政协办协作配合,做好服务领导工作;协调好各乡镇、部门(单位)召开会议、下发文件、考核调研等工作,保证县委决策部署和全县上下步调一致。同时,加强与县委机关大楼内各部门(单位)的协作配合,做好楼内环境卫生管理和安全防范工作,创造良好干部职工办公环境。

【文稿起草】 严把文件起草、修改、校对、印发等重点环节,规范发文前审核、发文时登记和发文后归档程序,提高文稿质量,全年共起草各类文稿600篇,撰写专题调研报告和理论文章40篇,印发各类文件209件7000份。加强对各乡镇、部门(单位)文稿起草、信息调研、公文处理、保密管理等方面培训指导,改进和完善办公室跟班学习制度,提高跟班学习人员公文处理、信息采编、文字综合等能力,全年共组织各乡镇、部门(单位)文秘人员到县委办跟班学习4期4人。

【信息调研】 修订完善《信息调研工作考核办法》,联合相关部门或组织办公室工作人员深入乡村群众,深入生产一线,开展调查研究,搜集、整理全县工作动态、社情民意及改革发展好经验、好典型、好做法,及时准确向县委领导和区、市党委反映各方面实际情况,并提出切实可行建议。全年共编发《彭阳信息》10期、《要情与动态》6期,向区、市党委办公厅(室)上报信息1200条,其中被区、市采用170条;上报问题建议类调研报告40篇,被区、市采用4篇,多条信息被区、市主要领导批示。

【督促检查】 围绕中央和区、市党委重大方针政策的贯彻执行及县委决策部署的组织落实情况开展督查。制定《彭阳县2017年重点工作"4+1"责任清单》《彭阳县2017年督查工作要点》,建立每月督查通报制度和季度约谈督促制度,根据清单制定督查计划,及时跟踪督查,对重点工作推进不力、不能按进度完成任务的实名通报。全年共组织各类专项督查活动10次,完成上级领导批示办理事项10件,印发《督查通报》9期,全县各级督查力量严格按照目标要求,抓实抓细督查工作,构建上下协调、优势互补、齐抓共管的大督查工作格局,确保各项重点工作落实。

【机要保密】 加强对机要通信主渠道设备及安防设施建设和管理,严格执行24小时值班制度,定期开展岗位练兵和安全检查,选派一名机要干部参加全区岗位练兵技能大赛,确保密码通信和电子政务内网安全畅通,荣获全区机要系统业务优秀达标单位。加大保密宣传、管理和执法力度,加强对涉密计算机、信息网络和全县党政部门涉密人员的保密指导和管理,开展涉密文件和电子政务外网保密检查3次,督促涉密单位履行保密义务,及时发现和消除各种泄密隐患,确保国家秘密万无一失。

【保障服务】 抓好会议前筹备和会务保障工作,全年共筹办、协办大中型会议40场次,完成区、市县域经济观摩等大型会议活动服务保障工作。严格落实中央八项规定精神和区、市、县有关规定,规范接待标准和接待程序,做到精细筹划,严控费用,服务周到。在"三公"经费管理方面,严格遵守财经纪律,落实《财务管理制度》,规范财务支出程序,确保各项经费合理开支。

【机关党建】 制定《县委办公室党支部2017年度机关党的建设工作安排》《县委办公室干部理论学习安排》,坚持每月开展一次"6+X"主题党日活动,每季度开展一次主题研讨活动,推进"两学一做"学习教育常态化制度化、星级党组织创建和干部联户帮扶等活动,努力提升党员干部综合素质。

【廉政建设】 落实党风廉政建设主体责任,强化办公室班子思想建设、作风建设、制度建设、廉政建设。坚持民主集中制原则,提高办公室班子团结协作、依法行政、拒腐防变能力。组织党员干部参加廉政警示教育、民主评议、公开承诺等活动,加强对党员干部廉洁从政、艰苦奋斗、勤政为民教育,党员干部纪律意识、规矩意识和廉政勤政水平明显提高。

【宣传思想和精神文明建设】 坚持周二、周五集体学习制度,以集体学习和个人自学相结合,深入学习习近平新时代中国特色社会主义思想和党的十九大精神,学习贯彻自治区第十二次党代会、市委四届二次全会精神,学习区、市、县重要会议和领导讲话精神,用党的最新理论成果武装头脑、指导实践、推动工作。

【社会帮扶】 把脱贫攻坚作为重大政治任务,把政治素质好、工作作风实、综合能力强的2名干部选派到扶贫一线锻炼。加大驻村帮扶力度,办公室主要负责人深入帮扶联系点红河镇何塬村调研,听取驻村工作队工作汇报,帮助制定发展规划,安排帮扶资金2万元,帮助建立党员会议室,加强村级阵地建设。在七一、"两节"期间,走访慰问定点帮扶村的困难党员和生活困难群众,送去价值1万元慰问品。加强干部帮扶户帮扶力度,坚持每月走访一次帮扶户,为贫困群众解决生产生活方面困难。

(王萍萍)

组织工作

【"两学一做"学习教育】 制定推进"两学一做"学习教育常态化制度化实施方案,建立县级党员领导干部基层联系点30个,开展"互学互比互评互促"活动5场次,对141个农村、4个社区、25个部门(单位)、8个非公经济和社会组织"两学一做"学习教育推进情况督查,督促整改落实。推行党员领导干部带头学、各级党组织经常学、党支部书记引领学、广大党员自觉学"四学"措施,抓住党员领导干部"关键少数",县委中心组每月集体学习不少于2次,示范带动全县各级党组织集中研学讨论4400场次,讲主题党课450场次,受教育党员1万名。县级党员领导干部围绕"发扬'不到长城非好汉'精神,走好新的长征路""振奋精神,实干兴宁""四个合格"主题,召开专题研讨会4场次。把"整治干部作风、优化发展环境"活动作为落实"践行'四讲四有',做到'四个合格'"主题的重要载体。开展"三不为"纪律作风专项整治、在编不在岗清理清查、矛盾纠纷排查化解、"基层党建制度落实年""党建促进月"等活动,以党员干部作风大转变促进发展环境大优化。制定《关于在全县推进"两学一做"学习教育常态化制度化中建立问题清单整改销号的通知》,全县392个党支部均建立问题整改台账,1万名党员建立问题清单,明确整改措施和方向。开展"五联五促"活动，32名县级领导联系62个清真寺，开展谈心谈话60场次，举办民族政策培训班120场次。引导党员干部在脱贫攻坚主战场发挥作用，组织2270名党员干部与12511户贫困群众建立结对帮扶关系，促"两学一做"学习教育融入脱贫、服务脱贫、推动脱贫。

【干部学习教育】　围绕学习贯彻习近平总书记系列重要讲话及党的十九大、自治区第十二次党代会、市委四届二次全会精神，采取中心组学习、专题研讨、辅导讲座等形式，抓好换届后领导班子思想政治教育，加强理想信念、党性教育、道德教育和党内政治文化建设。举办全县领导干部大会1次、专题辅导报告会4次、巡回宣讲12场次、培训班16场次，培训干部2200名。落实《2014—2018年宁夏干部教育培训规划》，突出专业化能力培训，围绕贯彻新发展理念、供给侧结构改革、脱贫攻坚等方面，举办专题培训班6期，培训干部750人次。抓好网络培训，将参学率及结业率作为年度考核重要依据。

【干部选拔任用】　严把动议提名、推荐、考察、征求意见、讨论决定、公示、任命等干部选拔任用环节，全年调配干部181人次，交流干部73人次。建立干部实绩考评机制，推动干部考核常态化。贯彻《推进领导干部能上能下若干规定》，全年共调整不适宜现职干部3名。建立容错纠错机制，调动干部干事创业积极性。落实《彭阳县加强和改进优秀年轻干部培养选拔工作的实施意见》，全年提拔35岁以下干部23名，女干部12名，少数民族干部13名，党外干部8名。做好选调生管理、教育、培养工作，建立以组织部分管副部长为联系人、乡镇党委书记为责任人、分管领导为帮带人的"3+1"培养帮带机制，促使选调生发挥作用、得以锻炼。

【干部监督管理】　严把干部选拔任用资格条件，落实《全区干部人事档案数字化建设实施方案》，做好纸质档案材料收集、整理及审核工作，核准核实干部"三龄两历一身份"，及时更新干部信息管理系统数据。落实领导干部个人有关事项报告制度，完成26名县处级领导、560名副科级及以上领导干部个人有关事项报告填报工作。落实经济责任审计制度，委托审计部门对18名科级干部进行经济责任审计，实现离任干部"阳光交接"。对党员干部出现的倾向性、苗头性问题进行谈话，全年提醒谈话134人，廉政谈话627人，诫勉谈话25人，函询9人。从严管理与关心关爱干部相结合，发放178万元乡镇食堂补贴，为县派驻村干部每人每月发放乡镇补贴280元，组织对154名乡镇和部门（单位）主要负责人进行体检。

【基层组织建设】　开展星级基层服务型党组织创建活动，巩固提升四星级党组织7个，三星级党组织79个。整顿转化软弱涣散基层党组织15个。开展创建农民人均可支配收入过万元、村集体经济过万元"双创"活动，发展壮大村集体经济。开展机关干部下基层活动，区市县81个部门（单位）1400名干部深入农村、社区、学校等361个基层联系点开展帮扶活动。推行社区"联合党委"运行机制，组织41个部门（单位）1138名在职党员干部到社区报到，开展各类帮扶活动114场次，帮助解决群众实际困难和问题365个。实施"531"归口党建，开展"两个覆盖"攻坚行动，全县非公企业和社会组织覆盖率分别达85.25%和96.2%，党的工作覆盖率均达到100%。从离退休领导干部中选派24名党建指导员入驻各非公企业党组织，指导党组织规范开展活动。建成非公企业党群活动服务中心1200平方米。在交通运输行业和窗口服务行业推行"挂牌评星"做法，设立党员示范岗，共产党员佩戴党徽亮明身份上岗。推行"6+X"主题党日活动，推行互动式、体验式、实践式"三式"党课。对160个农村（社区）电教设备进行专项清查，建立党员教育培训联席会议制度，召开联席会议2场次，举办远程教育终端站点管理员培训班2场次，摄制《跨村掌柜》《当个好村官》电教片2部，开展"扶贫大讲堂"活动18场次，组织党员群众观看《榜样》《将改革进行到底》等专题片4800场次，形成党员教育工作整体合力。建立党员e家手机APP平台，依托智能手机打造"指尖上的党建阵地"，推动基层党建传统优势与信息技术高度融合。全年发展党员中致富带头人和高知识群体占76.7%。开展党员组织关系排查工作，加强流动党员管理，建立定期跟踪台账。开展"党建促进月""基层党建制度落实年"活动，推动党建基本制度落实。开展"村霸"和宗族恶势力专项整治工作，夯实党的执政基础。建立"七位一体"责任落实体系和"4+1"责任清单，确保基层党建与脱贫攻坚任务落细、一抓到底。开展"三大三强"行动，推动基层党组织有人干事、有钱办事、有场所议事，整合资金4000万元，新建扩建维修村级组织活动场所40个。落实5万元村级组织办公经费和5万~7万元为民服务专项资金，村党组织书记和村委会主任任职补贴按上年度全县农民人均可支配收入3倍执行，并与星级评定结果挂钩，同时，将村干部交通和通信费提高至4800元，村民小组长工资提高至4000元。制定基层党建工作"三级联述"制度，建立党（工）委书记季度书面述职、半年观摩述职、年终考核述职机制，推动基层党建责任落地生根。建立督查调研机制、年终考核制度，指导督促基层组织将"三会一课"、民主评议党员、组织生活会和民主生活会等制度落实好。抽调各乡镇组织委员成立5个督导组，对156个行政村和12个乡镇机关党支部进行拉网式排查，找准短板、分析原因、提出对策，推进党建各项重点工作任务落实。

【"两个带头人"工程】 实施"头雁引领"工程，培育"三有三带"型村党组织带头人队伍。全县共有1名大学生村官、2名机关事业干部担任村党支部书记，且换届后调整"三低型"村党组织书记11名。开展"百名支部书记、千名村干部、万名党员干部"大培训工程，举办全县第一书记及村干部培训班5期培训1300人次，各乡镇举办培训班24场次培训2200人次。建立"梯次培养"机制，确定村级后备干部培育对象386名，培育致富带头人1267名，将致富带头人划分为A、B、C三种类别（A类89名，B类204名，C类847名），推进农村致富带头人"小的争中、中的培大、大的走龙头"。先后为致富带头人贷款

3000万元，解决资金难题。成立第一书记管理办公室，从区、市、县机关单位选派122名优秀年轻干部到贫困村担任第一书记，创新第一书记网格化管理模式，提拔重用第一书记14名、表彰奖励31名、召回调换4名、约谈部门主要负责人6名。实行派出单位与第一书记责任、项目、资金、信息、人才、技术"六捆绑"，全年第一书记争取项目230个，协调帮扶资金5700万元。组织12名优秀"两个带头人"赴各乡镇宣讲700场次，参与群众2.3万人。采取"1+2+X"点对点精准帮扶措施，结对帮扶建档立卡户和一般群众8927户25114人。支持和鼓励致富带头人创办领办合作经济组织21个。开展以"把党员培养成致富带头人、把村党组织带头人培养成致富带头人、把致富带头人培养成党员、把党员致富带头人培养成村党组织带头人，增强带头致富、带领群众致富的能力"为内容的"双带四培养"活动，破解村党组织带头人"一大三低"问题，先后在致富带头人中发展党员21名，125名致富带头人被吸收为村级后备干部。全县共有278名致富带头人进入村"两委"班子，其中担任村党支部书记98名，占村党支部书记总数的62.8%。

【人才队伍建设】 实施"基础性""产业链"和"彭字头"人才培养工程，推进重点领域人才体制改革。落实人才工作例会制度，全年召开人才工作协调会议15次。对全县创新型企业和创新型人才调查摸底，建立县级领导干部联系创新企业和人才工作机制。与西安交通大学对接联系，引进8名博士生到彭阳县挂职，搭建校地长效合作"桥梁"。由县委分管领导带头，组织农业、水利等部门主要领导赴兰州、长春等地高校开展高层次人才招聘活动，缓解高端人才紧缺状况。开展"家乡要脱贫，我能做些啥""情系家乡·献力脱贫"系列活动，与彭阳籍在外人才开展座谈交流，达成帮扶意向，争取彭阳籍在外人才回家乡投资创业，全年达成合作协议70份，落实投资项目31个，创办合作社6个、农家乐2个，新成立企业2家，投资总额达1.7亿元，提供就业岗位600个，捆绑带动贫困户360户。邀请自治区农牧厅、固原市农牧局等23名农艺专家到彭阳县开展辣椒种植、食用菌栽培、饲草青贮等技术培训16期，培训农民2000人。邀请福建省立医院、甘肃中医研究院、宁夏医科大学总院、固原市人民医院共120名专家到彭阳县开展手术带教、坐诊指导，开办各类学术讲座34期，培训医务人员1200人次。申报彭阳县全域旅游、中华蜂养殖、现代农业种植等5个人才培养项目，争取项目资金60万元。依托长城塬、阳洼、草庙种苗繁育3个科技示范基地，组织30名经果林加工营销人才赴陕西杨凌培训，带动培养农民种植能手300人。建立精英农庄等8个"农民田间"学校，开设"田间课堂"60期，培养"以线促面"种养科技示范户1080户，培育致富带头人90人。打造红河现代农业示范园、壹珍药材有限公司、电子商务公共服务中心等人才工作示范点5个，选派教育、水务等部门（单位）8名业务骨干参加第十三批"基层之光"研修。组织中小学校长培训、骨干教师等外出培训24批1500人次，打造名师工作室4个。组建林业专家服务团12个，赴乡镇林业站、种植农户开展技术培训、技术指导。实施劳动力素质提升工程，举办各类培训班266期13998人。推进"双创"工作，举办创业能力培训5期，培训620人，培育小企业45家，创造就业岗位360个。

【组织部门自身建设】 开展"四严四做"主题实践活动，在"学""做"上深化拓展，召开专题研讨会4场次，重点发言12人次，查摆问题70条。建立周一科室自学、周四集体研学制度，结合"6+X"主题党日活动，邀请市委组织部、市委政研室"笔杆子"和乡镇"土专家"授课，开展培训10场次，组织集中学习研讨96场次，举办应知应会闭卷测试2场次。组织组工干部赴六盘山革命纪念馆等红色教育基地开展理想信念、宗旨意识、廉洁自律等党性教育。坚持学原文、悟原理，学习宣传贯彻党的十九大、自治区第十二次党代会和市委四届二次全会精神，撰写心得体会52篇，深入帮扶村宣讲6场次。聚焦主责主业开展教育培训，先后组织27人分批赴深圳、厦门、大连、广西进行专题培训和学习取经，增强专业能力。全年撰写组工信息72篇，被区以上报刊媒体刊登37篇，其中《光明日报》1篇、中组部《组工通讯》1篇、《中国组织人事报》2篇、区党办《综合信息》4篇、《宁夏组织工作》13篇、《宁夏党建研究》1篇、《宁夏日报》15篇。选派2名干部担任第一书记和驻村工作队员，安排6名干部包抓建档立卡贫困户30户，帮助新建村级活动场所500平方米、硬化水泥路9.8千米，扶持壮大中华蜂、万寿菊、中药材等产业，被县委、政府评为2017年度部门帮扶工作先进集体。建立部内谈心谈话制度，定期开展部领导与普通干部、支部委员与普通党员、科室之间谈心交流活动。建成"组工书屋"，定期组织干部体检，开展"生日贺卡送祝福""党员生日唤初心"等活动，打造亲和温馨、素质优良、能打硬仗的组工"家文化"。

（王轩宇）

宣传工作

【理论教育】 落实县委理论学习中心组月有主题、季有辅导、半年交流、年终述学学习机制，坚持每月2次县委中心组集中学习，全年共举办20次县委理论学习中心组学习会。组建全县理论骨干人才库和百姓宣讲团，开展党的十九大、自治区第十二次党代会、市委四届二次全会精神宣讲活动，区、市、县乡宣讲团开展各级党代会精神学习宣讲活动1000场次，县乡村理论骨干围绕党的最新理论创新、各项惠民政策等开展各类宣讲200场次。邀请中央党校3名教授，区市21名专家学者为广大党员干部进行理论宣讲、阐释和解读。开展"全民阅读·书香彭阳"知识竞赛及"书香校园·经典诵读"等活动，举办"永远的阅读"主题演讲、"秋天送你一首诗"暨"秋韵杯"朗诵比赛等活动，营造"书香彭阳"浓厚氛围。建立全县党管意识形态工作分析研判机制，每半年向上级党委（党组）报告意识形态工作，召开意识形态工作分析研判会、新闻媒体意识形态工作会和十九大期间自媒体信息发布座谈会，分析意识形态领域形势，维护意识形态领域安全。

【新闻宣传】 中央级媒体围绕生态建设等主题到彭阳县采访报道,刊登报道50篇,新华网头条新闻报道《宁夏彭阳:25年"背树绿山"》点击量5万次。建设新华社《生态彭阳》客户端,上传各类信息600条,浏览访问量40万人次。召开彭阳县姚河塬商周遗址专家论证现场会,邀请新华社、光明日报社、中央电视台等20家媒体宣传报道论证会情况,姚河塬商周遗址备受社会各界关注。围绕脱贫攻坚、重点项目建设等在《宁夏日报》刊发头条新闻3篇,刊登稿件总量118篇,在《宁夏电视台》刊发新闻40篇。聚焦科技扶贫等工作,在各级媒体刊发稿件150篇。自治区党委办公厅《综合信息》(第21期)刊载《彭阳县"1553"工作思路树乡风塑家风强民风》工作、自治区党委政研室工作专报《良好民风成为助推脱贫攻坚的重要抓手》得到赵永清常委的肯定批示。在《固原日报》刊发头条新闻16篇,刊登各类报道348篇,在《固原电视台》播报新闻80条。制作县域经济观摩专题片、移风易俗专题片和创建全国民族团结示范县形象展示宣传片,展示全县经济社会发展变化。与宁夏浪涛文化传媒有限公司对接,拍摄《这一道沟,那一道梁》电影,展现全县生态移民工程和环境治理成就。

【精神文明创建】 制定《彭阳县推动移风易俗树乡风强民风实施意见(试行)》《关于健全完善"村规民约""道德评议会""红白理事会"的通知》,全县160个村(社区)"一约四会"组织全覆盖。组织各乡镇创作移风易俗小品小戏,其中《彩礼风波》在固原市文化大院文艺调演暨移风易俗树文明新风小品小戏大赛中获得一等奖。小岔乡榆树村、交岔乡关口村等建成"村史馆",展示村庄发展史、奋斗史及农耕文化,成为凝聚人心、教育村民的新阵地。开展征集好家风家训家规和优秀家风故事等活动,表彰全县第二届优秀家谱8部。加大"道德模范""最美彭阳人""移风易俗文明户"等选树力度,全年县委、政府评选表彰"脱贫致富光荣户"410户、"两个带头人"124名、发展奋进户60户,县文明委表彰第五届道德模范15名、第一届文明家庭15户。推进铸魂工程,投资百万元建设一批社会主义核心价值观主题公园、主题广场、主题街道和示范社区。安排51个县级以上文明单位与65个贫困村开展"结对帮扶,建设道德文化墙"活动,推进以城带乡、文明共建工作。组建20支志愿服务队,开展以技术指导、关爱留守儿童、空巢老人等"邻里守望"志愿服务活动,传递道德力量。巩固提升各级文明单位、文明村镇、文明校园、文明家庭创建水平,县水务局、国税局被命名为全国文明单位;古城镇任河村被命名为全国文明村镇;县二小被命名为第一批全区文明校园;白阳镇居民常国斑家庭被命名为第一届全区文明家庭。

【文化阵地建设】 建成156个村级综合文化服务中心。依托广场文化活动和"文化艺术月"载体,举办元宵节社火大赛及元宵节文艺晚会、庆祝建党96周年歌咏比赛、践行社会主义核心价值观民族团结杯歌手大赛、演讲比赛、书画比赛、系列文化活动颁奖晚会、全县文化大院移风易俗树新风文艺晚会、中国文联文艺志愿服务团赴彭阳开展"我们的中国梦"——送欢乐下基层慰问演出等文化活动,为全县干部群众打造文化盛宴。中国文联、中国文联文艺志愿服务中心等邀请知名词曲作者创作歌曲《幸福彭阳唱起歌》。培养乡土文化,扶持发展农民文艺队25个、农村社火队12个,成立8个专业文艺协会,发展会员308名。创办《彭阳文学》等3个文艺作品宣传交流平台,在全县初级以上中学和乡镇中心小学均成立校园文艺社。举办中短期书法、刺绣、剪纸等特长培训班80班次,推出10个民间工艺品牌。举办首届"彭阳文学艺术奖"颁奖典礼,对90名获奖者表彰奖励,弘扬主旋律,传播正能量。

【网络舆情监管】 建立健全网络舆情监测报送、网民诉求回应、舆情应对处置联动、网络舆情处置快速反应和重大政策及项目舆情风险预警等机制,规范舆情信息研判处置工作。全年共处置网络舆情60起。组建网络评论员队伍,通过"彭阳宣传""彭阳网络管理"微信群、论坛等网络平台,针对网络舆情、热点事件发布正面评论,宣传党和政府主张,回应群众关切热点。开展"中国梦·我的梦"主题网络宣传活动,引导培育新时代好网民。宣传《网络安全法》,加强网络安全监督检查、党政网站运行监测。修订完善《政务微信公众号管理办法》,规范各级党政网站、微博、微信等新媒体运行发布。开展净化网上舆论环境、网上"扫黄打非"、打击电信网络诈骗等净网专项行动,打击网络谣言、清理有害信息,严密防范网上攻击渗透行为,抓好网络意识形态安全工作,壮大主流思想舆论,牢牢把握正确舆论导向。

(孙有亮)

统战工作

【党外代表人士队伍建设】 对全县范围内党外代表人士基本情况调查摸底,更新党外代表人才库,建立党外后备干部人才库。召开党外人士座谈会4次,组织党外人士重点学习十九大、中共宁夏回族自治区第十二次代表大会、固原市委四届二次全会及习近平总书记来宁视察重要讲话精神,引导党外人士把思想和行动统一到县委、政府的各项重大决策部署上来。与组织部建立联席会议制度,共同参与党外干部推荐、培养、选拔工作。在彭阳县第九届人民代表大会和政协彭阳县第九届委员会中,党外代表人士比例均有所提高,其中担任县人大代表40人,占代表总数的22.2%,委员4人,占委员总数的12.1%;担任政协委员102人,占委员总数的60%;常委19人,占常委总数的65.5%;推荐政协固原市第四届委员会委员21名,其中党外代表人士15名,党外代表人士社会影响力进一步扩大。组织党外知识分子开展调查研究和建言献策活动,印发《关于在全县党外知识分子中开展专题调研和"金点子"征集活动安排意见》,提高党外知识分子参政议政、民主监督、服务社会能力。组织召开党外知识分子联谊会一届四次理事会,新增会员61人,知联会会员人数达117人,党外知识分子联谊会规模进一步扩大。

【民族团结进步创建】 开展民族团结进步创建活动,邀请自治区党委统战部、自治区民委、宁夏社会主义学院等单位领导及相关处室负责人，开展创建工作专题培训4次，培训1300人次。组织县级分管领导、各乡镇、各部门（单位）负责人及部分宗教界代表人士赴原州区、吴忠市、广西等地考察学习民族团结进步创建工作4次。开展互观互学活动两次，借鉴先进工作经验。印发《彭阳县民族团结进步创建活动"十三五"规划》《彭阳县2017年创建全国民族团结进步示范县工作安排》等，完善组织领导、考核评价、典型引领、督促检查、政策保障、宗教管理"六项"工作机制，推进创建工作。开设政府网站、彭阳电视台、微信公众账号"三个专栏"，对创建活动开展情况、涌现的先进个人和典型事迹进行系列报道。在县城公交站点、灯柱、乡村客运招呼站、主干道路两侧等设置宣传牌440条（块），打造民族团结宣传教育街13条，在全县48辆公交车、50辆客车、212辆出租车上喷绘民族团结宣传标语，在城市居民区和茹河生态园建立民族团结主题宣传教育基地，营造浓厚创建氛围。打造民族团结进步示范点119个，发挥示范表率作用，形成以点串线、以线连片、以片带面创建工作新格局。开展"六盘儿女一家亲，同心共筑小康梦"暨"民族团结杯"歌手比赛、演讲比赛、书法绘画比赛、民族团结有奖征文活动。利用微信公众号等媒体平台，开展"彭阳好人""民族团结先进人物""最美医师"等网络评选活动，挖掘出带领村民致富能手杨生科、拾金不昧好青年马有军等民族团结典型人物。推进民族团结教育"八进"活动，在乡镇开展"民族团结一家亲，移风易俗树新风"好人好事评选表彰活动、"民族团结杯"农民篮球运动会，在宗教界开展践行社会主义核心价值观"吾尔兹"巡回演讲活动，扩大创建工作影响力和覆盖面。

【宗教事务】　　强化宗教场所管理，指导各宗教场所完善《财务管理制度》《教职人员聘任制度》《抵御渗透十不准制度》等，促进宗教事务规范化建设。制定《彭阳县宗教场所教职人员备案聘任制度》，对所有宗教场所教职人员统一考核，对符合条件的125名教职人员发放生活补助。建立宗教领域县乡村三级信息联报系统，落实抵御境内外宗教渗透零报告制度。建立县、乡、村、组、场所五级信息网络，及时掌握宗教内部动态。传达培训全国、全区宗教工作会议精神及宗教法律法规，组织宗教界代表人士赴广西、云南考察学习1期共16人次，召开座谈会3期共160人次。

【非公有制经济发展】　　加强非公人士学习教育，组织工商联班子和企业学习《中国工商业联合会章程》《关于加快发展非公有制经济的若干意见》及自治区、市相关会议精神，组织非公经济中中共党员、入党积极分子赴延安开展"不忘初心·献礼七一"系列活动，使非公经济中中共党员牢记职责使命，不忘入党初心。完成《彭阳县非公企业档案卡》《彭阳县非公企业发展报告》，为非公企业发展把脉问诊。协调宁夏汇融鼎信担保公司运营，已担保业务104笔1.1亿元。以"光彩事业"助力脱贫攻坚，制订《彭阳县"百企帮百村"助力脱贫攻坚行动实施方案》，并确定65家企业精准帮扶92个贫困村，已动员25家会员企业捐资60.7万元。在银川举行彭阳县优选投资项目和生态农产品推介会，优选投资项目24个、参展企业12家、展出生态特色产品17个，现场零售各类产品10万元，达成意向合作协议14项。抓好全国"五好"县级工商联创建，加强商(协)会建设，扩大服务领域。

【统战领域维稳】 坚持"村级周排查、乡镇月上报、民宗局月汇总"宗教领域矛盾纠纷排查调处机制和民宗、公安、信访、伊协四部门信息互通、资源共享机制，建立"属地管理、分级负责、上下联动、齐抓共管"的跨地区宗教活动管理工作机制。强化宗教场所安全隐患排查整治，实行动态监管，加强隐患整改，开展宗教活动场所安全知识教育培训，提高群众安全防范意识。深化"一站两员"工作机制，在116个清真寺建立矛盾纠纷调处站，聘请执坊阿訇和寺管会人员为村级工作协调员和矛盾纠纷调解员。落实领导干部联系宗教人士和信教群众制度，在"两节"、开斋节期间，筹资11.5万元，分组对30所宗教活动场所和55名宗教人士走访慰问，增强党同宗教界的密切联系。

(马　阳)

政策研究

【调查研究】 开展以生态立县、脱贫富民、创新驱动、基层党建等课题为重点的专题调研。召开座谈会20场次，深入村组、社区、学校、厂矿、企业等走访调研100人次，形成《良好民风成为助推脱贫攻坚的重要抓手》《坚持生态立县，着力绿色崛起，加快建设生态经济强县》等调研报告和理论文章。《创新发展理念，推进综合改革，着力构建现代农业社会化服务体系——彭阳县供销合作社改革发展实践》等6篇调研报告和理论文章在《宁夏工作研究》刊发；《良好民风成为助推脱贫攻坚的重要抓手——彭阳县民风建设及农村移风易俗工作调研》《崾岘村"蚂蚁搬家"式的脱贫新模式》2期调研报告在自治区《政研专报》上刊发。整理上报《彭阳县释放"生态红利"培育"绿色产业"助推脱贫攻坚》等动态信息9篇，其中《"一领二联三扶八帮"脱贫攻坚新机制引领王洼镇农民奔向致富路》《"能人"带出新集乡农民脱贫致富新天地》等被作为脱贫攻坚经验在全市推广。

【"农办"工作】 成功举办全区农办主任观摩及座谈会，会议期间对彭阳县智慧水利建设现场观摩。举办各类政策培训班40场次，进村入户宣讲8000户次，编印《全县机关干部"下农村、送政策、促发展"口袋书》等宣传材料2万册，农民群众政策知晓率达90%以上，完成机关干部"下农村、送政策、促发展"活动。荣获全区2017年度农村全面小康建设先进集体三等奖。推进农村土地"三权分置"改革，实施3个国有林场基础设施建设工程及附属设施建设，荣获2017年集体林权制度改革先进集体；彭阳县供销社被中华全国供销合作总社评为"全国供销合作社综合改革试点先进单位"。区改革办总结提出彭阳县"223"(完善两个体系，建强两个组织，破解三个难题)综合改革模式；将"互联网+"理念引进水利管理。建立河长制，并在彭阳县召开河长制工作（山区片）观摩现场会，彭阳水利体制改革经验得到肯定和推广。对全县农业农村重点和亮点工作进行跟踪调研，共编发《彭阳县开展八项技术研究，全力推进设施农业转型升级》《激浊扬清、移风易俗——彭阳县五项措施革除陈规陋习积极推进民风建设》等动态信息9期，宣传农业农村工作好的做法和典型经验。

【"改革办"工作】 推进2017年40项重点改革事项，并在5个重点改革领域取得重大突破。在推进供给侧结构性改革上实现突破，落实"三去一降一补"任务，引导王洼煤业公司调整产能结构，通过技术改造、技术创新实现降本增效。印发《彭阳县关于加快非公有制经济发展的实施意见》，降低企业运行成本。统筹推进基地建设、龙头企业带动、品牌培育、市场开拓等环节，改造提升千亩以上设施蔬菜基地16个，培育农业龙头企业4家，成立乡镇农民专业合作社联合社12个。深化农村"三权分置"改革，在红河镇红河村开展农村集体资产股份权能改革试点，成立土地股份合作社，引进东昂农业科技有限公司，流转农民土地建设现代农业科技园区，推行"村集体+企业+合作社+农户"模式，使农民实现土地流转费、股份分红、劳务等多种收入。建成农村产权流转交易中心，推进农村宅基地使用权证、房屋所有权证"两证合一"和抵押贷款工作，形成有形市场，开展农村土地承包经营权等13项产权交易，让农民的"死资产"变成"活资本"。推进县域医疗卫生"云平台"信息化建设，加快县域医共体建设，由县人民医院和县中医医院分别牵头成立紧密型"县域医疗服务共同体"，推进优质医疗资源城乡共享。在第四届中国县域卫生发展论坛上县人民医院荣获中国县域医院信息化建设奖。推行河长制，建立"五级河长"责任体系，建立"公益岗位+民间河长"河长制新模式。完成农业水价成本、县城阶梯水价、农村饮水供水成本测算工作。成立彭阳县城市管理综合执法局，编制完成《智慧彭阳项目建议书》，推行城市管理"721"工作法，提高城市管理效率。召开改革领导小组等会议8次，对改革工作督查3次。发挥改革办沟通协调职能，组织有关部门单位赴省外学习医疗体制改革和土地股份制改革等先进经验。

（刘 戈）

机构编制

【乡镇建设】 对2009年乡镇机构改革后，全县乡镇所属事业单位及部门派出事业单位机构设置和人员编制基本情况进行调研。制定《彭阳县乡镇机构岗位职责清单》，落实岗位职责，增强干部职工责任意识。将乡镇机关内设机构和所属事业单位设置为"三办三中心"，即党政综合办公室（挂卫生和计划生育办公室牌子）、社会与经济管理办公室、社会治安综合治理委员会办公室、民生服务中心、科教文卫服务中心、特色产业服务中心。在部门派驻乡镇站所机构设置上，实行主管部门和乡镇双重管理机制，农牧方面设置12个乡镇农牧技术推广服务中心，林业方面设置8个区域林业工作站，水利方面设置4个区域水利工作站。

【重点领域体制改革】 完成城市管理综合执法改革和劳动监察执法改革工作,印发执行"三定"方案,权力清单经政府第十五次常务会研究通过公布实施。推进卫生计生体制改革,县级公立医院人员实行编制管理和备案管理,核定编制341名,备案人员173名。对市场监督管理局、林业和生态经济局、卫生和计生局、农牧局等部门所属检验检测认证机构调查摸底,为改革推进打好基础。

【事业单位分类改革】 对承担行政职能事业单位情况进行摸底调查,按职能配置、法律法规依据进行梳理,并对照权力清单保留事项进行核准,确属行政职能的逐项列明具体依据。对如何"转行政"及所需行政编制数进行研究和测算。制订《彭阳县承担行政职能事业单位改革试点方案》,对已分类事业单位,根据功能和职责,重新制定机构编制方案,完成全县282个事业单位机构编制方案。对全县事业单位分类,其中公益一类311个、公益二类7个、未分类3个。

【权力清单规范】 与国务院、自治区改革部署和法律法规修订调整相衔接,削减行政审批等职权事项,对涉及行政审批事项予以取消调整,县乡共保留行政职权2692项,其中乡镇保留行政职权事项95项,县直部门保留行政职权事项2597项,已全部录入全区权力清单统一公示平台,每项权力自动产生一个行政职权编码;全县共清理出证照事项105项,其中权力清单内实施证照86项,权力清单外证照事项18项,取消证照1项。

【机构编制管理】 申请区市编办将社保局、医保中心合并后设立政府直属正科级事业单位——社会保险事业管理局,将地震局调整为城乡建设和环境保护局下属副科级事业单位,将乡镇12个司法所升格为副科级行政单位,在机构限额内成立工业和商务服务中心、旅游发展中心、安全生产执法监察大队、安全生产应急救援指挥中心、禁毒管理服务中心等5个不定级别事业单位,将宁夏广播电视大学彭阳县工作站(挂彭阳县师资培训中心牌子)调整为彭阳县师资培训中心(挂宁夏广播电视大学彭阳县工作站牌子),在中医医院加挂皇甫谧中医研究所牌子,成立彭阳县博物馆挂文物管理所牌子。加大对各部门(单位)机构、编制、职能、领导职数调整力度,为扶贫办、基层司法所、民族宗教事务局等重点领域增核调整领导职数18名,为扶贫办、扶贫和移民服务中心、劳动保障监察大队、社会保险事业管理局、环境监测站、气象站、统计普查中心等部门(单位)调整增核编制19名,为县公安局调整事业空编30名,对94个行政事业单位调出彭阳县、县内调整、退休以及职务变动的399名干部职工实名制信息及时更新。审核上报公务员招考计划14名,事业单位招考计划95名,审核156名转为正式编制的特岗教师档案资料。

【机构编制监督检查】 做好"12310"投诉举报电话受理工作,深入乡镇、部门对执行机构编制纪律监督检查,配合做好机构编制审计工作,全程参与乡镇、部门领导干部离任审计,2017年共参与17个乡镇、部门领导离任机构编制审计工作,维护机构编制管理工作的严肃性和权威性。

【事业单位登记管理】 加强事业单位登记管理工作,简化事业单位法人登记管理工作流程,完善事业单位法人年度报告制度,建立事业单位法人年报公示平台,做好年度报告公示工作。全县共有法人事业单位99家,全部完成2017年度执行《条例》及其实施细则情况年度报告,并在"事业单位在线"等网站进行公示,公示率达到100%,实现"统一网站标志、统一使用规范、统一管理要求"。

【驻村扶贫】 开展贫困村(户)结对帮扶,落实乡党委帮扶制、承诺制、考核制、奖惩制"四制"长效管理机制,培养4名致富带头人。筹集1.4万元为帮扶村购置办公用品、为贫困户购买化肥等,协调农业部门,为群众发放价值10吨2.38万元洋芋种子,用于春耕生产。"6+X"主题党日活动期间,带领帮扶村党员干部赴任山河烈士陵园接受爱国主义教育,到古城、新集、红河观摩学习设施农业。加强基础设施建设,完善"两定两议两保障"工作机制,抓好村民代表会议、"民主议政日"等活动。新建文化活动室100平方米,建成文化活动广场450平方米、篮球场552平方米,硬化村部院子970平方米,维修村部旧房170平方米,改善村部办公环境,帮扶困难群众脱贫致富。

(王晓霞)

老干部服务

【学习教育】 为全县32名副处级以上离退休干部征订"两报一刊"(《宁夏日报》《固原日报》《共产党人》)100份;发放党的十九大学习辅导资料1300份;各乡镇、县直有关部门(单位)也为离退休干部党支部征订党报党刊和老年刊物,满足离退休干部学习需求。以理想信念和党性教育为重点,全年举办各类专题辅导学习会5次、情况通报会2次、革命传统教育3次,引导离退休干部始终同党中央和区、市、县党委保持高度一致。

【"两个"待遇落实】 做好离退休干部节日慰问、生病探望、健康体检、文化娱乐等工作,春节和七一建党节及重阳节前夕,先后3次集中走访慰问离退休干部100人次,发放慰问金7万元。探望患病住院老干部42人次,为9名离休干部遗孀购买大病医疗保险,为全县32名副处级以上离退休干部办理人身意外保险。召开全县离退休干部迎新春座谈会,全年组织全县32名县处级离退休干部到县医院体检,开展离退休干部健康知识大讲堂活动6次。加强离退休干部党员思想政治建设,组织36名离退休干部和离退休干部党支部书记赴任山河烈士陵园开展"缅怀英烈忆长征·做合格党员"主题教育活动;组织30名离退休干部赴将台堡、六盘山红军长征纪念馆、甘肃南梁等红色教育基地开展为期一周的"追寻革命足迹·重温党的历史"主题教育活动,对离退休干部进行革命传统教育和党性修养教育。

【关心下一代工作】 开展培育和践行社会主义核心价值观主题实践系列活动,举办"两学三爱"教育活动促进会暨"庆七一·颂党恩"喜迎党的十九大书画创作比赛,评选表彰100幅优秀作品。开展"五好"小公民"阳光校园，我们是好伙伴"读书征文、演讲比赛等主题教育活动。举办第四届"百名美德"少年评选表彰活动，打造积极向上的校园文化。举办中小学生"书香校园·经典诵读"比赛，共28个中小学校代表队参加，县第二中学、城阳中学获中学组一等奖，县三小、孟塬中心学校获小学组一等奖。以创"平安校园"为重点，打造县四中"彭阳县禁毒警示教育基地"。开展青少年普法教育活动，为中小学生征订法律宣传资料2200本，参加全国关工委普法考试，6名学生获得全国青少年普法办、司法部等联合组织的法律竞赛二、三等奖。举办"宪法在我心中"法律知识竞赛、演讲比赛等系列活动，评选表彰28名中小学生、11名优秀指导教师、5个优秀组织单位。举行"五老牵手红领巾·共圆美丽中国梦"主题活动启动仪式，开展"零犯罪"学校创建活动，彭阳三小被全国关工委授予"零犯罪学校"称号。全年共创建"零犯罪学校"5所、"零犯罪社区"2个。开展扶贫帮困活动，为红河镇何塬小学和王洼镇中心学校捐赠校服500套、文具550套。

（白巨刚）

党校工作

【教育培训】 开展十九大、自治区第十二次党代会和市委四届二次全会精神宣讲52场次，培训党员干部3600人次。利用乡村党校分片，在王洼镇和白阳镇举办村干部十九大精神培训班，培训300人。举办全县科级干部学习贯彻党的十九大精神培训班，培训干部580人。分两期培训工程类、经济类专业技术人员306人，参学人员全部考试结业。推进主体班筹备工作，设置培训模块4个31讲，其中理论教育和党性教育占比超过70%。采购教学用智能交互平板3台，电脑50台，完成学员宿舍宽带工程建设。委托厦门思明区、贵州黔西南党校开展党建与扶贫专题培训3期，培训干部153人次。全县干部网络培训参学率达到100%，科级干部和一般干部结业率分别达97%和95%。

【调查研究】 确定专兼职教师研究方向，召开部门座谈会，确定教师对口联系事宜，建立与部门（单位）间固定联系渠道，确定个人本年度教学或科研课题7个，全部如期完成，其中特色课2个，精品课3个，理论和调研文章3篇。开展六盘山干部学院现场教学基地资源挖掘提升和课程开发工作，组织开发"红色彭阳"和"绿色彭阳"两个专题精品课程，已通过内部试讲。

【师资培训】 全年共参加上级党校组织培训6期8人次，其中中央党校组织的全国党校校长扶贫攻坚培训班1人次；区党校组织的国家扶贫开发工作重点县、集中连片特困地区县党校师资培训1人次；赴浙大教学及科研能力培训班2人次；赴上海交大中青年教师培训班1人次；贵州遵义干部学院师资培训班1人次；陕西照金干部当前形势培训班1人次；参加自治区党校举办的公务员职业道德培训班1人次，网络培训班1人次。参加厦门思明区党校和黔西南党校考察现场教学4人次。

【组织建设】 推进学习型党组织建设,通过班子理论学习、专题调研、理论研讨、心得交流等活动,把党员自学、支部学习和党员集体教育培训相结合,提高党员干部服务发展能力。开展"6+X"主题党日活动,全年召开党员大会5次,支部学习会议12次,每月召开2次"两学一做"学习教育专题研讨活动。落实"三会一课"制度,在实现"一岗双责"基础上,理顺支部工作流程,建立支部工作台账,接受群众监督。

【脱贫攻坚】 举办新任职村干部基础实务等专题培训班3期,培训乡村干部、驻村第一书记及扶贫工作队员750人次。开展"扶贫大讲堂"活动,在草庙新洼等4村培训乡村党员干部及"两个带头人"120人。筹资8000元,在草庙乡和沟村慰问困难党员、奖励种养殖能手和道德模范人物10名。组织15名党员干部和"两个带头人"在县内进行为期1天的革命传统教育和种养殖观摩。筹资2.1万元支持完善村级文化广场建设,动员党员干部捐资6000元为83户建档立卡户购买春耕化肥,改善村级办公条件。

(尹效挺)

档案管理

【法制宣传】 开展《档案法》《宁夏档案工作条例》等法律法规宣传培训,于"6·9"档案日开展宣传1次,发放宣传资料600份。举办档案法治培训班2期,培训档案人员100人。组织代表队参加固原市纪念《档案法》颁布30周年电视知识竞赛活动,获得三等奖。以档案行政执法检查为抓手,建立档案执法监督检查工作机制,健全档案执法责任制,履行档案行政执法主体职能,加大依法治档力度,全年共开展档案执法检查2次,抽查30个行政、事业单位档案管理工作。

【档案业务】 完成上年度档案归档工作。指派业务骨干,对县委办、政府办、财政局等10个单位项目档案和文书档案整理进行指导,促进档案管理规范化。指导各乡镇、村委会及承担扶贫任务相关部门对精准扶贫、精准脱贫过程中形成的各类档案资料进行收集、整理,确保精准扶贫档案完整性和系统性。抓好社会主义新农村建设档案工作,指导乡镇完成婚姻档案及历年积存档案整理。参与全县重大建设项目档案指导、监督、检查和验收工作,对县行政中心危旧办公楼改造迁建工程、"十二五"生态移民工程、红河设施农业示范区等30个重点项目进行档案专项验收。

【资源建设】 新档案馆于8月正式建成并投入使用,年底前完成馆藏档案分类、上架、整理等工作。为社会各界提供档案资料利用服务,全年共接待查档700人次,调卷5000卷次。制定《彭阳县档案馆安全应急预案》,开展档案安全专项检查,落实人防、物防和技防措施,及时处置突发事件,保护档案安全。对乡镇、部门档案安全管理进行阶段性检查,督促其建章立制,并对干部职工进行安全知识和典型安全事故警示教育。征集有关历史、名人档案及国家领导人视察工作档案资料进馆,丰富馆藏,已进馆档案近2万卷。全年共征集民国档案1019

件,并进行整理、裱糊、解读等,建立电子档案,精选243份,编辑出版《彭阳民国档案资料选编》一书。

【队伍建设】 推进"两学一做"学习教育常态化制度化,执行周五学习制度,开展专题培训2次、支部书记上党课4次,提高档案管理人员政治素质。编印《专(兼)职档案人员培训资料》1000册,引导档案管理人员重点学习《中华人民共和国档案法》《宁夏回族自治区档案条例》《档案管理违法违纪行为处分规定》等档案法律法规。选派档案管理人员参加国家档案局、自治区和市档案局举办的各类业务培训班3人次。

【基层党组织建设】 落实"三会一课"制度和"自治区五个文件"精神,严格执行"八项规定"。定点帮扶草庙乡曹川村,制定《曹川村扶贫工作规划》,发挥"两个带头人"作用,增强群众"造血"能力,做到"真扶贫、扶真贫"。全年共培育农村党组织带头人5名、致富带头人4名,培育"5·30""3·20"养殖户65户,协调金融单位为10户贫困户贷款30万元,完成危房危窑改造1户,举办实用技术培训班1期,培训72人次,筹措资金1800元,帮助11户帮扶户购置化肥22袋。建立县档案局党支部与曹川村党支部结对联动抓党建工作机制,联合开展"不忘初心,走好新的长征路"主题党日活动,指导村"两委"对村级档案进行规范化整理。

(高小琴)

彭阳县人民代表大会

综　述

【人大常委会会议】 年内县人大召开人大常委会会议7次,即九届人大常委会第二次至八次会议。听取和审议"一府两院"工作报告15项并进行满意度测评,作出决定11项、决议5项,发出审议意见书11份。

九届人大常委会第二次会议 4月28日召开。会议听取和审议县人民政府关于全县"七五"普法启动实施情况、全县医药卫生体制改革工作情况、全县行政审批服务工作审议意见整改落实情况的报告;听取和审议县人大常委会检查组关于全县"七五"普法启动实施情况检查报告;听取和审议县人大常委会考察组关于赴省外和区内有关市县考察医药卫生体制改革工作情况的报告;审议县人民政府关于提请2016年政府债务限额的议案;审议通过县人大常委会关于批准2016年政府债务限额的决议(草案);审议县人民政府提请的人事任免议案,依法决定任命蒋筱宁为彭阳县人民政府副县长;审议县人民法院提请的人事任免议案,依法免去刘具文县人民法院执行局局长职务,王万宝县人民法院行政审判庭庭长职务,李峥嵘县人民法院审判监督庭庭长职务,王翠兰县人民法院审判委员会委员、民事审判庭第一庭长职务,王志宏县人民法院审判员、执行局执行一庭庭长职务,依法任命马海军为县人民法院立案庭庭长、刘具文为县人民法院行政审判庭庭长、王万宝为县人民法院审判监督庭庭长、李峥嵘为县人民法院执行局局长、海文为县人民法院民事审判庭第一庭长、宽富平为县人民法院草庙法庭庭长；审议县人民检察院提请的人事任免议案，依法免去杨真县人民检察院检察委员会委员职务，依法任命马清香为县人民检察院检察委员会委员。

九届人大常委会第三次会议 5月18日召开。会议审议通过县人大常委会关于接受白云鹏辞去县九届人大常委会委员职务的决定（草案）；审议县人大常委会党组关于人事任免的议案，依法免去张建治县人大常委会法制工作委员会主任职务，任命章建波为县人大常委会法制工作委员会主任、李龙为县人大常委会教育科学文化卫生工作委员会主任；审议县人民政府提请的人事任免议案，决定免去李龙县教育体育局局长职务、韩志琦县监察局局长职务、徐宏禧县司法局局长职务、刘世锋县农牧局局长职务、章建波县卫生和计划生育局局长职务、曹永昕县林业局局长职务、雅进坤县统计局局长职务、韩治军县安全生产监督管理局局长职务，依法决定任命韩星明为县教育体育局局长、王宏东为县监察局局长、曹永昕为县司法局局长、白云鹏为县农牧局局长、韩治军为县卫生和计划生育局局长、韩志琦为县林业和生态经济局局长、刘世锋为县安全生产监督管理局局长。

九届人大常委会第四次会议 6月30日召开。会议听取和审议县人民政府关于《宁夏回族自治区农村扶贫开发条例》贯彻执行及全县脱贫攻坚工作、农产品龙头企业培育及园区建设管理工作情况的报告；听取和审议县人大常委会调研组关于《宁夏回族自治区农村扶贫开发条例》贯彻执行及全县脱贫攻坚工作情况的调研报告和县人大常委会考察组关于外出学习农产品龙头企业培育及园区建设管理工作情况的考察报告；审议县人大常委会党组关于人事任免的议案，依法免去杨国儒县人大常委会办公室副主任职务、杨晓琴县人大常委会财政经济工作委员会副主任职务，任命曾焕荣为县人大常委会办公室副主任；审议县人民政府提请的人事任免议案，任命杨世福为县统计局局长；对全县脱贫攻坚工作进行专题询问。

九届人大常委会第五次会议 8月29日召开。会议听取和审议县人民政府关于2017年上半年国民经济和社会发展计划执行情况、2017年上半年财政预算执行情况、2016年度财政决算（草案）、2016年度财政预算执行和其他财政收支审计情况的报告；审查和批准2016年度财政决算；审议县人民政府关于提请调整2017年财政预算的议案；审议通过县人大常委会关于批准调整2017年财政预算的决议（草案）；审议县人民政府关于提请2017年政府债务限额的议案；审议通过县人大常委会关于批准2017年政府债务限额的决议（草案）；听取和审议县人民政府关于全县草畜产业发展情况的报告；听取和审议县人大常委会调研组关于全县草畜产业发展情况的调研报告；审议县人民法院提请的人事任免议案，免去赵憧未县人民法院行政审判庭副庭长职务、王月凤县人民法院民事审判第二庭副庭长职务、郑银花县人民法院审判监督庭副庭长职务，依法任命查安为县人民法院行政审判庭副庭长、曹海波为县人民法院民事审判第一庭副庭长、马淑嫒为县人民法院民事审判第二庭副庭长、杨志远为县人民法院草庙法庭副庭长、赵憧未为县人民法院执行局执行一庭庭长。

九届人大常委会第六次会议 10月31日召开。会议传达学习党的十九大精神；听取和审议县人民政府关于《〈宁夏回族自治区农村扶贫开发条例〉及全县脱贫攻坚工作的审议意见》整改落实情况、安全生产工作情况、棚户区改造和老旧小区改造提升工作情况的报告；听取和审议县人大常委会检查组关于《中华人民共和国安全生产法》贯彻实施情况的检查报告以及调研组关于棚户区改造和老旧小区改造提升工作情况的调查报告；审议通过关于接受白云鹏辞去县九届人民代表大会代表职务的决定（草案）、关于接受郭勇辞去县九届人民代表大会代表和常务委员会委员职务的决定（草案）、关于接受贺诚辞去县九届人民代表大会代表和常务委员会委员职务的决定（草案）、关于接受李军辞去县九届人民代表大会代表和常务委员会委员职务的决定（草案）、关于接受罗金彩辞去县九届人民代表大会代表和常务委员会委员职务的决定（草案）、关于接受时建武辞去县九届人民代表大会代表和常务委员会委员职务的决定（草案）、关于接受王志成辞去县九届人民代表大会代表和常务委员会委员职务的决定（草案）、关于接受杨昌基辞去县九届人民代表大会代表和常务委员会委员职务的决定（草案）、关于接受张建治辞去县九届人民代表大会代表和常务委员会委员职务的决定（草案）；审议县人大常委会党组关于人事任免的议案，免去虎地县人大常委会财经工作委员会主任职务，依法任命李伟为县人大常委会财经工作委员会主任；审议县人民政府提请的人事任免议案，免去陈宗惠县交通运输局局长职务、李伟县扶贫开发办公室主任职务、杨如芝县国土资源局局长职务，依法决定任命杨昌基为县交通运输局局长、陈宗惠为县扶贫开发办公室主任、吴毅为县城市管理综合执法局局长、王志成为县国土资源局局长。

九届人大常委会第七次会议 12月19日召开。会议听取和审议县人民政府关于县九届人大一次会议代表议案建议办理情况的报告；听取和审议县人民法院关于民商事审判工作情况的报告；听取和审议县人民检察院关于反贪污贿赂工作情况的报告；审议县人民政府关于提请调整2017年财政预算的议案；审议通过县人大常委会关于批准调整2017年度财政预算的决议（草案）、县人大常委会关于召开彭阳县第九届人民代表大会第二次会议的决定（草案）以及关于县九届人大一次会议以来代表变动及补选代表资格审查情况的报告（草案）；审议县人大常委会工作报告（审议稿）；审议通过县九届人大二次会议的有关事宜；补选固原市第四届人民代表大会代表。

九届人大常委会第八次会议 12月24日召开。会议审议通过县人大常委会2018年工作要点；审议县监察委员会提请的人事任免议案，依法任命王宏东、虎佑峰为彭阳县监察委员会副主任，韩东、马峰、马存林、王凤海为彭阳县监察委员会委员。

【决定决议】 年内，县人大作出决定11项、决议5项（《关于接受白云鹏辞去县九届人大常委会委员职务的决定》《关于接受白云鹏辞去县九届人民代表大会代表职务的决定》《关于接受郭勇辞去县九届人民代表大会代表和常务委员会委员职务的决定》《关于接受贺诚辞去县九届人民代表大会代表和常务委员会委员职务的决定》《关于接受李军辞去县九届人民代表大会代表和常务委员会委员职务的决定》《关于接受罗金彩辞去县九届人民代表大会代表和常务委员会委员职务的决定》《关于接受时建武辞去县九届人民代表大会代表和常务委员会委员职务的决定》《关于接受王志成辞去县九届人民代表大会代表和常务委员会委员职务的决定》《关于接受杨昌基辞去县九届人民代表大会代表和常务委员会委员职务的决定》《关于接受张建治辞去县九届人民代表大会代表和常务委员会委员职务的决定》《关于召开彭阳县第九届人民代表大会第二次会议的决定》《关于批准调整2017年财政预算的决议》《关于批准2016年政府债务限额的决议》《关于批准2017年政府债务限额的决议》《关于批准2016年度财政决算的决议》《关于批准调整2017年财政预算的决议》）。

【人事任免】 贯彻党管干部和人大依法任免相统一原则，坚持依法提请、供职报告、审议表决、颁发任命书、任职宣誓等制度，按照法定程序把县委推荐的想干事、能干事、会干事的优秀干部人选，任命为国家机关工作人员。严把任后监督关，通过听取审议专项工作报告、开展执法检查和视察调研等形式，了解掌握任命干部履职情况，督促任命干部依法履职、勤政为民。年内共依法选举任命县人大常委会工作委员会主任3名，免职3名，依法任命县人大常委会办公室副主任1名，免职1名；接受9名人大常委会委员辞去彭阳县第九届人民代表大会代表和常务委员会委员职务的请求；决定任命政府组成人员13名，免职11名；任命监察委员会副主任2名、委员4名，任命法院庭长、局长11名，免职8名，任命检察院检察委员会委员1名，免职1名。组织县九届人大常委会会议决定任命的县人民政府副县长、政府职能部门负责人；县人大常委会工作委员会主任；监察委员会副主任、委员；县人民法院庭长、执行局局长；县人民检察院检察委员会委员、检察员共35人向宪法庄严宣誓。

【议案办理】 县九届人大一次会议期间，共立代表议案12件、建议42件。常委会坚持把代表议案、建议办理作为为群众办实事、办好事的主要途径。人代会结束后，及时将代表提出的议案、建议转交县人民政府办理。为确保人大议案办理质量和水平，在督促检查、专门听取工作报告基础上，将人大议案办理经费纳入年度财政预算，提高办结率和代表满意率，激发代表为民代言热情。2017年代表提出的12件议案全部办结，49件建议办理率达80%以上。

【法制讲座】 2017年共举办法制讲座3期，邀请自治区人大常委会农业与农村工作委员会主任及政府相关工作部门单位主要负责人，辅导学习《中华人民共和国地方各级人民代表大会常务委员会监督法》《中华人民共和国安全生产法》《宁夏回族自治区农村扶贫开发条例》，参学人员达300人次。

【专题询问】　按照《彭阳县人民代表大会常务委员会专题询问办法》，开展全县脱贫攻坚工作专题询问，并利用政府网站、县有线电视台等新闻媒体，对询问全程报道并播放。

【工作指导】　指导乡镇人大主席团将本辖区的区、市、县、乡代表混合组建代表小组94个，开展经常性代表活动。常委会领导实行分片联系乡镇人大工作制度，深入乡镇指导工作。组织乡镇人大相互观摩学习，交流经验，总结工作。制定《乡镇人大工作考核办法》，对乡镇人大考核表彰。加强阵地建设，规范提升12个乡镇"人大代表之家"和36个代表小组活动室。提高县乡人大代表活动经费和乡镇人大工作经费，为乡镇人大开展工作和代表履职活动提供经费保障。开展"三联五创五带头"和"六个一"活动，推进乡镇人大工作水平整体提升。

（雷霆）

专委工作

【机关服务】　完成自治区十二届人大一次人代会、固原市四届人大二次人代会、县九届人大二次人代会和7次常委会会议、12次主任会议等会议的组织协调及会务服务等工作，保证人大常委会工作依法、有序、高效开展。开展调查研究，开展全县"七五普法"启动实施、脱贫攻坚、草畜产业发展、安全生产、棚户区改造及老旧小区改造提升等方面的调研和执法检查，撰写调研、视察、检查报告7篇，为常委会会议审议专项工作报告、科学作出决议决定提供重要参考依据。

【财政经济工作】　加强对计划执行、预算决算监督，强化预算执行审计报告审议意见整改落实情况跟踪督查，提高预算执行的严肃性和约束力。听取和审议县人民政府关于2017年上半年国民经济和社会发展计划、财政预算执行和2016年度财政决算等工作报告4项，审查并批准2016年度县本级财政决算，并以《新预算法》贯彻落实为抓手，开展对政府全口径预决算审查监督，提升公共财政使用效率。通过审议意见的形式，提出建议13条，作出调整预算等相关决议。

【法制工作】　开展《安全生产法》《宁夏回族自治区农村扶贫开发条例》等法律法规贯彻实施情况执法检查，促进法律法规有效实施。强化普法教育，推进法治建设，组织人员对"七五"普法启动实施情况进行调研，形成专题调研报告，为县委、政府及"两院"推进法治建设提出建议意见。

【教科文卫工作】　对全县医药卫生体制改革工作开展调研，组织部分人大代表赴福建、贵州、陕西等地考察，听取和审议政府关于全县医药卫生体制改革工作情况报告。

【代表联络】　坚持为代表征订《宁夏人大》《中国人大》等报纸杂志，组织代表外出培训学习，扩大代表列席常委会会议、参加专题视察和执法检查覆盖面，及时向代表通报全县经济社会发展情况和常委会工作动态，拓宽代表知情知政渠道。开展"三联五创五带头""六个一"活动，对各乡镇"代表之家""代表活动室"建设及代表活动开展情况进行2次检查，常委会领导带头深入基层开展"双联"活动，指导乡镇开展代表活动和代表向选民述职工作，丰富代表闭会期间活动，激发代表履职热情。

（雷霈）

彭阳县人民政府

综　述

【发展指标】　全年实现地区生产总值49.95亿元，增长8.8%；地方公共财政预算收入2.40亿元，同口径增长19.6%；全社会固定资产投资67.5亿元，增长13.3%；社会消费品零售总额8.74亿元，增长10.1%；城镇居民人均可支配收入23345.04元，增长8.0%；农村居民人均可支配收入8790.11元，增长11.8%。全县经济社会发展呈现稳中有进的良好局面。

【精准扶贫】　把产业发展作为脱贫富民根本，全年发放产业奖补资金7326万元，扶贫贷款3.13亿元，扶持建档立卡户发展致富产业，产业到户率和贷款覆盖面分别达91%和97%。推行"扶贫保"，受益群众17625户，贫困人口家庭意外伤害保险和大病补充医疗保险实现全覆盖，贫困群众抵御风险能力提升。加强农村基础设施建设，整合涉农资金7.86亿元，实施整村推进项目58个，新修村组道路777.1千米，行政村道路通畅率和通客车率均达到100%。完成自来水入户5302户，入户率达94%；改造农村电网8651户；建成县内移民安置点13个、安置房1278套，完成易地扶贫搬迁1684户5892人；改造危房危窑1988户，完成总任务25955户的91%，改善农村人居环境3208户，贫困群众生产生活条件明显提升。强化"四级包抓"责任制，完善社会帮扶体系，全年落实社会帮扶资金1.3亿元。深化中央单位定点帮扶和闽宁协作，争取扶贫资金1660万元，打造闽宁扶贫示范村4个，闽宁彭阳信息扶贫产业园正式落地。完成建档立卡户培训8198人次，培育"两个带头人"600人，表彰脱贫典型689人，激发贫困群众内生动力。通过国家2016年易地扶贫搬迁工作成效考核和自治区第三方评估，贫困发生率由9.6%降低至4.1%。

【农业发展】　以主导产业和地方特色产业为主攻方向，新建千亩紫花苜蓿示范点5个1.2万亩，种植优质牧草12万亩，打造肉牛万头养殖示范乡镇2个、千头养殖示范村4个，带动发展"5·30"养殖户1.5万户，全县畜禽饲养总量突破230万个羊单位，建成红河现代农业产业园，改造提升日光温室350栋，种植蔬菜12.5万亩；新建扩建林下养殖点12个，发展优质经果林3万亩，种植万寿菊和中药材7.5万亩，养殖中华蜂9100箱，红梅杏、朝那鸡获批国家地理标志保护产品，特色产业提供农民人均纯收入2300元以上。

【二、三产业】　王洼煤矿600万吨改扩建项目完工，新打油井15口，全年生产原煤680万吨、原油13.7万吨；县城工业园区基础设施配套工程稳步推进，新入园企业5家，新增规上企业2家，培育"专精特新"企业5家、示范企业1家；全年完成工业增加值9.4亿元，增长12.9%。建成彭阳县农村电商公共服务中心、物流仓储配送中心、电商孵化园和96个乡村电商服务站，培育电商企业5家，物流企业3家。开工新建浙商国际、利民广场、财富广场商业综合体，打造创业孵化园1个，入驻各类创业主体200家。加快茹河瀑布、金鸡坪梯田公园等核心景区开发建设，完善旅游基础设施，提升全域旅游接待能力，全年共接待游客52万人次，实现旅游业总收入3.14亿元。被评为全国2017年"最美中国生态、自然旅游城市"和"文化魅力、特色魅力旅游城市"。

【城乡建设】 编制完成12个乡镇总体规划、8个行业规划，划定城市"四线"，实现城乡规划全覆盖。实施城市重要节点、重点区域亮化美化绿化工程，建设停车场3个，新改扩建城市道路16条11.4千米，改造棚户区439户。推进3个美丽小城镇项目建设，建成6个美丽村庄，城镇功能日趋完善，城镇化率达32.9%。强化城市管理综合执法，推行精细化管理，国家卫生县城通过复审。

【基础建设】 全年开工建设重点项目76个，落实招商引资项目29个。治理小流域9条80平方千米，完成造林绿化28.3万亩，全县森林覆盖率提高到27.5%。深化政府和社会资本合作，实施美丽茹河PPP项目。G327县城至沟圈段改扩建工程建成通车，夏山庄至王洼南街、刘高庄经红河至城阳杨坪一期公路开工建设。实施高效节水工程2个，加固病险水库、骨干坝6座，新增灌溉面积2000亩，新修高标准基本农田3.58万亩。新建改造4G基站94个，完成82个行政村、591个自然村宽带进村工程，行政村宽带网络实现全覆盖，20户以上自然村光纤户户通覆盖率达95%。

【民生事业】 办结区、市、县民生实事，提高民生支出，占财政支出的89%。落实教育惠民政策，实现农村学生教育扶贫政策全覆盖，义务教育基本均衡发展通过国家验收，荣获全国阳光校餐示范县。开工建设悦龙新区全民健身中心和雷河滩体育公园，成功创建全国基本公共体育服务体系示范县，获得全国2013—2016年度群众体育先进单位称号。完成博物馆布展和图书馆标准化配套，开工建设县文化馆，创建县级以上文化大院14个，建成村综合文化服务中心144个，在全区率先实现行政村综合文化服务中心全覆盖。推行医联体、医共体模式，完善三级诊疗服务体系，家庭医生签约率达41.4%；新建标准化村卫生室55个，改扩建县中医院、妇计中心、疾控中心综合业务楼，医疗卫生硬件设施和服务水平实现"双提升"。发放创业贷款7558万元，实施劳动力素质提升培训14313人，鉴定12452人，转移劳动力5.8万人，创收10.9亿元。新增城镇就业1612人，购买公益性岗位2454个，城镇登记失业率控制在4.0%以内，"双创"工作持续推进。县综合福利服务中心、红河敬老院投入使用,建成县城老年活动中心、儿童福利院、城阳敬老院,新建标准化农村社区服务站17个,服务城乡居民能力提升。

【社会治理】 整合人防技防资源,推行"一村(社区)一警+警务助理"和"微信平安树"治理模式,集中开展禁毒、网络诈骗等专项整治行动,推进平安彭阳建设。打造民族团结进步示范点119个,全国民族团结进步示范县创建通过国家第三方评估验收。落实县级领导坐班接访和包抓重点信访案件长效机制,健全社会矛盾纠纷多元化解机制,推行"听证办访"和""网办信访",全年办结信访案件152件,办结率达到100%。开展矛盾纠纷大排查、大调处活动,化解各类矛盾纠纷3495件,化解率达99.4%,维护党的十九大期间安全稳定,荣获全国信访系统先进集体,信访维稳工作成效明显。落实安全生产重大隐患分级治理机制,加强风险控制和隐患排查治理信息系统建设,推行企业安全生产托管帮扶和"三位一体"安全监管模式,安全生产形势持续平稳。推进国防动员和民兵预备役建设,工青妇等群团组织纽带作用发挥,荣获全国维护妇女儿童权益先进集体。

【深化改革】 推进农村"三权分置"改革,启动农村宅基地使用权和房屋所有权确权登记颁证工作,建成农村产权流转服务中心,开展农村集体资产股份权能和土地股份制改革试点,推行"村集体+企业+合作社+农户"模式,完成土地抵押贷款171笔606万元,荣获全国农村集体"三资"管理示范县和全区农村承包地确权登记颁证工作一等奖。完成国有林场改革,荣获全国集体林权制度改革先进集体。持续简政放权,清理审批许可事项,保留行政许可事项183项、行政职权2705项,非行政许可事项全部"清零"。推广"不见面、马上办"审批和"代办制"服务模式,推行"五证合一"和"一证一税"联办,214项审批服务事项办理实现线上线下"双线"运行,办理时限压缩57%、申报材料减少26%。成立彭阳县社会保险事业管理局,实现"五险合一"统一经办。推进城市管理体制改革,成立城市管理综合执法局,实现城市管理行政处罚权集中行使。推进水资源管理体制改革,"移动互联网+人饮"管理模式在全区推广。深化供销社综合改革,创立"223"农业社会化服务新模式,荣获全国供销社综合改革试点工作先进单位。

【自身建设】 推进自治区级法治政府示范县建设,落实党风廉政建设"两个主体"责任,认真履行"一岗双责"。深化廉政风险防控,扎紧制度笼子,强化对公共资源交易、政府投资项目、扶贫资金等重点领域和环节的审计监督,深化涉农惠农资金专项整治,查处各种违纪违法行为,营造风清气正政治生态。加强执法监察、行政效能监察和审计监督,深化政务公开,开展政风行风评议,政府行政效能提升。推进国防动员和民兵预备役建设工作,工青妇等群团组织的桥梁纽带作用得到发挥,荣获全国维护妇女儿童权益先进集体。

(张治军)

政府办工作

【政务服务】 关注经济社会发展中的重、难、热点问题，开展调查研究，提出建设性意见和建议。组织各类调研100次，形成调研信息10篇，为县委、政府领导科学合理决策提供依据。建立信息报送激励机制，全年报送信息380篇，自治区政务信息快报采用10篇，门户网站采用130篇。统筹起草综合文稿，准确把握领导意图，深入研究讨论，提升文稿的思想性、针对性、指导性。树立精品意识，提高文字综合质量，完成政府工作报告等重要文稿200篇。

【应急管理】 修订完善15个部门（单位）29项专项应急预案，制定突发事件总体应急预案，建立完善突发事件应急预案体系。建立县、乡、村三级应急救援队伍，配齐专业应急救援队伍14个，队员1000人。强化信息传输和发布通道建设，建立防汛、地质灾害预警等13个专项信息发布平台。坚持24小时值班、领导带班制度，明确突发事件信息报告员，在重点区域、行业设立安全员，做到应急信息及时上报、应急突发事件及时处置。

【政务公开】 围绕基层政务公开标准化规范化试点单位建设，在扶贫救灾、征地补偿、保障性住房等13项领域，推进政务公开工作。印发《彭阳县2017年政务公开工作要点》《彭阳县全面推进政务公开若干重点工作实施方案》《彭阳县人民政府办公室关于在政务公开工作中进一步做好政务舆情回应的通知》等文件，严把政务公开工作保密定密、审批审核等环节，规范政务公开工作。发挥政府网站政务公开第一平台作用，增设政务动态、议案提案、政策解读等专栏，向社会重点公开2017年财政预决算、重大项目、安全生产、义务教育、扶贫脱贫、涉农补贴等各领域政务信息1100条。

【督查督办】 制定全年督查工作要点，将区、市决策部署落实、县委、政府中心工作推进，人大代表建议和政协委员提案办理，政府常务会议和县长专题会议决定事项等作为督促检查落实的重点，以重点问题突破带动全县各项工作开展。办结12件人大代表议案、4件政协委员建议案、42件人大代表建议和67件政协委员提案办理情况良好，自治区、市决策部署以及重要会议议定事项等得到落实。

【社会帮扶】 组织帮扶干部职工定期进村入户，开展孟塬乡建档立卡贫困户定点帮扶工作，宣传党和政府的扶贫政策，帮助制订产业发展计划，帮助选好发展项目，争取资金支持，实现稳定增收。向红河镇徐塬村派驻第一书记1名，争取各类项目资金140万元，成立全国首家闽宁协作村集体农业综合开发服务中心——彭阳县思彭农业综合开发服务中心，带动全村群众年人均增收500元以上，带动建档立卡贫困户年人均增收2000元以上，村集体年收益10万元以上。打造村集体经济示范样板，把有限的"输血"变成无限循环的"造血"，实现贫困户稳定增收与村集体经济逐步壮大"双赢"目标。

【学习教育】 制定办公室学习规划，坚持每月集中学习一次，不定期自学。组织学习党的十九大和自治区第十二次党代会精神，学习领会习近平新时代中国特色社会主义思想，学习党的基本理论和中央、区、市新出台的方针政策，坚定理想信念，提升政策理论水平。开展"6+X"主题党日活动，按照规定动作不变样，自选动作有特色，完成各项活动任务。加强学习公文写作、法律及经济管理等业务知识，更新知识结构，提高适应办公室工作的各项基本能力。举办全县办公室人员培训、政务公开培训班和法治政府建设讲座，同时，严格执行办错文反馈、会议回访制度，提高全县办公室工作水平。

【自身建设】 抓好制度建设、队伍建设和作风建设，增强办公室凝聚力和战斗力。领导班子分工协作、紧密配合。注重新党员和入党积极分子培养，新发展预备党员2人、入党积极分子1人。狠抓廉洁自律，执行中央"八项规定"及自治区、市若干规定，做到警钟长鸣、防微杜渐。定期开展党风廉政宣传教育和廉政文化创建活动，发挥好典型案例教育引导作用。

（张治军）

机关事务管理

【公务接待】 贯彻落实中央"八项规定"和《党政机关国内公务接待管理规定》，坚持热情服务与勤俭节约办事相结合，厉行勤俭节约，做好公务接待工作，完成国务院到彭阳调研精准扶贫工作、全国文联到彭阳演出、"韩红爱心·百人援宁"大型医疗义诊活动等接待工作，全年接待114批次，无超标准接待现象。

【公共机构节能】 紧抓节约型机关建设，加强能源统计数据审核查实工作，确保能耗统计数据及时准确、真实可靠。加强业务培训，在县职业中学组织开展公共机构能源资源消费统计培训，全县各单位统计员共200人参加。加大节能宣传，以墙报、横幅、宣传栏为载体，倡导机关单位和干部职工树立节能降耗意识。

【公车管理】 按照全县公车改革方案，改革后除封存拍卖车辆50辆及原单位保留车辆162辆外，剩余公务用车51辆，其中交由机关事务管理局平台车辆9辆，且全年运行正常。完成所有公车标志化工作，为51辆公车统一喷涂"公务用车"标志，为49辆公车安装车载系统，完成36个单位申请车辆软件建设。

【后勤服务】 加强机关食堂管理，加大环境卫生、用餐及服务质量监管力度，修订卫生责任制，实行一日一检查、一月一评比。成立机关食堂二级核算监督领导小组，确保机关食堂做到管理严格规范、运行公开透明、服务贴心高效。对行政中心硬件设备分片包干，责任到人，定期检查，对各单位反映的设施、设备方面问题，跟踪督办。精心做好会议服务工作，加强会议服务人员业务培训和素质教育，全年共提供大小会务服务120场次，均做到零差错。强化安全管理，狠抓安全防范,完善物业管理相关制度,实行保安人员及监控室二十四小时值班制度。

【办公用房清理】 加强党政机关办公用房管理,推进节约型机关建设。年内,完成全县73个党政机关、事业单位和人民团体、垂直管理单位、派出机构办公用房清查(不含中小学校和医院、卫生院),涉及编制2518人,办公总建筑面积108328.5平方米,其中办公用房面积28416.53平方米,人均办公用房使用面积11.28平方米。经清理整顿,全县各单位均无超标配备办公用房和出租出借办公用房情况。

(闫文婧)

中国人民政治协商会议彭阳县委员会

综 述

【全体委员会议】 九届二次会议 12月20日至23日,在县文化影剧院礼堂召开,会议应到委员170人,实到158人。县政协主席冶三奎主持开幕大会,会议听取县政协副主席李廷枢向大会所作的彭阳县政协第九届委员会常务委员会工作报告和县政协副主席杨志让所作的彭阳县政协第九届委员会常务委员会关于九届一次以后提案工作情况的报告,县委书记赵晓东到会祝贺并做讲话。会议补选副主席1名、常务委员2名。闭幕大会由冶三奎主持并总结讲话,会议通过政协彭阳县委员会2018年度协商计划、政协彭阳县第九届委员会第二次会议提案审查委员会关于提案审查情况的报告和政协彭阳县第九届委员会第二次会议决议,会议收到提案116件,审查立案100件。与会委员列席县第九届人民代表大会第二次会议,听取并讨论政府工作报告、法院工作报告和检察院工作报告。

【常务委员会会议】 年内召开常务委员会会议7次,即九届二次至八次常务委员会会议。

第二次会议 3月31日,在行政中心417会议室召开。会议应到29人,实到29人。县政协主席冶三奎主持会议。会议传达学习中共中央办公厅《关于加强和改进人民政协民主监督工作的意见》和固原市政协四届一次常委会议材料《全国政协十二届五次会议精神传达提纲》,听取5名常务委员围绕"贯彻落实全国两会精神""加强和改进人民政协民主监督"为主题的交流发言。

第三次会议 6月30日,在行政中心417会议室召开。会议应到29人,实到25人。县政协主席冶三奎主持会议。县人民政府副县长何少庸和县委组织部、县农牧局负责人列席会议。会议传达学习中共宁夏回族自治区第十二次代表大会精神,听取副县长何少庸关于全县上半年经济运行情况的通报;审议《关于全县草畜产业发展情况的调研报告》等。

第四次会议 10月26日,在行政中心417会议室召开。会议应到29人,实到27人。县政协主席冶三奎主持会议。县人民政府副县长沙广学和县委组织部、县文广局、卫计局、教体局负责人列席会议。会议传达学习中国共产党第十九次全国代表大会和中共固原市委四届二次全会精神；听取全县卫生计生、教育教学、全域旅游工作情况通报；审议通过《关于全县卫生计生工作调研视察情况的报告》《关于赴山东、浙江学习考察教育教学工作情况的报告》《关于赴浙江、江西学习考察全域旅游工作情况的报告》和人事任免事项。

  第五次会议　12月19日，在行政中心417会议室召开。会议应到29人，实到27人。县政协主席冶三奎主持会议。县委组织部、统战部、县人民法院、检察院、政府办、建环局负责人列席会议。会议听取县人民政府关于2017年全县经济运行、县人民政府关于政协九届一次会议以后提案办理、县人民法院2017年主要工作、县人民检察院2017年主要工作、县建环局关于全县环境污染治理工作等情况通报；审议《2018年度协商计划》；审议通过县政协《关于全县环境污染治理情况的调研报告》《政协彭阳县第九届委员会常务委员会工作报告》《政协彭阳县第九届委员会常务委员会关于九届一次会议以来提案工作情况的报告》；表决增补县政协九届委员会2名委员事项；审议通过政协彭阳县第九届委员会第二次会议议程、日程及会议相关建议名单（草案）。

  第六次会议　12月21日，在行政中心417会议室召开。会议应到27人，实到27人。县政协主席冶三奎主持会议。会议听取政协彭阳县九届委员会第二次会议各组召集人关于讨论情况的汇报；听取关于补选政协彭阳县第九届委员会副主席、常务委员候选人建议名单的说明；审议政协彭阳县第九届委员会第二次会议选举办法（草案），政协彭阳县第九届委员会副主席、常务委员候选人建议名单（草案），同意提交小组讨论。

  第七次会议　12月22日，在行政中心417会议室召开。会议应到27人，实到27人。县政协主席冶三奎主持会议。会议听取政协彭阳县第九届委员会第二次会议各组召集人关于讨论情况的汇报；通过政协彭阳县第九届委员会第二次会议选举办法（草案），政协彭阳县第九届委员会副主席、常务委员候选人建议名单（草案）；审议通过政协彭阳县第九届委员会第二次会议总监票人、监票人建议名单（草案），政协2018年度协商计划（草案），政协彭阳县第九届委员会第二次会议决议（草案），政协彭阳县第九届委员会第二次会议提案审查委员会关于提案审查情况的报告（草案）。

  第八次会议　12月23日，在县文化影剧院303会议室举行，会议应到27人，实到27人。县政协主席冶三奎主持会议。会议听取政协彭阳县第九届委员会副主席、常务委员选举计票结果。

  【**重要文献**】　九届二次会议常委会工作报告（2017年12月21日摘要）　2017年，彭阳县政协常委会坚持县委、政府的决策部署到哪里，政协的工作重心就跟进到哪里，扎实开展协商议政、专题调研、视察考察活动，在服务发展上献计出力。坚持把促进民生改善作为履职的出发点和落脚点，统筹提案办理经费，支持重点提案办理。发挥调研督导、考核督导和民主监督职能，在脱贫攻坚、环境治理等重点难点工作上献计出力。开展领导干部下基层调研活动,指导全国民族团结进步示范县创建工作,配合区、市政协调研视察,挖掘地方特色文化,编发《参政议政要报》,搜集整理文史资料。建立委员履职档案,组织开展"五个一"和"调研月"活动,引导委员深入了解社情民意,知情明政。修订《政协彭阳县委员会全体会议工作规则》等制度,规范履职行为。加强机关党建和党风廉政建设,靠实"两个责任",落实"4+1"责任清单,提高机关服务能力。

县委书记赵晓东在九届二次会议开幕大会上的讲话(2017年12月21日)(摘要) 2017年,县政协聚焦全县改革发展稳定大局,从脱贫攻坚等16个方面提出意见建议116条,其中50多条意见建议被相关部门采纳,为推进彭阳经济社会持续健康发展作出了重要贡献。2018年是贯彻党的十九大精神的开局之年,是改革开放40周年和自治区成立60周年,是决胜全面建成小康社会、实施"十三五"规划承上启下的关键一年。县政协和广大政协委员要切实把思想和行动统一到县委、政府的决策部署上来,建真言、谋良策、出实招,一要筑牢共同思想基础,在提高政治站位上旗帜鲜明。要深入学习贯彻党的十九大精神和习近平新时代中国特色社会主义思想,按照县委八届二次全会确定的2018年全县工作总体要求,坚定走产业强、人民富、环境美的发展新路,在创建西部地区绿色发展示范县、全国脱贫攻坚示范县、全国生态文明示范县和巩固全国民族团结进步示范县创建成果上作出积极贡献,共同把"彭阳回答"付诸"彭阳实践"。二要紧扣中心服务大局,在推进改革发展上献计出力。要紧扣改革发展这个中心和脱贫攻坚这个重点,始终做到县委想什么、政协就议什么,政府干什么、政协就帮什么,群众关心的热点是什么、政协就如实反映什么,凝聚起推动改革发展、决战脱贫攻坚的磅礴力量。围绕"六个突出抓好""四个着力推进",深入开展调查研究和督导视察,做到参政参在点子上、议政议在关键处,为全县经济社会持续健康发展提供强大的智力支撑。三要不忘初心践行宗旨,在服务人民群众上有新作为。牢固树立"人民政协为人民"的理念和"万家忧乐到心头"的情怀,从与群众利益密切相关的问题着手,提出"精品"提案,协助县委、政府把民生实事办实、好事办好。四要坚持团结民主主题,在营造和谐稳定上汇智聚力。要把协商民主贯穿履职全过程,开展专题协商、对口协商、界别协商、提案办理协商,提高协商实效。要协助县委做好党派、民族、宗教等工作。五要改进作风提升能力,在加强自身建设上有新成效。要加强机关作风建设,扎实开展干部作风转变年活动,全面落实《中共中央政治局贯彻落实中央八项规定的实施细则》精神,特别是要结合民风建设,弘扬近年来彭阳人在脱贫攻坚工作中展现出的"点点滴滴、扎扎实实、默默无闻、久久为功"的优秀品质、务实作风和良好风貌,进一步赋予新时代"彭阳精神"新内涵,让"说起彭阳感到自豪、住在彭阳感到骄傲、做一名彭阳人光荣"成为全县人民的一致共识。

县政协主席冶三奎在九届二次闭幕大会上的讲话(2017年12月23日)(摘要)

政协彭阳县第九届委员会第二次会议,在中共彭阳县委的坚强领导下,顺利完成各项议程。全体政协委员就必须坚持以中共十九大精神为指引,把学习、领会、落实十九大精神作为首要政治任务。要在学懂上下功夫,真正理解和把握"有事好商量,众人的事情由众人商量"这个人民民主的真谛,推动协商民主广泛、多层、制度化发展。要在弄通上出实招,学习十九大精神,要融会贯通和准确理解决胜全面建成小康社会、推进"五大建设"、实施"七大战略"和打好"三大攻坚战"的战略任务,与区、市、县会议精神紧密结合起来,把协商民主贯穿于履职全过程。要在做实上鼓干劲,全体政协委员,不论身处哪个行业、还是从事什么工作,都要牢记"中华民族伟大复兴,绝不是轻轻松松、敲锣打鼓就能实现的"和"撸起袖子加油干""社会主义是干出来的"伟大号召,踏实做人,勤劳苦干,扎扎实实,久久为功,就会真正地把十九大描绘的美好蓝图,由"彭阳回答"付诸"彭阳实践"。

【常委及委员变动】

常委辞职名单　朱建鹏　杨正海(2017年12月19日县政协九届五次常委会议通过)

委员辞职名单　刘彩琴　郭　鹏(2017年6月30日县政协九届三次常委会议通过)

常委补选名单　余在德　海向刚(2017年12月23日县政协九届二次全体委员会议)

委员增补名单　韩淑兰　王克昕(2017年12月19日县政协九届五次常委会议通过)

(朱建军)

专委工作及调研考察活动

【专委工作】　提案经济委员会　统筹提案办理经费600万元,重点解决公益性岗位安置劳务移民、县城路灯数字化控制等17件民生实事。坚持分管副主席带队督办、委员视察督办、提案委跟踪督办制度,完成九届一次会议提案91件,提案办复率100%。组织开展草畜产业发展情况专题调研,协商提出"主导养牛,适度规模经营"等建议4条。开展环境污染治理调研,从"加强污染治理,切实解决生态环境突出问题"等3个方面建言献策,帮助部门找准问题,推进治理工作。

文史学习委员会　在全市率先建立政协网站并上线运行。编发《参政议政要报》4期,印发工作信息28期,其中11篇被人民政协网、《华兴时报》、自治区政协《社情民意》采用。挖掘地方特色文化,搜集整理《清末来过彭阳的克拉克探险队》《徐锡龄同志谈固北县委和固原县委》等文史资料4万字,发挥"存史、资政、团结、育人"重要作用。

科教文卫体委员会　牵头开展卫生计生、教育教学、全域旅游工作考察。通过视察卫计工作,查找指出在医疗基础设施、人才队伍和管理方面的问题和不足,为推动彭阳县综合医改、医疗服务质量提升发挥积极作用。组织考察山东省潍坊市奎文区、浙江省杭州市拱墅区等地先进办学理念和经验,考察浙江省湖州市安吉县、江西省井冈山市等地在绿色发展、旅游增收方面的"真经",为县委、政府提高教育教学质量,发展全域旅游提出合理化建议。

民族宗教法制工青妇委员会 围绕争创"全国民族团结进步示范县"工作，组织委员深入重点乡镇和县直部门开展调研，面对面找问题提建议，指导创建工作。定期联系协调政协主席和副主席到清真寺走访慰问，与宗教人士座谈交流，了解实际情况，解决矛盾问题。发挥12个委员基层联系点平台作用，宣传党的民族宗教政策，维护民族团结稳定，为成功创建"全国民族团结进步示范县"主动作为。

【重要活动】 **全国政协视察调研** 7月4日至6日，全国政协副主席、中国宋庆龄基金会主席王家瑞一行到彭阳县调研脱贫攻坚及宋基会项目实施情况。自治区政协副主席张乐琴，固原市市长马汉成、政协主席马玉芳及彭阳县县委书记赵晓东、县长刘启冬、政协主席冶三奎陪同调研。

自治区政协视察调研 4月26日，自治区政协副主席蔡国英一行到彭阳县视察调研全域旅游工作。县委书记赵晓东、政协主席冶三奎、副县长朱红社等陪同。7月6日，自治区政协副秘书长、民进宁夏区委会副主委杨立华一行到彭阳县调研精准扶贫工作。县政协主席冶三奎、副主席杨志让陪同调研。

固原市政协调研 4月12日，固原市政协主席马玉芳一行到彭阳县调研政协工作。县政协主席冶三奎、副主席杨志让陪同调研。8月17日，市政协副主席杨自平一行到彭阳县调研美丽乡村建设。县政协主席冶三奎、副县长朱红社等陪同调研。9月14日，市政协主席马玉芳一行到彭阳县调研茹河流域综合治理。县政协主席冶三奎、副县长马英等陪同调研。9月20日，市政协副主席王政权一行到彭阳县视察工业园区改造升级工作。县政协副主席李廷枢、县长助理连一洲陪同调研。11月2日，市政协副主席呼延俊杰一行到彭阳县视察重点项目建设情况。副县长何少庸、县政协副主席李廷枢等陪同。

同级政协考察交流 6月14日，甘肃省庆阳市镇原县政协副主席王勤劳一行到彭阳县考察学习文史工作。7月27日，泾源县政协主席胡秀德一行到彭阳县考察交流全域旅游建设和政协工作。8月2日，原州区政协主席何锟一行到彭阳县考察学习生态环境建设工作。

委员调研视察考察 5月17—19日，县政协组织部分委员深入全县10个乡镇20个调研点，调研全县草畜产业发展情况；7月30日至8月28日，县政协对全县卫生计生工作调研视察；9月10—17日，县政协组织部分委员赴山东省烟台市芝罘区、潍坊市奎文区、临沂市河东区和浙江省杭州市拱墅区实地学习考察教育教学工作；9月20—27日，县政协委员赴浙江省湖州市安吉县、宁波市宁海县、江西省南昌市青云谱区、吉安市井冈山市学习考察全域旅游；10月24—25日，县政协组织部分委员深入彭阳县内石油、煤矿、建材、果品、饲料、养殖、屠宰、供暖等18家企业和2个农村居民点，调研环境污染治理工作。县政协委员在充分调研和民主协商的基础上，结合实际撰写5篇专题报告，提出建议20条，为县委、政府科学决策、民主决策提供参考。

(朱建军)

群众团体

工　会

【组织建设】　彭阳县总工会（以下简称"县总工会"）下辖工会组织206家，会员29222人，其中全年新组建独立工会23家，发展会员1380人。对工会会员进行网络化管理，现已录入宁夏工会工作服务系统会员16928人，完成目标任务的58%；发放会员卡3874张，办卡率达22.9%。

【精准帮扶】　组织人员深入各企业，了解贫困家庭实际情况及致贫原因，制定解困脱困清单，全年为1085名困难职工建立电子档案，实行精准帮扶。"两节"期间，筹资8.8万元对94名困难职工（农民工）走访慰问；发放职工（农民工）金秋助学金26.4万元，惠及职工（农民工）82人；发放生活救助金28.6万元，惠及职工（农民工）697人；发放医疗救助金8万元，惠及职工（农民工）71人；慰问困难企业1家，慰问金5万元。定点帮扶孟塬乡何岘村，铺设柏油路8千米、砂化路20千米，农户通自来水395户，危房窑改造128户。完成县内劳务移民搬迁户4户24人。联系县医院为465名环卫工人体检，自筹资金20.7万元，协调县医院减免12万元。

【集体协商】　实施集体合同攻坚行动和工资集体协商提质增效计划，推动企业普遍开展工资集体协商，畅通职工利益诉求表达渠道，维护职工民主政治权利。全年新签工资集体协商合同5家，工资集体协商合同签订企业达72家，覆盖职工4775人。将彭阳县宏泰汽车检测有限责任公司作为试点，发挥集体协商会议作用，维护职工基本权益。

【劳模管理】　做好劳模体检、疗休养等日常服务工作，发挥马秀会、虎彩虹等劳模服务团引领示范作用，在农村种养、教育科研、技术创新等方面免费提供技术指导、技术攻关、法律援助等服务，新建马秀会劳模助力脱贫技术服务站，并联系农牧局安装开通"蔬菜质量安全追溯系统"。完成区、市"五一"劳动奖章评选工作，做好劳模创新工作室创建、劳模疗休养、劳模待遇政策落实、劳模档案信息录入等服务保障工作。"两节"期间慰问劳模5人，发放慰问金6000元。开展"工人先锋号"创建活动，提升职工群众整体素质。世纪公交有限责任公司安全股荣获自治区"工人先锋号"；好又多商贸有限责任公司项目部荣获固原市"工人先锋号"荣誉称号；城管局园林绿化队荣获固原市"五一劳动奖状"荣誉称号；公路管理段马统瑞、宁夏东方圣骄民族服饰有限公司张乾、农牧局蔬菜产业发展服务中心吴雪梅和宁夏万升实业有限责任公司马玉贵荣获固原市"五一"劳动奖章。

【文体活动】 组队参加固原市第八届职工运动会,荣获第六名,女子团体羽毛球比赛荣获第二名,男子团体羽毛球比赛荣获第三名,男子篮球项目比赛荣获第六名。选送杨旭东、李佳莉参加固原市职工"劳动者之歌"歌手大赛,均荣获三等奖。开展"书香三八"读书征文活动,举办庆五一职工环城越野赛,共319名职工参加,对4个参赛组24名参赛队员进行奖励。联合县妇联、团委和教体局举办"家庭·家风·家教——共筑中国梦"中小学生朗诵、书画、征文大赛暨"书香飘万家"家庭亲子阅读等主题教育系列活动。联合老干部局举办固原市"悦龙杯"门球邀请赛,承办"全民阅读·书香彭阳"知识竞赛,全县27700名干部职工参加答题,表彰竞赛成绩突出的道路运输管理所、妇计中心、宏泰汽车检测公司等。开展"唱响新时代·齐心奔小康"下乡送文化专场巡回演出,使十九大精神在广大人民心里落地生根。

【自身建设】 推进"两学一做"常态化制度化,全体干部职工学习党章党规、习近平新时代中国特色社会主义思想、党的十九大精神及工会法律法规,做优秀党员干部。召开党的十九大精神专题学习会议1次,举办自治区第十二次党代会精神专题辅导班1期,邀请自治区第十二次党代会代表为彭阳县工会系统干部专题辅导自治区第十二次党代会精神,举办工会系统干部职工消防知识培训班1期,机关干部职工参加区、市总工会培训2次。

(石效霞)

共青团

【思想引领】 结合"三五"雷锋日、五四青年节、六一儿童节、"六二六"国际禁毒日、"十十三"少先队建队日等重要时间节点,开展主题教育活动,提高青少年思想政治工作的针对性和实效性。表彰"五四红旗团支部"5个、"五四红旗团委"5个、优秀团干部10名、优秀共青团员10名、优秀志愿者10名,开展"彭阳好青年"评选活动,表彰好青年10名,树立起青年模范典型。

【创业创新】 以"党建带团建"为抓手,以"团银"合作为契机,召开"家乡要脱贫,我要怎么做"青春分享交流会及"农村青年信用示范户"评选活动,培养青年致富带头人20名,评定青年信用示范户100户。开展创业就业技能培训,开设青年创业大讲堂,举办青年"两个带头人"现场培训会,以"现场教学+经验交流"形式,邀请固原市种养殖专家在友联设施农业园区为青年致富带头人现场授课,培训1期60人。助力电商扶贫,为农村电子商务示范中心青年中心配备价值14万元设备,推荐18名优秀电商人才参加区、市青年创业大赛,开展电商管理人才培训1期70人,电商青年能力提升培训2期100人。

【希望工程】 通过网络众筹、公开募捐等形式,筹措"希望工程"助学金61.23万元,资助贫困大中小学生344名。争取项目资金71万元,筹建希望小学1所、希望足球场1个、

"向阳花"美术教室2个。响应脱贫攻坚中心工作,通过派驻"第一书记"驻村摸底排查,资助王洼镇李洼村考入一、二、三本的11名贫困大学新生。

【服务成长】 开展闲散青少年结对帮扶工作,对闲散青少年进行跟踪帮扶和心理疏导,引导帮助其就学就业。依托"青年之声""彭阳团委"和"青春彭阳"微信公众平台、官方微博等新媒体,及时发布就业信息、工作动态、惠民政策等图文引导信息动态1000条。开展"尊老爱幼、亲情陪伴、感受城市、自护教育、爱心捐赠"等主题志愿活动20场次,组织30名留守儿童赴厦门市开展夏令营活动,实现"志愿彭阳"管理全覆盖、服务零距离。同时,开辟"爱心墙"捐赠专区,募集"微爱心",圆梦"微心愿"。

【阵地建设】 整合贫困助学、就业创业等功能,将青少年校外活动中心、电商孵化园、友谊街社区、12355青少年综合服务平台等打造成集创业培训、就业咨询、维权助困、信息发布、交流沟通为一体的阵地,提高服务青年的能力和水平。依托乡镇和村级青年团干,将精准扶贫工作层层下移,实现各级青年"团在一起",让基层团组织活跃起来。

(李 扬)

妇女联合会

【农村妇女创业担保贷款】 全年发放农村妇女创业担保贷款852户5502万元、"扶上马,送一程"贷款52户227万元,到期贷款回收率100%。培育古城镇海口村、白阳镇陡坡村、红河镇韩堡村等10个妇女创业示范村,选树张广琴等6名妇女创业标兵。

【巾帼脱贫行动】 坚持把劳动力素质提升作为脱贫攻坚治本之策,在白阳镇白岔村开展农村妇女手工艺品技能培训班2期,在职业中学举办家庭护理培训班2期,在建茹培训学校举办手工刺绣培训班1期,参加固原市月嫂培训班2期,培训妇女50人,举办妇女创业山东培训班1期,培训42人。建立巾帼扶贫车间1个,巾帼创业创新基地1个。

【和谐家庭创建】 举办"晒家庭幸福、议良好文明家风、讲家庭和谐故事、展家庭文明风采、秀家庭未来梦想"活动,评选表彰"最美家庭"16户、"文明家庭"15户,常国梃家庭荣获"全国最美家庭",牛治刚、海玲家庭荣获"自治区最美家庭",刘天文、李向荣、席生林家庭荣获"固原市书香家庭"。开展"移风易俗,树文明家风"活动,组建"好家风好家训"宣讲团1个,征集好家风好家训35条,在全县20个"示范妇女之家"开展"移风易俗树文明家风"文艺宣传活动,举办区级家庭教育3场次,开展"家庭和谐大讲堂"巡讲13场次。以主题宣讲、法律服务、典型宣传、文艺演出"四必进"活动为载体,将妇女普法宣传教育、"护航春蕾"宣讲活动、巾帼脱贫行动等工作相结合,开展巡回宣教活动,倡导健康文明婚俗新风。

【妇女维权工作】 开展以"建设法治宁夏·巾帼在行动"为主题的"三八"维权周活

动,加强妇女维权服务。联合司法部门开展婚姻家庭矛盾纠纷排查化解工作,推进和谐婚姻家庭建设。全年共接待妇女来信来访23起,调处成功率98%,共排查婚姻家庭纠纷109件,调解成功107件。开展"平安家庭"创建活动,评选表彰"平安家庭"示范户100户。以家庭和谐促社会和谐,开展移风易俗"抵制高额彩礼"宣传教育活动19场次,深化"不让毒品进我家"活动,创建"无毒家庭"。

【妇女儿童工作】 在白阳镇友谊街建立儿童快乐家园,开展"同做一事""同唱一歌"等亲子互动活动。关爱贫困妇女儿童健康,将农村贫困妇女"两癌"救助纳入全县重点民生实事,全年共救助贫困"两癌"妇女54名,发放救助金54万元。"两节"期间,开展贫困妇女走访慰问活动,共慰问救助贫困妇女、留守妇女及单亲母亲100人,发放慰问金、慰问品、母亲邮包共计3.8万元。开展"春蕾计划""护航春蕾"等项目圆贫困女生读书梦,全年发放助学金22.88万元,使224名贫困女学生受益。

【基层组织建设】 推进妇联改革,县级妇联现设妇联主席1名,专职副主席1名,挂职副主席1名,兼职副主席4名,妇联常委9名,执委21名。全县12个乡镇156个行政村4个社区妇联执委全面扩员,现有乡镇妇联执委318人、村妇联执委2340人、社区妇联执委60人,12个乡镇兼职副主席、执委和156个村(社区)兼职副主任、委员数量比以前增加10倍,改革工作取得阶段性成效。

(苟丽红)

文学艺术界联合会

【理论学习】 组织机关工作人员和各协会会员认真学习党的十九大精神,以习近平新时代中国特色社会主义思想为指导,全面贯彻落实习近平总书记在文艺工作座谈会和全国第十次文代会、第九次作代会开幕式上的重要讲话精神,并以此推动工作落实订阅《人民日报》《中国文艺报》《宁夏日报》《人民摄影》《固原日报》《散文选刊》《小说选刊》等报纸杂志,督促干部职工做好读书笔记,撰写心得体会,开展好心得交流。

【阵地建设】 完成《彭阳文学》四期四十万字编纂工作;重视新媒体宣传,开设《彭阳文艺》微信公众号,拓宽宣传彭阳途径和渠道,提升彭阳美誉度和知名度。

【文艺活动】 承办中国文联、宁夏文联在彭阳举办的两场大型文艺慰问演出活动;成功举办首届"彭阳文学艺术奖""全县少儿绘画大赛""全县书法临摹创作大赛"等文艺评选活动;组织会员参加区、市文联举办的"文艺创作竞赛"活动,获得书画、摄影作品一等奖9人次、二等奖16人次、三等奖25人次、优秀奖60人次,保持在固原市占有"半壁江山"优势。组织12个文艺志愿扶贫工作队,深入全县12个乡镇,举办乡村农民书法、美术、剪纸、刺绣等文艺培训班36场次,培训贫困农民2600多名。开展文艺进乡镇、进社区、进校园、进企业、进军营、进农户"六进"活动,举办文学讲座和座谈活动20场次,交流作品300条幅,参与人数2000人次;与教育、宗教、总工会、老干部局等部门(单位)联合开展"以庆祝中国共产党成立96周年""民族团结创建""喜迎十九大"为主题的书画摄影竞赛、展览等活动,展出优秀文艺创作作品200幅,促进文艺创作在全县普及和推广。

【学习交流】 邀请国内著名音乐人胡力到彭阳创作《幸福彭阳唱起歌》,并在北京民族文化宫成功公演。邀请12名国内知名文艺家到彭阳先后举办文学、书法、美术、摄影培训班6场次,培训县内外文艺人才512名。组织县文联机关干部及各协会主席、骨干会员赴陕西省西安市碑林进行书法学习与交流,与当地书画艺人开展作品展示、文化技艺交流活动;选派各协会优秀会员,参加北京鲁迅文学院和自治区各级各类培训28人次。通过"送春联下乡"等活动,与基层文艺工作者开展交流活动20场次。全年共接待外地文联及其协会10人以上采风团组18个212人次。

【队伍建设】 把大力培养造就较高层次文艺领军人物和高素质人才作为一项经常性工作来抓,积极与文艺人才交心,壮大发展会员,8个专业协会新发展会员21名,会员总数达419人。

(文 元)

工商业联合会

【教育培训】 组织非公经济人士党员、入党积极分子赴革命圣地延安集中开展"不忘初心·献礼七一"系列活动,帮助非公经济人士党员"温故""知新""自省",不忘入党初心,牢记职责使命。立足县域重点产业优势,对接区、市工商联培训,组织非公经济人士赴外地取经,实施精准招商。

【调查研究】 组织非公经济代表人士和工商联界人大代表、政协委员开展视察和调查研究,反映社情民意,为企业发展把脉问诊,为党和政府做好参谋;组织县内非公人士参加《全市非公经济企业"互促互学"观摩暨"振奋精神 实干兴宁"大讨论活动》考察调研,促进全市各县域非公经济企业之间互相交流学习,为非公企业供给侧结构性改革提供经验。

【脱贫攻坚】 印发《彭阳县"百企帮百村"助力脱贫攻坚行动实施方案》,推进彭阳县非公企业家及在外企业家以落实帮扶任务,挖掘特色优质产品,转移剩余劳动力,收购农副产品,金融托管、捐资捐物等为重点,帮助贫困户发展生产,助力贫困村脱贫致富。全年共动员全县非公企业和县外企业家为贫困村捐款37.6万元。联系厦门市工商联(总商会)为孟塬乡草滩、王洼镇小学举办厦门总商会青委会——"向阳花美术教师"捐助仪式。

【自身及商协会建设】 召开五届二次(民间商会三届二次)执委会暨助力脱贫攻坚誓师大会,印发《全国"五好"县级工商联创建实施意见》,加强商(协)会建设,扩大服务领域。完成彭阳县民间商会注册，注重吸收行业协会商会等经济类社团和行业领军企业、新兴产业、科技企业、规模以上企业等企业会员，壮大小微企业会员，优化会员结构，扩大会员覆盖面。建立商（协）会联系制度，加强服务和指导，履行好业务主管单位职责。健全会员大会、会长办公会等商会议事机构，完善以章程为核心的内部管理制度，提高上会运行规范化水平。

【招商工作】 以全联常委会在银川市召开为契机，举办彭阳县优选投资项目和生态农产品推介会，优选投资项目24个、万升实业等12家企业参展，朝那鸡、月子蛋、果脯、黄酒、土蜂蜜等17个特色生态农产品参展，现场零售各类产品10万元，达成意向合作协议14项，其中宁夏彭阳县林果发展有限责任公司与青岛朝日邮轮旅游公司现场签约茹河牌系列产品代理销售合作协议并开始供货。

（刘　鑫）

伊斯兰教协会

【宗教人士培训】 组织宗教人士开展"三定"学习，培训教职人员和寺管会人员480人次，配合乡镇举办宗教人士培训班8期，培训人员420人次。配合统战部、民宗局举办宗教人士培训4期，培训教职人员895人，组织县伊协常委到广西、云南等地考察学习民族团结创建先进经验，推荐选送10名宗教界人士到宁夏伊斯兰教经学院、宁夏社会主义学院学习。

【"卧尔兹"巡回演讲】 开展以"践行社会主义核心价值观暨民族团结杯"为主题的"卧尔兹"演讲比赛，邀请市伊协会长、副会长为评委，对"卧尔兹"演讲比赛进行指导。配合区、市伊协举办"卧尔兹"巡回演讲2场。

【宗教事务管理】 抓阿訇考核、聘任工作，制定阿訇考核细则，对彭阳户籍的阿訇进行统计并制作电子化档案。加强清真寺民主管理，严格按宗教场所翻建、扩建程序申报审批。配合宗教部门加强对大型宗教活动管理，做到申报审批、随行管理、跟踪服务，确保活动安全有序进行。完成全县200名持证阿訇摸底调查与开学情况统计工作。

【宗教矛盾化解】 建立以伊协为中心、伊协委员为辐射点、覆盖全县清真寺的信息网络，及时了解情况，掌握动态。配合有关部门妥善处理宗教领域出现的矛盾纠纷，维护现有宗教格局和社会和谐稳定局面。

【和谐清真寺创建】 开展以"爱国教育好、自我管理好、服务社会好、团结稳定好、端正教风好"为主要内容的和谐清真寺创建活动，并与深化"念好两本经，再做新贡献"、争做"四个表率"（做宣传政策、遵纪守法的表率，做支持改革、促进发展的表率，做民族团结、和谐稳定的表率，做善于学习、功德高尚的表率）主题教育实践活动相结合，教育引导信教群众遵纪守法，勤劳致富。

【民族团结创建】 配合县民宗局开展民

族团结创建活动，深入部门、乡镇督查、指导、考核创建工作。开展"和谐清真寺创建"和"四进宗教场所"工作，已有90所清真寺完成升国旗、社会主义核心价值观、党报党刊、文化书屋四进。教育广大信教群众和宗教人士既念好教义经又念好致富经，为民族团结创建营造良好社会氛围。

【精准帮扶】　选派1名工作人员担任古城镇罗山村第一书记，帮助制订精准扶贫计划及措施，开展贫困户精准识别和建档立卡"回头看"工作，新建22所养殖棚；组织开展农民技术技能培训，举办培训班2期，培训人员98人；硬化乡村道路9.7千米，修整道路并铺沙8千米，推进以修高标准农田为主的罗山小流域治理工程。

（马国斌）

科学技术协会

【公民科学素质】　制订《彭阳县全民科学素质行动计划纲要实施方案（2016—2020）》，推进"四个重点人群"科学素质行动，实施"六项基础工程"，激发大众创业创新热情和潜力，筑牢公民科学素质基础，完善社会化大科普工作机制。发放《全民科学素质行动概览》《全民科学素质行动动态》等书籍1800册。

【科普宣传】　围绕"科技创造财富，科普惠及民生"主题，在全县各乡镇、村（居）委会开展科普"三下乡"宣传活动12场次，发放科普宣传手提袋、围裙3000个，科普知识宣传单1万份，科普宣传书籍5000册，展出科普展板50块，向公众传播科技知识。在各基层农技协、县城各社区、各中小学校以专家咨询、科普报告会为重点，开展"科技强国·创新圆梦"为主题的"科技周"和"创新驱动发展，科学破除愚昧"为主题的"科普日"活动，共发放科普挂图600张、科普书籍1万本、卫生健康宣传纸杯1500个、宣传彩页2万张、光盘300张，现场咨询群众2600人，在全县营造学科学、爱科学、用科学浓厚氛围。

【青少年科技教育】　组织全县中小学生参加第三十二届宁夏青少年科技创新大赛和第十七届中国青少年机器人（宁夏赛区）大赛活动，县第四中学刘玥同学和县第一小学吴萌男同学均获得科幻绘画二等奖；县第二小学扈一博、杨奇同学荣获机器人普及赛小学组三等奖；县第三中学刘世存老师获得科技辅导员创新项目三等奖。选送县第一中学2名学生赴华东师范大学参加高校科学营活动。装修布置城阳农村中学科技馆。开展"创客大篷车"进校园活动，县第二小学、第三小学1000名学生参与活动。在县第二小学开展宁夏第二届青少年科学节活动，培养少年儿童科学兴趣、创新精神和实践能力，提升青少年科学素质。

【项目实施】　成立"科普惠农兴村计划"领导小组，制定工作规划和措施，发挥农村科普带头人示范、试验、辐射和带动作用。截至2017年底，已发展农村专业技术协会46个、农技协联合会1个、科普示范户2790

户，彭阳县秉儒现代农业种植专业技术协会，获得中国科协、财政部"科普惠农兴村计划"项目奖励资金20万元。同时，对历年获得中国科协、财政部"基层科普行动计划"项目奖励的7个协会、1个社区，进行跟踪指导，监督检查；对已注册登记的农村专业技术协会和科普惠农服务站进行规范化建设，督促其发挥示范带动作用，把项目工作落到实处。加快科普信息化建设，争取自治区科协支持，投资6万元在古城镇精英庄园和茹河体育广场建设科普宣传栏2处；投资6万元在县第三小学新建青少年科学工作室1所；投资8.8万元建立科普中国e站4个，其中社区e站1个，乡村e站3个。

【科技培训】 邀请区内外专家在精英庄园和观光农业科普示范基地、秉儒现代农业种植专业技术协会、顺民果蔬专业种植技术协会等基地、协会及合作社开展为期一周的宣传培训，传授水果、辣椒、蔬菜、中药材、万寿菊等种植栽培、田间管理、病虫害防治及特色养殖业等科技知识，共培训1230人，发放科技宣传资料2000份，现场接受群众咨询680人次。邀请彭阳县高级畜牧工程师蔺岷山等深入古城任河、红河上王、小岔柳湾等村开展种养植（殖）技术培训，共举办各类科普讲座12场次，受惠人数1万人次，开展农村实用技术培训班9期，培训农村专业技术人员600人，其中科技示范户、科普带头人90人。

【科技助力脱贫攻坚】 成立科技助力精准扶贫工作领导小组，建立科技专家扶贫队伍，分期在基层协会、基地及贫困村开展科技调研、咨询和实地技术指导、种养技术培训等活动，精准实施科技帮扶和科普教育活动，共服务贫困户213户846人，接受咨询500人次，解决技术难题10条，发放资料1000册，受益群众达2000人次。定点帮扶小岔乡柳湾村，组织编制柳湾村脱贫攻坚计划，建立村级科普活动室，配送科普书籍1000本，举办种养殖技术培训班2期，培训贫困户60人。

【自身建设】 深化系统改革，健全基层组织网络，壮大科普宣传员队伍，打造网上科技工作者之家。招募科普宣传员50名，创建彭阳科协微信公众号，开展科普宣传，服务科技工作者。

（申雁婷）

残疾人联合会

【康复工作】 实施精神病康复救治项目，为228名贫困精神病患者发放免费药品18.79万元，为15名重症精神病患者报销住院医药费2.02万元；开展0~6岁残疾儿童抢救性康复项目，对25名残疾儿童实行全日制机构内康复训练；"重塑未来"项目手术4例、安装假肢8例、矫形器6例；为足肢残疾人采购轮椅200辆。举行第十八次全国"爱耳日"活动，为7名就业年龄段听力残疾人免费验配助听器7台、234名"斯达克"项目受助听力残疾人发放助听器原装电池11700个。组织培训社区康复员30名，完成盲人定向行走训练60名、肢体残疾人训练250名。

制订《彭阳县集善扶贫健康行远程视界白内障项目实施方案》,确定县医院为定点项目实施单位;印发《彭阳县残疾人精准康复服务行动实施方案(2016—2020年)》,成立残疾人精准康复服务行动专家技术指导组。扶持10万元新建古城镇海口村、交岔乡卫生院残疾人规范化社区康复站。建立残疾人康复需求人员档案信息,推动基层康复训练平台规范化,确保残疾人就近就便享有康复服务。

【教育助学】 狠抓"三残"儿童特殊教育,全县8~14周岁"三残"儿童入学率达95.22%,同比增长3.76个百分点。完善贫困残疾学生救助制度,资助残疾学生23人,其中学前教育阶段12人,大中专院校11人,共计发放资助金6.3万元,圆残疾人就学梦。

【就业培训】 实施劳动力素质提升工程,组织62名残疾人完成电子商务技能培训,38人取得国家认定的资格证书;举办种养殖技术培训班6期,培训农村贫困残疾人370人;实施"强基育人"工程,培育扶持残疾人创业就业自强模范50人,扶持资金10万元;拓展就业渠道,组织5名残疾人参加固原市残疾人服装裁剪缝纫技能培训,4人在宁夏天狼希尔诺制衣有限公司就业。

【信息核查】 全县持证残疾人11626人,年内共为628名残疾人初审核发第二代残疾人证。开展持证残疾人入户甄别活动,组织170名调查员对持证残疾人基本情况入户甄别,实名制获取持证残疾人基本服务状况和需求,入户率达96.16%。建立残疾人基本服务状况和需求大数据系统,实现残疾人需求核查常态化。

【保障服务】 投资2108万元,在白阳镇罗堡村、县医院院内新建彭阳县残疾人托养中心及残疾人康复中心。落实残疾人"两项补贴"制度,配合民政局审核为全县4951名困难残疾人发放生活补贴629.85万元,为6607名重度残疾人发放护理补贴648.31万元,实现应补尽补,保障残疾人基本生活。为全县7121名重度残疾人全额代缴医疗基金,建档立卡残疾人缴费率达到100%;为2491名重度残疾人代缴养老基金。制订《彭阳县贫困残疾人家庭无障碍改造项目实施方案》,为64户贫困残疾人家庭实施五彩语音门铃、L形扶手、一字扶手、热水器安装、坡道、房门改造等26项无障碍改造;为850名残疾人发放机动轮椅车燃油补贴22.1万元。

【扶贫示范】 在全县11个乡镇58个整村推进贫困村实施"阳光助残小康计划"项目,为770户残疾人贫困户扶持发展资金308万元,惠及残疾人879人。县残疾人肉兔养殖扶贫基地,集中饲养种兔1500只,带动30户建档立卡贫困残疾人户均年增收入5000元,实现精准脱贫。定点帮扶王洼镇团庄村,组织编制团庄村2017年脱贫攻坚规划,举办劳动力素质提升培训班1期,50名贫困群众学习种养殖技术;组织党员赴西吉县将台堡红军长征会师纪念馆和六盘山纪念馆开展"不忘初心,重走长征路"活动;砂化村组道路4.3千米,新建文化广场1处;为团庄村联系马铃薯种子20吨,价值4.76万元;春节慰问41户建档立卡贫困户,共计4100元,全村34户116名建档立卡户通过发展生产、生态补偿、异地搬迁、社会兜底等方式脱贫致富。

【文体助残】 在怡园广场开展第二十七次全国助残日系列活动,表彰优秀残疾人工作者、助残志愿者,举办残疾人文艺演出、手工艺品展示和义卖活动。开展残疾人文化进社区活动,为王洼镇矿区居委会社区赠送价值5000元书籍,安排工作经费5000元。开展残疾人文化进家庭"五个一"活动,让重度残疾人走出家门,参与社会活动;在"两节"期间,走访慰问困难残疾人71户,发放慰问金(品)4.1万元。开展残疾人康复体育关爱家庭计划,为104名重度残疾人送去体育康复器材、康复训练指导、心理疏导,保障重度残疾人享受基本体育康复服务。

(刘月花)

政 务 服 务

民政工作

【概　况】　2017年底，全县共有民政各类保障服务对象27520人，占总人口10.95%。其中，城市低保3581人，农村低保20534人，孤儿239人，80岁以上高龄老人2127人（城市56人、农村2071人），特困供养对象917人（集中特困供养379人、分散特困供养538人，集中特困供养对象占特困供养对象总人数的41.5%），重点优抚对象122人。已有烈士陵园1所（任山河烈士陵园），标准化城乡社区服务站67个，县综合福利服务中心（敬老院）、王洼、红河、城阳、草庙及沟口回民敬老院6所公办养老服务机构，2所老年活动中心，古城川口及草庙和谐2所农村互助养老院，37所农村老饭桌，1所儿童福利院及未成年人保护中心，依托农村社区建成的30个"儿童之家"已全部运营。

【社会救助】　建立全县困难群众基本生活保障工作协调机制，研究解决困难群众基本生活保障工作中遇到的困难和问题。印发《关于做好农村最低生活保障和扶贫开发政策有效衔接工作的通知》，从政策、对象、标准、管理四方面落实衔接任务。开展农村低保兜底工作"回头看"，重新认定兜底对象1955户4817人，建立完善兜底户电子信息档案，提高补差水平，城乡低保人均月补差分别提高15.2元和10.2元。抓住民主评议和公开公示两个关键环节，开展低保对象清理整顿，共清退低保对象8095人，新增1539人，低保1人户减少4850户。

【防灾救灾】　开展"寒冬送温暖"十项民生活动，"两节"期间，发放救助资金6316万元，保障困难群众基本生活。安排冬令春荒资金942万元，对8户因灾倒损人居住房户给予恢复重建。加强灾情会商，启动旱灾Ⅳ级应急响应，成立灾害信息工作组，深入乡镇开展灾害监测、统计，指导做好救灾工作。组织开展"5.12"防灾减灾日主题宣传和应急演练，举办全县乡村两级灾害信息员培训班，将灾情信息管理能力建设延伸到灾害现场最后一千米，确保灾情网络速报。聘请第三方中介机构，会同财政、审计、监察等部门，对2012—2016年度下拨各乡镇的救灾款物管理使用情况开展专项检查，确保救灾款物规范使用。

【双拥优抚】　巩固自治区双拥模范县创建成果，印发《彭阳县创建全国"双拥模范城（县）"实施方案》《彭阳县创建全国"双拥模范城（县）"考评办法》，推进全国双拥模范县创建工作。开展双拥在基层解民忧、助脱贫活动，"两节"期间，走访救助困难优抚对象

108人，帮助236户优抚对象解决生产生活、医疗、住房等方面困难问题，办实事、好事240件。加强双拥宣传教育，在政府网站开辟双拥专栏，创办双拥简报，举办"庆八一"双拥专场文艺演出，组织开展军事开放日活动，谱写彭阳双拥之歌。加强烈士纪念设施管理保护，完成任山河烈士陵园维修保护，新建停车场，对陵园内外部环境进行美化亮化。开展退役士兵数据采集和优抚对象家庭信息排查摸底工作，建立数据台账，落实安置和帮扶政策，对6名符合安置工作条件的退役士兵妥善安排工作，为50名立功受奖人员发放奖励金4万元，发放自主就业一次性补助金300万元，培训退役士兵96名，推荐就业15名，发放各类优待抚恤补助资金145万元，保障退役士兵权益。组织开展清明祭扫、烈士公祭活动，开展纪念建军90周年暨庆八一系列双拥活动，推进双拥创建和军民融合发展。

【基层政权】 重新规划布设城镇社区，深化"星级和谐社区"创建，开展社区减负增效"回头看"活动，深化社区网格化服务管理，推动社区服务管理提质增效。印发《关于加强城乡社区协商实施意见》，开展城乡社区民主协商实践，推行"六步"议事制度。印发《彭阳县农村社区建设试点工作实施方案》，在古城镇皇甫村、红河镇韩堡村开展首批农村社区建设试点。推动村民代表会议"55124"制度模式在基层落实，推行村民代表会议远程指导、全程摄像，安装村民代表会议摄像系统78个。依托村民议事平台，将"数字民政"社会救助民主评议、基层事务管理、"三留守"关爱保护等村民关心的热点、难点模块端口，延伸至村居一级，重点事项全部通过村民代表会议议定，激发村民自治活力。新建农村社区服务站17个。完成村"两委"换届选举工作，召开村干部及村民代表培训会17期，培训11000人次，提升村干部履职服务能力。

【社会福利】 开展全区养老院服务质量建设专项行动，完成县综合福利服务中心、红河敬老院设备购置搬迁入住及老年活动中心、儿童福利院、3个农村老饭桌项目建设任务。构建起以居家为基础、社区为依托、机构为支撑、医养相结合的养老服务体系，利用"宁居通"平台，实行老年人健康管理、物品代购等服务信息化。依托已建成的日间照料中心、老年饭桌等，为老年人开展日托、照料等服务。以农村敬老院、老年活动场所等为重点，开展安全隐患排查整治，以检查促整改，清除安全隐患。加强福彩发行管理，完成福彩销售大厅搬迁和改造升级，实现营业额390万元。创新慈善募捐方式，利用手机APP披露需救助信息，募集慈善救助资金24.4万元。做实留守儿童家庭监护、强制报告、临时监护、控辍保学、户口登记和依法打击遗弃行为六项责任，为全县156个行政村配齐"三留守"关爱督导员，完成29个"儿童之家"建设任务。

【社会事务】 开展第二次全国地名普查，成立地名评审专家委员会，审核收录资料。加快地名普查成果脱密处理，开展地名设标，编制地名规划，编纂国家地名大典。培育发展社会组织6个,对全县89家社会组织进行年检,推行社会组织登记"三证合一"及统一信用代码制度;推行行业协会政社脱钩,实施"社会组织结对精准扶贫"工程。以"三区"计划、"三社联动"试点等社会工作服务项目为重点,推进社会工作服务项目实施及社工人才继续教育、岗位开发、使用、评价和激励等工作。按照国家3A级要求完成婚姻登记大厅布设,实行婚姻登记集中办理,督促乡镇完成历史数据补录和档案移交。

【移风易俗及民族团结进步示范创建活动】印发《彭阳县民政系统创建全国民族团结进步示范单位实施方案》,细化职责分工,压实工作责任,探索"536"民族团结创建新模式,推进创评验收工作,迎接区、市、县各级观摩考评11次。指导各行政村建立和完善《村规民约》,健全"一约两会"制度,成立相应的红白理事会、村民议事会,并指导开展活动。倡树婚嫁新风,开展高额彩礼整治行动,实行彩礼承诺和彩礼证明人(媒人)登记备案制度。党员干部带头,引导群众开展健康、文明、节俭的吊唁追思活动,树立依法、文明、节俭、平安的新型丧葬观。

【自身建设】 推进党建工作及"两学一做"学习教育常态化制度化。发挥"1555"党建工作机制效力,以党建助推脱贫攻坚为统领,以开展"6+X"主题党日活动为抓手,加强党员队伍建设,推进党员干部政治合格、执行纪律合格、品德合格、发挥作用合格。把推进"两学一做"学习教育常态化制度化与打造高效阳光和谐民政相结合,确立"536"学习教育载体,组织集中学习40多次,开展专题研讨5期。落实党风廉政建设责任制,履行党风廉政建设"两个责任",落实"一岗双责",健全廉政风险防控机制,开展查处涉农领域腐败问题专项行动,坚决纠正侵害群众利益的不正之风。加强党员干部理论学习教育,强化舆论宣传引导,加强社会主义核心价值观宣传阵地建设,推动移风易俗树乡风强民风。

(徐宁波)

人力资源和社会保障

【就业创业】 全年举办各类培训班273期14313人(其中建档立卡户10495人),占固原市下达任务8500人的168.4%,取得国家资格证书12166人,培训后转移就业10950人,就业率达90%。确定购买公益性岗位2454人,其中安置建档立卡贫困户就业2359人,县内劳务移民、"4050"人员95人。打造"一园一街"(一园:电商孵化园;一街:古城民族创业示范县)示范基地,促进创业带动产业发展。全年发放2040万元,培养小型企业主113人,培育小企业57家。全年实现转移就业58002人,创工资性收入10.92亿元。向天元锰业输送601人,组织向新疆建设兵团搬迁报名243户814人,办理迁移手续68户192人(建档立卡户10户28人),引导富余劳动力11000人次投入万寿菊采摘,创劳务收入1690万元,占总产值5000万元的33.8%,人均增收1450元。全年举办劳务专场招聘会10次,登记求职人员

5200人，介绍4500人实现就业。完成城镇新增就业1612人，城镇失业再就业人员536人，城镇登记失业率控制在4%以内。

【社会保障】 全年城乡居民基本养老保险、医疗保险实际参保人数分别达11.1464万人和20.7650万人，均超额完成目标任务。完成2018年城乡居民医疗保险收缴206168人，农村居民参加商业健康保险45461人。提高城乡居民基础养老金水平，现已达135元，惠及参保人员23114人。"五险"基金征缴总额达2.662616亿元，支付待遇总额达3.825805亿元，办理被征地农民养老保险参保手续1647人（占任务1169人的140.3%）。征收职业年金1614.36万元，按时足额发放率和社会化发放率均为100%。实现城乡居民大病保险"一站式"即时结算，将普通参保居民大病保险报销费降低到3000元，建立商业健康保险兜底工程和50种特大疾病救助工程。跨省异地就医结算有序推进，办理转诊转院人数3767人次，备案人数区外213人次，已结算费用189人次，做到跨省就医直接结算社保卡出省检测率达98%。制发社会保障卡1940张，累计制卡266877张，社会保障卡发放率99%。

【人才结构】 制订《彭阳县关于鼓励机关事业单位工作人员担任农村"两个带头人"带领群众脱贫致富的方案》《关于袁立新等驻村工作队员发放乡镇补贴的通知》，调动机关事业单位工作人员参与脱贫攻坚的积极性、主动性。完善"阳光招考"机制，配合区、市完成公务员招录14人，事业单位79人，招聘紧缺高层次人才2人，落实职务与职级并行人员245人，其中正处2人、副处100人、正科29人、副科90人。落实全区事业单位管理岗位非领导职责职员等级晋升55人，组织开展职称评审522人，专业技术人员岗位晋升1808人。

【城镇居民收入】 实现全年城镇居民收入达到增长8%以上目标。发放教师职称补贴12人5.04万元，落实骨干教师津贴制度806人31.05万元；将城乡居民中的老年人纳入最低生活保障增加收入3.4万元，为3492名城市低保对象和54名城市高龄对象增发困难生活补贴354.6万元，实施民政部因病致贫家庭重病患者医疗救助试点县项目资金400万元；提高政府购买服务人员工资标准100元，购买政府服务增加岗位170人。完成2016年度优秀公务员奖金发放194人17.09万元，晋升薪级工资4990人。补发新招录机关事业单位人员工资131人179.7万元；发放住房补贴7380人1771.2万元；发放2017年民族团结奖7437人（含离退休、聘用制编制等）共计4462.2万元。

【劳动关系】 组建彭阳县劳动保障监察执法局，规范执法权限，加强日常监察巡查，实现历年欠薪清零和新开工项目欠薪零投诉。建立协调劳动关系三方委员会，完善人社、公安、信访部门情况通报、案件会商、信息互通机制，采取部门联合执法、联合办案方式，打击恶意欠薪及违法犯罪行为。全年受理欠薪案件18起，涉及农民工603人，清欠金额858.27万元，比上年同期减少4起，整体呈下降趋势。建立农民工工资受理绿色通道，打造"阳光仲裁"。

（夏　涛）

民族宗教

【宣传学习教育】　先后在县委常委会（扩大）会议、政府常务会、"三支队伍"培训会、统战系统工作会和伊协常委会等会议上传达学习贯彻中央和区、市民族宗教系列工作会议精神，以县电视台为平台，在新闻联播等重要节目内穿插播放会议内容，提高群众知晓率，增强干部群众对新形势下民族宗教工作的认识。开展民族法规政策培训教育，邀请专家就民族团结进步创建等工作进行专题培训，组织各乡镇、各部门（单位）负责人、部分宗教界人士赴原州区、隆德县、西吉县、吴忠市及云南省等地考察学习，提升民族团结认同感，提升依法管理宗教能力。

【民族团结进步创建活动】　强化民族团结宣传教育，在公路沿线、村组群众聚集区等醒目位置制作大型宣传牌、张贴永久性标语440条块，打造民族团结宣传教育街13条、民族团结主题宣传公园1个；建立流动宣传阵地，在全县48辆公交车、50辆客车上喷绘民族团结宣传标语，在212辆出租车灯箱上设立宣传标语并实现滚动式播放；在县电视台、政府网站开设民族团结宣传专栏，开通"彭阳民族团结"公共微信号，邀请区市主流媒体加强对民族团结进步示范典型的宣传报道。制定民族团结进步示范点"九个一"创建标准，打造民族团结进步示范点119个。举办民族团结进步先进个人网络评选、民族团结故事有奖征文等活动，挖掘出致富带头人杨生科、拾金不昧好青年马有军等一批民族团结典型人物。开展民族团结进步知识竞赛、文艺会演等30项活动，扩大创建工作影响力。

【清真食品专项整治】　严格清真食品准营证审批程序，对申请准营证企业的人员比例严格审查，对原料来源等定期不定期检查，杜绝清真食品泛化现象。年内，对全县所有清真餐厅、企业、超市和学校清真食堂进行专项检查整顿8场次，整治清真餐厅28家、学校食堂8家。开展清真食品知识宣传活动，共印发宣传资料8000份，举办清真餐厅业主及从业人员培训班一期200人次，促进全县清真食品行业健康发展。

【民族宗教服务管理】　学习贯彻落实习近平总书记来宁视察时重要讲话精神，加强宗教活动场所管理，严格审批程序，严把资金来源、建设质量、建设时限"三道关口"。开展"阿化""沙化"苗头性倾向性问题专项治理，规范宗教场所建筑风格，严防"阿化""沙化"苗头性倾向性问题。利用"两节"慰问、宗教活动场所安全隐患排查等时机，深入宗教活动场所和信教群众家中，教育引导信教群众弘扬中国传统文化，传承优良文化。强化宗教活动管理服务，教育引导信教群众按照"小型、就地、分散"的原则开展宗教活动，严格政策界限，严把逐级申报、审批关，全程跟踪服务，全年共举办宗教活动10次，全部安全有序结束。强化教职人员管理服务，对符合条件的教职人员给予生活补助，在元旦、春节、开斋节等重要节日，筹资10万元，对宗教人士和宗教活动场所走访慰问，解决群众实际困难和问题49件，解决资金4万元。

【朝觐管理服务】 采取举办培训班、组织开学阿訇开展"卧尔兹"宣讲、走访拟朝觐人员家庭等方式，引导穆斯林群众增强祖国意识、大局意识，自觉抵制境外敌对势力和传教组织渗透和拉拢。落实朝觐人员网上报名排队办法，坚决执行限额审批制度，及时将参加朝觐人员名单向社会公开，接受社会监督。强化统送统接确保安全朝觐、平安朝觐，年内，参加朝觐共30人，安全完成朝觐工作。

【矛盾纠纷排查调处】 坚持"村级周排查、乡镇月上报、民宗局月汇总"的民族宗教领域矛盾纠纷排查调处机制和民宗、公安、信访、伊协四部门信息互通、资源共享机制，在全县宗教场所推行"一站两员"工作制度。年内，共排查化解宗教领域矛盾纠纷5起。

（马福平）

审计工作

【预算执行和财政财务收支审计】 全年对县本级、部门预算执行和其他财政财务收支情况全面审计，共安排4个单位，其中县本级预算执行重点关注中央、自治区宏观政策落实和县委政府重大决策部署，政府预算体系建设，预算编制、执行和决算（草案）编制情况；部门预算执行和其他财政财务收支重点关注预算编制与执行，同时对专项支出、八项规定、"三公"经费等执行情况重点审计。审计发现违规资金2600万元，管理不规范资金4400万元，提出审计建议20条。

【领导干部经济责任审计】 受县委组织部门委托，全年共完成9个乡镇、部门10名领导干部经济责任审计，查处违规资金200万元，管理不规范资金6700万元，提出审计建议25条，促进领导干部依法主动作为，正确履职。同时为促进廉政建设和干部考核任用提供客观依据。

【政府投资项目审核】 全年共吸收40家社会中介机构，参与彭阳县政府投资项目审核工作。完成政府投资审核项目1055项，审核资金537226万元，核增金额714万元，核减金额25442万元，净核减金额24728万元，综合审减率为7.0%，其中，编制审核173个，8547万元；控制价审核322个，审核金额194632万元，核增714万元，核减金额11590万元，净审减金额10876万元，综合审减率为5.6%；结算审核395个，送审金额155127万元，审减金额13852万元，综合审减率为8.9%；决算审核155个，审核金额178920万元。

【参与区、市专项审计】 完成市审计局委托的隆德县保障性住房审计项目；配合西吉县、原州区审计局完成彭阳县保障性住房、扶贫资金专项审计；协调市审计局完成重大政策执行情况跟踪审计；抽调人员组成专项巡查组，完成市纪委委托的隆德县涉农扶贫资金交叉审计督查工作;对原州区督察组查出彭阳县涉农扶贫资金管理不规范问题进行整改落实。

【审计成果】 全年安排审计(审核)项目166个,其中县本级和部门预算执行审计4个,专项审计3个,领导干部经济责任审计项目9个,政府投资预决(结)算项目150个。重点对重大政策措施落实、扶贫涉农资金等8个方面的重要项目和重点资金审计。截至年底,全部完成预算执行、经济责任和专项审计任务,查出违规资金2800万元,管理不规范资金11100万元,提出审计建议45条;政府投资审核1007个,完成计划的6.7倍,净核减金额23605万元。

【自身建设】 推进"两学一做"学习教育常态化制度化,贯彻落实中央和区、市、县重大决策部署,把"两学一做"贯穿于日常审计工作中。建立成绩、问题、任务、责任"四个清单",深化党组织建设,把从严教育管理党员作为改进机关作风的着力点,组织党员干部参加"6+X"主题党日活动、党员培训学习班、按时收看审计署和审计厅举办的廉洁审计党风廉政建设视频会等一系列活动,提升党员干部理想信念和党性修养。

【精准扶贫】 把扶贫项目资金审计监督作为重点工作,全年共完成扶贫涉农项目审核637项,审核金额149196万元,核减金额4846万元,核减率4.5%。定点帮扶罗洼乡马涝村,围绕帮扶贫困村产业发展特点和基础建设实际情况,筹资捐物3万元,帮助当地群众发展养殖业、铺修公路、解决饮水、资助中小学生上学等,把扶贫工作做实做细,带动贫困村脱贫销号。

(王克文)

统计工作

【统计业务】 深化统计管理体制改革,提高统计数据真实性,抓好农业、工业、交通、能源、投资、建筑业、房地产业、人口、贸易、社会科技、劳动工资、国民经济核算等常规统计工作,搜集、汇总、审核和评估各项统计数据,按时完成统计年报和定期报表工作,如期公布主要统计数据。强化对源头数据监管,确保数据精准性、可信性。

【统计调查】 突出"强化保障、把握关键、健全制度"三个重点,按时完成第三次全国农业普查及2017年度劳动力和人口变动、规模以下企业抽样调查,限额以下批发零售业抽样调查等工作,做好主要经济数据监测分析,并及时向县委、政府及有关部门提出相应意见建议、措施,破解全县经济发展难题。

【统计法制】 开展统计执法检查,对全县部分统计报表单位及企业统计报表、原始记录及台账等进行抽查,重点抽查乡镇6个、县直部门单位9个、"四上"企业16家,内容涉及2016—2017年上半年统计基础工作规范情况、统计数据质量情况、检查抽查单位粮食播种面积和产量、蔬菜播种面积和产量、畜禽生产,工业总产值、能源消耗、固定资产投资总额、单位从业人员劳动报酬等主要指标数据的真实状况。通过执法检查确保统计数据真实、精准。

【统计服务】 深入基层，加强调研分析，先后编写各类统计信息、分析报告30期。围绕《妇女儿童实施纲要》和小康监测等社会关注的热点、焦点问题开展重点调研，撰写发布2017年小康社会监测报告和妇儿监测报告。以《彭阳统计》《统计工作》《统计公报》《统计月报》、网络等为载体，针对县域经济发展、脱贫攻坚等热点、难点、焦点问题，开展分析研究，搜集信息，密切关注经济走势，为县委、政府和社会各界提供统计服务。整理编印2016年度《彭阳县国民经济与社会发展要情手册》，发挥统计服务发展功能。

【党建统计】 开展"6+X"主题党日活动，推进"学党章党规、学系列讲话，做合格党员"学习教育常态化制度化。巩固党的群众路线教育实践活动成果，取得思想作风建设新成效。举办自治区统计系统财务现场会，组织全体干部赴西安财经学院参加固原市举办的业务知识培训班。全年党支部组织开展4次集体学习研讨活动，提升数据解读、统计精品、统计开发能力，把统计功能发挥"活"，提升干部统计业务能力、水平。

（王春生）

信访工作

【信访接待】 全年共接待办理群众来访105批423人次，其中网上按程序办结68批91人次；群众来信1件次；解决重点突出信访问题5件，召开信访听证会5场次；办理人民网地方领导留言板投诉件7件；办理群众网上投诉38件；办理信访网络信息系统直转信访件35件、交办件15件，按期办结率为100%，及时受理率信访部门100%、责任单位98.81%，群众满意度参评率100%，满意率信访部门92.73%、责任单位86.63%。实现信访总量、重复访、集体访、越级访下降，网上投诉上升，信访事项办理"三率"提高的"四降一升三提高"目标，被评为国家信访系统先进集体。

【责任落实】 坚持县委常委会、政府常务会定期研究信访工作，落实党政主要领导为信访第一责任人，实行目标管理责任制，逐级签订信访工作目标管理责任书，将责任落实到人，将"严"字贯穿到底。全年度县委常委会、政府常务会定期研究信访工作5次，召开信访联席会议4次，重点信访事项协调会12次。

【制度建设】 印发《彭阳县党政领导干部接访工作制度》，落实县级领导固定"接访日"和包案解决重点信访问题长效机制，每天安排一名县级领导在县信访接待大厅坐班接待来访群众，做到来访必接，来信必阅，使各级领导干部接待、阅批群众来信来访常态化、制度化。全年共安排县级领导坐班接待群众来访128人次，领导包案化解突出信访问题58件。

【矛盾排查化解】 健全行政村（社区）日排查、乡镇部门周排摸、全县半月一督查、信联办一月一通报的"四个一"信访问题排查化解新机制。严格落实县级领导包信访积案化解、科级干部包重点信访问题解决、一般干部包问题排摸的"三包"工作新举措，把人员吸附在当地、把矛盾化解在萌芽，做到早发现、早预防、早解决。

【督查督办】 印发《信访工作督查问责实施办法》和《排查化解督查督办方案》，按照重点信访事项"七个一"化解要求，对摸排出的137件重点信访事项采取县级领导包案督办，逐级落实信访工作约谈、责任倒查和追究制，对信访事项办理中存在的突出问题采取"一次提出整改、二次通报批评、三次严肃问责"工作措施，推动各级干部正视短板，积极整改，解决问题。

【人民满意信访】 学习习近平总书记关于信访工作重要指示精神，教育引导广大党员干部增强"四个意识"，树立以人民为中心的发展思想，落实阳光信访、法治信访、责任信访职责，坚持问题导向和目标导向，破解信访突出问题，改进工作作风，创新工作机制，提高工作水平。"以百姓之心为心"，推行信访听证会下乡进村，搭建高效、便捷、公开阳光办访平台，打通服务联系信访群众"最后一公里"。

【积案办理】 建立信访积案清理化解"信息库"，按照难易程度分类编号，化解销号。推行信访听证会制度，全年共召开听证会5场次，化解重点信访问题5件，联合各部门协调推动积案2件。

【网上信访】 在政府门户网站开通网上信访投诉受理平台，建立彭阳信访学习交流微信群，开通《彭阳信访》公众号和手机APP，对"初信初访初投"信访问题实行"三个当天"和"一个按期"办理制度（即当天登记、当天转交、当天告知和按期答复），并采取手把手培训和委托代理相结合方式，帮助信访群众参与信访事项办理满意度评价，打造"阳光信访"新模式。同时，狠抓信访网络信息系统深度应用工作，培训指导责任单位在信访信息系统中登记办理39件，采取"严审核、严通报、严追责"的"三严"工作措施，做到规范办理每一件群众信访事项。

【队伍建设】 加强基层信访干部培训，坚持信访分管领导和业务干部到信访部门挂职锻炼，激发内在活力，建设一支对党忠诚可靠、恪守为民之责、善做群众工作的高素质信访工作队伍，提高运用新知识、新技术破解信访工作能力水平。

【信访培训】 全年共举办信访业务培训班4期，组织信访干部外出交流学习2次。按照信访基础业务规范化要求，统一规定网上信访事项答复意见书、送达回证，并对2012年以来办理的群众信访问题逐一排摸，针对存在的不规范问题，限期整改。

【诉求分类处理】 厘清信访事项受理范围，推动全县17个部门制定所在单位依法分类处理清单，确保信访人反映的问题，通过法定途径得到依法分流处理。坚持访诉分离，实行依法分类处理信访诉求，推行"行政程序优先、信访程序兜底"做法，指定律师全程参与处理群众信访问题，受理办理每一件群众信访事项。

（杨世刚）

社会经济调查

【服务能力建设】 完成彭阳县农作物面积及粮食产量、住户一体化调查网点更换工作。选派3名干部全程参与精准扶贫第三方异地测评工作，同时配合调查组做好彭阳县精准扶贫第三方测评工作。完成全县乡镇、部门（单位）第三方效能建设满意度调查。分析、做好信息服务，全年共撰写上报政务信息、经济信息、分析134篇，其中区队采用131篇，区局采用54篇，总队采用43篇。

【队伍建设】 抓住"大培训、大练兵"契机，派送6名干部职工参加自治区统计执法骨干培训班、全区统计系统业务能力提升班及《中国国情国力》杂志社写作培训班，丰富干部职工统计知识，提升政治业务能力。

【网点管理】 召开城镇住户记账培训暨2016年优秀记账户表彰大会等11次培训会议，对辅调员、记账户从调查方法理论、操作规程、调查技巧、审核把关、规范记账等方面培训，受益849人次。利用月报空余时间及季报集中下乡时间深入农户调查、深入田间地头检查指导，全年累计下乡入户53人次，筑牢统计工作基础，提高源头数据质量。

【统计信息化建设】 自2015年开展城乡居民收支调查电子记账以来，通过强化培训，已有76户调查户实现电子记账，电子记账逐渐在农村记账户中推广，减轻调查户和辅调员负担，提高基础数据质量和工作效率。

【机关党建】 推进"两学一做"学习教育常态化制度化，形成以党建带队伍、以队伍促业务的良好局面。坚持每季度召开一次"两学一做"专题研讨会议，组织全体党员干部参加"红旗渠党性修研班"，并向党支部上交"红旗渠党性修研班"学习体会。与职工签订《廉洁从政承诺书》，落实党风廉政建设工作，举办"党风廉政建设"知识竞赛竞答活动，推进惩防结合，促进全员廉洁自律。

（王雅梅）

网络信息

【政务公开】 2017年，彭阳县被确定为全国100个基层政务公开标准化规范化试点县之一，重点围绕征地补偿、扶贫救灾、财政预决算、涉农补贴等13个领域开展试点工作。梳理汇总公开事项清单，编制公开事项标准目录，建好用好各类政务公开平台，完善政务公开工作规程。推进彭阳门户网、政务公开智能管理平台、惠农资金监管平台、云视通系统平台的信息维护及业务培训。抓实政府网站信息普查工作，办理市、县政民互动平台群众来信。全年公开信息15929条。

【网络建设】 做好电子政务外网、行政中心局域网和云视通等系统建设及应用,推进云中心各信息系统上线部署。做好两网(门户网、新闻网测试版)、两微(微博"彭阳在线"、微信"走进彭阳")、两端(新华社客户端"生态彭阳"、人民网客户端"魅力彭阳")、三平台(政务公开智能管理平台、惠农资金监管平台、云视通系统)九个系统平台技术维护。

【新闻宣传】 加强与各乡镇、部门联系,借助"一网两微两端",拓宽新闻来源,强化对民生新闻、先进人物和党政要闻的宣传报道。推进"两学一做"学习教育常态化制度化,挖掘各乡镇、部门(单位)将学习成果转化为工作成效的好做法、好经验,推动全县学习教育活动向纵深发展。全年共发布各类新闻消息6526条。

【云视通建设】 彭阳县云视通系统是政协委员建议案《关于建设彭阳县信息化工作平台的提案》办理项目,2017年底竣工验收并投入应用。云视通系统共1个主会场、13个分会场、160个三级会场,通过彭阳县数字民政村民代表会议远程监控系统平台,实现县、乡、村(居)三级信息互联互通,确保会议及培训信息双向、实时、高效传输,搭建起县、乡、村三级协同工作平台。

【政民互动】 开通新浪"政务微博",彭阳县网站开通"书记信箱""县长信箱"等公众参与互动式栏目,指定专门工作人员,处理群众来信及市政府门户网站彭阳版块的"政民互动"信件,并将处理结果及时反馈群众。全年共收到"政民互动"类诉求104条,市政府批转的各类网上信件154条,均已办结。

【涉农惠农资金监管平台】 按照涉农惠农项目资金"三级备案、三级审核和一个监管平台"的"331"监管要求,落实"五重五保"工作措施,推进惠农资金监管平台建设安装工程。惠农资金监管平台涉及7个部门51个涉农项目,已安装手机APP119930部。

【舆情监测】 利用百度、谷歌等搜索引擎,对人民网、新华网等网站及论坛进行搜索,特别对网友留言、网上论坛、博客等互动性栏目,通过网页逐条浏览或者关键字词全网搜索等形式,收集相关舆情信息和留言,并汇总上报县委宣传部审核处理。全年共搜集上报舆情信息31期。

【安全管理】 落实主管领导、直接责任人审签制度,加强对工作人员保密审查教育,执行保密问责制度。加大网络安全监管力度,加强对网站机房日常巡检和监测,完善政府网站防攻击、防篡改、防病毒等安全防护措施,确保网站安全、有效、稳定运行。加强信息安全培训,通过一对一、电话约访等形式,对乡镇、部门网络工作人员开展网站基础维护、安全防护、病毒原理等内容培训,提高网管人员专业技能。

(王彩霞)

政务服务中心建设

【概　况】　2017年，中心以"互联网+政务服务"建设为重点，以"不见面"审批服务为突破，优化办事流程，推行网上办事，提高办事效率，共受理办理各类行政审批服务事项153219件，其中网上办件22559件。被共青团宁夏回族自治区委员会授予"青年文明号"。

【政务服务】　梳理审核行政职权事项名称、办理类型、申报材料、办理流程、办理期限、收费依据等22要素，建立《彭阳县政务服务事项目录》，共涉及406项行政职权和公共服务职能，包括183项行政审批、25项行政征收、34项行政给付、41项行政确认、115项其他类和权力清单外实施的8项公共服务事项，并通过政府门户网站、网上办事大厅、政务大厅查询终端、彭阳政务服务微信平台和窗口办事指南等载体对外公开，让社会公众随时随地查询，方便办事。对214项政务服务事项申报材料进行规范，申报材料减少278项，减少26%；对9项选择性提供的申报材料进行明晰。实行"多证合一"办理，不动产登记证和契税征缴"一证一税"联办，新注册登记企业132家，不动产登记证和契税征缴"一证一税"联办758件。压缩审批环节和审批时限，事项办理时限最长30个工作日，最短即时办结，事项平均办理时限由法定23.9个工作日压缩到10.3个工作日，压缩56.9%。梳理可实现全程在线办理政务服务事项61项，并开展在线办理，其中县级全程在线办理事项37项，共办理20488件；乡镇全程在线办理事项24项，办理2071件（其中民政类2057件，社保类14件）。开展"县证乡制"，已办理老年人优待证1989件。为乡镇、村（社区）配备高拍仪184台，证件卡打印机13台，组织乡镇民生服务中心业务骨干和各村（社区）代办员共350人，进行"政务云"推广应用暨宁夏行政审批与公共服务系统操作应用培训，"政务云"系统推广应用延伸至乡镇和村（社区）。

【服务创新】　开展政务服务标准化试点建设，建立252项服务标准，形成彭阳县政务服务窗口服务标准体系；制定并联审批规范、上下联审规范、网上审批规范和考核评价规范4个地方标准，其中上下联审规范被自治区政务服务中心作为统一标准在全区推广。率先开展生源地助学贷款办理全程电子化试点，实现办贷无纸化、合同电子化，全年办理助学贷款8345笔3760万元。在政务服务大厅一楼东南角增设6个服务窗口，建设金融便民服务超市，建设银行、黄河商业银行、贺兰山村镇银行、人保财险公司、汇融鼎信担保公司已进驻。设立金融便民服务超市，推行金融业务"一站式"办理，为群众和中小微企业办理农村产权交易、征信查询、信贷政策咨询及账户开立等金融服务事项提供方便。被自治区金融改革专项小组办公室授予"金融环境创建奖"。

【"不见面"审批】　构建不见面审批服务模式，开动政务服务高速"直通车"。完善编办、档案局、政府办(外事办)、发改局(粮食局)、教体局、公安局、民宗局、民政局、司法局、财政局、人社局、国土局、建环局、交通局、水务局、农牧局、文广局、卫计局、林业局、市监局、城管局、安监局、社保局、就业局、地震局、国税局、运管所、消防大队28个部门(单位)1104项政务服务事项要素,其中691项(包括主项、子项和办理项)可实现不见面办理,占全部事项62.6%。对梳理完善且不涉及专门行业系统的533项政务服务事项绑定人员、分配权限,录入系统,再生流程,规范节点,确保事项通过系统受理办结。现已开展孤儿养育津贴申请等17项民政类和城乡居民社会保险参保登记等7项社保类服务事项全流程网上联审联办。

(汪志骞)

社会保险事业管理

【职工基本养老保险】 全年城镇企业职工基本养老保险参保总人数11355人,完成全年任务11191人的101.4%;全年征缴企业职工基本养老保险费9623万元,完成全年征缴任务3147万元的305.78%;全年企业职工基本养老基金支出12383.35万元,养老金发放率和支付率均为100%。

【城乡居民基本养老保险】 全年城乡居民基本养老保险参保总人数为111464人,参保率99.1%,完成自治区任务110266人的101.09%;城乡居民基本养老保险基金收入5870.09万元,征缴率92.1%;年底城乡居民领取养老金人员23518名,全年城乡居民基本养老保险基金支出4004.95万元,参保率均为100%。

【机关事业单位养老保险】 年内,机关事业单位养老保险参保总人数为7430人(其中在职职工5606人,退休人员1824人),完成全年任务7426人的100.05%;征缴机关事业单位养老保险费13331.35万元,完成征缴任务9970万的133.72%;全年机关事业单位养老保险基金支出10580.70万元,养老金发放率和支付率均为100%。

【失业保险】 全年失业保险参保总人数6372人,完成全年任务6172人的103.24%;征缴失业保险费222.03万元,完成全年任务246万元的90.26%。

【城镇职工医疗、工伤、生育保险】 全年城镇职工医疗、工伤、生育保险参保人数分别为10166人、8048人和7264人,分别完成任务9600人、7000人和6400人的105.9%、114.97%和113.5%;征缴城镇职工医疗、工伤、生育保险费分别为4933.10万元、537.52万元、148.60万元;全年共支付职工医疗、工伤、生育保险基金3377.99万元、137.09万元、238.28万元。

【城乡居民基本医疗保险】 全年城乡居民基本医疗保险参保207650人,参保率100%,完成全年参保任务203000人的113.25%;征缴城乡居民个人基本医疗保险费2675.42万元;全年共支付城乡居民医疗保险基金7852.63万元。

【城镇职工基本养老保险基金】 全年城镇职工基本养老保险基金累计结余7030.84万元，城乡居民基本养老保险基金结余11851.21万元，机关事业单位养老保险基金结余8678.62万元。医疗、工伤、生育保险基金全部上缴固原市统一管理。完成"五险合一"经办体制改革，机关事业单位养老保险和被征地农民养老保险制度进一步完善，社会保障卡综合应用功能显著提升，窗口服务质量和效率进一步提高。

（杨宗耀）

法治建设

社会管理

【公共安全和治安管理】 加强对《国家安全法》《反间谍法》《反恐怖法》等法律法规宣传力度，强化干部群众敌情意识、保密意识和防范意识。开展"门徒会"等邪教组织专项整治行动，对在册17名"门徒会"成员落实教育转化和管控措施。整合"人防"力量和"技防"资源，使县城城区"两抢一盗"等治安、刑事案件和交通事故发案率明显下降。加强治安突出问题整治，对古城街道非营运车辆接送学生、刑事案件高发、道路交通事故多、学校周边小摊点兜售食品和婚姻家庭矛盾纠纷较多等5个社会治安突出问题开展集中专项整治。开展禁毒、电信网络诈骗、"两抢一盗"专项打击整治行动，全年共立各类刑事案件401起，破案353起；立案八类主要案件9起，破案11起，摧毁犯罪团伙24个114人；受理治安案件597起，查处465起；抓获吸毒人员44人，强戒20人；非法生产制毒物品案立案1起，收缴易制毒化学品麻黄碱349千克。法院共受理民商事案件2365件，审结2313件，结案率97.8%。检察院受理审查逮捕案件35件58人，批准逮捕24件38人。

【司法体制改革】 推进司法体制改革，县法院完成18名员额法官遴选工作。建立立案、小额速裁、民事审判一团队、民事审判二团队、刑事、行政、执行、审判监督和草庙法庭团队等9个审判团队。成立专业法官委员会，落实司法文书审签权下放，设立人民调解、行政调解、行业调解、家事调解、委派委托调解5个调解工作室，方便群众诉讼。推进案件繁简分流，实施要素式审判机制。县检察院按照实绩考评、民主推荐、党组综合评议程序，实施考核工作，报经自治区遴选委员会遴选审议，确定11名检察官纳入员额制管理。

【民主法治建设】 推进"七五"普法工作，开展"法律八进"宣传教育活动。通过举办法制培训班，加强县、乡、村、组四级干部法制教育培训，增强干部群众知法守法、依法办事、依法维护自身合法权益的能力和意识。推进县法学会建设，全年新增50名法学个人会员，6个团体会员。同时，为向社会宣介政法综治典型经验，先后在《宁夏法治报》《宁夏审判》《固原审判》《固原检察》等杂志上刊载论文80篇。开展"综治宣传月"活动，共发放"平安建设"等宣传品毛巾、围裙、纸杯、《平安创建知识手册》《安全防范知识手册》《反间谍法》《反恐怖主义法》等有关国家安全宣传品8000份，解答群众法律咨询1000人，参与群众16000人。健全信息发布、网络舆情监测、分析预警和应急处置、重大突发案(事)件依法处置、舆情引导与社会面管控等机制,严防网上网下交织传导、叠加升级危害稳定。

【平安彭阳建设】 落实矛盾纠纷排查调处会议和"两排查一分析"制度,对重点领域、重点人群、重点问题进行排查化解,把矛盾纠纷排查化解在基层,化解在萌芽状态。全年共排查各类矛盾纠纷3805件,化解3796件,化解率为99.7%。做好涉法涉诉信访和司法救助工作,办理群众信访事项152件,完成司法救助54.7万元。开展小额贷款、投资公司、典当公司、担保公司"四类公司"专项整治活动,共立案电信网络诈骗案件50起,破获38起,未发生非法集资案件。加强"两客一危"车辆动态监管,落实专人监控车辆正常营运。在重点时段、重点路段进行超速、超员查处,加强农用车、摩托车专项治理,严查重处酒驾、"三超一疲劳"等突出交通违法行为,共检查旅客行李37万件,查处超速、超员等违规问题32起,查处超限超载运输车辆330辆次,查处各类交通违法行为29452起。开展煤矿安全生产隐患专项排查,查找出各类隐患62条,整改到位62处。加强工程建设领域突出问题专项治理,共检查在建工程项目43项,下发质量安全责令整改通知书25份、停工整改6份。开展清理清欠农民工工资专项检查活动,共检查用人单位43家,涉及劳动者500人。畅通群众举报投诉渠道,对农民工举报投诉快立、快查、快结,共接待群众来信来访80人次,受理农民工工资拖欠案件15起,追回农民工工资797.3万元。发挥劳动保障监察"两网化"作用,实行用工企业信息动态监测制,完成137家用人单位用工备案审查。深化预防青少年违法犯罪专项治理,对全县重点青少年群体进行全面排查,对排查出的1名闲散青少年、3名有不良行为青少年、721名农村留守儿童分别登记造册,并进行教育帮助。把禁毒教育纳入课程管理,在全县各学校设立禁毒教育宣传专栏共146块、移动展板98块、宣传墙67面、禁毒专题教室56间,在县四中建立彭阳县禁毒警示教育基地,创建县级"毒品预防教育示范学校"20所、市级4所、区级2所,巩固彭阳县"校园无毒品,学生不吸毒"成果。

【政法队伍建设】 开展政治纪律、政治规矩教育和"两学一做"学习教育,增强干部"四个意识"。落实"三会一课"、领导干部双重组织生活、民主评议党员、谈心谈话等制度,营造良好组织生活氛围。坚持领导带头,对标忠诚意识、看齐意识、战斗意识、责任意识,以上率下,把学习教育成果转化为制度成果。健全监督体系,县检察院通过科室自查、案管中心组织业务骨干集中评查各类案件共98件,并督促落实整改。深化服务型政法窗口建设,开展政法窗口评星定级活动,组织评定、验收和命名,巩固提升政法窗口单位建设成果。

(张建民)

公 安

【社会维稳】 以党的十九大、自治区第十二次党代会和中阿博览会安全保卫工作为主线,狠抓维稳工作任务落实,采取日研判汇报制度，超前疏导化解，将各类不稳定苗头因素消除在萌芽状态，全年共搜集上报涉稳、涉案等各类情报信息95条，开展落地核查工作10人次。完成春节、上级领导到彭阳县视察工作及高考等安保任务。全年未发生群体性事件。

【案件侦破】　开展"六大战役"，完善以警务实战为导向、以情报导侦为龙头、以技术手段为支撑、以现代警务机制为保障的打击犯罪新模式，提高合力攻坚能力和精准打击能力。全年立各类刑事案件401起，发案率同比下降44.4%，破案353起，破案率88%，破案率同比提高27.8个百分点；立八类主要案件9起，破案11起（破历年强奸案件2起，故破案比立案多2起），破案率122.2%；抓获刑事作案成员258人，抓获网上逃犯49名，摧毁犯罪团伙24个114人，破案后追回损失153.62万元。受理治安案件597起，发案数同比下降34.5%，查处465起，结案率77.9%，查处违法人员619人。抓获吸毒人员44人，强戒20人；立非法生产制毒物品案1起，抓获犯罪嫌疑人10人，批捕8人，收缴易制毒化学品麻黄碱318.68千克及大量制毒原料和半成品。

【公共安全】　开展"礼让斑马线"活动及交通安全隐患"大排查、大整治"行动，加强农用车、摩托车专项治理，严查重处酒驾、"三超一疲劳"等突出交通违法行为，查处各类交通违法行为24392起，发生交通事故1起，受伤1人，经济损失0.05万元，同比三项指标分别下降75%、66.7%、85.7%。落实常态化火灾隐患排查治理、重大隐患分级治理机制，发生火灾事故16起，无人员伤亡，损失78.7万元，同比两项指标分别下降36%、29.4%。全年未发生重特大、恶性交通事故、火灾事故。

【队伍建设】　组织学习《内务条令》《着装管理规定》《八条禁令》等，严格规范着装，严肃警容风纪。开展专项督查，发出督查通报18期，处理违纪民警、辅警6人，整肃队伍，规范执法。对全体民警采取封闭集训、分段集训、分类集训，并坚持早操训练20分钟，提升警务实战能力和执法能力。开展祭扫英烈、学唱《人民公安向前进》、三八趣味运动会、五四环城越野赛、"迎接十九大·忠诚保平安"主题演讲比赛、庆祝建党96周年"颂党恩"等警营活动，凝警心、筑警魂。创建交通管理大队、草庙派出所为全区基层执法示范单位，将12个派出所划分为4个连片区，盘活警力。《人民法治》依法治国地方实践课题中心实践基地在彭阳县公安局正式揭牌成立。采集监控点位数据和人员聚集场所点位坐标，梳理汇总各派出所辖区村、组信息，录入全市反恐应急指挥平台。雪亮工程、智能图控、智能交通建设工作点位勘查工作全部完成。为全体民警配备移动警务终端，试点将110报警服务台接到的报警直接推送到值班民警的警务通终端，实现警情签收、反馈工作。选拔42名警务实战技能突出的民警、协勤成立平战结合特警队，开展反恐应急演练3次，反恐应急处突能力提高。

【公安改革】 举行"警营开放日"活动,邀请广大群众与县人大代表、政协委员走进警营,参观公安武器警械装备、无人侦察机、消防灭火救援设备、仿真毒品模板及收缴的假烟假酒假币。集中发还通过打击破案为群众追回的20万元财物。实施"一村双助理和一乡(镇)一义务巡防队"工作,组建近500名村警队伍和巡防员队伍,协助民警开展巡逻防范,参与化解矛盾纠纷和交通事故救援等工作。全年刑事案件发案同比下降44.4%,治安案件发案同比下降34.5%。

(徐鹏升)

检 察

【查办和预防职务犯罪】 全年共受理贪污贿赂案件线索9件,初查9件13人,立案侦查4人,移送审查起诉8人,法院有罪判决7人,挽回经济损失40万元。查办的"袁某某贪污案""马某某贪污案"入选全区检察机关集中整治和预防扶贫领域职务犯罪十大"精品案件"、十大"优秀案件"。建成县、乡、村三级党员干部警示教育基地,举办警示教育讲座10场次。与固原市邮政公司和彭阳县邮政公司联合制作"预防职务犯罪邮路"动漫微信和微视频,向社会推送。开展互助资金安全运行专项调查,督促收回拖欠互助资金35.3万元。开展职务犯罪专项预防调查3项,预防咨询19次,完成调查终结报告3件,结合查办案件,开展职务犯罪案件现场剖析会2次,开展行贿档案查询1392人次,对有行贿犯罪记录2家单位取消其投标资格。

【打击刑事犯罪】 全年共受理公安机关提请逮捕案件40件66人,审查后作出批准逮捕43人,不批捕24人,不捕后审查复议1件,追捕2人。受理移送起诉各类刑事案件91件129人,审结案件91件128人,其中提起公诉101人,不起诉21人,追加起诉遗漏犯罪嫌疑人3人。批捕、起诉案件质量提升,在全区检察机关评选的19份优秀法律文书和11件审查逮捕精品案例中,彭阳县检察院院报送的3份法律文书、1件案例获奖。

【诉讼监督检察】 通知侦查机关撤销不当立案18件,立案1件;在审查办理批捕、起诉案件中,发出纠正违法通知书15份,提前介入引导侦查取证2件。强化刑事审判监督,出庭支持公诉72件,审查刑事审判文书66件,提请刑事抗诉1件1人,上级法院予以采纳。联合监管单位进行安全大检查7次,会同监管单位召开联系会议5次,检察室单独进行安全防范检查32次,与在押人员谈话教育140人次,就加强和改进监管工作发出检察建议4份。完成全国检察机关第五届驻所检察室规范化建设达标考评验收工作,并被高检院评为"第五届全国检察机关派驻监管场所一级规范化检察室"。开展社区矫正监督检察,向司法行政机关发检察建议1份。开展"基层民事行政检察工作推进年"专项活动,主动到市监局、交警大队、运管所、水务局等行政执法单位查阅案卷142册,提出改进工作检察建议18份,督促行政机关纠正不作为、慢作为、适用法律错误及执法不规范、不严谨等问题,促进依法行政。审查法院已生效裁判案卷173本,发现民事审判执行程序不规范问题27件，向法院发出监督纠正审判程序违法检察建议20件，再审检察建议1件，所发检察建议均得到整改回复。对"两法衔接"工作再推进，和16家行政执法单位接通行政执法与刑事司法衔接信息共享平台，审查行政单位录入案件77件。

【窗口接访】 全年共接待群众来信来访26件30人，其中来访22件26人，受理举报贪污贿赂案件线索5件，受理并立案复查刑事申诉案件4件。集中开展法治宣传咨询7场次，引导群众依法表达诉求，解决群众困难。开展检察长接待及巡回下访，做好节日节点、"两会"和党的十九大会议召开期间矛盾纠纷排查化解工作。落实服务型窗口建设，窗口接待工作得到上级党委和检察机关充分肯定，其中控告申诉接待大厅被自治区人民检察院、最高人民检察院评为"全区文明接待室""全国检察机关文明接待室"。

【队伍建设】 推进"两学一做"教育常态化制度化，落实从严治党、从严治检各项要求，制定《检务督察工作实施办法》《约谈问责办法》，将检察工作与检容风纪等纳入督查范围。落实党风廉政建设工作责任分工，对责任清单进行公示。建立预警机制、通报制度、约谈问责追究制度，签订党风廉政建设责任书，层层传递压力，落实责任。抓好干警纪律作风警示教育，抵制"四风"问题反弹，全年公务接待、公车运行成本大幅下降。开展岗位练兵和业务竞赛活动，以庭审观摩、文书评比、类案研讨、业务实训等载体为抓手，实现以赛促学、促练、促提升，提高检察干警业务水平。1名干警荣获2017年度宁夏"百名法治模范"荣誉称号。以"党建带队建"品牌创建为抓手，主抓"班子带检、素质兴检、廉洁治检、文化育检、团建促检"五项工程，运用"两微一端"打造"智慧党建"阵地，建立"微信党支部群"，对重点学习内容及时宣传推送。以"三会一课"制度落实推进"两学一做"学习教育，以党小组为单位开展"6+X"主题党日活动。中国检察官文联《百名检察长访谈》摄制组深入彭阳县检察院就队伍建设工作进行采访，并通过检魂网、中国长安网等媒体报道宣传。参与全县民族团结进步创建工作，连续第三次被评为"自治区文明单位"。

【司法体制改革】 将10个内设机构整合为"五部一组"，制定不同业务岗位职责清单和权力清单。执行员额检察官办案工作责任制，严格落实领导办案规定。全年领导直接办理各类案件96件，占员额检察官办案数的55%。减少执法办案审批环节，司法效率进一步提升。建立员额检察官个人司法档案，完善对检察人员业务实绩、司法技能、职业操守三方面综合考评体系。

【监察体制改革试点】 加强与县纪委协调沟通，就案件受理、案件调查、审查办理、强制措施、线索移送等进行衔接。落实自治区深化国家监察体制改革试点方案，按照政法专项编制23%比例进行划转，根据专业需要、能力水平、个人意愿，做好转隶人员思想工作，对相关装备，建立移交清单，确保转隶政策执行到位。

(黄立华)

审 判

【刑事审判】 推进以审判为中心的刑事诉讼制度改革,坚持罪刑法定、疑罪从无等原则,确保无罪的人不受刑事追究。严惩故意杀人、强奸等严重暴力犯罪,盗窃、诈骗等多发性侵财犯罪,交通肇事、危险驾驶等危害公共安全犯罪,增强人民群众安全感。加大刑事附带民事案件调解力度,维护社会和谐。全年共受理刑事案件98件,审结90件,判处罪犯95人,结案率91.83%。

【民商事审判】 受理民商事案件2359件,审结2224件,结案率94.28%。审结教育、医疗、消费和权属、侵权等案件285件。推进家事审判方式改革,依法维护妇女、儿童和老人合法权益,审结婚姻家庭、继承案件501件。审结买卖、租赁、借贷、建筑工程等合同纠纷案件1406件、支付令案件28件。将调解贯穿于审判全过程和诉讼各环节,以调解、撤诉方式结案1106件,调撤率49.73%。

【行政审判】 坚持行政案件诉前协调机制,加强对征地拆迁、生态移民等引发行政争议行为化解力度。落实行政案件集中管辖制度,引导当事人依法合理行使诉权。全年共审查非诉行政案件3件。

【执行工作】 全年共受理执行案件1569件,执结1413件,执结率90.06%。完善失信被执行人信用监督、威慑和惩戒机制,利用微信等平台曝光失信被执行人153人次,发出限制高消费令76人次,悬赏被执行人120人次。加大拒执行为打击力度,向公安机关移送布控被执行人85人次,司法拘留58人次,以拒不执行判决罪判决2案5人。

【司法改革】 设置专业化、特色化审判团队8个。健全主审法官与合议庭办案机制、院庭长审判管理和监督机制,落实主审法官自主裁判权、规范庭长权力。实施案件繁简分流机制和要素审判机制,制定《案件繁简分流实施细则》《要素式审判办法(试行)》,做到简案快审、难案精审。全年共适用要素式审判机制审理案件32件。院、庭长共承办案件1265件,占结案总数的36.66%。开展第二批入额法官选任工作,选任出第二批员额法官5名。

【家事审判】 组建家事审判团队3个,制定《家事审判实施细则》《家事纠纷调解规则》等9项制度,确保家事案件规范运行。注重家事案件司法人文关怀,发出离婚冷静期通知书34份、人身保护令13份,出具离婚证明书28份。将调解工作贯穿到家事审判始终,调解、撤诉结案298件,调撤率达59.48%。

【司法为民】 实行"一站式"诉讼服务机制,设立诉前调解室,聘请专职调解员坐班调解,邀请特邀调解组织和特邀调解员参与调解,委派、委托案件121件,调解成功67件。开设律师安检"绿色通道",建立农民工工资、抚养费、赡养费等涉民生案件"绿色通道"机制,实行优先立案、优先审理、优先执行。发挥小额速裁程序快捷、高效特点,速裁结案117件。加强司法救助工作,为困难当事人减、免、缓交诉讼费6.25万元,为符合条件的刑事被害人、申请执行人申请司法救助资金43.7万元。

【司法公开】 利用法院门户网站和微信平台,公开发布工作信息。在市级及以上媒体发表信息简报85条,调研文章8篇,《司法改革语境下基层法院内部管理模式的优化与构建》一文在宁夏法院重点调研课题结项验收中被评为优秀课题。召开集中发放执行案款新闻发布会,现场向18个案件当事人集中发放执行案款226万元。举办"法院开放日"活动4场次,邀请代表、委员和学生与法院进行"零距离"接触,让司法在阳光下运行。

【服务大局】 制定《彭阳法院关于为全县民风建设提供司法保障和服务的实施意见》《彭阳法院联系乡镇工作实施意见》,加大对农村聚众赌博、寻衅滋事及通过"天价彩礼"非法牟利等活动打击力度。通过案例指导、交流经验,推动"三调联动"。加大定点帮扶力度,被县委、政府评为驻村帮扶工作先进单位。

【队伍管理】 调整充实中层岗位人员配置,提拔任命11人,调整任职4人。开展竞争上岗、双向选择,对全院干警岗位进行优化调整。注重教育培训,参加上级法院组织的业务培训169人次,选派优秀法官赴外地法院学习、调研33人次,举办"法官讲堂"7场次、书记员技能比赛4场次。完成法院书画长廊建设,建成"一室两馆"(体能训练室、羽毛球馆、乒乓球馆),激发队伍活力。

【作风建设】 开展"严明工作纪律 规范司法礼仪"学习教育及"三不为"纪律作风专项整治活动,解决庸懒散软、推诿扯皮、不愿担当、不守规矩等突出问题。落实领导干部干预司法活动和司法内部人员过问案件登记、上报、追究制度,落实周督查月通报制度。全年共开展专项督查36次,下发督查通报12期,通报干警8人次。

(孙彦龙)

司法行政

【普法教育】 以"法律八进"活动为抓手,做好领导干部、青少年、农民等重点对象法治宣传教育。把人大常委会例会前讲法制度推广到政府常务会和乡镇、部门工作例会之前。在学校开设"法治课堂",建立彭阳县青少年法治文化教育基地。开展"乡村民风法治大讲堂""法律赶大集"等活动,建成怡园广场、郑河街社区等法治文化教育基地。以"留守儿童""留守老人"为重点群体,开展"普法暖冬行""普法同行 相伴成长"等主题实践活动。发挥"互联网+"作用,建立"彭阳司法"微信普法新平台,拓展法治宣传教育阵地。开展干部职工网上无纸化考试,全县17万名普法对象参加,受教育面达80%,增强法治宣传教育效果。先后荣获全市"六五"普法中期督查第一名、自治区"六五"普法先进单位等荣誉称号。

【人民调解】 落实"两排查一分析"工作制度,开展"村每周、乡半月、县每月"矛盾纠纷排查调处。开展婚姻家庭矛盾纠纷排查调处"百日专项行动",把矛盾化解在基层。完善人民调解、司法调解和行政调解"三调联动"机制,从源头上消除和减少不稳定因素。开展人民调解"四张网"建设,建立各类人民调解组织183个,延伸和拓展矛盾纠纷排查预防触角和调处化解网络。全年各级人民调解组织共排查出各类社会矛盾纠纷868件,已调解868件,调解成功854件,调解率和成功率分别为100%和98.39%,完成下达任务的2.37倍。

【帮教管理】 落实社区服刑人员报告、居住地变更、外出请假等监管制度,做好信息核查和数据共享。落实"两个八小时""周听声、月见人、季度考核"等管控措施,确保所有人员在管在控。推广社区矫正"保证人制度",发挥"司法e通"、手机定位、监控系统、面部(指纹)考勤机等设备作用,提高社区服刑人员管控工作信息化、科学化水平。做好刑满释放人员安置帮教工作。全县共有社区服刑人员102名、安置帮教对象475名,无一人脱管漏管。

【司法服务】 打响"助力精准脱贫,免费为老百姓打官司"法律援助品牌,将全县17495户建档立卡贫困户全部纳入法律援助管理系统,对结对帮扶的新集乡赵沟村在产业培育、公共服务等方面精准施策,被县委、政府授予脱贫攻坚先进集体。分别在妇联、工会、看守所及各乡镇设立19个法律援助工作站,建设彭阳县法律综合服务中心,为援助对象提供窗口式、一站式、综合式、一条龙法律援助服务。宁夏茹河律师事务所累计为20家行政事业单位、企业常年担任法律顾问,提供法律咨询服务。全年共办理各类公证事项176件,受理法律援助案件289件,办结251件,为困难群众挽回经济损失403万元。

【自身建设】 开展星级司法所创建工作,完成9个五星级、3个四星级司法所创建工作。投资120万元,为司法所配备流动调解车、电脑等设备。新招录29名公务员,聘用28名专职人民调解员,并进行岗前培训。12个基层司法所机构规格调整为副科级并配齐司法所长。推进学习型党组织建设,组织广大党员干部加强十九大及习近平总书记系列重要讲话精神学习,开好民主生活会、"两学一做"专题研讨会,组织好"6+X"主题日活动,强化党员干部思想、组织建设。开展党风廉政警示教育,组织司法行政系统干部职工参观西吉县将台堡红色教育基地接受廉政教育,提高党员干部对加强党风廉政建设重要性的认识。

(杨陇东)

法治政府建设

【法治政府创建】 印发《彭阳县开展创建自治区级法治政府示范单位工作方案》,从完善依法行政制度体系、推进行政决策科学民主合法和依法有效化解社会矛盾纠纷三方面,开展自治区级法治政府示范单位创建活动。确定16个县级法治政府示范单位,其中乡镇5个,政府部门11个。同时加大督促检查力度,全年深入乡镇、部门(单位)督促检查2次，到16个法治政府示范创建单位专项督促检查2次。彭阳县被自治区法治政府建设领导小组办公室命名为全区法治政府建设示范创建单位。

【规范权力运行】 清理行政审批事项，推进"放管服"改革，严禁新设行政许可，整治"红顶中介"，完成行政审批中介机构、增加企业和公民负担证照清理，对保留的行政审批事项实行目录化、编码化管理，并公开集中办理，推行"互联网+政务服务"模式，提高行政效能。截至年底，全县保留行政审批事项186项，其中175项行政审批事项和42项公共服务事项进驻政务服务大厅集中办理。清理各类证照88个，其中权力清单内实施证照77个，权力清单外实施证照11个，涉及18个部门单位。

【规范性文件管理】 落实《宁夏回族自治区行政规范性文件制定和备案办法》，从制定法律依据、审查内容、制定的必要性和合法性、告知备案登记等全方位审查，并出具《规范性文件合法性审查报告》，规范性文件合法性审查率、公布率、备案率均达到100%。加大政府规范性文件清理，经统计，全县共有规范性文件79件，其中县级政府规范性文件56件，部门规范性文件23件，清理后对县级政府规范性文件确定继续有效18件，拟修改14件，废止24件。

【行政决策机制】 坚持"公众参与、专家论证、风险评估、合法性审查和集体讨论"制度，除依法保密的重大行政决策外，行政决策公开率、合法性审查率和集体讨论率均达到100%。建立重大决策专家组（库），将合法性审查作为重大行政决策前置程序。印发《彭阳县推行法律顾问制度和公职律师公司律师制度实施办法》，落实政府法律顾问制度，全县80%的乡镇和部门均聘请法律顾问，为政府行政决策提供法律保障。

【行政复议和应诉】 运用听证程序审理行政复议案件，全年共受理行政复议案件6件，已审结6件。制定《彭阳县行政应诉工作规则》，落实行政诉讼负责人出庭应诉规定，法院全年共受理政府行政诉讼案件66件，其中一审案件25件，上诉案件22件，再审案件19件，已判决结案66件，负责人出庭应诉率83%。

【行政执法】 规范执法程序，落实执法证件管理、执法公示、罚缴分离、收支两条线、重大执法法制审核和全过程记录等制度，健全行政执法和刑事司法衔接机制，对行政执法主体资格及行政执法人员证件进行专项清理，全年共年检行政执法证件619件，办理647件，行政执法单位均办理《罚没资格证书》。

（杨万瑛）

军事

人民武装

【理论学习】 采取同步收听收看党的十九大实况、学习报告原文和新《党章》、中心组带机关等方式,组织党员干部学习党的创新理论,特别是习近平总书记系列重要讲话精神和强军兴军战略思想,深刻领悟习近平新时代中国特色社会主义思想深刻内涵,夯实和坚定"不记初心、牢记使命,听党话跟党走"的政治信念。开展"积极拥护支持参与改革,立足岗位为强军做贡献""维护核心、听从指挥"专题教育活动,推进"两学一做"学习教育常态化制度化,通过制作宣传栏、发放学习资料、背记理论要点、撰写心得体会等,巩固深化学习教育成效,引导干部职工坚定政治信心,凝聚改革共识。

【国防教育】 以民兵整组、训练、兵役登记,征兵宣传、学生军训和慰问清真寺等为契机,发挥报刊、广播、影视和网络等媒体作用,对民兵、学生和信教群众进行随机教育。通过参观任山河烈士纪念馆、国防教育展板、观看国防教育题材影片和开展国防教育进校园等方式,筑牢民兵和学生思想基础。

【战备训练】 加强部机关"三室两库"和基层乡镇阵地建设,统一规范物资器材存储、使用和保养制度。投入5万元配备民兵连战备训练器材,修订各类方案预案,抓好《新大纲》试训,落实民兵训练任务。以营门口遇袭和库房起火为课目,组织干部职工应急演练,强化自身安全防护意识和应急处置能力。利用专武干部例会和兵员征集等时间,抓好专武干部业务培训,组织开展军事理论辅导和新大纲训练辅导各3次,理论考核1次,表彰征兵工作先进单位3个。推进军事工作,重点抓实干部军事理论、手工标图、文书拟制、射击、体能等科目训练,并严格考核,增强抓训练、搞建设综合能力素质。

【民兵组织整顿】 对全县基干民兵应急、支援和储备3支队伍共1100人调整编组,重点编建应急连125人,应急排3支分队120人,矿难救援分队60人,公路抢修分队94人;支援队伍中,通信抢修分队61人,工程抢修分队120人,伪装分队60人,医疗救护分队65人。储备队伍全部编建在各乡镇。规范民兵整组点验,发放服装器材,调整编兵结构,任命民兵干部,严格政治审查,开展专题教育,组织入队训练,民兵队伍焕发新活力。在执行"4·17"挂马沟林场救火、县"5·12"抗震救援演练、庆七一歌咏比赛等任务中,号令意识强、集结速度快、遵守纪律严、完成任务好。挂马沟林场救火事迹被《国防报》报道。

【兵员征集】 开展征兵宣传活动，在县城、乡村主要街道悬挂横幅100条，点对点发送征兵短信5万条，利用广播电视、广场LED屏、手机微信和设立固定宣讲点宣传动员。"八一"期间，组织对2名部队立功受奖现役军人亲属送喜报、开展困难军人家庭慰问、为重点优抚抚恤军人和60岁以上农村籍退役士兵免费体检等活动，激发群众送子参军和拥军热情。同时严格预征登记、宣传发动、体检政审、择优定兵、廉洁征兵、新兵欢送等环节，开设意见箱和咨询举报热线，接受群众监督，确保兵员质量。全年共输送男兵89人、女兵3人，大学生征集比例达55.6%，完成全年征兵任务。

【后勤保障】 从严经费使用审批，落实联审会签，严把经费核算报销，确保财务管理规范。落实每月开支计划、公务卡结算支付、物资集中采购等制度，确保经费投向投量合理和使用公开透明。坚持经费使用向军事倾斜，向训练聚焦，把民兵训练作为经费保障重点，全年发放民兵训练误工补贴57680元。

【双拥共建】 加强扶贫帮扶工作，投入5万元帮扶小岔乡和新集乡4个村修缮基础设施，与古城镇任河小学结对帮扶，投入2万元为师生购置净化饮用水设备，建立干部职工一对一帮扶建档立卡户贫困生制度，把人民军队的根本宗旨转化为具体行动。与白阳镇城关清真寺、古城镇北洼清真寺建立共建关系，通过设置宣传栏、制作宣传标语、与信教群众共同开展"颂党恩·升国旗"活动，为信教群众宣讲党的十九大精神等，宣传爱党爱国爱军队观念。协调召开全县双拥共建表彰大会，县重点应急连2个编兵单位、国动委3个专业办公室及1名职工受到表彰，激发广大群众拥军优属、支持国防热情。

【基层建设】 印发《关于加强基层人民武装工作暨专职人民武装干部队伍建设的实施意见》，落实每个基层武装部办公经费1万元。把思想政治素质好、组织纪律观念强、热爱武装工作的干部配备到武装工作岗位上，每月召开专干例会，进行业务培训、总结讲评工作、安排部署任务。加大经费保障力度，每年足额划拨70万元武装工作经费，做到保障标准不降、支持力度不减，确保征兵保障、民兵训练、战备建设等工作开展。

（刘可聪）

武警中队

【思想建设】 紧抓教育铸忠魂，在支队统一上大课基础上，严密组织小课串讲。开展"喜迎十九大，提振精气神，努力做贡献"活动，掀起学习习近平总书记系列重要讲话精神热潮。开展"卫士风采"系列文化活动，举办"卫士辞章"军旅诗词咏诵比赛，增强教育吸引力。开展"唱红歌、铭历史、铸军魂"活动，组织官兵参观任山河烈士陵园、将台堡会师纪念馆，观看红色影片，唱响士官组歌，夯实思想根基。开展"五解"（思想解惑、心理解压、学习解疑、娱乐解闷、生活解难）活动，设立周三主题谈心日，建立"官兵家长"微信群，做到战士成长家庭、部队共管，官兵成长进步共享。开展周末育才、读书评报、新闻日评等活动,引导战士励志做人。

【练兵备战】 组织官兵学习讨论辽宁总队执勤事故和案例,发挥警示教育作用。担负中阿博览会环宁安保设卡勤务,冯长征、王波等抓获盗车犯罪嫌疑人2名。狠抓执勤常见病多发病纠治,开展"学规定、查隐患、找问题、补漏洞"活动,规范"三班四哨两小时"勤务运行,总结出"三盯二查一拉一考"(紧盯执勤秩序和勤务管理,查哨兵着装及执勤登记,每天对应急小组拉练,考查应知应会常识)执勤法,官兵备战打仗意识显著增强。加强两警联动,召开两警联席会议3次,提升执勤工作规范化、法制化建设质量。开展专勤训、专哨专训和情况处置训练,落实应急班装备以车代库要求和"每周一小动、每月一大动、每季一联动"演练,部队反应能力有效提升。与县公安局建立信息互通机制,搞好情报搜集研判,随时做好遂行任务准备。

【从严治军】 坚持每周不少于半天的条令法规学习和队列训练,以条令条例学习为载体,采取日常灌输与集中教育相结合、示范引导与集中纠治相结合方式,强化官兵法制意识。深入学习成武经验,围绕"如何增强以队为家意识"讨论,实行"定人、定责、定岗、定位",从礼节礼貌、内务卫生、管理秩序和战斗精神四方面着手,提高正规化管理水平。开展创安"倒计时",排查4类13个问题,逐项打勾销账。管好网络险点,加强涉密文件资料和移动存储介质使用管理,守牢安全稳定底线。

【服务实战】 坚持支部当家理财,严格审批权限,落实"双主官签字"制度,坚持日清月结,每月公布制度。落实枪弹管理"五同""三人三锁"等制度,每周组织武器装备擦拭保养,国庆期间对军械室实施封闭管理。严格食品直达配送,落实食物留验制度,开展炊事队伍"学业务提能力、练技能强素质"教育培训,推进后勤保障服务,官兵对伙食满意率达98%以上。采取计价挂账方式,加强营产营具管理,增强官兵责任心。

【班子建设】 学习习近平总书记系列重要讲话精神,开展政治能力训练,建立支部议学、书记抓学、个人述学、群众评学"四学"机制,提升干部职工政治素养。强化集体领导,民主科学决策,推荐士兵提干1人,技术学兵6人,参加总队动漫摄影培训2人,转改士官1人,官兵满意度100%。抓团结带队伍,年内支部召开委员会9次、支部党员大会3次、民主生活会1次。对照"基层微腐败70条问题清单"开展问卷调查,抓实自查自纠。推进"两学一做"学习教育常态化制度化,开展学习党章、承诺践诺、参观见学、重温入党誓词等活动,提高党员宗旨意识。

(沈思发)

消防大队

【班子建设】 学习党的十九大及习近平总书记系列重要讲话精神、《党章》《党员领导干部廉政准则》《中国共产党纪律处分条例》等,把党委议学、集中学习、个人自学与组织考学相结合,提升思想理论水平。全年共组织集中学习12次，党委正副书记带头授党课9次，廉政专题教育4次，思想形势分析4次，部队管理形势分析4次，党委班子成员的政策理论水平和科学决策能力明显提高。大队先后被评为先进基层党组织、五四红旗团支部、双拥模范单位、党的十九大安保工作先进集体。大队1人考入部队院校学习深造，1人荣立三等功，20人分别被评为优秀志愿者、优秀共产党员、优秀党务工作者、优秀团员、优秀士兵、先进个人等荣誉。

【实战化练兵】 开展全员岗位练兵活动，采取中队周考核、大队月会操方式进行考核练兵，中队每周安排一天"六熟悉"，每月开展一次市政消火栓普查，每季度组织熟悉周边乡镇道路一次。全年共制定道路水源手册2份、"六熟悉"卡90份；完成重点单位数字化预案制作33份，完成率100%。定期上报业务训练与等级达标考核成绩，按时录入灭火救援管理系统、战训基础工作量化推进平台等，为灭火救援提供科学依据。组织官兵开展重点单位"六熟悉"演练100次，开展公共娱乐场所夜间演练15次，指导专职消防队伍建设4次，与企业专职消防队联合演练2次。

【正规化建设】 严格官兵行为，注重规范养成，从起居作息、出操上课、内务秩序、环境布置、礼节礼貌等方面，统一标准，统一要求，让全体官兵有章可循，使一日生活条令化，内务秩序规范化，管理方法科学化。把官兵思想道德情操、履行职责、严守纪律及着装佩戴、礼节礼貌、尊干爱兵、集会程序等作为行为规范建设主要内容，做到人人自觉，程序明确，内容系统，从严要求，一抓到底。

【后勤保障】 落实《城市消防站建设标准》《公安消防铁军中队创建标准》要求，对个人基本防护器材、特种防护器材、灭火器材、车辆配备、使用管理进行规范。定期开展装备检测和培训工作，减少装备非战斗损耗。投入10万元用于厨房及俱乐部设备更换，建成大队消防科普教育基地。办理营房不动产权证，将老营房和新营房"合二为一"。

【火灾防控】 召开全县消防工作会议、夏季消防大检查、电气火灾综合治理、高层建筑专项整治、十九大消防安保、冬春火灾防控等工作会议8次，召开行业部门联席会议4次，与民政局、公安局联合开展敬老院专项排查3次，与安监局联合开展易燃易爆场所专项检查2次，与文广局、市监局联合开展公共娱乐场所联合检查1次，与卫计局联合开展医疗机构联合检查3次，消除一大批火灾隐患，规范单位消防安全管理。组织14个行业部门主要负责人和9个派出所专兼职消防民警集中培训4次，对33家重点单位指导培训。提请政府挂牌督办重大火灾隐患单位2家，整改销案1家，稳固火灾防控体系。投入6万元，开展公益性消防安全培训45期，培训12000人，发放消防宣传资料15000份，张贴挂图500份，发送消防微信500条，播放消防安全公益广告300场次，新增义务消防员95人。

（曹奇超）

经济监管服务

宏观调控

【经济运行】 全年实现地区生产总值49.95亿元,同比增长8.8%,其中一、二、三产业增加值分别为12.88亿元、14.47亿元和22.59亿元,同比分别增长3.9%、13.1%和9.4%;全社会固定资产投资67.47亿元,同比增长13.3%;地方一般公共财政预算收入2.4亿元,同比增长9.8%;城镇、农村居民人均可支配收入分别为23345.04元和8790元,同比分别增长8%和11.8%;全社会消费品零售总额8.74亿元,同比增长10.1%。

【项目建设】 坚持把项目建设作为推进脱贫攻坚的有力支撑,抢抓政府投资项目三年滚动计划、中央预算内投资、国家专项建设基金等机遇,建立"4+1"责任清单,推动项目能落地、早开工、快见效。全年列入"4+1"责任清单重点项目100个,其中续建项目12个,全部开复工,开工率100%;准备开工项目60个,开工56个,开工率93%;争取开工项目28个,开工7个,开工率25%。争取中央预算内投资项目30个,开工25个,开工率83.3%。列入固原市八大工程包项目20个,全部开工,开工率100%。完成全社会固定资产投资67.47亿元,同比增长13.3%。

【精准帮扶】 定点帮扶新集乡张湾村,帮助理清发展思路,争取3万元建设电子商务进农村综合示范县项目电商服务站1个,帮扶资金5万元,用于购置培训设备、办公设备及文化墙建设。同时,抽调16名干部分编6组到企业、村组开展帮扶工作,帮助企业在发展壮大和困难群众脱贫增收方面想路子出点子。

【工业和非公经济】 构建以能源工业、农副产品加工、新型轻工业为主的新型工业体系,推动一、二、三产业融合发展。推进王洼煤矿600万吨/年改扩建项目建成,全年完成规上工业增加值6.4亿元,同比增长12%,全部工业增加值7.8亿元,同比增长10%,其中王洼煤矿实现增加值5.9亿元,同比增长28%。全年新打油井15口,完成固定资产投资1.5亿元。全年生产原煤650万吨、原油13.7万吨。完成97个行政村591个自然村电信普遍服务试点工程,实现县内行政村、自然村4G信号及宽带网络全覆盖。及时兑现2016年度非公有制经济奖补资金,对符合奖补政策的20家企业、协会上报的34个项目严审,并报政府复核审批,兑现奖补资金311.8万元。设立政府产业发展引导基金,成立彭阳众创投资开发有限公司,以企业化运作方式加大对新建企业支持力度。全年完成新入规企业2家、"专精特新"企业6家、示范企业1家；荣获市级科技型、成长型企业1家；打造创业孵化园1个、入驻企业53家；打造创业示范街1条，入驻各类创业主体150家，创新创业氛围更加浓厚。

【商贸流通】　完善各类商业网点布局，做活城乡消费市场，对6家平价商店给予奖补资金40.25万元。实施国家电子商务进农村综合示范项目，建成彭阳县农村电商公共服务中心、物流仓储配送中心、电商孵化园和96个乡村电商服务站，完成电商从业人员培训2700人次，培育电商企业5家，物流企业3家，实现全社会消费品零售总额8.74亿元，同比增长10.1%。印发《彭阳县推动农村电子商务发展的实施意见》，配套财政资金500万元，将电子商务进农村工作纳入部门、乡镇年度效能目标考核，加大对农村电商支持力度，助推电商扶贫工作。配合安监、消防、公安、市监等部门开展执法检查20次，检查生产经营单位40家，督办整改商贸安全隐患企业3家。

【价格监管】　健全商品市场价格监测预警机制，确定6个重点副食品监测点，每月实行定时监测3次，全年上报价格监测数据信息21期，并在政府信息网站公示。协调市监、卫计对医疗机构、药品零售店、农贸市场、大型超市、农家乐、客运站等42家经营场所价格进行检查，规范市场贸易价格。落实好中南部饮水片区工程，做好城乡供水、污水处理费及农业灌溉收费等事宜，并按程序报备，邀请人大办、财政局、市监局等12个部门单位、部分企业和社会群众代表35人召开彭阳县调整供水价格听证会，将听证结果公开。

【粮油市场供应】　加强粮食流通监管，对全县范围内30家粮食经营者的粮食收购许可证审核。对3个粮库3个粮站所存粮食开展检查，联合工商、质检等部门开展粮食流通市场专项检查5次，检查企业95个。制定《彭阳县粮油价格预警监测制度》，实施定点定人监测机制，按月编发《粮油价格及走势》，为政府决策提供依据。全年发放玉米科学储粮仓200套，组建国有放心粮油配送中心1家、放心粮油店7家、应急网点12个，扩大"放心粮油"配送占有率。全年共收购各种粮油58150吨，销售各类粮油54308吨。

【作风建设】　贯彻落实习近平总书记系列重要讲话和自治区第十二次党代会精神，以转变作风为重点，开展"两学一做"学习教育常态化制度化和"6+X"主题党日活动，召开专题研讨会4次，争创"学习型单位""学习型干部"。开展"干部大讲堂"活动，每名干部结合岗位职责讲业务讲政策，提升全体干部业务知识和政策水平。强化干部培训，全年共安排干部外出培训学习23人次，增强综合业务能力和水平。落实党风廉政建设责任制，逐级签订党风廉政建设责任书，明确责任，落实措施，教育引导党员干部自觉遵守《廉政准则》，规范廉洁从政行为。

（韩明星）

市场监督管理

【市场准入】　全县共登记市场主体10378

户,注册资本(金)865187.03万元,其中企业类市场主体1689户,注册资本(金)674683.83万元;个体工商户8095户,注册资本(金)72838.3万元;农民专业合作社705户,出资总额117664.9万元。创造就业岗位2000户。全年新登记市场主体1068户,注册资本(金)183910.3万元,其中新登记企业类市场主体384户,注册资本(金)120350.3万元;个体工商户610户,注册资本(金)11166.0万元;农民专业合作社74户,出资总额52394万元。变更登记市场主体951户,其中企业类市场主体356户;个体工商户502户;农民专业合作社93户。注销登记市场主体541户,其中企业类市场主体23户;个体工商户511户;农民专业合作社7户。办理股权出质63户;核准名称607个。应年报市场主体9487户,已年报市场主体6219户,其中企业类市场主体1143户,年报率为86.3%;个体工商户4519户,年报率为60%;农民专业合作社557户,年报率为88.2%。

【食品安全监管】 全县共有食品生产获证企业21家、食品生产小作坊285家、食品流通经营企业(户)1536家、餐饮服务单位606家。开展辖区内校园周边食品摊贩排查整治,取缔无证经营和非指定场所、区域、时间内经营食品摊贩,出动执法人员348人次,车辆69台次,检查中小学校、幼儿园268家次,校园周边餐饮店21家,食杂店15家,食品流动摊贩76家。开展旅游景区、网络食品交易、开斋节、国庆等食品专项整治,出动执法人员689人次。组织人员对食用农产品、三小食品进行抽样送检,完成食用农产品抽检任务240个批次,三小食品抽检184个批次,完成省抽48个批次,食品快速检测84个批次。对2家酱醋生产企业进行专项检查,查扣"松原"牌不合格食用醋酸125公斤。将食用农产品抽检在政府门户网站公示,接受社会监督。开展餐饮业油烟煤烟污染治理工作,责令督促218家餐饮企业安装油烟净化设备,完成煤改汽、煤改电。完成示范创建和"明厨亮灶"工作,明厨亮灶完成597户。创建食品安全先进乡镇(街道)2个、示范店30家,建立食品快速检测室2家,通过创建带动提升食品安全管理水平。开展重大接待活动期间食品安全保障工作,全年共检查食品生产经营企业3259家次,查处食品违法案件12件,下发责令改正通知书25份、监督意见书148份。

【药品医疗器械安全监管】 开展特殊药品安全专项检查,与7家特药使用单位签订安全责任书,对涉及特殊药品及含特殊药品复方制剂的单位开展监督检查。集中销毁查获及药品经营使用单位自查清理过期失效药品150个品种,货值8.6万元。开展"两小一室"(小药店、小诊所、村卫生室)药品安全专项整治,检查涉药单位116家次,下发责令整改通知书23份,查小案件2起。开展药品抽样和不良反应监测工作,中药饮片专项抽样16批次,药品流通环节监督抽样40批次,中药饮片评价抽样12批次,完成药品抽样任务。筛选监测上报106例药品不良反应。完成辖区内80%药品经营单位GSP认证跟踪检查工作,审核上报14家药品经营单位GSP认证申请资料,已认证通过11家,对未通过认证的药品经营单位下发责令整改通知书。开展医疗机构药械使用规范化管理创建工作，对已达标县级医疗机构开展"回头看"。开展保健食品化妆品安全监管，先后出动执法人员89人次，检查化妆品经营使用单位192家次，检查保健食品经营单位65家次，下发责令整改通知书23份。

【特种设备安全监察】 开展节日、十九大及自治区第十二次党代会期间。特种设备安全检查，出动检查人员21人次，检查单位18家，抽查特种设备36台，其中锅炉5台，压力容器16台，电梯15部，压力管道15千米，液化气充装站1家，天然气充装站1家。开展全县电梯安全大检查活动，对重点单位、重点隐患进行检查整改，检查电梯使用单位10家，抽查在用电梯25台。对发现的特种设备安全隐患立即交办，限期整改。对重点行业、公共聚集场所重点设备开展全面整治，出动执法人员35人次，检查特种设备使用单位18家，下发特种设备安全监察指令书5份，停用特种设备17台、停用特种设备1处。

【标准化计量监管】 开展医疗机构医用计量器具专项监督检查，督促各医院、乡镇卫生院、社区卫生服务站提高主体责任意识。在用强检计量器具强制检定情况及使用法定计量单位情况检查医疗机构3家，发现3台在用医疗器具未检使用。完成全县医用计量器具及公立医院、卫生院及社区卫生服务站在用医用计量器具摸底统计。

【商标广告监督管理】 成立彭阳县品牌战略推进工作领导小组，研究解决工作中的重大问题。全年共培育宁夏名牌产品7个、宁夏著名商标10件（地理商标2件），国家地理标志保护产品2个。集中开展户外广告（医疗广告）监督检查，重点查处未经登记虚假宣传等违法行为，共检查户外广告500条，查处虚假宣传案件1起，罚款3000元，规范广告市场秩序和市场环境。

【经济检查】 开展打击非法集资专项行动，在社区、学校、农村开展宣传活动，现场发放各类宣传资料2万份。对投资（咨询）类公司、小额贷款和非融资性担保公司进行排查，做到早发现、早预警、早处置。采取悬挂横幅、向社会各界发放宣传彩页、手册等形式，加强对常住人口、外来人口、出租屋主宣传教育，共开展打击传销宣传活动3场次，散发各种宣传材料1万份。加大直销网点巡查次数，对2户直销网点定期检查，规范直销行为。开展"无传销城市"创建巩固活动，对3个无传销社区工作"回头看"，发放宣传资料500份，完善各类台账。开展打击"傍名牌"专项执法行动，共查处商标侵权案件4起，案值18400元，罚款9200元，没收商标侵权五粮液白酒15瓶、五粮春白酒82瓶、剑南春白酒21瓶。开展"扫黄打非"专项治理整治行动，严打"黑网吧"，对辖区内主要音像制品店、书店进行检查，营造良好市场秩序。对成品油市场进行专项检查，抽样送检12样，对3户经营不合格成品油进行立案查处，案值4.1万元，罚款3万元。全年共查办各类违法违章案件28件，罚没款16.4万元。

【消费者权益保护】 建立"12315"消费维权投诉站、联络站355个，聘请义务联络员680名。开展消费热点调查，发放调查问卷15000份。开展流通领域商品质量抽样检验，及时公布检验结果，利用微信平台发布消费警示57条，曝光典型案例3起。推行经营者首问和先行赔付制度，签订先行赔付责任书41份、首问责任书88份。利用"消费者权益保护日""法律大赶集"、消费维权"六进"开展宣传咨询，发放宣传材料5万份，接受群众咨询2300人次，提升消费者维权意识。全年共受理消费者投（申）诉85件，调解成功85件，挽回经济损失2.76万元。

【队伍建设】 强化教育培训，组织干部职工学习党的路线方针政策，学习宪法法律，参加各类学习培训，确保熟练掌握业务技能。落实党风廉政建设主体责任，抓党建，促业务，注重对干部倾向性、苗头性问题跟踪。开展"三不为"专项整治，鼓励干部职工能干事、想干事、干成事。在窗口单位设立评议台，接受群众监督。深入帮扶村开展扶贫帮扶，共投入帮扶资金4.5万元，协调相关部门新修沙化路2.5千米，自来水入户率达90%，金融贷款50万元，为特困户争取民政救助资金5000元、救助物资13500元。同时，向区外推介彭阳特色农副产品，拓宽产品销售渠道，邀请银川市新华百货连锁超市相关负责人，对月子鸡、中华蜂、朝那鸡、菌菇、红梅杏等农副产品生产基地进行实地考察，初步达成农副产品进入新华百货连锁超市合作意向。

（宗向阳）

经济技术合作

【招商成果】 全年共落实招商引资项目29个，总投资72.46亿元，当年实际到位资金27亿元，其中区外项目到位资金27亿元，分别完成自治区任务18亿元、固原市任务27亿元的150%、100%。续建项目8个，总投资21.06亿元，当年实际到位资金4.38亿元；新建项目21个，概算总投资51.4亿元，当年实际到位资金22.62亿元。

【项目储备】 重点围绕特色农业提质增效、新型工业链条延伸、现代服务拓域扩面和生态旅游景观打造等方面，新论证储备优质农产品低温微冻保鲜等20个特色农业项目，100万件活性炭工艺品加工、原煤清洁高效综合利用等11个新型工业项目，健康产业园建设、中医文化养生度假区建设等7个现代服务项目及红岩大峡谷自然风景区建设、茹河窑洞民俗文化旅游村建设等12个生态旅游项目。

【外出招商】 全年共组织招商小分队外出招商28次，先后赴北京、天津、浙江等地开展招商活动，其中，县委、政府主要领导带队5次，分管领导带队10次。组织人员参加青洽会、商洽会、西博会、东博会、酒博会等节会12场次，达成中药材种植基地建设、利木赞牛全产业链发展、万亩苹果矮砧密植基地建设等意向项目20个。

【对外宣传】 全年共利用彭阳招商网页、微信公众平台等网络媒体发布招商信息62条，撰写招商工作简讯37期，举办座谈会、重点项目推介会40场次，印发《彭阳投资指南》4000份。邀请包括台湾国际青年商会总会、厦门思明区企业家协会、陕西海升集团等在内的考察团到彭阳考察投资项目10批次，成功举办闽宁信息扶贫产业园项目论证会，全年共接待到彭阳客商120批次600人。

【项目管理】 实行领导分包抓落实、部门协同抓落实和搞好服务抓落实"三大抓手"，落实乡镇和部门招商主体责任，保障全县招商引资工作开展。建立项目投资"绿色通道"，对重大招商项目减少审批事项，简化办事程序，从手续报批、开工建设、项目投产等环节实行"妈妈式"服务，营造廉洁高效、优质服务的政务环境和"亲商、扶商、富商、便商"的社会环境。同时，深入乡镇和企业调研，掌握重点产业发展需求，为项目储备、资源利用做好前期工作。

【党的建设】 完善党员管理，开展"6+X"主题党日活动，发挥党组织优势和党员干部带头作用，把党支部建设成坚强领导核心。推进"两学一做"学习教育常态化制度化，发挥党支部教育管理党员主体作用，把"两学一做"融入日常，抓在经常。学习贯彻党的十九大、自治区第十二次党代会和市委四届二次全会精神，制订学习方案，采取党政主要领导讲党课、党员干部带头学原文和全体干部职工谈体会方式，学深学透精神实质，牢牢把握精神内涵，提升干部政治素养。

【扶贫帮困】 定点帮扶小岔乡小岔村，筹集帮扶资金4.2万元，其中用于建档立卡户危房危窑改造3万元、改善村部办公环境1万元、村级文化阵地建设0.2万元。争取农牧部门马铃薯原原种免费发放项目，向小岔村建档立卡户、一般户免费发放马铃薯陇薯3号原原种10吨，折合人民币20万元。分类指导帮扶户科学制订脱贫计划，为46户贫困户帮扶1.38万元，用于春耕生产。引进旅游观光及特色农业招商项目，企业采取托管代养方式，在小岔村养殖1000头肉驴，带动小岔村42户建档立卡户发展以肉驴为主的养殖业。联系台湾国际青年商会总会为小岔乡高龄老人免费配置老花镜700副，折合人民币21万元。

（姬耀龙）

科技服务

【食用菌产业】 食用菌自1998年从福建省引进培育20年来，已建成工厂化生产园区1个，实现双孢菇、杏鲍菇、鸡腿菇、真姬菇等周年化生产，注册"六盘山珍"系列品牌，园区食用菌产品荣获"第十一届中国国际有机食品博览会暨BioFach China 2017产品金奖"。探索"园区+产业带扶贫户"精准扶贫模式，通过租赁等形式支持周边9户建档立卡贫困户在园区开展平菇和杏鲍菇生产，企业回收产品统一销售。深化产学研用合作，建成利用废菌料生产生物饲料、有机肥料生产线各1条，依托"6+4"东西部科技合作，与福建省农科院签约"菌草循环经济产业构建关键技术研究与示范"项目1个。

【中药材产业】 形成城阳、冯庄、孟塬集中连片种植区和草庙、小岔、王洼分散种植区两大中药材产业带，确立"黄芪、党参、红花、苦杏仁"四个主打品牌。共建成百亩百药种植科普示范园1个，百亩种子种苗繁育基地3个，千亩规范化种植基地4个，万亩林下景观药材种植示范点1个。先后注册成立企业合作社3家，累计达30家，吸纳百亩以上种植大户30家，带动全县种植中药材5.1万亩（其中林下药材2.7万亩）。采取企业建基地、合作社连农户等措施，建立规模化种植万寿菊基地8个，带动8个乡镇51个村1788户种植万寿菊2.5万亩，实现产值4500万元。形成具有彭阳地方特色的"彭阳苦杏仁"，建成苦杏仁标准化生产基地2个，完成苦杏仁、桃核深加工1500吨左右。

【科技扶贫和特派员创业】 建立科技进村入户新机制，推进12个科技脱贫试点村工作。组织科技指导员、帮扶村干部开展产业帮扶成效观摩交流学习1次，制作科技扶贫指导员工作纪实宣传片1部。实施"十村千户"科技扶贫项目，建成科技扶贫示范村（白岔村）1个。建立以科技扶贫指导员、"三区"科技人才和科技特派员为主体的科技服务网络，联合高校及科研院所专家，开展科技助力脱贫致富工作，共落实科技扶贫项目21个，争取资金180万。

【科技成果转化】 全年共建成技术创新中心5个、科技企业孵化园1个、科技示范基地5个、科技创新创业人才示范基地2个、专家服务基地3个、科技创新团队5个。鼓励企业和个人开展专利申请和科技研发工作，共申请专利66件，授权7件，有效发明专利拥有量2件，万人拥有量为0.10件，取得研发成果2项，注册特色产品商标证书5个，建立新品种试验示范基地5类70个。

【科技培训】 狠抓科普宣传科技普及工作，强化新型职业农民培训，共举办科技下乡1次，科技扶贫观摩交流1次，中药材县域观摩1次，发放科技宣传单5000份、种养手册1000本。举办食用菌、中药材、万寿菊及种养实用技术培训班27场次，培训人数2430人次。选派16名食用菌技术骨干赴北京、银川培训学习2次，食用菌企业赴北京参加全国科技精准扶贫成果展1次。

【招商引资】 引进北京恒润泰和中医药健康管理有限公司与固原市杏林药业有限公司在彭阳县投资建厂，开展有机中药材规范化种植、种子种苗繁育、农民技术培训、药材购销、初加工及精深加工等服务，引领全县中药材产业上新规。全年共组织申报科技支撑、基础条件、惠民等项目41个（市级2个、区级39个），落实资金336万元。征集技术、人才、专利申请等方面科技需求22项，与科研院校对接，签署合作协议5个，完成"6+4"东西部合作项目2个。

（李万斌 虎德钰）

自然资源

国土资源管理

【概况】 全县土地总面积 2533.49 平方千米，农用地面积 328.3 万亩（耕地 125.5 万亩，园地 0.6 万亩，林地 184 万亩，牧草地 10.2 万亩，其他农用地 18 万亩），建设用地 18.8 万亩，未利用地面积 23 万亩。

【土地管理】 制定《全县耕地保护考核办法和考核细则》，共签订耕地保护责任书 46453 份，基本农田保护率达 80%以上。对雷河滩沿街商住楼、县城东环路、经一、二路建设项目征地拆迁，已完成征收 51 户，兑付征地补偿款 2483.796 万元；完成 G327 沟圈（甘宁界）至彭阳段及茹河瀑布风景区建设项目土地征收工作，对自治区人民政府批复的 2017 年第一、二批次城镇建设用地，按照程序发布征收安置公告和征收工作。全年共申报审批项目用地 18.5453 公顷，重点交通项目中彭阳县古城刘高庄经红河至杨坪公路已通过自治区国土资源厅土地预审，银川至昆明公路（宁夏境）太阳山开发区至彭阳（宁甘界）段（彭阳段）和固原黄峁山至彭阳古城公路改扩建（彭阳段）已组织预审报件上报区厅，全年累计预审各类项目用地 70 宗。以挂牌方式出让国有建设用地 24 宗 16.85651 公顷，成交价款 5264.85 万元；以划拨方式供地 27 宗 70.8444 公顷。实施县外生态移民迁出区土地复垦项目。争取高标准农田建设项目 2 个，预算总投资 4500 万元，其中草庙乡包山村土地整治项目建设规模 647.21 公顷，总投资 2150 万元；草庙乡周庄村土地整治项目建设规模 534.52 公顷，总投资 2350 万元。编制 2017 年增减挂钩项目实施方案，落实增减面积 1500 亩。

【矿政管理】 完成 26 家生产非煤矿山和 3 家煤矿企业矿业权公示及数据库清理工作，清理关闭长期停产非煤矿山企业 2 家。开展煤矿超层越界专项整治及 2017 年安全生产专项整治系列行动，对采矿许可证已注销过期和越界超层开采矿山企业共计 17 家已移交执法队查处。

【灾害防治】 开展地质灾害隐患排查工作，对 2016 年监测的 42 处地质灾害险点全面排查，确定 2017 年需继续监测地质灾害险点 26 处。开展地质灾害应急演练，对各乡镇分管领导、土地管理员和险点责任人、监测员进行业务培训。

【民生服务】 发放不动产权证书 599 本，不动产登记证明 530 本，查询 4000 件，抵押 530 件，房产注销 1710 件，查封 122 件。完成录入城镇宗地 1570 宗、信息 2363 条。利用房产数据库和房产纸质档案录入房产历史产权信息18485条。完成所有房产档案电子属性录入与扫描以及部分小区楼盘表制作与入库，现楼盘表已入库18537户。完成农村宅基地和房屋"房地一体"确权登记颁证任务的20%。

【执法监察】 发挥动态巡查作用，共开展国土资源动态执法巡查80次，制止国土资源违法行为47起。立案查处国土资源违法案件28件，其中土地违法案件23件、矿产违法案件5件，收缴罚款718165.22元，配合乡镇拆除违法占地9宗。对2016年涉及的505个图斑核查，其中土地合法图斑494宗，违法用地图斑11宗，拆除9宗，立案查处2宗。

【党的建设】 推进"两学一做"学习教育常态化制度化，组织党员干部深入学习贯彻党的十九大、自治区第十二次党代会和县委八届二次全会精神。落实全面从严治党要求，加强党风廉政建设，聚焦中央"八项规定"和区、市、县若干规定，持之以恒纠正"四风"，组织股室负责人开展集体廉政谈话2次，组织40多名党员干部到任山河烈士陵园开展警示教育1次。

（张　杰）

石油开发服务

【运行管理】 依法规范企业勘探开发行为，妥善解决中石油长庆油田分公司第九采油厂2010—2015年开发占用林地未办理相关手续等遗留问题。同时，严格企业登记准入条件，加大对参与石油开发企业在安全生产、粉尘扬尘治理、废旧油污泥浆处理、农民工工资支付、文明规范施工、税费规费缴纳等方面监管力度。全年下发开工通知单15份、停工整改通知单6份，清理出县境企业1家，帮助农民工追讨工资120万元。

【地企发展】 赴中石油长庆油田分公司第九采油厂，争取投资。全年共完成固定资产投资1.5亿元，新部署井场11个，新打油井13口，生产原油17.5万吨，收缴各种规费34.4万元，完成第九采油厂彭阳石油生活基地公寓楼、办公楼、职工食堂和设备用房建设任务。争取中石油长庆油田分公司对彭阳县社会事业发展支持，全年共争取各类扶持项目4个，落实帮扶资金720万元，共兑付群众各种补偿款120万元。

【作风转变】 推进"两学一做"学习教育常态化制度化，组织干部职工认真学习贯彻落实习近平中国特色社会主义思想、党的十九大、自治区第十二次党代会精神及区、市、县主要领导讲话精神，全年共完成学习心得12篇、调研文章2篇，每个干部职工完成学习笔记和心得体会2万字。组织党员干部参加专题党课辅导和专题讲座，强化党员干部党性党风教育，转变工作作风，增强党性修养和廉洁自律意识。开展扶贫帮扶活动，全年筹资24万元，帮扶草庙乡赵洼村发展，帮助38户建档立卡户脱贫致富。

（李文勇）

王洼煤业

【生产经营指标】 全年煤炭产量720万吨，较上年同期572万吨增加148万吨，完成2017年计划670万吨的107%。掘进进尺22126米，完成当年计划23000米的96%。商品煤销售757万吨，较上年同期566万吨增加191万吨，完成当年计划670万吨的113%。原煤入洗526万吨，完成当年计划入洗量450万吨的117%，洗选精煤453万吨，综合发热量平均达4689大卡，较计划目标4600大卡提高89大卡。平均售价239.52元/吨，较上年同期161.29元/吨增加78.23元/吨。销售收入18.13亿元，较上年同期9.12亿元增加9.01亿元，完成当年计划15.82亿元的114.6%。完全总成本13.47亿元、单位成本187.06元/吨，较上年同期159.28元/吨增加27.78元/吨。完成利润4.5亿元，较上年同期482万元增加4.45亿元；上缴税金4.4亿元。完成工业总产值17.24亿元，工业增加值14.86亿元。年度总投资计划3.29亿元，实际完成2.49亿元，完成年度计划的76%。

【安全环保】 王洼煤矿通过一级安全生产标准化验收，进入国家首批61处标准化矿井范围；王洼二矿、银洞沟煤矿通过二级安全生产标准化验收。矿井水处理项目开工建设，王洼二矿、银洞沟煤矿取得排污许可证。落实煤矿领导下井带班制度及"一岗双责"责任清单，狠抓煤矿水、火、瓦斯、顶板等自然灾害治理，查隐患、反"三违"、堵漏洞，全年接受上级检查21次，排查隐患965条，各矿安全"体检"1次。落实中铝集团"三个全面"强基固本行动，安全环保工作可控在控。加强职工教育培训力度，持证上岗率达到100%。全年公司无轻伤以上人身事故、"一通三防"、机电运输、顶板、放炮等事故和环境污染事件。

【项目建设】 全年完成王洼煤矿600万吨/年改扩建项目投资2.59亿元，累计完成投资14.1亿元，完成项目总投资19.58亿元的72%。矿井主要安全生产系统建成。

【党建工作】 全面贯彻党的十九大精神，牢固树立"四个意识"，深入学习贯彻习近平总书记系列重要讲话精神，以"两学一做"学习教育活动和"两带两创"主题活动为抓手，增强党组织凝聚力、战斗力和创新力。将党建工作纳入公司章程，坚持中心组学习制度，充分利用党员大会、党小组会等载体，提高领导班子的政治理论水平和政治素质。通过党员责任区、党员先锋岗、党员突击队等活动，实现全员全方位全覆盖。开展党支部务实工作现场情景模拟竞赛活动，强化基层党支部组织建设。开展"最美矿工""最美矿嫂"评选活动，发挥示范引领作用，倡导真善美、弘扬正能量。

【技术创新】 在银洞沟煤矿11采区轨道下山进行锚注一体联合支护实验，经过4个月现场观测数据分析，巷道变形在设计参数内，初步验收认为该技术适应煤业公司各矿软岩支护。在银洞沟110204综采工作面、王洼二矿110508综放工作面采用阻燃聚酯纤维塑料网施工回撤通道，提高工作效率，缩短施工工期，防止工作面采空区遗留浮煤发生易自燃等安全隐患。完善"一通三防"、地测防治水、机电运输、采掘等专业技术管理制度共13项，开展安全生产责任制修编工作。每月月初组织召开技术例会，实现技术例会常效化，确保技术工作有序开展。

【煤炭销售】 增强直供营销，全年共签订煤炭销售合同178份，其中重点用户37份，新增用户6家，重点用户销量占比达21%以上，终端用户销售集中度提升。发挥铁路专用线优势，开发铁路外运新用户，扩大销售半径，开拓销售市场，全年铁路外运量394万吨，其中国铁外运量完成295万吨，六盘山热电厂发运量完成99万吨。同国铁部门和六盘山铁路公司及汽车承运公司紧密配合、协同作业，单日最大销量完成4.3万吨。严格合同管理，提高货款回收率，坚持授信额度管控，降低企业运营风险。

【工艺改进】 对大块煤及矸石破碎机改造，降低原煤运输及预先分级设备设施的磨损，避免破碎后大块原煤（小于200毫米）进入弛张筛而加剧筛板破损，节约生产成本。末煤脱泥筛筛缝由1.5毫米改为0.5毫米，使0.5~1.5毫米的粗煤泥经重介质旋流器有效分选；矸石脱介筛稀介段筛缝由1.5毫米改为0.5毫米，减少进入粗煤泥系统低质粗煤泥量；末精煤脱介筛稀介段筛缝由1.5毫米改为2毫米，提高粗煤泥产品质量。调整重介质浅槽分选机分选下限，增加进入浅槽洗选原煤量，减少块煤脱泥筛下的物料量，同时使末煤洗选系统入料量减少，系统处理能力得以释放，压滤煤泥产率下降6%。

【队伍建设】 加强"三支队伍"建设，在西安科技大学招聘煤矿相关专业大学生14名、面向社会通过选拔招聘技术人员6名、采掘工人150名。开展骨干员工评选活动，通过考评，选拔骨干员工527名，激发员工创新动力。优化员工配置，建立"9+4+4+1"员工管理模式。强化职工教育培训，全年专业技术评审通过134人，技能鉴定合格230人。特殊工种培训8期677人次，合格率94%；管理人员培训187人，合格率99%；职业卫生培训20人，合格率100%；教师资格证培训17人，合格率100%，特种设备培训70人，合格率100%；质量标准化培训21人，合格率100%；进网许可证培训17人，合格率100%，涉爆人员培训149人，取证71人，换证78人，新工人岗前培训完成239人，合格率100%。

【职工关爱】 在重大节日开展走访慰问活动，共发放慰问金15.2万元；倡议并组织捐款5.48万元，帮助6名困难职工解决困难。缴清2016年所欠社保费用1.37亿元，缴纳2017年职工社会保险1.92亿元，解决患病、工伤职工医疗费用报销难问题。开放企业文体中心、职工书屋，组织开展第二十七届职工篮球运动会、元旦辞旧迎新娱乐活动等，丰富职工业余文化生活，增强幸福指数。

（邵昭才）

电力供应

【概　况】　国网彭阳县供电公司成立于1984年，现有职工53人，农电员工167人。下设客户中心、运检建设中心2个职能部室和综合管理部、乡镇供电所管理部2个管理部室，管理7个供电所及4个运检组，担负着全县12个乡镇2528平方千米、25.15万人口的工农业生产和生活用电任务。辖区内有110千伏变电站3座，容量200兆伏安；35千伏变电站9座，共有主变25台，容量14.5兆伏安，10千伏线路49条1645千米，公网配变1454台，容量95.02兆伏安，低压线路5207.051千米，其中四线1671.101千米，两线3534.92千米，四线占比32.09%，低压用户76712户。

【指标任务完成情况】　城市供电可靠率完成99.7671%，与计划相比下降0.1117个百分点；农村供电可靠率完成99.5432%，与计划相比上升0.2687个百分点。城市电压合格率完成99.997%，与计划相比上升0.002个百分点；农村电压合格率完成95.186%，与计划相比下降4.064个百分点。售电量完成2.56亿千瓦时，同比增长17.51%；销售收入完成1.38亿元，电费回收率100%；有损线损率9.57%，同比下降1.45%；累计发生属实投诉29件，投诉属实率同比减少16.87%。彭阳县供电公司荣获宁夏电力有限公司"先进集体"荣誉称号，行风评议实现十连冠，一项配电网工程荣获国网公司"2017年度配电网百佳工程"称号。

【安全生产】　全年安全形势良好，未发生七级及以上人身、设备事故，未发生一般交通及火灾事故，年内安全生产天数365天，累计实现安全生产6984天。开展全面、全员、全过程、全方位安全大检查和缺陷隐患整治工作，发现10千伏线跨房屋垂直距离及导线与树障安全距离不足62处，并整改到位。落实安全管理人员到岗到位制度，加大施工、抢修现场安全稽查力度，稽查工作现场276处。对辖区内小学、幼儿园进行用电安全隐患排查及电力安全宣讲25次，开展专变、专线用户检查67次。全年10千伏线路跳闸重合成功事件48次，故障跳闸重合不成功事件20次。

【电网建设】　完成2016年续建工程9375万元，2017年农网改造工程16385万元。新建和更换配电变压器164台，容量24.21兆伏安，新建和改造10千伏线路75千米、低压线路1498千米、接户进户线597千米，实现古城、新集、红河、白阳、罗洼、石岔所有台区绝缘化，四线覆盖率达85%以上，配变三相负荷不平衡率降低到25%以下，台区线损合理率均达96%，满足新增动力用户接入需求。

【营销管理】　加强营销基础数据治理，制定《彭阳县供电公司营销规范》《彭阳供电公司异常数据管理办法》，开展高、负损台区督办178次，监控并整改异常数据237条。更换老旧设备171台，更换模块5724块，采集成功率99.9%，台区线损合理率94.28%。开展量、价费异常数据监控，共处理现场电价异常347条，处理表码不一致表计467块，修复年阶梯表码数据2782条。建立业务融合机制，成立营配调管控小组，将营销、生产营配调业务融合，第一时间对新增及更换的线路、变台、用户进行系统维护，处理系统异常数据3149条，整理线路隶属关系11条，全年高压用户一致率100%，低压户变一致率100%，同期分区线损率5.76%。开展"电E宝，拇指购电"进社区活动，全年开通远程充电业务1.56万户。

【农电管理】　王洼供电所通过宁夏电力有限公司"四星级"供电所验收，白阳供电所通过省公司"四星级"供电所复验。彭阳供电公司在固原农电公司开展的"四项劳动竞赛"、第三季度"反违章、除隐患"及降低农网线损率劳动竞赛中均排名第一。13个供电所、营业站均实现优质服务"零投诉"。建立"一人一档"培训档案，开展营销、配电业务交叉培训及师带徒活动，以适应全能型供电所建设需要。在固原农电公司举办农电"工匠型"人才技能比武活动中，彭阳供电公司获得团体第一名，其中1人荣获农电优秀技能选手。全年配电线路工、抄表核算员高级技能鉴定通过15人，配电线路技师、农网配电营业工技师通过11人，居固原各县公司第一。

【党建引领】　落实全面从严治党要求，开展"两学一做"常态化制度化，完成2017年党支部委员补选工作。功能党小组作用显著，在电网建设、营销管理等中心工作中，走在前做表率，发挥共产党员模范带头作用。开展"工匠精神、奉献、志愿、宣贯十九大精神"等道德讲堂，提升干部员工道德水平、激发爱岗敬业精神。党风廉政建设同全年重点工作同部署、同安排、同落实，重点从"两个责任"清单、廉政风险排查及防范、"三重一大"决策及依法治企、警示教育、廉洁文化六个方面从严落实廉洁从业工作，全体干部职工廉洁从业意识进一步加强。

【企业文化】　建设"五统一"优秀企业文化，弘扬"诚信、责任、创新、奉献"核心价值观，完成以虎志文精神投影为主题的公司企业文化示范长廊建设，楼宇文化焕然一新。通过自治区精神文明单位复验。深化"善小"卓越实践，开展"道德讲堂"活动4次，选树培养先进典型，在员工中形成学习先进、赶超先进、争当先进浓厚氛围。通过身边人讲身边事，身边人教育身边人，以德育人，激发全体员工爱岗敬业、干事创业激情。

（海　军）

农业与农村经济

扶贫开发

【移民搬迁】 全县"十三五"计划搬迁安置2330户8646人,其中县外移民641户2416人,县内移民1689户6230人。2016年完成搬迁安置646户2754人,其中县外移民235户932人,县内移民411户1822人;2017年搬迁安置1684户5892人,其中县外移民406户1484人,县内移民1278户4408人。

【金融扶贫】 落实金融扶贫贷款政策,推行"财政+金融+扶贫+产业"联动模式和"一台一会一体系"金融扶贫机制,降低贷款"门槛",提升贷款额度,延长贷款期限。年内,为建档立卡贫困户发放扶贫贷款6959户2.94亿元,户均4.2万元,累计达1.51万户8.8亿元,覆盖面86%。落实"扶贫保"政策,安排财政涉农资金1000万元,为建档立卡贫困户购买家庭意外伤害保险和大病补充医疗保险,为9649户建档立卡贫困户购买优势特色产业保险,全年理赔3300万元,贫困群众抵抗风险能力提升。安排村级发展互助资金660万元,村集体经济发展培育基金700万元,通过资产盘活、产业带动、金融撬动、资源开发、服务创收、收益分红等模式,加快村集体经济发展。截至年底,112个村集体经济累计收入133万元。

【脱贫能力培训】 因人制宜发展"离土"产业,紧盯市场需求、产业发展和群众意愿,实施劳动力素质提升工程,组织建档立卡贫困群众开展特色种养、汽车驾驶员、刺绣编织、电子商务、中式烹饪、工程机械、致富带头人等各类培训266期13998人(建档立卡户10994人),转移安置就业9235人,就业率82%。实施建档立卡户"雨露计划"项目1198人,政府购买非全日制公益性岗位安置建档立卡贫困户2359人。

【扶贫资金管理】 全年共整合到位财政涉农资金78620.2万元,其中中央财政资金56398.6万元,自治区财政资金21026.6万元,县级财政资金1195万元。年底,财政涉农资金支付7.192亿元,支付率91.47%,其中专项扶贫资金3.073亿元,支付2.921亿元,支付率95.05%。印发《关于在全县深入开展查处扶贫领域腐败问题专项行动的实施方案》《彭阳县统筹整合使用财政涉农资金管理办法》,重点围绕项目"选项、申报、审批",工程"招标、建设、验收"和资金"拨付、管理、使用"等环节和关键风险点,对财政专项扶贫资金使用和管理情况进行自查自纠;邀请自治区检察院、扶贫办在彭阳县开展"精准扶贫、廉洁为民"专题警示宣传教育基层行巡讲活动。落实"三公开"制度,建立扶贫资金县、乡、村"三级审核、三级备案和一个平台监管"的"331"监管机制,成立资金监督检查小组,定期不定期对扶贫资金使用管理、项目运行等情况进行实地监督检查,确保扶贫资金安全、规范运行。

【整村推进】 加大扶贫资金整合力度,狠抓到村到户项目落实。新修村组道路777.1千米(水泥硬化路357.5千米,砂砾路419.6千米),道路通达率达到100%;改造危房危窑1988户(建档立卡户1125户),完成1415户(建档立卡户866户)任务的140.5%;改善人居环境3208户(建档立卡户1387户);完成自来水入户5302户(建档立卡户1855户),入户率94%。新建标准卫生室55个、村级综合文化服务中心144个、4G基站94个、800兆基站38个,实现村级综合文化服务中心、网络信号全覆盖。

【产业扶贫】 因地制宜发展"有土"产业,制定建档立卡贫困户《产业发展扶持规划》和《产业培育扶持标准》,建立"企业+合作社+贫困户"和"托管代养+分红收益"产业扶贫模式,扶持贫困群众发展"5·30"及其倍增、"林药蜂"等多元化致富产业。实施"四个一"带动工程,打造以肉牛(肉羊)、中华蜂养殖、优质粮食及中药材、万寿菊、小杂粮等特色种植为主的产业扶贫示范村12个。培育扶贫龙头企业10家,累计带动贫困户1008户;新培育扶贫产业合作社15家,带动贫困户453户;规范提升扶贫产业合作社35家,带动贫困户1152户;精准培育农村致富带头人1256名,带动贫困户6253人。整合产业扶持资金1.4亿元,因地制宜发展致富产业,全年共投入6325.72万元,扶持建档立卡贫困户10728户,新建标准化养殖暖棚2242栋,补栏肉牛13458头、肉羊27854只,养殖生态鸡40万只、中华蜂3397箱,发展红梅杏4600亩、万寿菊2.5万亩、中药材3万亩,带动贫困群众在产业链上脱贫致富。

【教育扶贫】 实行教育补齐政策,对农村户籍未享受资助政策的在园幼儿实行"一免一补"政策(免保教费1500元,补助生活费900元),对已享受1000元政府助学金的农村户籍在园幼儿按"一免一补"政策标准补齐,全年共发放资助金410.765万元。落实义务教育阶段学生"三免一补"政策,免除义务教育阶段学生学杂费、住宿费和教材费,补助寄宿生生活费。落实中职教育助学金和"9+3"职业教育专项资助政策,对在固原市内外中职学校就读的农村户籍学生实行生均1700元的"两免一补"政策,全年发放国家助学金164.3万元,"9+3"职业教育专项资金180.73万元,免除学费238.5万元,为892名彭阳县户籍在固原市外就读一、二年级中职学生发放资助金57.46万元。做好困难大学生资助工作,把农村高职和三本学生补贴统一补齐到4000元。全年办理生源地信用助学贷款3900万,享受燕宝奖学金900万;为345名建档立卡贫困户大学新生提供路费22.55万元;资助农村户籍高职(专科)学生3510名545.4万元,资助农村户籍三本大学生1132名223.85万元。

【健康扶贫】 对因病致贫因病返贫建档立卡户按照规定进行医疗补助,申请县财政设立健康扶贫救助基金300万元,对建档立卡贫困户住院费用政府兜底,"健康扶贫"救助基金按自付费用的50%进行补助,同时,在县级医疗机构就诊时返还检查费用10%给患者,确保贫困患者年度内住院医疗费用实际报销比例不低于90%或当年住院自付费用累计不超过5000元。通过"扶贫保"为建档立卡户缴纳大病补充医疗保险。组织县乡村三级医务人员进村入户,对全县健康扶贫动态管理系统因病致贫贫困人口1456户4813人进行精准识别,对精准识别出的1131名"因病致贫因病返贫"农村贫困人口实施精准医疗救治,发放贫困患者医疗服务优惠证。

【精准帮扶】 印发《关于加强部门帮扶、驻村工作队和帮扶干部工作的通知》《关于做好建档立卡"回头看"新增贫困户干部联户帮扶工作的通知》等文件,加强第一书记、驻村工作队员、帮扶干部管理。组织122名扶贫专干参加帮扶工作政策业务培训班,推行第一书记"网格长"层级管理监督机制,确保各级帮扶力量发挥作用。全县已有帮扶责任人4016人,联户帮扶建档立卡户17681户,其中区属干部31人,市属干部598人,县属干部2202人,村"两委"干部652人,致富带头人265人,农村党员298人。

【社会帮扶】 年内,确定自治区帮扶单位21个、市级帮扶单位14个、县级帮扶单位87个。共争取帮扶资金3231万元,其中区直部门单位协调资金345万元,自筹资金310万元;固原市直部门协调资金69万元,自筹资金116万元;县直部门单位协调资金1984万元,自筹资金294万元;其他社会组织113万元,在基础设施建设、产业发展、改善村级办公条件等方面成效显著。中国宋庆龄基金会共投资530万元,为2821户贫困户捐赠衣物8945件118.36万元,为贫困户学生捐赠双肩包178个、短袖衫和短裤各300件,资助贫困大学生120名。开展基层产科、儿科危重病识别、服务能力培训,援建1所小学。签订《思明区与彭阳县对口协助协议书》,厦门市援助帮扶资金600万元,在协作领域引进落实6大工程项目,组织5次人才培训,输出务工人员500名,打造5个闽宁协作示范基地(1个闽宁村集体产业示范园、4个闽宁协作示范村),争取省、市、县三级帮扶资金1130万元(省级资金530万元、厦门市资金100万元、思明区资金500万元),确保闽宁协作取得新成效。

【督查巡查】 年内,国家审计署、自治区党委政府及自治区扶贫办先后4次督查检查全县脱贫攻坚工作,反馈各类问题17个。针对反馈问题,第一时间召开专题会议安排部署整改事宜,明确县级责任领导、整改责任主体和时限要求,抓实整改工作。同时,结合开展脱贫富民百日攻坚行动,对整改落实情况进行"回头看",全面梳理、查漏补缺。现已整改到位16个,需长期整改1个(群众存在"等靠要"思想问题,已采取开展"移风易俗树乡风强民风"活动、表彰奖励"脱贫致富户"及建立健全机制等,取得阶段成效)。

(曹旭平)

农牧业生产

【种植业】 全县播种农作物108.4万亩,其中优质粮食77.5万亩(玉米40万亩、冬小麦15万亩、马铃薯15万亩、小杂粮7.5万亩,籽粒型玉米较上年度调减4.4万亩),经济作物25.9万亩[瓜菜12.5万亩、油料5.5万亩、药材7.9万亩(万寿菊2.3万亩)],饲草作物5万亩,种植业结构更加合理。提高农作物良种化水平,冬小麦主推耐旱节水兰天32号、西峰27号等优良品种,建立良种繁育基地3个1000亩;马铃薯主推抗病性较强的庄薯3号、青薯9号等优质种薯,建立种薯生产基地5600亩;玉米实现增产抗旱效果明显的西蒙6号、大丰30号等优良品种全覆盖。在城阳乡长城村、草庙乡曹川村开展旱作节水技术综合集成规范化示范田11200亩,在古城镇羊坊村、城阳乡长城村完成玉米绿色增产模式示范田3000亩。全县推广施用配方肥2.4万吨,配方施肥技术应用面积达56万亩,其中玉米40万亩,马铃薯14万亩,其他作物2万亩。

【草畜产业】 坚持"标准化规模养殖"与"家家种草、户户养畜,小群体、大规模"同步发展模式,对标高端目标市场,打响"六盘山优质肉牛""生态鸡"和"优质牧草"彭阳品牌。成功打造新集、古城2个万头肉牛养殖示范乡镇和挂马沟、白草洼等4个种养一体化千头肉牛养殖示范村,培育古城挂马沟、红河文沟等22个以安格斯、西门塔尔为主的优质高档肉牛养殖示范村,培育示范户300户。建成50头以上肉牛家庭牧场35家、200头以上肉牛规模养殖场8个,分别完成养殖任务的117%和160%。培育壮大为民牧业、荣发草业、万升实业等一批草畜产业龙头企业,示范带动全县发展"5·30"标准养殖户1.5万户,补栏基础母牛2.8万头,冷配改良适龄母牛3.5万头,实施"见犊补母"2.57万头,举办肉牛产业技术培训班12场1350人次。建设千亩集中连片紫花苜蓿种植示范点5个1.2万亩,更新补种多年生牧草等8万亩、青贮玉米4万亩,完成马铃薯秧混贮1万吨,举办固原市牧草机械化收获现场会,促进牧草产业稳定发展。完成紫花苜蓿机械化收割1.5万亩,打捆包膜青贮8000吨,筹措专项资金621.2万元,配备大功率青贮收割籽粒破碎机8台、大型铡草机100台,投放到产业扶贫重点村,开展全株玉米青贮工作,共完成玉米青贮12.3万立方米。

【蔬菜产业】 做亮"彭阳辣椒"品牌,推进已有设施园区升级换代。整合农业、农发项目资金3600万元,打造红河现代农业产业园,新建新型可移动日光温室104栋220亩;改造古城精英园区二代节能日光温室350栋,续建(改造)PC板智能日光温室5740平方米,更换旧棚棚膜500栋,其中日光温室300栋、塑料大棚200栋。推广日光温室"十项"、塑料大棚"六项"技术应用,培育红河、任湾永久性蔬菜基地2个1300亩,实施生物秸秆反应堆技术示范1000亩,统繁统供以辣椒为主的蔬菜种苗822万株,引进双层双膜拱架结构大棚4栋,引进亨椒神龙、朗悦407等辣椒新品种81个，开展椰糠无土栽培、精准水肥一体化示范等高新技术试验、示范。打造新集、红河万亩蔬菜生产基地2个，韩堡、海子塬、友联、温沟等千亩设施农业示范园区16个，形成"企业+基地+农户""合作社+农户+市场"等发展模式，完善"553"销售机制，发挥全县4座蔬菜冷链物流中心作用，推进12.5万亩蔬菜标准化生产，实现蔬菜种植户年收入4万元。

【旱作农业】　实施旱作节水农业35万亩，其中秋覆膜12.5万亩、早春覆膜22.5万亩。建立冯庄小寺等集中连片机深松整地示范园区17个3万亩；建立王洼山庄、古城刘沟门等24个春秋覆膜示范园区，示范面积11万亩，带动全县种植地膜玉米40万亩。建立草庙曹川旱作节水农机化生产新技术示范基地1000亩、玉米留膜留茬越冬与播期全膜双垄覆盖侧播结合一体化技术示范10600亩。在古城羊坊和城阳长城建立玉米绿色增产模式示范3000亩，在红河、新集、古城等乡镇开展玉米病虫害专业化统防统治3660亩。完善"163"模式，完成农用残膜回收48.09万亩4809吨，占计划任务的134%，企业加工造粒1593吨。采购马铃薯原原种300万粒，在古城挂马沟建立原种基地600亩，支持企业在草庙新洼、白阳阳洼、古城挂马沟建立马铃薯一级种薯基地5000亩，培育种薯种植示范户120户，规范发展合作社8个，培训种植户1300人次，带动全县完成马铃薯种植15万亩。实施冬小麦免费供种2.3万亩，带动农户种植优质强筋冬小麦15万亩。

【特色产业】　采取"公司+农户"订单生产模式，引进广州立达尔生物科技有限公司建成万寿菊色素初加工厂1座，鲜花收购站8个。通过企业建基地，合作社联农户发展机制，创建标准化生产示范点15个，带动全县8个乡镇51个行政村1788户群众种植万寿菊2.3万亩，实现亩收入1500~2000元。投放朝那鸡鸡苗50万只、月子鸡鸡苗30万只，完成投放总任务的100%，培育生态鸡养殖示范户130户、林区散养户52户，投放鸡苗40万只，全县生态鸡散养达100万只以上。在首府银川举办宁夏彭阳生态鸡品牌宣传推介会，提高彭阳特产知名度和美誉度。建成百亩标准化种苗繁育基地3个，千亩中药材规范化种植基地4个，百亩百药种植科普示范园1个，培育发展冯庄小湾万亩林下中药材生产基地1个，带动种植黄芪、党参、板蓝根等道地中药材5.6万亩。建立白阳镇刘台、王洼镇王洼、冯庄上湾等小杂粮示范基地13个，种植荞麦5000亩、糜子8000亩、胡麻2000亩，带动种植小杂粮7.5万亩。以孟塬、冯庄、草庙等乡镇为重点，发展中华蜂养殖9100箱，完成任务8000箱的114%。

【休闲农业】　建成青云湾深红系（种植红花荞麦3000亩）、金鸡坪橙黄系（种植万寿菊1000亩）2个区域景观梯田公园。创建精英庄园、五子山庄等县级休闲农业示范点5个和区级休闲农业与乡村旅游三星级农家乐4家，共发展休闲农业经营主体45家，休闲农业列级评级企业内评11家，接待各类游客41.12万人次，实现社会综合收入2.35亿元，以"看山花、赏瀑布、游梯田"为特色的生态旅游逐步打响做亮。

【农村改革】 挂牌成立农村产权流转服务中心,建成农村土地承包仲裁厅。推进农村集体资产股份权能改革,实现集体资产"共同共有"向"按份共有"转变,完成《彭阳县红河镇红河村农村集体资产股份权能改革试点工作实施方案》及清产核资、集体成员(股东)身份界定、折股量化等工作。对彭阳县宁彭丰土地股份流转服务专业合作社进行规范化管理,在红河镇红河村和新集乡姚河村采取"租金保底+盈余分红+务工收入"模式组建土地股份合作社2个。引导农户采取转包、出租、互换、转让等方式流转承包地,盘活农村土地资源,实现统一耕作和规模化生产,打造利用弃耕撂荒耕地种植紫花苜蓿的流转典型,发展连片高效节水农业,全县新增土地流转面积2.6万亩,累计流转面积达18.7万亩,占耕地确权面积101万亩的18.5%。

【新型经营主体培育】 新发展家庭农场27家,农民专业合作社15家,培育专业大户200户,共发展家庭农场112家,其中家庭农场39家,家庭牧场55家,家庭林场17家,家庭蜂场1家。规范农民专业合作社23家,在农业部门备案农民专业合作社204家,入社成员3985户,发展带动农户18573户。规范创建县级示范家庭农场10家、市级示范家庭农场2家、区级示范家庭农场3家。遴选红河乡俊发辣椒农民种植专业合作社等4个社会化服务组织作为基层综合服务站,其中彭阳县汇合农产品专业合作社在新集乡新建二星级综合服务站1个,服务站采取"合作社+农户"或"企业+农户"的经营模式,为社员提供全程服务。

【产业扶贫】 完成建档立卡贫困户产业扶贫项目10 754户6334.77万元(养殖3863.4万元、养蜂170.24万元、特色种植2074.31万元、复合型产业226.82万元)、"双到"项目2884户864.42万元。完成养殖户培育5222户,新建养殖暖棚2244栋,补栏牛13476头、羊27895只、补栏鸡25338只。扶持331户贫困户新增中华蜂3676箱(群)。扶持5532户贫困户种植黄芪、党参、板蓝根等道地中药材1.19万亩、万寿菊0.93万亩、小杂粮3.92万,发展种养结合产业扶持户395户,建档户安装太阳能热水器2796台。争取项目资金395万元,为定点帮扶村冯庄小寺村40户建档立卡户实施深松耕地1700亩,建立紫花苜蓿示范园1500亩,供应辣椒种苗30000株;为王洼镇孙阳村建设文化阵地墙110平方米,配齐6个行政村办公设备。

【农机服务】 完成农机购置补贴资金503.884万元,补贴各类农业机械547台,其中拖拉机165台,受益农户(服务组织)369户,拉动农民总投入2014.6万元。建立冯庄牧草农机农艺融合示范园1500亩,举办牧草机械化收获培训班5期,培训500人。开展拖拉机、联合收割机检审验4572台,培训驾驶员506人,分别完成下达任务的101.6%和101.1%,拖拉机入户率、驾驶员持证率分别达95.4%和95.9%。全县机耕、机播面积分别达 85.8 万亩和 58.5 万亩。农机总动力达 47 万千瓦，主要农作物耕种收综合机械化水平达 70%。

【农村清洁能源】 以"阳光沐浴工程"建设为重点，采取宣传引导、包乡到户、因户施策，强化培训等措施，提高服务水平，全县完成农村阳光沐浴建设工程，安装太阳能热水器 6400 台，项目涉及 12 乡镇 79 个行政村。

【动物防疫】 开展"雷霆行动"，进场屠宰动物标志率、持证率、检疫率均达 100%。采取"5+3+N"模式，完成春秋两季动物防疫工作，牛、羊、猪耳标佩戴率均达 100%。开展动物防疫社会化服务试点，引进社会化服务组织 4 个。

【农业科技培训】 新建古城精英园区农民培训学校 1 所，开展现代农业新技术培训工作，全年共举办各类农民实用技术培训 517 场次，培训农民 5.2 万人次，其中培训新型农民及新型职业农民 1368 人，开展劳动力素质提升培训 1615 人，完成农村实用人才及"两个带头人"培训 75 人，发放各类培训资料 5 万册。

【农资市场监管】 查验持证种子经营企业 8 家，种子代销经营门店 75 家，组织市场检查 15 次，检查种子档案 78 份，抽检种子 500 吨、肥料 8000 吨。对全县 13 家兽药经营单位和 85 个规模养殖场防疫条件、兽药饲料质量、兽药休药期执行、防疫措施落实、制度建设和档案资料不定时专项检查。

【农产品质量安全】 彭阳县农产品质量安全检测中心正式投入运行。推进市场准入管理，与 18 家蔬菜生产基地、蔬菜批发市场、农产品合作社等签订《质量安全监管责任书》。对全县 18 所重点营养午餐学校及县城 3 家大型农产品经营超市每月开展一次蔬菜农药残留速测工作，开展抽检蔬菜农药残留检测 12 批次 1200 个样品，抽检合格率均达到 100%。强化农产品公用品牌培育，完成无公害农产品复查换证 3 个，其中产地认证 1 个，产品认证 2 个。

【农业气象服务】 强化气象信息平台建设，紧盯天气变化，发布灾害预警，开展增雨消雹作业，减轻灾害损失，为农牧业生产健康持续发展提供有力保障。

（袁智兴）

水务建设

【供水情况】 全年水资源使用权确权总量 2316.87 万立方米，其中农业灌溉用水 1646.45 万立方米，工业生产用水 192.72 万立方米，生活用水 477.7 万立方米。

【工程建设与管理】 全年各项水利工程建设 19 处，完成投资 4.29 亿元。实行中标施工企业"五大员"押证制度，推行农民工工资分户管理。坚持工程建设月度例会制、专家咨询制、质量跟踪检查制和"第三方"检测制。在茹河水污染防治工程施工现场举行"安全生产月"启动仪式，开展水利建设领域专项整治和生产安全事故应急演练活动，落实"党政同责、一岗双责、齐抓共管、失职追责"安全生产方针,把安全生产监管贯穿于工程建设全过程。

【灌溉管理】 组织群众打小畦3.8万亩,清淤维修渠道180条150千米,恢复改善灌溉面积2万亩,完成灌溉面积6.8万亩,灌溉水利用系数达0.708,取用水总量为2536万立方米,万元GDP用水量57.6立方米。

【农田水利基本建设】 完成旱作节水农业35万亩,人工造林18.75万亩,建高标准农田1.7万亩,整修村级公路和田间道路500千米。全年完成投资8.52亿元,投入较上年增长30%。全年农田水利基本建设使用机械20万台班,投入劳动力210万工日,完成土方450万立方米,砌石5.5万立方米,砼2.0万立方米。

【防汛抗旱】 开展汛前安全检查,完成水头、东海子等10个水库水毁工程应急维修和防汛岁修,召开全县防汛抗旱工作会议,与彭阳县水利建筑工程队等防汛物资供应商签订抢险物资、抢险设备代储及抢险队伍代组协议,确保灾情发生后抢险物资、设备及队伍及时到位。修改彭阳县防汛抗旱预案,制定防汛应急预案183个,开展防汛抗旱知识进校园进课堂,在白阳镇南山村开展山洪灾害防汛应急演练。维修北部安家川片区崖堡、米沟等应急水源工程3处,维修潜水泵20台(套)、拉水车5辆。对冯庄等七乡镇拨付万寿菊种植拉水补贴36万元,保障困难群众生活用水。

【城乡饮水安全】 实施农村饮水巩固提升工程,完成58个行政村自来水入户建设任务,入户5302户,其中建档立卡贫困户2041户,自来水普及率达到100%,入户率达94%。

【农村水利改革】 率先在全区出台县级河长制工作方案、县级会议等5个制度和1个考核办法,完成境内河流主河段、一级、二级、三级支流50条河沟责任划分图,划定四级河长管理责任范围,实现河沟管理全覆盖。创新"公益岗位+民间河长"模式,确保河长制取得实效。完成小型水库灌区工程分类调查工作,建立基础数据档案。完成农业水价成本、县城阶梯水价、农村饮水供水成本测算工作,召开"全县农业水价听证会"。召开水资源管理暨节水型社会建设工作会议,签订目标责任书,向各用水单位下发用水量控制指标,实施总量控制、分级管理。完成9个库井灌区、11处节水灌溉示范工程的灌区灌溉面积、灌溉用水量、水库蓄水量、设施农业供水用水大户等基础数据调查工作。将农业、生活水权确权到村,将工业用水确权到各企业,并将确权结果在乡村公示。

【水政与水资源管理】 开展"世界水日""中国水周"和"法律赶大集"等宣传活动和水资源、河道采砂专项整治行动,对全县20家水洗砂场进行巡回检查,查处水事案件15起,协调处理水事纠纷6起,处理庙嘴水库内违法取水1起。配合县环保站对监管的13家排污口进行规范整顿。

【节水型社会建设】 在全县中小学校开

展"节约水资源,保护生命线,共筑中国梦",在幼儿园开展"节水小宝贝"等水情教育实践活动,开展节水征文、画报和小卫士评比活动,建立"水利主导、教育配合、校社互动"的水情教育平台,增强师生节水意识,营造"教育一个学生、带动一个家庭、影响整个社会"的良好氛围。

【水土保持工程】 以建设水保生态文明示范区建设为目标,按照"生态型、景观型、经济型"三种措施相结合的区域生态综合治理模式,建成悦龙山清洁型小流域1条,治理丰台、东岳山、三岔口等小流域9条,治理水土流失面积80平方千米,除险加固马阳洼等4座骨干坝。

【水库移民】 大中型水库移民后期扶持直补资金9.24万元,争取水库移民项目资金189.42万元。全年分两批实施大中型水库移民后期扶持结余资金项目,即第一批完成村庄硬化混凝土道路3千米,翻建农户砖围墙42户1260米,新建暖棚圈舍(56平方米)85座;第二批完成姬山村、双磨村硬化道路5千米,院落改造103户,新建草池1座,新建牛棚42座。共完成投资775万元,总受益水库移民1361人。

【党建与精神文明建设】 以党建为引领,强化阵地和干部队伍建设,优化水利发展环境。争创民族团结示范单位和全国文明单位,推进水利转型升级。学习党章、党的十九大精神及自治区第十二次党代会精神,开展"两学一做"学习教育常态化制度化,党委中心组理论学习12次、专题研讨4次。以"6+X"主题党日活动为抓手,规范组织生活,健全民主议事和党务公开制度,建立党费收缴台账。发展正式党员、预备党员各1名,入党积极分子4名。开展驻村帮扶、机关干部"下基层""双进双联双推进"活动,选派3名干部分别担任王洼镇陡沟、冯庄乡上湾、新集上蔡村第一书记,帮助贫困村制定发展规划,引领脱贫致富。

(万永东)

农经管理

【农村产权流转服务中心建设】 完成农村产权流转交易中心和土地承包纠纷仲裁厅装修、办公设施配套、产权交易体系制度建设并投入运营。农牧、国土、建环、林业、水利等部门归口管理的各类农村产权将统一在平台流转、交易、抵押登记。同时开展农村产权交易政策咨询、培训指导、委托管理、价格指导、投融资服务等业务。

【农村集体资产股份权能改革】 在红河镇红河村开展农村集体资产股份权能改革试点,完成《彭阳县红河镇红河村农村集体资产股份权能改革试点工作实施方案》及清产核资、集体成员(股东)身份界定、折股量化等工作。经清查,该村资金56.84万元,其中财政拨给壮大村集体经济资金50万元,村集体历年结余办公经费6.8万元;资产为362.94万元,界定成员身份2249人。经营性资产为国家投资形成资产,作为投改股载体，按照每股 1500 元折股等额量化到具有该村身份的成员名下。

【农村土地股份合作】 对彭阳县宁彭丰土地股份流转服务专业合作社规范管理，在红河镇红河村和新集乡姚河村采取"租金保底+盈余分红+务工收入"的模式组建土地股份合作社 2 个。制订《彭阳县红河谷土地股份合作社实施方案》，完成股权证印制、入股合同签订等工作。合作社社员以土地承包经营权入股 340 股，折合股金 17 万元，占原始出资总额 7.8%；村集体现金入股 2000 股，占原始出资总额 46.1%；企业和村民现金入股 2000 股，占原始出资总额 46.1%。

【农村土地承包经营权流转】 放活农村集体土地经营权，加强对工商资本租赁农地监管和风险防范工作。引导农户依法采取转包、出租、互换、转让等方式流转承包地，盘活农村土地资源，解决承包地碎片化问题，实现统一耕作和规模化生产，打造利用弃耕撂荒耕地种植紫花苜蓿的流转典型，发展连片高效节水农业，建设优质牧草、蔬菜产业土地流转典型各 1 个。全年新增土地流转面积 2.6 万亩，累计流转面积达 18.7 万亩，占耕地确权面积 101 万亩的 18.5%。

【农村土地承包经营权抵押贷款】 制订《彭阳县金融扶贫实施方案》《关于财政支农贷款担保、风险补偿和贷款贴息的实施方案》，推广政府主导、三家金融机构参与、经营主体诚信借贷的金融信贷支持产业发展模式。在城阳乡长城村、杨坪村，红河镇何源村完成农村土地承包经营权证抵押贷款 171 笔，贷款金额 606 万元。

【新型农业经营主体培育】 全年新发展种养殖大户 30 个、家庭农场 27 家、农民专业合作社 15 家。累计发展种植养殖大户 280 个、发展家庭农场 112 家，累计在农业部门备案的农民专业合作社 204 家，入社成员 3985 户，发展带动农户 18573 户。全年新评定县级示范家庭农场 10 家、市级示范家庭农场 2 家、区级示范家庭农场 3 家，评选县级示范合作社 15 家、市级示范合作社 3 家、自治区级示范合作社 3 家。加强新型经营主体规范化建设指导，对历年评选的县、市、区三级示范合作社和家庭农场从建立健全会计账簿、完善财务管理制度、建立内部分配积累和风险保障机制等方面进行检查。举办农民合作组织带头人培训班 1 期，培训人数 50 人。

【农村集体"三资"监管】 对村级财务管理、涉农收费、村集体公益事业建设筹资筹劳、农村统一收款收据管理和会计基础工作等开展财务审计。已完成 4 个乡镇 50 个村财务审计工作，审计总金额 1060 万元。完善"三资"管理台账，建立以乡为单位的"三资"管理网络系统平台，被农业部授予国家级"三资"管理示范县。

【农民负担监督管理】 强化对涉农收费、"一事一议"筹资酬劳、农民补贴补偿、村级财政转移支付和义务教育阶段"三免一补"等的监督管理；开展农民负担政策法规宣传 2 场次，印发资料 3000 份。做好村级公益事业建设一事一议财政奖补项目实施管理，督促相关乡、村做好已批复村级公益事业一事一议财政奖补项目实施工作。

(贺应军)

农业综合开发

【完成投资】　完成项目总投资6292万元，其中2016年农发项目财政资金1400万元（中央资金1000万元，自治区配资金360万元，县配资金40万元）；2017年农发项目财政资金3784万元；县农牧局棚体建设补助资金130万元、农牧局其他项目资金125万元；县供销合作总社产业融合资金173万元，供销社部门项目680万元。完成总投资的100%。

【现代农业科技产业园建设】　全年共建成日光温室104座，其中9米跨可移动保温膜日光温室98座，12米跨可移动保温膜日光温室4座（2座在古城），12米跨双拱架智能控制日光温室2座；为园区建设电商平台1处，农产品物流中心1处，物联网系统1套，铺设供水管道6.21千米，为棚内配套配电照明系统104套，棚内硬化走道104栋，智能控制和椰糠技术4栋，有机基质栽培11栋，水肥一体化（含古城镇240套水肥一体化系统）329套等温室配套工程。在园区内实施4项科技措施及培训工作，即：智能灌溉机椰糠栽培模式集成示范4栋、有机基质袋培东西向大密度栽培模式集成示范5栋、有机基质槽式南北行栽培模式集成示范6栋、土壤高效利用栽培技术模式集成示范89栋，培训项目区干部群众及技术人员1036人次。

【防护林工程建设】　营造防护林工程750亩（水土保持林750亩，道路防护林7.5千米），其中王洼镇邓岔村水土保持林300亩，道路防护林4千米；王洼镇崖堡村道路防护林3.5千米；红河镇红河村水土保持林450亩。

【田间道路工程建设】　修建水泥硬化道路12.8千米，其中红河镇红河村温棚产业园区水泥硬化道路5千米，王洼镇邓岔村水泥硬化道路7千米，古城镇羊坊村铺设水泥硬化道路0.8千米；铺设砂砾石道路30千米（王洼镇邓岔村3千米，崖堡村4千米，椿树岔砂砾路长8千米；白杨庄村砂砾路10千米，小石沟砂砾路5千米），所有砂砾路配套排水土边沟。王洼镇邓岔村修建集雨场15000平方米（每户150平方米，共100户）；崖堡村修建集雨场3750平方米（每户150平方米，共25户）；孟塬乡硬化场地6700平方米，其中椿树岔2700平方米，小石沟4000平方米。

【平田整地及花椒示范园区项目】　全年平田整地800亩，其中红河镇平田整地400亩，王洼镇崖堡村平田整地400亩。建成城阳乡杨塬村千亩花椒示范园区，种植花椒1000亩，砂化道路4千米。

【养殖业建设项目】　新建标准化单面暖棚牛舍76栋、双面暖棚牛舍8栋；购置投放4.5T铡草机193台，配套电动机193台；扶持培育鑫富养殖专业合作社1个。建成古城镇活畜交易市场（二期），并对场地硬化。

【产业化经营项目】 申请立项国际农业发展基金贷款优势特色产业发展示范项目，扶持专业合作社5个，涉农企业3个，完成农业综合开发供销社项目1个。

【项目管理】 实行项目法人责任制、招投标制、工程监理制和项目资金公示制，实行土建工程、材料采购公开招投标，接受群众和社会监督。健全工程监督机制，由具备相应资质条件的监理单位全程监理，县财政局、农发办组织相关单位人员定期或不定期对工程建设情况进行检查监督，确保在建工程质量。项目建设资金实行县级报账制，采取专人管理、专户储存、专账核算，根据项目实施进度结算资金，确保资金发挥最大效益。推行农村土地经营"三权分置"新型管理运行模式，建立健全贫困户在产业上形成的"合作社+基地+农户"运营模式，推进公众参与式管理，确保工程长期发挥效益。

（王 利）

烟叶生产

【烟叶生产】 严格控制种植面积，合理布局，抓好烟叶生产规范性要求和量化监督考核工作，提高烟叶质量。全年国家下达彭阳烟叶种植计划0.48万亩1.5万担，全县4乡镇13个行政村150户种植烟叶0.478亩，收购烟叶0.87万担，烟农收入1000万元，烟叶销售收入2000万元以上，上交各种税金500万元。

【基础建设】 以"彭阳县金叶农业机械专业合作社"为依托，采购烟夹50座64万元，购置烟草专用机械188件132.83万元，实施烟叶生产基础设施建设项目共238件，项目共计完成投资196.83万元，项目资料准备完善，烟用机械投资使用，顺利通过国家局基础建设验收工作。投资60万元，建成烟叶设备简易库房。在公司办公区域建设文化活动墙，营造风清气正文化氛围。

【扶持与服务】 投资94.4万元购进有机肥200吨40.9万元，烟叶专用肥100吨29.75万元，地膜1.98万公斤23.76万元，无偿扶持给烟农，降低烟农生产成本，解决前期投资难问题。完成全县150户4780亩烟叶保险任务，降低烟农种植烟叶风险，全年烟叶保险共计理赔金额86万元。坚持"联户承包责任制"，分阶段成立服务工作组，开展服务工作，确保烟叶生产各项任务顺利完成。

【企业管理】 召开经理办公会议和管委会议，研究解决公司日常工作事务和重大事项，并把每周星期一作为工作例会日，凡会议研究需落实事项，做到立说立行。加强财务管理，严把签字审核审批关，财务运行透明规范。实行上下班签到制，安排专人做好考勤管理工作，严格履行请假手续，一月一通报、一月一汇总，并把出勤同日工资相挂钩。坚持24小时值班制度和来客登记制度，制订"安全生产月""安全生产月万里行"实施方案，完善公司安全生产管理工作流程及制度，层层签订承诺书，确保全年企业运行安全。

【企业帮扶】 定点帮扶孟塬乡双树村，筹资6200元支持村委会硬件建设，帮扶1.8万元用于贫困户种植万寿菊及购买地膜。走访慰问村委会离职党员及困难党员3名，加强残疾儿童关爱保护，协调双树村筹办"庆国庆，度中秋，倡易风移俗，喜迎十九大"文艺会演活动及篮球运动会，提升群众脱贫致富信心。

【烟叶收购】 在烟叶收购前期，对烟农烟叶分级扎把工作进行跟踪管理和监督指导。与烟叶收购重点岗位人员签订廉洁承诺书，建立总检、主检、副检三级烟叶等级质量管理体系，落实联户分检、交售责任制，统一眼光、统一标准，烟叶收购等级合格率达90%以上，微青烟叶交售量控制在2%以内。

【党建工作】 完善"三会一课"、民主生活会、党员学习培训、公司员工学习教育等制度，开展"6+X"主题党日活动，全年共组织学习60场次，专题研讨活动4次，完成各类知识问卷3次，组织县内交流学习1次，专题培训3次，公司党组织建设工作得到加强，党员队伍示范引领作用充分发挥。

（赵仲凯）

工业和信息产业

产业园区建设

【概　况】　园区企业实现工业总产值18.8亿元,同比增长48%,实现工业增加值7.5亿元,同比增长23.9%,实现利润4.7亿元,同比增长20.8%,解决就业1.05万人。园区基础设施建设投资强度11.57万元/亩,入园企业投资强度128.8万元/亩,企业年提供增加值61.65万元/亩,企业提供税收30.1万元/亩。

【园区规划】　确立"一园三区"发展格局,规划总面积14.37平方千米,其中王洼产业园区3.83平方千米,县城工业园区2.89平方千米,古城现代农业产业园区7.65平方千米。确立以煤炭资源开采、煤矸石发电与新型建材为主的王洼循环经济产业园,以农副产品加工、轻工产品制造、商贸物流为主的县城工业园,以高效设施农业、林果苗木花卉、特色养殖、休闲观光旅游为引领的古城现代农业产业园的"园二区"发展格局和主导产业定位。

【园区建设】　投资2.7亿元,实施县城工业园土地整理项目、道路及给排水管网基础设施一期工程、中小企业创业孵化园建设3项工程。挖山填沟改河造地,增加工业用地860亩;建设道路及给排水管网7千米,建污水提升泵站1座;建成中小企业创业孵化园标准厂房36套2.6万平方米,完成工业园"七通一平",优化园区基础设施硬环境。批复王洼产业园区场地平整、沟道防洪改造、道路及给排水管网、污水处理厂4个项目建议书,估算总投资8.5亿元。古城现代农业产业园区总体规划已完成自治区级专家评审。

【招商引资】　引进农副产品加工、电子商务等企业35家。已招商入园企业27家,其中食用油醋、小杂粮、蜂蜜加工企业7家,酒类酿造企业3家,肉产品及阿胶加工企业4家,饲料加工企业3家,服饰纺织企业4家,轻工制造企业2家,电商服务企业4家。全年招商在建企业3家(肉牛屠宰加工、20万吨饲料加工、6000吨食用油加工),正在落地企业3家(月子鸡与月子鸡蛋保鲜加工、泰明食品加工、驴肉与阿胶加工),产业链企业集聚,进一步促进工业、农业、旅游产业联动发展。

【产业培育】　设立财政专项扶持基金2000万元,鼓励、支持、引导园区农产品龙头企业发展壮大,并安排专项资金60万元,对运行管理规范、产值提升明显的农产品龙头企业给予奖励。采取"龙头企业带基地联农户"模式,对牛羊、朝那鸡、蜜蜂养殖、杏子与山楂林果业等重点农产品产、加、销环节进行扶持,发展培育万升实业、荣发草业、三泰实业、云雾山庄等一批龙头企业。鼓励企业注册商标,申请农产品地理标志认证,支持农产品龙头企业实施品牌战略。园区企业注册"三福来"系列小杂粮、"云雾山庄"系列果脯、"朝那鸡"系列产品、"北国蜜语"蜂蜜系列产品等,赢得市场认可。实施"互联网+农产品销售"行动,"宁六盘"电商运营中心暨京东中国彭阳馆和彭阳县信达电子商务有限公司正式运营,扩大农副产品线上销售规模。

(徐 洁)

移动通信

【网络建设】 推进12个乡镇156个行政村电信普遍服务项目,完成二期及三期工程建设任务,累计覆盖光纤宽带用户数4万户。移动4G户户通覆盖率92.8%,20户以上自然村光纤户户通覆盖率达90%,20户以上自然IPTV高清电视覆盖率达90%。

【信息化建设】 与中国电信一同建成覆盖全县所有部门(单位)的电子政务外网三百条;与彭阳县公安局签订并建成智能图控二期项目及覆盖全县重要路口与人流密集区域的视频"天眼"监控;跟进"智慧城市"项目中"智慧城管"项目,通过智慧旅游大数据分析平台对全县旅游景点进行客流量分析,并在客流量较大的交通要道及景点为游客推送旅游短信,促进全县旅游业发展。投资新建10条旅游线路宽带网络覆盖,并在农村信号弱覆盖区域投资新建信号塔,增强农村信号覆盖强度。

(马 强)

电 信

【经营效益】 全年经营收入累计完成3100万元,完成年预算目标3030万的102.3%。年内,移动网上用户数为42925户,过网用户份额达28.56%,较2016年12月提升2.18PP;新增移动用户19584户,完成年预算目标24800户的78.97%。自注册平台累计销售4G终端21405部,宽带到达用户数为11202户,新增2861户,ITV新增2645户。

【指标完成情况】 全年宽带用户自助测速达标率、装移机履约准时率、装移机预约及时率、装维万户投诉数、宽带用户故障修复及时率、宽带派单障碍重复率、宽带故障4小时修复率、障碍首次响应率、退单率、城市宽带24小时装机率、FTTH资源利用率均完成考核任务。在政企、银行、网吧等大客户电路保障方面,故障处理及时率100%。

【重点工作完成情况】 结合区公司及固原分公司跨年度营销、红包合约销售转型、"惠农通"平台宣传销售、2016年光纤电路不列收欠费、"精三扫"、OBD清零加一及副卡扩群、不限量规模拓展、以店包村(片)等专项营销活动,加强营销政策培训,督促各划小落实指标。翼支付商超累计拓展160户,达200户,活跃率86%;农村电商累计拓展48户。

【通信建设维护】 完成供热公司19个点位供热监控及26个村民资工程,配合完成北环路18条街道道路拆迁工作。完成周沟、煤矿补盲、电表划小、DSLAN 设备退网及退铜工作，共退出铜缆 5664.8 线对千米。对设备资产进行清理清查，清查资产全量卡片 2689 张。实施光功率达标和"三码融合"工作。

【组织建设】 组织全体党员认真学习习近平新时代中国特色社会主义思想及党的十九大精神，推进"两学一做"学习教育常态化制度化，完成全年党费收缴与清理工作，落实"三会一课"制度，召开组织生活会，开展民主评议党员等活动。开展庆七一系列活动，组织党员重温入党誓词、到六盘山及将台堡缅怀先烈，重走长征路。成立党员先锋队，分别由公司副经理及管理人员带队，深入一线开展帮扶工作，重塑宗旨，永葆初心。

（阿 曦）

联通通信

【市场经营】 落实国务院提速降费要求，提前一个月取消全国语音长途漫游费用，4G+网络快速部署，网速提升至 300M，家庭光纤宽带免费提升至 50M 以上，新发展用户以百兆为主。通过率先推出"冰激凌"等系列不限流量产品，用户手机流量价格大幅下降。与互联网企业合作，推出云计算、大数据、物联网等新型信息化行业应用解决方案，方便政府办公、企业信息化能力提升。

【客户服务】 完善服务质量监督体系，开展"服务零容忍""服务流程优化""联通为您而变"3 个专项行动，实现公司全业务、全流程服务质量监控，提升公司整体服务水平。强化服务管控，服务类 KPI 指标、服务口碑满意率居全区联通系统首位。

【网络建设】 围绕网络质量、市场支撑、客户感知、横纵向对标等四个维度，实现从"以网络为中心"到"以业务质量和用户感知为中心"的转型。全年新建 4G 基站 28 个，总基站数量达 280 个，网络覆盖率和通话质量进一步提高。

【队伍建设】 加强员工思想政治教育，特别是加强党性思想教育，转变员工思想和工作作风。组织员工深入学习贯彻落实习近平新时代中国特色社会主义思想及党的十九大精神，参与扶贫工作，为打赢脱贫攻坚战贡献力量。

【社会责任】 以信息化建设为核心，以改造提升传统产业、促进结构调整与发展方式转变为重点，以建设先进智慧网络及信息安全保障设施为基础，加速推进 4G 应用普及。实施"宽带提速降费"工程，助力"智慧城市"发展。加快企业信息化服务平台研发，推进制造类企业及商贸流通领域信息化应用。推进电子商务项目建设，重点推广信息技术在商贸流通、金融保险等服务行业的应用。加强重要节假日及高考期间通信保障工作，并为当地党政军开展应急演练提供通信保障。

（郅 韬）

财 政 税 务

财 政

【财源建设】 煤炭行业税收增长较快,当年入库县级税收收入9527万元,占全部县级税收收入的53.11%,同比增收6418万元。重点税源行业之一——煤炭行业对县级收入贡献增加,财政收入结构逐步优化。1—12月份,累计完成税收收入17939万元,同比增收4317万元,增长31.69%,占地方一般公共预算收入的74.7%。

【经济建设投入】 安排现代农业建设资金6200万元,支持发展万头肉牛养殖示范乡镇2个、千头肉牛养殖示范村4个,标准养殖户1.5万户,千亩以上紫花苜蓿种植示范点5个。在红河镇新建新型可移动日光温室103栋,改造精英园区二代节能日光温室350栋,带动发展设施蔬菜12.5万亩。支持实施旱作节水农业项目35万亩,种植马铃薯15万亩、万寿菊和中药材7.5万亩,培育千亩中药材规范化种植基地4个,打造青云湾、金鸡坪等景观梯田公园2个和精英庄园、五子山庄等县级休闲农业示范点5个。安排二三产业发展资金425万元,支持"一园三区"基础设施建设和功能配套,降低入园企业运行成本。支持现代金融、现代物流、电子商务、市场流通多极发展,加快网上丝绸之路建设,推进贸易便利化促进计划、"互联网+"行动计划和"千村电商"工程,建成电商服务网点96个,其中示范县项目20个,脱贫村服务站72个,落实补助资金276万元。

【惠民政策落实】 安排教育事业经费2.19亿元,支持完善农村义务教育经费保障机制,推进义务教育均衡发展,支持实施"全面改薄"项目,开工建设县三小、城阳乡中心学校、新集乡初级中学教学楼,以及古城中学、交岔中心学校教师周转宿舍和红河何塬、冯庄小园子、城阳韩寨等16所村级幼儿园,完成县职教中心整体搬迁。安排卫生计生事业经费9835万元,支持公共卫生服务、卫生民生计划、医药卫生体制改革和计划生育"少生快富"整村推进工作,支持实施城区卫生资源整合项目、11个乡镇55个标准化村卫生室建设及67个村卫生室光伏发电供暖工程。安排公共文化事业经费8192万元,支持推进公共文化设施建设、自然遗产保护和旅游基础设施建设。开工建设悦龙山新区全民健身中心、雷河滩体育公园,推动开展全民健身。安排社会保障事业经费2.42亿元,落实城乡低保、高龄、五保人员及孤儿养育等惠民政策,保障33062名生活困难人员基本生活;支持社会救助兜底保障工作,将2181户5392人纳入农村低保范围,保障资金按月发放到户；支持医疗救助，救助困难群众4266人次；新建农村社区服务站17个；支持职业技能培训、公益性岗位、农村妇女创业，推进大众创业，万众创新。

【财政改革】　加强财政预算管理，压减一般性支出，严控"三公"经费，压缩会议费等非急需、非刚性支出。优化财政支出结构，调整存量、优化增量，收回、统筹使用2014年以前结余财政存量资金4.17亿元，保障重点工程和项目建设资金需求。提高财政预算绩效，对2015年基层政权建设、朝那鸡提纯复壮保种、中小企业孵化园建设等项目开展财政支出绩效评价，涉及资金7000万元。以政府网站"财政资金"专栏为平台，将2016年财政决算、2017年财政预算和涉农资金信息主动公开。开展"财务制度执行提升年"专项治理及查处涉农扶贫领域腐败问题专项行动，对农牧、林业、水务、扶贫等10个部门（单位）和12个乡镇2015—2016年涉农资金使用管理突出问题开展专项检查。完成全县134个行政事业单位2016年内部控制报告编辑审核、汇总报送、查询修改、集中会审工作，对全县113个行政事业单位基本情况、财务及资产情况全面清理核查。

【干部教育】　开展"两学一做"学习教育常态化制度化，严把"学、做、改"等关键环节，将《习近平总书记系列重要讲话读本（2016版）》《习近平谈治国理政》和到宁视察重要讲话精神、区市县领导重要讲话等必学篇目编印成册，每个党员人手一册，开展讲党课、讨论交流等专题活动，引导党员干部统一思想和行动，把学习教育成效体现在提振精气神、推进工作实效上。开展党风廉政建设教育及"6+X"主题党日活动，学习贯彻《准则》《条例》及中央、区、市、县纪委全会精神，举办全县行政事业单位会计人员能力提升培训班，教育引导党员干部理清思路，明确重点，做好工作。

【党风廉政建设】　落实"两个责任"，制订全面从严治党责任清单、党总支书记抓党建责任清单、党支部书记抓党建职责清单、《基层党组织政治合格基本标准》及《彭阳县财政局党总支职权目录》，签订《党建工作责任书》《党风廉政建设责任书》，厘清领导班子、主要负责人、班子成员在贯彻落实全面从严治党工作中应当承担的具体责任，形成一级抓一级，层层抓落实的组织领导体系和工作机制。同时，开展排查和纠正苗头性问题活动，建立全面从严治党问题清单和问责清单，强化源头治理，增强党员干部的纪律意识、规矩意识、底线意识，切实把纪律和规矩挺在前面。开展中央八项规定精神"回头看"，逐条逐项再审示、再清理、再校验。开展党风廉政宣传教育月活动及"三不为"专项整治活动，建立问题查摆和整改清单，查摆和制定整改问题112条。

【精神文明建设】　开展"道德大讲堂"活动，学习宣传道德模范、先进人物感人事迹，营造崇尚道德的良好氛围。开展"财政法规政策宣传周"活动，以"着力构建法治财政深入推进扶贫攻坚"为主题，突出对税收、教育、创业就业、卫生计生等涉及群众切身利益和支持企业发展的财政惠民、惠企政策广泛宣传，共发放宣传资料2万份。筹措资金23.37万元，支持定点帮扶村草庙乡张街村110户困难户种植万寿菊1660亩，慰问困难党员10名，资助困难大学新生20名。组织79名干部职工深入王洼镇、城阳乡、草庙乡10个村394户开展结对帮扶，开展调查研究，宣传新的惠农政策、扶贫开发政策，帮助理清脱贫思路，谋划脱贫项目，摸清贷款需求，协调落实金融扶贫贷款，助推贫困户致富脱贫。举办财政系统庆元旦、庆三八文体活动，组队参加全县庆祝中国共产党成立96周年"庆七一·颂党恩"歌咏比赛活动。

（任文娟）

税　务

【组织收入】　全年组织入库税费收入10.04亿元，其中税收收入6.55亿元，为年度计划任务4亿元的163.75%，同比增长81.97%，增收2.95亿元。入库县级税收收入1.79亿元，为年度计划任务1.51亿元的118.54%，同比增长18.42%，增收2791万元。其中，煤炭行业入库税收收入4.16亿元，增收2.99亿元；原油行业入库税收收入2185万元，减收405万元；建筑房地产行业入库税收收入1.01万元，减收412万元；其他行业入库税收收入1.16亿元，增收437万元。组织社保费收入3.21亿元，同比增长35.78%，增收8464万元。

【税制改革】　对县域1136户纳税人按规模进行分类，提高税源管理专业化水平。全年登记"三证合一"企业3633户，登记"两证整合"个体工商户1602户。在推行实名办税工作升级方面，安装5台高拍仪并进行兼容性测试，采集纳税人信息199户302条；撤销新办纳税人信息补录登记窗口，"多证合一"纳税人首次办税不再进行信息补录。督促635户企业换发加载统一社会信用代码营业执照，优化简易处罚流程，对15户企业实施简易处罚。落实消费税税目、税率改革，全年共入库消费税8.4万元。建立基础税源数据库，与县环保、水务、财政等部门召开联席会议4次，对6户环保税与6户水资源税纳税人进行逐条逐项识别。开展环保税与水资源税政策业务培训2次，为新税种开征提供坚实保障。

【征收管理】　推行使用增值税发票管理新系统纳税人1100户，纳入自开增值税专用发票试点范围纳税人155户。开展委托邮政双代工作，全年邮政部门代开发票9207份，代征税款1739万。接收区局下发错误数据25类2723条，未申报催报率、未缴税催缴率、滞纳金加收率等6项指标均达到100%。财务报表采集率达95%，法定代表人同时兼有正常户的非正常户比例1.96%，低于全区平均水平。全年核查处理上级局下发疑点数据108条，补缴税款447.29万元。开展企业所得税高风险应对工作，共发现疑点纳税人56户，调增应纳税所得额369.12万元，补缴企业所得税471.73万元，加收滞纳金3264.5元。强化年收入12万元以上个人所得税自行申报管理，全年共有113人次纳税人自行申报，入库税款102万元。加强"营改增"纳税人基础信息维护，对22户投资公司、4户物业公司、1103户"营改增"纳税人主行业及时进行重新核查及基础信息补充完善。

【纳税服务】 推进"便民办税春风行动"，优化业务流程13个，对税务登记、税务认定、发票办理等六大类业务，35种表证单书进行免填单。推行网上申报缴税，设立自助办税区和网上申报体验区，配备专业辅导团队，增加4台自助办税机和4台网报机，制作网上申报缴税快速指南和网上申报缴税流程二维码告知牌，获得纳税人点赞。全年网上申报率达80%以上。召开纳税人座谈会3场次，走访纳税人32户，现场答复咨询问题43个，电话查访纳税人1680户次，征求意见建议17条、落实回复率100%。在全区开展的2017年纳税人满意度调查中，彭阳县国税局荣获第五名。开展纳税信用等级评定工作，县域内共评选A级纳税人8户、B级纳税人103户。

【队伍建设】 抓好党组中心组学习、领导干部讲党课等活动，提升班子整体素质。组织干部职工认真学习贯彻党的十九大精神，召开党组中心组专题学习2次、全员学习2次、机关党支部专题学习9次、专题讨论5次、学习测试1次，干部职工撰写心得体会3篇，制作十九大专题宣传展板4块，在区局办公网、固原日报等媒体上发表十九大宣传报道5篇，通过办税服务厅LED显示屏滚动宣传十九大精神，掀起学习宣传贯彻十九大精神的热潮。开展"岗位大练兵、业务大比武"活动，全年共组织集中学习10次、业务专题培训6次、中国税务网络大学在线测试6次。在全市纳税服务竞赛中荣获团体第一。

【从严治党】 抓实党建规范化工作，推进"两学一做"学习教育常态化制度化，全年共组织党组中心组学习12次、党支部集体学习32次、开展专题研讨7次、领导干部讲党课5次，举办主题党日活动9期，被确定为全区国税基层党建示范点。将廉政学习列为党组中心组学习和各类教育培训必学内容，定期向干部微信群内发送廉政教育知识，警示干部职工严格执行党风廉政各项规定。按季开展执法督查，全年共检查代开发票6300份，税收票证4000份，并及时整改。对3户企业进行"一案双查"，对6名责任人进行责任追究。开展群众评议机关作风活动，召开纳税人座谈会4次、特邀监察员座谈会1次，发放《纳税人满意度调查问卷》348份，征求到意见建议3条并逐条整改落实。强化作风纪律督查，全年共督查25次，对4名违纪行为人严格责任追究。

【精神文明建设】 对19名离退休老干部和遗属遗孀走访慰问。举办庆"三八"妇女节、元旦、八一建军节主题活动，组织参加全区国税系统第六届职工体育运动会、全市国税系统第五届职工体育运动会、彭阳县庆祝中国共产党成立96周年歌咏比赛及彭阳县"财税杯"职工运动会，丰富干部职工文化生活。开展文明单位、先进集体和青年文明号等创先争优活动，荣获"全国文明单位""全国税务系统先进集体""自治区巾帼建功先

【基层建设】 投入资金20万元,加强王洼税务分局标准化建设。筹建分局小食堂、小菜园、小活动室等"五小"干部活动阵地,实现"五有"目标。加强绩效管理,全年共召开绩效管理工作讲评会议10次,完成共性考评指标17个,完成个性考评指标116个。参加市局绩效考评活动,发生扣分指标13个,共扣5.3分;加分10次,共加4.85分,取得第一名的好成绩。

【精准帮扶】 指派专人驻村协助区国税局扶贫工作队在彭阳县孟塬乡牛耳塬村开展定点帮扶工作,选派2名党员干部深入红河镇夏塬村开展结对扶贫工作,争取自治区专项扶贫建设资金100万元对夏塬村村部重建。与县交通等部门协商争取资金50万元对夏塬村5千米村道硬化。协助夏塬村种植特色农业胡麻800亩,帮扶脱贫致富。

(王 杰)

住房公积金管理

【公积金归集及银行存款】 年内,全县职工公积金结息460.52万元,共归集11307.99万元,完成年计划11330万元的99.81%。全年公积金银行活期存款369.49万元,其中建行164.86万元,农行204.63万元。年内,共建立非公有制企业缴纳职工住房公积金3户,完成自治区住房公积金管理中心下达任务的100%。

【个人贷款及公积金提取】 全年共发放个人住房贷款255户8041.2万元,完成年计划3000万元的268.4%,住房公积金个贷风险控制良好,贷款逾期3户。全年住房公积金共提取2021人1004.7万元。

【住房公积金管理】 加强《住房公积金管理条例》及相关政策宣传力度,完善缴存单位信息,规范单位职工信息资料,实现缴存人数、归集额指标每年递增。增强对中低收入家庭购买自住房政策支持力度,完善贷款管理制度,对个人贷款分类实行动态责任管理,降低个人贷款逾期率,提高个人贷款质量。简化办事程序,缩短贷款业务办理时间,为贷款人提供便捷服务。建立期房按揭明细台账,对按揭转抵押及时清理,消除贷款风险。

(李世春)

金融保险

中国人民银行彭阳县支行

【执行货币政策】 召开金融扶贫工作会议，制订《彭阳县农村产权抵押贷款助推脱贫攻坚工作试点实施方案（试行）》《彭阳县农村三权抵押贷款工作试行方案》《创建普惠金融示范区工作实施方案》，指导辖区内金融机构落实金融政策，加大扶贫领域信贷投放。全年金融机构各项存款余额64.33亿元，较年初增加5.16亿元，增长8.71%，各项贷款余额32.11亿元，较年初增加4.67亿元，增长17.03%。高耗能、高消费等国家限制产业贷款下降，农业产业贷款增加，年末全县涉农贷款余额24.05亿元，同比增长15.68%，占比达74.89%。引导金融机构加大扶贫贷款投放，支行累计发放扶贫再贷款4000万元，到年末，建档立卡贫困户贷款保有量为11488户5.07亿元，户均贷款余额达4.41万元，建档立卡贫困户贷款获得率达65.87%。引导辖区金融机构调整信贷结构，降低贷款利率水平，让利于农户，让利于企业。全年全县银行业金融机构一般贷款加权平均利率为5.8%，同比下降1.2个百分点，银行向贷户全年让利4000万元。创新贷款担保方式，发放6户农业保单质押贷款（基础母牛养殖）41万元、2笔"土地使用权抵押+担保"贷款32万元，打开农村产权抵押贷款局面。通过村两级"信用协会"和建档立卡"黑名单"客户分类释放工作深化"财政+金融"扶贫模式。

【信用体系建设】 加强金融机构管理，以宏观审慎评估为抓手，开展信用企业、农村三级信用评定和复评工作，推进地方法人金融机构合格审慎评估工作。彭阳县联社被总行确定为市场自律机制观察成员。完成对宁夏贺兰山村镇银行设立、农村信用联社改制、建设银行新设网点开业及加入人民银行管理和服务体系的审核与批复。对辖区5家金融机构遵守金融法律法规、防范金融风险、提供金融服务等情况综合评价，配合政府相关部门开展辖区非法集资风险排查和四类公司经营风险调查工作，支行综合监管能力提高。

【金融管理与服务】 推进金融业综合统计和新增互联网金融统计工作，提高调查研究和政务信息效率和层次，注重研究成果转化，全年全行共发表调研文章43篇（条）。提升国库服务能力，开展国库业务理论学习，规范业务操作，加强国库资金风险防控，全年实现国库业务零差错。推进支付便民服务点建设，全年建成5个二级精品助农取款点、1个一级点，新布放9台ATM机。强化人民币账户管理工作,对各银行网点联网核查人员及账户管理系统人员进行清查、更名及密码重置,加强账户核准审查,规范账户管理,全年开户503个。打造"人民币鉴别、兑小、兑残零距离"工程,15个反假网络工作站挂牌。推动硬币自循环工作,督促各金融机构成立硬币自循环工作领导小组,指定县农商行5个营业网点为硬币自循环主办网点,承担小面额人民币兑换业务。完成2016年度辖区反洗钱自评及年度考评工作,组织"3.15"反洗钱宣传活动。开展《金融机构大额交易和可疑交易报告管理办法》落实情况调查,完成彭阳辖区反洗钱类型分析上报工作。加快金融消费权益保护信息管理平台建设,加强金融消费权益保护知识宣传,开展金融消费者权益问卷调查及金融消费权益保护评估工作。

【普惠金融】 组建金融知识宣传队,深入乡镇开展宣传20场次,向农户普及金融知识。加大对建档立卡户放贷力度,对建档立卡贫困户贷款需求基本实现"能贷尽贷"。创新贷款方式,推广"政银保"贷款、"托管"等贷款模式,建立"政府+银行+保险"等风险共担保险普惠模式,实现电子设备渠道乡(镇)覆盖率达100%。推动县域建立农村产权交易中心,建立县域农村产权交易服务平台,制订《彭阳县农村产权抵押贷款助推金融扶贫工作试点实施方案》,促进农业经济结构调整、农村资源性资产合理流动。

(马西宁)

中国农业银行彭阳支行

【服务"三农"】 全年累计发放服务"三农"贷款43755万元,较上年多投放4235万元,增长10.7%。增加"脱贫致富贷""农民安家贷"等多种信贷,重点扶持畜牧养殖业、特色种植业、设施农业及专业大户、家庭农场发展,满足"三农"领域信贷需求。

【精准扶贫】 全年发放畜牧养殖业贷款3617户17006万元,其中发放创业类养殖业贷款1995户10023万元,支持养牛1501户8055万元,养羊202户995万元,养鸡95户505万元,养猪175户395万元,其他特色养殖22户73万元。发放脱贫致富养殖业贷款1622户6993万元,支持养牛1264户5855万元,养羊163户525万元,养鸡95户315万元,养猪65户143万元,其他特色养殖35户155万元。发放建档立卡精准扶贫贷款1168户6213万元,支持养牛931户5355万元,养羊105户410万元,养鸡33户165万元,养猪61户133万元,其他特色养殖34户150万元。

【服务民生】 为城乡居民发放个人消费贷款9107万元,主要解决党政机关、企事业单位干部职工购买大额消费品、房屋装修等资金需求。发放个人按揭贷款5610万元,重点支持富阳花园、绿都花府、幸福城、水岸星城、秀水花园等住宅区居民购买房屋资金需求。

【"惠农通"工程】 在农家店、小超市、便民店等布放"惠农通"工程，满足乡村群众转账支付结算、小额取现、学生汇寄生活费、缴纳手机费、发放农户小额贷款等需求，使用方便，操作简捷，费用低，减少乡村老百姓金融消费成本。全年新增"惠农通"助农取款服务点38个，服务点达289个，支付结算等基本金融服务已覆盖全县100%的乡镇和88%的行政村。同时投资1100万元新建精品网点城区支行，并于12月5日对外营业。

（马国林）

中国建设银行彭阳支行

【经营概况】 年末，一般性存款余额14.38亿元，较年初新增-4707万元，其中对公存款余额8.63亿元，较年初新增-9785万元；个人储蓄存款余额5.75亿元，较年初新增5076万元。各项贷款余额4.26亿元，较年初新增-4125万元，其中公司类贷款余额3.73亿元，较年初新增-6200万元；个人类贷款余额5334万元，较年初增加2075万元。实现中间业务收入265万元，完成计划112.72%。

【电子银行】 个人网上银行客户31924户，比年初新增6316户；企业网上银行客户438户，比年初新增152户；个人手机银行客户30204户，比年初新增6865户；个人短信银行客户38353户，比年初新增6319户；个人电话银行客户38335户，比年初新增8078户；微信银行客户5012户，比年初新增1445户；移动金融交易量占比73.08%，较年初提升35.67%。

【金融扶贫】 落实金融扶贫政策，全年发放金融扶贫贷款45户204万元；对扶贫点沟圈村10名贫困高中生资助3万元、修建文化墙2处、为贫困户购买尿素等物资，支持发展生产。

【支持建设】 坚持"服务地方经济，服务中小微企业，服务城乡居民"市场定位，支持地方经济建设。全年共发放贷款408笔，金额13642.56万元，其中流动资金贷款8886万元，小微企业快贷6235万元，个人类贷款4133.06万元，发放涉农贷款71户5063.5万元。

【综合服务】 实施网络延伸，在县医院设立自助银行，为就医客户及周边居民提供方便快捷金融服务，在彭阳悦龙新区新设网点。在无网点的古城镇、红河镇、城阳乡设立中国建设银行"裕农通"普惠金融服务点3个，扩大建行金融服务覆盖面。将宁夏云雾山果品开发有限责任公司入驻建行"善融商务"平台，拓宽彭阳县农产品销售渠道。

【企业党建】 全面履行从严治党"第一责任人"职责，严格贯彻"一岗双责"制度，落实好党风廉政建设责任制。推进"两学一做"学习教育常态化制度化，组织党员到任山河烈士陵园红色教育基地开展主题教育；安排员工到原州区监狱开展警示教育。通过学习教育，党员干部政治理论水平明显提高，党支部向心力、凝聚力和战斗堡垒显著增强，党员先锋模范作用充分发挥，为转型发展增添动力。

（晁周锋）

宁夏彭阳农村商业银行股份有限公司

【经营指标】 全年各项存款279546万元，比年初增加41451万元，增幅17.41%，其中单位存款余额131941万元，比年初增加22436万元，增幅20.49%；储蓄存款余额147622万元，比年初增加19014万元，增长14.79%。存量及增量占比均在全县金融机构中列首位。各项贷款196683万元，比年初增加35576万元，增长22.08%；贷款客户量19203户，增长24.36%，较年初新增客户量3176户。涉农贷款余额120766万元，涉农占比75.90%；金融扶贫贷款16762户93866万元，较年初新增3513户16246万元；小微企业贷款余额37762万元，实现净利润1828万元。

【服务"三农"】 推进普惠金融工程建设，开展金融精准扶贫，实现农民增收、经济增长及业务发展多赢局面，以古城镇丁岗堡村为试点，共发放贷款253户839万元，贷款覆盖面达常住人口的94.40%，现已创建3个金融扶贫示范村、1个金融扶贫示范乡镇、45个扶贫产业合作社、230户致富带头人、2家龙头企业。坚持金融扶贫与"全民创业"相结合，累计投放全民创业贷款1380户9155万元，妇女创业贷款1932户9526万元，支持3312户农民实现创业梦想。坚持金融扶贫与"业务创新"相结合，发放"富阳乐贷"农户住房按揭贷款369户4104万元，发展"随薪贷"客户1972户授信14022万元，发放农户农机抵押和农机按揭贷款320笔851万元，带动全县1000人走上脱贫致富之路。将金融扶贫与产业发展相结合，推进县域优势产业发展，全年发放富农卡7676张授信40471万元、富民卡2587张授信23332万元、"辣椒贷"410笔1235万元、"烤烟贷"67笔781万元、"林果贷"16笔156万元、红梅杏贷款38笔586万元、蔬菜大棚抵押贷款240笔723万元。发展电子银行业务，在已有12家营业网点基础上建成离行式自助网点5个，安装、布放自助柜员机33台、便民服务终端17台、电话转账结算终端163台、POS机467台，自助免填单系统12台、移动营销终端12套，签约网上银行客户2643户，手机银行客户14485户，在冯庄乡小园子村、古城镇高庄村等金融服务空白乡镇新设便民助农服务取款点5家，使各项金融服务100%覆盖全县12个乡镇156个行政村。

【内控管理】 加强自身建设，提高经营决策能力。制定和修订各项制度，将各项经营活动置于制度约束与控制之下，经营管理科学化、规范化水平进一步提高。推行民主决策和管理，开好董事会，定期通报工作情况，会前下发审议内容，使每个理事和列席人员熟悉、掌握农商行业务发展和经营管理情况，做到情况清楚、决策明白。

【企业建设及荣誉】 彭阳农村商业银行改制成功并于11月16日正式挂牌开业。因工作突出，被固原市委、政府命名为市级文明单位，先后被彭阳县委、政府及其相关部门评为彭阳县农村妇女创业担保贷款工作一等奖、金融支持地方发展一等奖、脱贫攻坚先进集体、民族团结进步示范单位、脱贫攻坚工作二等奖、帮扶工作先进集体。王洼支行行长杨银虎被评为2017年脱贫攻坚先进个人，彭阳农村商业银行营业部被自治区妇联授予"巾帼建功先进集体"；王洼、新集支行被评为黄河银行系统2017年度春耕备耕金融服务工作先进网点，古城支行副行长高文虎、城阳支行副行长常兆武被评为2017年度春耕备耕金融服务工作先进个人；新集支行被评为黄河银行系统2017年度基层网点先进集体；古城支行客户经理马军仁、新集支行客户经理马虎被评为优秀客户经理；白阳支行综合柜员刘榕、营业部综合柜员薛会会被评为优秀柜员；孟塬支行客户经理刘建儒被评为"不良贷款清收能手"；营业部主管会计徐丹阳被评为"存款营销能手"。

（周天鹏）

中国邮储银行股份有限公司彭阳县支行

【存款业务】 各项人民币存款余额16778万元，较年初新增4509万元，其中人民币对私存款余额达7858万元，余额新增1162万元；对公存款余额达8920万元，余额新增2508万元。授信业务总量增速明显，不良贷款率控制较好。年末，人民币贷款余额为1.7亿元，较年初增加6000万元，不良贷款42.67万元，不良率为0.27%。

【新型业务】 全年发放精准扶贫贷款519笔2259万元，发放妇女创业贷款305笔2300万元。开拓新型业务市场空间，发展理财、保险、基金、代发业务、信用卡、网上银行等业务服务，探索以"信用户""信用村"评定与创建为切入点，依托村两委、致富带头人宣传贷款助推产业发展的金融扶贫模式，全年共评选出新集乡大火村、古城镇田壕村等10个"信用村"、200个"信用户"，信用村扶贫贷款覆盖率达80%。以彭阳县中庄村为扶贫点，成立资金互助社，提供担保，向有贷款意愿、主动加入互助社的社员发放贷款，探索出"银行+合作社+农户"金融扶贫模式，全年发放此类扶贫贷款50笔200万元。

【传统业务】 设立公司专职客户经理岗，强化柜面服务，抓好储蓄存款、对公存款等传统业务发展。抽调业务骨干组成营销小组，深入各企业单位和优质个人客户，宣传结算和产品优势，争存揽储。捕捉市场信息，开展营销揽存活动，打开消费贷款及信用卡市场，下半年消费贷款放款量与上年同期相比增幅20%，信用卡进件量900张，与上年相比增幅78%。

（马晓红）

中国人保财险彭阳支公司

【保险收入】 全险种实现保费收入4323万元，同比增长90%，增量保费2093万元，其中车险保费收入2318万元，同比增长35.7%；农险保费收入1751万元，同比增长403%；意外险保费收入169万元，同比增长83%；责任险保费收入 78 万元，同比增长 -34%；企财险保费收入 2.1 万元，同比增长 -40%；家财险保费收入 2.7 万元，同比增长 50%；货运险保费收入 0.9 万元，同比增长 -37%。

【车险业务】 全年公司共承保各类机动车辆 7108 辆，同比增加 21.67%，其中家用车承保 4663 辆，同比增长 16.4%，保费占比 34.42%；营业性货车 1118 辆，同比增长 37.18%，保费占比 51.96%，同比增长 37%；非营业性货车及党政机关车辆 1200 辆，同比增速 26%，保费占比 10.3%。

【赔付情况】 全年公司共结案 2398 件，赔款共计 4198 万元，其中车险共结案 1369 件，赔款 1253 万元，赔付率为 53.7%；农险共结案 636 件，赔款 2803 万元，赔付率为 142.56%；意外险共结案 423 件，赔款 104 万元，赔付率为 61.6%；责任险共结案 19 件，赔款 35 万元，赔付率为 44.7%；企业财产保险 1 件，赔款 3 万元，赔付率为 411.8%；家财险共结案 1 件，赔款未决 0.3 万元，赔付率为 11.1%。

【公司管理】 组织员工认真学习党的十九大精神和习近平新时代中国特色社会主义思想，学习上级公司文件，提高党员和普通员工的政治觉悟。印发《劳动纪律管理办法》《环境卫生清理制度》《公司晨会、部门例会制度》《财务管理制度》《党支部学习制度》等，在劳动纪律方面严格要求员工，通过晨会、部门例会制度传递正能量，宣导爱岗敬业意识，通报业务发展情况，鼓励、鞭策员工。利用晨会和周五员工大会，做好宣导教育工作，提高员工大局意识和责任意识。

（郭 菁）

中国人寿保险彭阳支公司

【经济效益】 全年实现总保费收入 5585.7 万元；标保收入 733.67 万元，完成年度预算指标的 103.96%；实现首年期交收费收入 1433.43 万元，完成年度预算指标的 97.27%；短期险保费收入 1183.63 万元，完成年度预算指标的 219.19%（其中个险渠道实现首年期交保费 1218.5 万元，完成年度预算指标的 95.7%；十年期以上期交保费收入 836.75 万元，完成年度预算指标的 104.3%；标保收入 651.35 万元，完成年度预算指标的 102.5%；团险渠道短期险收费收入 946.74 万元，完成年度预算指标的 239.68%；银邮渠道保费收入 927.92 万元，实现首年期交保费收入 214.48 万元，完成年度预算指标的 106.7%）。

【队伍建设】 个险渠道全年增员 322 人，现在册 450 人，同比增长超过 40%；团险渠道全年增员 11 人，现在册 25 人，重点在政保服务专员领域增配人力，确保政保业务与服务双提升。银邮渠道全年增员 30 人，现在册 68 人，其中保险规划师队伍 62 人，客户经理 5 人。人力增配，使公司竞争力显著提高。

【基础管理】 个险渠道围绕"331"组织架构建设，推进职场标准化建设，成立职场建设功能组，完成功能组培训后正式试运行，激发队伍主体和主管自主经营意识。引导销售人员参与职场日常管理、培训辅导、销售支持、增员组织等。培养功能组后备力量,为推行分职场经营奠定基础。在成立银团部基础上,规范日常管理,建立例会制度,加强销售技能和基础知识学习,建立量化考核机制,基础管理工作明显提高。

【基础运营】 选配优秀员工担任部门经理,公司销售部门基础建设明显提高。通过员工双向选择和职级评聘工作,提升员工工作积极性。建立定期学习制度,完善两个议事规则和会议制度。规范财务管理,在反洗钱工作中,被当地人行评级为A级。建立客服柜面早会学习制度,加强业务管理和销售一线联系,推行销售一线座谈及评价制度。

【文化建设】 把"思变、对标、执行"理念贯穿到公司文化建设中,营造协同文化、团队精神,教育员工和销售队伍敢于争先、敢于创新、敢于突破。开展趣味运动会、联谊会等团队经营活动,凝聚人心、激励斗志。开展经常性座谈辅导等,了解队伍现状和存在困难。推进诚信教育,宣导防范和处置非法集资治理、销售误导等风险防范内容,促使队伍树立正确从业理念,加强风险防范,规范展业动作。

(梁　瑾)

商业贸易

粮油供销

【粮食流通监管】 通过自治区粮食安全省长责任制考核。组织县三泰、泰明两家食品加工企业参加2017年度宁夏粮食产销协作洽谈会,宣传推介彭阳优质粮油品牌。开展"天下粮心"主体征文活动,获奖率达90%;组织爱粮节粮宣传活动"进校园、进课堂"活动,弘扬中华民族勤俭节约优良传统。对全县范围内30家粮食经营者粮食收购许可证审核,其中国有粮食企业5家,社会粮食企业和个体经营者25家,深入有存粮的3个粮库、3个粮站,对库存粮食开展检查,确保粮食库存账实相符、质量安全。联合农牧、安监、市监等部门开展粮食流通市场专项检查5次,检查企业95个次,维护粮食市场规范运营。

【流通统计调查】 对纳入统计范围内的30家涉粮企业经营粮油购、销、存数量统计调查,同时,深入3个乡镇30户种粮农户进行采样,分类监测上报采样数据。完成"订单粮食"收购任务,确定1家粮油加工企业,3家非国有企业,3家国有粮食购销企业为定点监测点,在白阳镇等3个乡镇建立40户粮油种植产量监测调查户,深入古城镇高庄村35户农户田间地头,对玉米集中采样,监测当地小麦、玉米等原粮和成品粮油的购、销价格,提出预警建议。按月编发《粮油价格及走势》,及时反映价格变动情况,靠前指导市场经营。

【应急粮油储备】 将全县275吨(面粉200吨、大米50吨、胡麻油25吨)应急成品粮油,分别储备在3个镇粮库,实行挂牌监管、按量补贴、加强管理。县财政将储备、轮换等费用纳入县级财政预算,按期拨付,为政府发挥粮食宏观调控作用奠定基础。

【粮安工程建设】 争取项目资金529.35万元,完成古城、王洼和城阳3个骨干粮库5000吨仓容维修改造项目改造任务,筑牢安全储粮基础。结合"大农户"储粮建设工程和全县种植特点,实施玉米储粮仓推广试点县建设,争取项目资金86万元,县级财政配套50万元,共发放玉米科学储粮仓200套,减少农民储粮损失。

【放心粮油配送】 组建国有放心粮油配送中心1家、放心粮油店7家、应急网点12个,扩大放心粮油配送占有率。完善放心粮油店管理办法,组织人员不定期对放心粮油店产品质量、QS认证、生产日期及保质期等指标检查,确保粮油食品安全,企业诚信经营。建立以乡镇库(站)为依托,县乡两级配送网络为载体,党员带头配送为保障的放心粮油配送机制,开展放心粮油配送工作六进(进农村、进企业、进餐馆、进矿区、进社区、进学校)。全年共配送放心粮油50万公斤。

【购销企业运营】 全县共收购各种粮油58150吨(其中非国有粮食购销企业57261吨),销售各类粮油54308吨(其中非国有粮食购销企业53393吨),发挥市场主渠道作用,保障种粮农民利益。开展库房租赁、小杂粮加工等一系列经营活动,经营收入达15万元,使闲置资产得以利用。同时,筹资300万元,鼓励支持30名职工自主创业,经营收入36万元,实现利税8万元。

【农贸市场管理】 结合国家卫生县城复审工作,筹资100万元,对农贸市场升级改造。在市场内安装中央空调,更换电梯,铺设地板砖,增设经营项目、规范经营门类。在市场外安装护栏、增设200多平方米农产品门店,提升市场服务功能,商贸流通规模增大,企业收入稳步提升。

【驻村帮扶】 定点帮扶小岔乡耳城村,选派优秀年轻干部任第一书记,驻村开展扶贫工作。筹资1.5万元为帮扶村建立廉政道德文化墙,协调部门扶贫资金3.6万元为8户困难户帮扶科学储粮玉米仓8套,为10户困难户送去米、面、油等生活必需品。争取政策支持,帮扶贫困户种植万寿菊400亩,帮助贫困户早日脱贫,推动脱贫攻坚工作开展。

(韩玉礼)

供销合作

【供销社改革】 召开供销社第二次代表大会,选举产生县供销合作社联合社新一届领导班子成员,完善管理体制。组织12个乡镇专业合作社联合社成立县级农民专业合作社联合社,设立资产管理运营中心,制定《彭阳县供销社发展基金管理办法》,建立社有资本预算制度,强化社有资产管理。制定《彭阳县供销合作社关于加强基层社建设的实施意见》,选择古城、新集、城阳3个基层供销社作为改革试点,完善生产合作、供销合作、信用合作"三位一体"社会化服务体系。推进自治区供销社新集现代农业综合服务体系建设试点工作,建立蔬菜新品种试验示范基地30亩。

【农资经营】 建立农资商品信息库,按照"龙头企业+农资连锁店+新型农业经营主体"经营服务模式,开展农资配送经营。执行农资商品经营备案、销售记录及农资"一账通"制度。与专业合作社、家庭农场、种植大户零距离对接,借助农作物施肥专家智能化服务系统机,为农户提供测土配肥,科学精准施肥决策服务。深入乡镇开展测土配肥、病虫害防治、新品种推广、农资质量安全等农业科技知识宣传,发放各类农业科技资料3000份。共销售农资3.01万吨(其中,有机肥4000吨)、玉米种子138吨,农资市场占有率85%以上。

【农产品营销】 完善"553"辣椒营销机

制，定制辣椒包装袋30万条，辣椒专用纸箱10万只，在郑州、西安、兰州等地设立销售窗口，打造"彭阳辣椒"品牌。依托古城现代农业服务中心预冷库，支持宁夏盈翠园现代农业公司做好新集海子塬2000亩供港蔬菜基地生产，提供预冷储存、分拣包装、远销外运服务，解决就业农民150人，年创收180万元，人均年收入1.2万元。组织销售以辣椒为主的蔬菜6.1万吨（其中供港蔬菜5000吨），实现助农增收9037.04万元。

【日用品供应】 以新集乡、古城镇、王洼镇3个乡镇超市和供销大楼服装超市为依托，构建"县有配送中心—乡镇有超市—村有农家店""三位一体"新型农村现代经营网络。超市年实现销售收入3500万元，占全县供销社日用品总销售收入的80%。

【项目建设】 采取"龙头企业+基层社+合作组织"建设模式，投资2450万元，建成城阳、新集、白阳镇3个现代农业综合服务中心经营服务设施10967平方米，其中预冷库2173平方米，封闭式交易棚605平方米，敞开式交易棚2035平方米，仓储库900平方米，物流配送中心764平方米，信息、检测等多功能服务设施4490平方米，搭建起农村基层服务平台，打造基层社会化服务体系。

【电子商务】 依托"供销e家"等电商平台，完善40家乡村电子商务店建设，组织培训电商服务店人员70人次，开展供销e家"彭阳土特产馆"运营，展示彭阳土特产品60个，实现线上销售10万元，打造"网上供销社"，实现线上线下融合发展。

【资金互助】 开展农村合作金融服务，县汇合农民专业合作社联合社在资金互助中心融资280万元，月利率6‰，为24家专业合作社发放小额贷款282万元，支持专业合作社发展产业。

【专业合作社建设】 组建县级农民专业合作社联合社1家，成立乡级农民专业合作社联合社12家，领办创办农民专业合作社36家，发展成员75家，入社农户3879户，带动农户7723户，开展农资供应、农产品营销、日用品销售、合作金融、农民培训、信息咨询等农业社会化服务。

【扶贫帮扶】 定点帮扶草庙乡新洼村，筹措6.11万元支持新洼村种植万寿菊700亩，建设文化墙40平方米，组织村"两委"党员赴将台堡接受红色革命教育1次，开展新型职业农民技能培训2期，100人次受益，走访慰问困难群众及军属家庭16户。筹资8800元为孟塬乡高岔村14户建档立卡户解决春耕生产用肥困难。

（杨化军）

烟草专卖

【营销网建】 全年实现卷烟销量4962箱，完成新调整目标5630箱的88%，同比减少268箱；实现销售收入（不含雪茄）12583万元，同比增长2.19%，增长额269万；实现毛利2723万元,同比增长1.54%;实现卷烟单条值101.4元/条,同比提高7.3元/条。提升区域品牌宽度,指导客户上柜,重点品牌占比81.9%,同比提高2.49个百分点,销售细支烟184.34箱,占比达3.71%,同比提高1.89个百分点;新品、订制烟实现销量217.85箱,毛利贡献度达5.09%。品牌宽度达35.6个,同比增加4个。区域共建成现代零售终端客户115户,占比13.02%,超出年度目标值0.02个百分点;客户户均获利2449元,同比增长4.48%;客户经营毛利率14.63%,同比提高0.08个百分点。

【专卖管理】 深入农户开展种植面积核查,对烘烤进程、收购情况及时掌握,配合烟叶公司进行夜查、路查,未发现违法违规行为。制订年度培训计划,开展教育培训11次,已有6名专卖管理人员取得高级资格证书,高级持证率为66.6%。抓实法律宣传,在县域所辖集市的乡、镇、村开展"法律赶大集"活动15场次。狠抓市场监管和卷烟打假,深化应用"APCD"工作法,将案件查处目标纳入个人月度绩效考核,激励查案一线人员。全年会同公安、市监、交通等部门开展联合执法16次。开展"查案竞赛""卷烟市场保卫战2017-I"号、"依法严管违法违规卖烟大户""六盘秋收"系列专项行动,净化卷烟市场。全年共查处非法流通案46起,涉案卷烟16.46万支,涉案资金42.75万元,完成年度目标任务13.7万支的120.14%。全年"12313"电话接通率100%,投诉举报受理处置合规率100%,查获假烟案件14起,涉案卷烟6.82万支,涉案金额7.846万元。完成年度目标任务3.2万支的213.12%。在物流寄递环节查获75.83%的假烟。开展许可证年检工作,全年新办证59户,歇业、注销113户。

【基础管理】 落实"三会一课"制度,坚持月度学习,季度交流,提升党性修养。落实驻村帮扶活动,为帮扶村筹集帮扶资金1.4万元。开展安全大检查、消防设施检查等专项安全检查12次,分科室提出整改意见52条,接受市局(公司)安保科检查11次,制定纠正和预防措施56项,将各类事故隐患消除在萌芽状态。深化精益改善,发布"提高网上结算成功率"活动成果,QC小组活动成果率为100%。全年共上报精益改善课题3个,采纳2个,精益改善课题数达2个。严格执行财务管理制度,严格执行市局(公司)年度预算批复,全年各类费用支出均控制在预算范围内。

(虎俊霞)

商贸物流

邮 政

【经营指标】 全年业务收入完成867.9万元，增幅12.61%。其中邮储余额累计达3.8亿元，年净增4950万元，完成全年余额净增计划3800万元的130.3%，代理金融业务收入完成572.8万元，增幅8.33%；集邮业务收入完成89.65万元，增幅达64.62%；包裹快递业务收入完成31.1万元，增幅50.10%；报刊业务收入完成51.22万元，增幅达9.49%。

【亮点工作】 举行丁酉年生肖贺岁季邮票发行式暨原地封首发活动仪式，组织丁酉年生肖贺岁季邮票品鉴会，现场销售丁酉年系列邮品13.6万元。彭阳县古城邮政支局被中国邮政集团公司确定为全国54个丁酉年中国集邮生肖贺岁季"鸡年酉福"生肖原地邮局之一。开展十九大政务类图书销售，全年销售《习近平七年知青岁月》186本，实现销售额1.4万元；《习近平治国理政》488本，实现销售额3.9万元；其他图书1.7万元。累计销售十九大相关图书7万元。成功制作移动公司、贺兰山村镇银行两家《特别关注》形象期刊1000册。累计代开税票1725万元，完成全年代征目标1232万元的140.02%。

【安全生产】 开展以"强化安全发展观念，提升全民安全素质"为主题的"安全生产月"活动，在重要生产场地悬挂安全生产宣传标语、条幅，张贴各类安全画，利用展板、宣传栏等宣传安全生产知识。举办安全知识学习和安全案例警示教育培训班，组织员工进行消防、防抢劫等各类应急预案演练。执行邮件实名收寄验视制度，杜绝易燃、易爆和违禁物品进入邮政传递环节。落实金融案件防控会议精神，开展专项检查工作，做好案件防控，防范经营风险。

【党风廉政建设】 贯彻落实中纪委十八届六中全会精神，严格执行中央"八项规定"和习近平总书记厉行节约、反对铺张浪费的批示精神。组织员工学习《中国共产党党员领导干部廉洁从政若干准则》，开展警示及反腐倡廉教育，推进党风廉政建设，促进公司各项业务快速健康发展。

【基层组织建设】 落实党建目标责任制，树立"带头抓"意识，以"服务经营、服务基层、服务群众"为主线，以创建基层服务型党组织为载体，完善工作制度，将党建工作和经营发展同安排、同落实、齐推进，使党建工作与经营发展互促共赢。开展"学制度守纪律做合格员工"主题教育活动，以学习国家法律法规、学习分公司基本制度及各项业务考核办法为主要内容,建章立制,解决阻碍企业发展难题。

（王文利）

商贸流通服务

【电子商务】　全年建成彭阳县电子商务公共服务中心、电子商务物流快递分拨中心、电子商务孵化园、京东彭阳馆和156个个体乡村电子商务服务站并投入运营。截至2017年底,注册电子商务企业与应用电子商务企业76家,开办企业及个人网店236家,同比增长156%。电商企业吸纳从业人员800人,其中贫困户159人,返乡大学生72人,残疾人2人,农村妇女103人。引进和培育电商龙头企业3家,建设电子商务运营中心1个,全县村级电子商务网店156个,实现县域全覆盖。年内,实现电子商务交易额9670万元,同比增长85%,网络零售额5975万元(含在线网络旅游零售额),同比增长123%。其中,从事与农产品相关企业31家,网络零售总额为3027万元,同比增长96%。2017年底实现快递进港量514930件,同比增长56%,快递出港量32196件,同比增长49%。全县物流快递分公司增加到16家,在全县12个乡镇中均设有快递配送中心,服务覆盖全县156个行政村。传统企业转型升级率达42%。

【商贸流通】　全县共有商贸流通企业63家,个体经济4047家,其中从事批发业113家,零售业3405家,餐饮业458家,住宿业73家,农家乐61家,从业人员8634人,实现社会消费品零售总额87392.6万元。按区域分,城镇58473.8万元,同比增长10%,乡村28918.8万元,同比增长10.4%;按行业分,批发业实现销售额20799.4万元,同比增长9.7%;零售业实现零售额45837.4万元,同比增长9%;住宿业实现营业收入3408.3万元,同比增长10.2%;餐饮业实现营业收入17347.4万元,同比增长13.8%,四大行业均呈现平稳增长态势。

（张志广　赵佰明）

交通运管

交通运输

【概　况】　全县等级公路通车总里程达2286.9千米，农村公路2040.8千米，等级公路密度达90.4千米/百平方千米，是全区等级公路密度的1.7倍，其中高速公路34.5千米，国道125.9千米，省道85.7千米，县道47.2千米，乡道483.318千米，村道1499.082千米，汽车专用公路11.2千米。100%行政村通油路，100%乡镇通班车、100%建制村通客车，境内"四纵五横"公路交通网络已形成，县乡公路提档升级、村组道路联网延伸、城乡交通条件大幅改善。

【项目建设】　新（续）建交通项目41个324.1千米，完成投资4.23亿元。配合自治区交通厅推进G85银昆高速公路彭阳段项目前期工作，争取G327彭阳至青石嘴段改扩建项目立项审批，抓好孟塬椿树岔至城阳杨坪公路项目落地移交。G327沟圈至彭阳段23千米二级公路改扩建项目建成通车，古城刘高庄经红河至城阳杨坪公路第一期工程、夏山庄至王洼南街公路项目开工建设；新建完成15条133.5千米农村公路和34.8千米农村公路续建项目，完成农村公路安防工程10条62.3千米，驼龙河桥危桥改造项目续建工程建成通车。

【精准扶贫】　加快村组道路硬化建设，全县156个行政村全部通路、通客车。完成58个贫困村777.1千米道路建设。派驻"第一书记"开展驻村帮扶工作，监督干部职工履行帮扶责任，投入3.6万元支持高岔村贫困户发展中华蜂养殖、万寿菊种植，为95户贫困户购买化肥、面粉等折合资金2.68万元，为高岔村配备电脑2台，帮助贫困村及贫困户脱贫致富。

【大气污染防治】　加大公路建设拌和站排查整治工作，拆除遗留废弃拌和站，整治公路采砂料场，强化施工工地扬尘管控。抓好乡村公路进入干线公路连接线硬化处治工作，防治乡村公路带泥进入干线公路。在青彭、刘红等路段实施重点管控，查处货运车辆超载及抛洒污染公路行为，整治篷布遮盖不严、抛洒扬尘货运车辆300台。启动公路扬尘管控示范创建工作，加大路面施工扬尘管控和公路养护保洁扬尘管控，提升公路扬尘污染防控水平。

【农村公路养护管理】　推行县乡公路专业化养护、村级公路承包养护模式，将农村公路管理机构经费纳入县级财政预算。加大农村公路日常养管，农村公路平均优良路率为41.4%，农村公路列养率100%；查处路政案件5起，查处率100%，结案率100%。检测货运车辆346辆次,劝返330辆次,车辆超限率控制率保持在4.5%以内。

【道路运输监管】 调整城市公交和农村客运线路,拓展城市公交服务范围。完成"春运""暑运"和国家法定节假日等关键时段运输保障任务,春运40天安全运送旅客12.65万人次。开展道路客运"打非治违"专项行动,查处违法客运31起。开展营运客车治理整顿,执行市际以上长途班线客车旅客实名制购票和乘坐制度。加大非法揽客载客查处力度,开展客运企业客车"挂牌评星"和"道路交通安全专项整治"行动,提升道路运输服务质量。强化驾培行业监管,全年培训学员3542人,考试合格3010人,合格率85%。

【平安交通建设】 建立逐级负责监管机制,签订安全生产责任书,落实效能平安任务。开展全国第16个"安全生产月""安全生产质量万里行"活动,举办培训教育6场次,发放宣传资料5200份,安全法规手册850册,制作展板33块。以长途客运、农村客运、城市公交、出租车营运、公路建设安全监管为重点,开展"打非治违"专项整治,对发现问题督促逐条销号整改。深入运输、施工企业和养护单位开展隐患排查26次,排查整治隐患125处,整治125处,整改率100%。落实领导包案和信息报送制度,坚持矛盾纠纷排查化解,依法处理信访诉求,全年收到信访投诉件46件,办结46件,办结率100%,答复网上信访件15件,答复率100%。

【法治交通建设】 开展法治政府示范单位创建工作,修订交通运输局行政管理、考核、财务"五项责任"追究等制度》,层层签订责任书。全年召开局务会议13次、听证会1次,呈送规范性文件进行合法性审查2次,公开公示重大决策、招投标25次,公开交通政务信息101条。办结信访投诉案件,办理人大建议和政协提案10件。聘请公职律师1名,完善行政许可事项办理指南,组织行政执法培训2期。

【自身建设】 组织干部职工深入学习贯彻落实党的十九大精神,推进"两学一做"学习教育常态化制度化,坚持"三会一课""周一例会"制度常态化,全年召开"两学一做"学习教育专题研讨会4次。开展"6+X"主题党日活动及党员"评星定级",党建工作基础夯实。严格执行中央八项规定和区、市、县有关规定,层层签订党风廉政建设责任书,严格执行"三重一大"集体研究决策、民主集中制、领导干部个人重大事项报告制度和"三公"经费审批公示制度。强化作风建设,参加"聚焦民生·实干兴宁"广场问政和机关作风热线活动,推行权力清单、责任清单和负面清单制度,行业监管体系更加完善,政务服务更加优化。

【文化建设】 推进"全国民族团结进步示范县""全国双拥模范县"创建活动,营造创建活动氛围。组织参加全县庆祝中国共产党成立96周年歌咏比赛并获得三等奖。开通运行"彭阳交通"微信公众号,及时发布工作动态和路况信息,全年在《中国交通报》、人民交通网、中国公路网、《固原日报》等新闻媒体刊发信息85篇，交通宣传工作得到加强。

（韩建军）

运政管理

【概　况】　辖区共有客运企业3家，客运车辆400辆，其中城市公交48辆，班线客运车辆140辆，出租客运车辆212辆。共有货运业户1272家（货运企业11家）、营运货车1391辆。有机动车维修企业39家（二类机动车维修企业3家）、汽车综合性能检测站1家、二级驾校1家；乡镇客运站12个，农村客运招呼站117个。

【安全生产】　落实安全生产"党政同责、一岗双责"工作制度，实现安全生产四项指标为零。开展"道路运输平安年""平安交通""安全生产月"和"安全生产万里行"及安全生产大检查活动，重大节日、重点时段安全生产与信访维稳工作平稳推进。督导企业完善应急预案，开展应急演练，规范应急保障体系建设。开展隐患排查治理，督导企业对标整改。全年开展企业安全生产检查108次，出动执法车辆84辆次，执法人员253人次，排查整改隐患35起，下发整改通知书8份。

【假日运输】　春运期间，投入客车152辆，累计发车5605班次，其中加班63班次，包车52辆次，输送旅客12.65万人次，同比下降13.2%。五一期间，投入客车145辆，累计发车499班次，其中加班12班次，包车15辆次，累计发送旅客1.1196万人次，同比下降26.7%。办理临时加班牌39辆次，假日期间出动执法车辆78辆次，执法人员217人次，检查营运车辆276辆次，纠正违章14起，未发生一起道路运输安全责任事故。

【客运管理】　对客运市场进行摸底调研，分析市场行情，督促报废农村二类班线小客车13辆，优化调整客运班线10条、城市公交运营线路2条，延续许可117条县内客运班线，对14个贫困村开通周末班，解决群众出行难问题。从严开展质量信誉考核工作，3家客运企业均为A级。完成燃油补贴申报与发放，31标台城市公交车、154辆农村客运班线车辆和212辆出租车享受补贴。

【货运管理】　严把车辆准入关，对640辆总质量为12吨及以上的重型货运车辆与牵引车安装卫星定位装置，在全国道路货运车辆公共监管与服务平台上能实时查询信息。分离个体货运经营者行政许可档案与车辆管理档案，制作行政执法许可案卷96卷。加强货运源头单位监管与车辆超限超载治理，与交警、公路段、路政、公路养护中心5部门联合巡查15次，联合签订《治理超限超载目标责任书》6份；在203省道及重要路段制作大型悬臂式宣传牌3块。全年巡查货运源头单位96次，出动执法车辆96辆次，执法人员480人次，集中宣传5次，制作治超宣传展板16块。

【站场管理】　联合公安部门，贯彻《反恐

法》和长途客运实名制售票,督导客运站安装一键式报警装置和安全门,购置便携式安检仪,开通"网上售票"系统,落实"三不进站、六不出站"和"五不两确保"等措施,规范"三品"查验及人员密集场所消防与应急管理工作,行业安全防范水平提升。

【维培管理】 开展机动车维修质量服务月及"3·15"义诊活动,义务诊断车辆16辆、发放宣传单458份、悬挂横幅6条、受教人数达554人。督导二类维修企业开展"绿色汽修"创建活动,鑫源汽车修理厂改扩建工程按创建要求完成。联合市监、公安等部门检查机动车维修配件销售情况,打击假冒伪劣配件,查处违法改装、拼装等行为,全年检查维修企业45次,排查整改安全隐患22起,出动执法人员144人次。督促驾校落实网上预约培训制,推行"先培后付"模式常态化制度化,组织教练员脱岗培训2期,培训110人次;开展驾校不文明行为随手拍活动,规范驾驶员继续教育培训机构教学行为,完成继续教育培训430人。

【行政执法】 推动依法治运,建立完善权利清单和责任清单,梳理职权68项,已录入宁夏回族自治区权责管理平台。联合公安部门开展打非治违专项行动,发布通告,集中整治车辆57辆次,上路稽查1236人次,出动执法车辆374辆次,查处非法违法营运车辆51辆,其他违章车辆90辆。依法实施行政许可237件,行政处罚37件,"双公示"制度落实到位。受理处理各类投诉46起,无行政复议和行政诉讼案件发生。

【廉政建设】 严格落实党风廉政建设"两个责任",层层签订党风廉政建设目标责任书;深入查找岗位风险防控点,制定廉政风险防控一览表,权力运行得到有效监督和制约。深入贯彻落实中央八项规定精神,"回头看"工作成效明显,制度建设逐步完善,"三公"经费支出合理。

【行业文明】 培育和践行道路运输行业核心价值体系,巩固自治区级文明单位创建成果。每季度举办一期道德讲堂,开展"主题实践教育月"及志愿服务活动。春运期间,组织行业志愿者大队开展志愿服务123人次,服务时间达980小时;高考期间,组织103辆出租车和48辆公交车开展"爱心送考生"志愿服务活动,行业形象明显好转。组队参加彭阳县"全民书香"阅读知识竞赛活动,荣获第一名,彰显全国职工书屋示范点作用。

【党的建设】 深入学习党的十九大和自治区第十二次党代会精神,为党员干部购买学习资料54(套)册,举办专题培训班2次、集中学习12次。落实全面从严治党"三个清单""三会一课"制度,开展"两学一做"学习教育常态化制度化、党建促进月、"我的初心我的成长——做政治合格共产党员"活动,组织集中学习27次、党课辅导6场次、专题研讨5场次。深化星级基层服务型党组织创建,开展"星级争创"活动,党员先锋模范作用充分发挥。推进"挂牌评星"活动,落实班子成员担任企业党建工作指导员制度,指导鑫源汽车客运出租公司建成党群活动服务中心,行业非公党建工作再上台阶。

【队伍建设】 加强党员日常管理,完成党组织与党员基本信息采集工作,更新党员数据库,规范党费收缴。完成"普法"学习任务,强化执法人员教育培训,选派6名青年骨干分别到北京交干院和银川党校参加行政执法培训;举办全县道路运输行业安全生产演讲比赛1期。邀请市局专家对全所职工行政执法和安全生产执法检查工作进行培训,职工业务素质显著提升。

(陈海明)

应急管理

安全生产监管

【安全态势】 全年共发生各类事故2起,死亡1人,受伤1人。亿元GDP生产安全事故死亡率控制在区、市下达指标之内。安全生产形势持续稳定向好,在区、市年度目标综合管理考核中位于前列。

【责任落实】 全年2次县委常委会、4次政府常务会、3次专题会议安排部署安全生产工作。召开全县安全生产工作会议暨安委会第一次、第二次、第三次、第四次全体(扩大)会议,签订2017年度安全生产责任书,逐层传导工作压力,靠实"三大责任"。督促指导全县51个安委会成员单位建立本级本部门安委会及履职机构,制订报送本部门本行业领域企业分级分类监管方案,厘清职责边界,细化责任分工,强化监管责任。指导57家上线企业加强风险控制和隐患排查治理信息系统建设,完善企业安全生产责任体系,自主制定清单,定期上报隐患排查治理情况,全年组织培训企业5场次,培训操作人员285人次。托管帮扶全县135家企业,重点开展标准化达标建设,落实企业安全生产责任险制度。

【专项行动】 开展"十大"专项整治和"百日专项行动",开展春节、五一等重要节会、重点时段安全生产大排查大整治活动,加强煤矿和非煤矿山、道路交通、建筑施工、危险化学品及烟花爆竹、城市运行、人员密集场所等重点行业领域安全监管,全年排查各类隐患2113条,整改落实1931处,隐患整改率达91.4%。保持"打非治违"高压态势,从严从重查处煤矿和非煤矿山、危化品等高危行业非法违法生产经营行为,检查企业1503家,下发整改指令书212份,下发强制措施决定书2份,停产停业整顿31家,处罚企业12家,取缔非法加油站和加油窝点6处,行政拘留6人,曝光企业2家,问责单位1家。针对"7·18"高处坠落事故成立事故调查组,完成事故调查,并依法依规进行处理。

【基层基础】 在怡园广场举办"6·19"安全生产宣传日活动,面向社会公众集中宣传安全生产方针政策、法律法规、安全知识和自救互救方法等,共发放宣传资料2万份,宣传物品2000件,宣传展板53块。开展"安康杯"安全生产知识竞赛活动,提高安全生产知识知晓度。建立安全生产资格培训考试体系,对企业主要负责人、安全管理人员和特种作业人员进行安全知识培训,举办道路交通、消防(火灾)、建筑施工、工贸行业各类培训班11期,培训人员5000人次。

(马纪元)

防震减灾

【防震科普宣传】 利用科普宣传周和乡镇集日,开展防震减灾知识"七进"活动,增强宣传实效性。利用"5·12"防灾减灾日、"7·28"唐山地震纪念日、"12·4"全国法制宣传日等时段,开展防震减灾知识宣传活动15场次,悬挂横幅45条,展出展板100块,发放各类宣传品2.6万件。通过移动平台向移动用户发送手机短信10万条,举办科普讲座23场次,参加培训3.6万人次,提高防灾减灾知识知晓率。以"宁夏地震信息网""固原地震信息网""彭阳县政务网"为平台,刊登防震减灾科普知识、震情信息等。开通彭阳县防震减灾新浪微博,发布震情信息,开展防震减灾知识宣传。在彭阳县第四中学开展固原市2017年"防灾减灾日"地震应急演练,共3200人参加演练活动,提升快速反应和应急保障能力。

【群测群防网络】 深入24个地震宏观观测点,检查观测记录,了解宏观异常。完善"三网一员"及防震减灾指挥体系等联络群,确保信息畅通和震情传达,确定灾情速报员35人,防震减灾助理员12人。在12个乡镇设立宏观观测点24个,每个乡镇2个,形成"横向到边、纵向到底"的群测群防网络体系。组织24名宏观观测员及业务人员共30人参加2017年彭阳县地震宏观观测员培训会议,提高观测水平和履职能力。

【应急救援体系】 修订完善地震应急预案,对基础设施、重大工程设施、次生灾害源及居民点、道路等具有潜在威胁的滑坡、崩塌、泥石流等地质灾害险点进行隐患排查,逐项整改落实,有效控制率达98%。对县一中、三中地震灾害信息捕获系统以及罗洼乡、王洼镇、冯庄乡、王洼镇石岔村、草庙乡刘塬村、古城镇、白阳镇7个地震烈度仪检查,确保各观测点、观测仪器运行正常。深入小关山断裂带古城镇海口村、小岔沟村,新集乡马旺堡村实地考察,了解地震断层形成、分布及断裂带走向,掌握断裂带附近农户居住安全情况。新建彭阳县地震灾情捕获和联动应急指挥系统,安装视频会议终端1套、液晶电视(50寸)1台、摄像头1台,实现区市县三级联动,提高地震应急响应速度、应急指挥水平和紧急救援能力。在县四中、郑河街社区、城阳乡杨坪村开展地震科普示范学校、地震安全示范社区、地震安全示范村创建,其中郑河街社区被命名为"自治区级地震安全示范社区"。

【精准帮扶】 定点帮扶王洼镇杨寨村,帮助制定脱贫攻坚巩固提升规划,宣传各项惠农政策。筹资3.4万元,帮助杨寨村建成文化活动中心,为53名党员和25户贫困户送去价值1万元的慰问品及备耕生产物资,帮助贫困户发展生产。彭阳县地震局领导督促第一书记遵守驻村工作纪律,并定期听取第一书记工作汇报,坚持问题导向,研究解决脱贫攻坚中出现的困难和矛盾。第一书记与村"两委"班子一道,抓好农村"两个带头人"、劳动力素质提升、产业提质增效、民生改善、金融扶贫等工程,巩固提升脱贫攻坚成果。

(王 蓓)

建设环保林业生态

城乡建设与环境保护

【经济指标】 全县规划区总面积60.71平方千米、规划用地面积11.92平方千米,建成区面积7.28平方千米。县城建筑物总面积达到309.8万平方米,人均住房面积达到28.3平方米。新改扩建城市道路16条11.4千米,道路总长66.82千米,排水管网118千米。主要河流水质长期稳定保持Ⅳ类以上,空气优良天数占比达到93.1%。城区常住人口增加到6.8万人,城镇化率提高到32.9%。

【城乡规划】 开展《彭阳县空间规划(多规合一)》编制,处理部门规划差异图斑,划定"三区三线",确定用地唯一属性,形成县域空间规划"一张图"。规划城市绿线占地130.02公顷,黄线占地27.61公顷,蓝线在规划区内以茹河水体、小河水体及其边界外扩10米范围作为控制线,紫线确定古城墙墙体保护范围外两侧各扩100米为建设控制地带。规划审批管理,全年共召开规划委员会会议6次,审定新能源汽车等重点项目,审批发放"一书三证"123件。搬迁茹河河道控制范围内3家混凝土预制厂,清除7家洗沙场,开展建筑设计督查8次,处理违法变更设计案件1件,维护规划严肃性和权威性。

【城乡建设】 建成424户棚户区改造、冯庄乡和城阳乡2个美丽小城镇、古城高庄等6个美丽村庄、茹河街等道路给排水工程、东昂景园劳务移民房、彭阳县空间规划展示馆和今我彭阳展示馆、悦龙山新区亮化等15个重点项目,完成投资8.04亿元,改善民生问题,拉动固定资产投资增长。

【危房危窑改造】 全年自治区下达全县危房危窑改造任务1415户(建档立卡户866户),已建成1907户(建档立卡户980户)。以就地分散改造为主、集中安置为辅方式,实行危房危窑改造与扶贫开发整村推进、美丽村庄建设"双结合"。制订《四类重点对象安全住房建设实施方案》,采取政府贴息、担保机构担保方式,通过群众筹一点、银行贷一点、政府贴一点、乡邻帮一点、企业赊一点的"五个一"方式,解决贫困群众筹资难题,同时整合扶贫惠农资金1000万元,用于"四类重点对象"农村危房危窑改造提标补助。

【窑洞加固改造试点】 邀请陕西省中北工程设计咨询研究院制订《彭阳县崖窑加固项目技术改造方案》,对窑洞结构加固承载力计算,确定以砖砌拱圈加固和钢筋网片混凝土壳体加固两种抗震性能较好的加固方式进行窑洞加固改造。在城阳乡刘河村、冯庄乡小园子村、白阳镇白岔村、草庙乡新洼村危窑改造86户151孔。窑洞加固试点工作被自治区住建厅作为经验在全区推广，并以示范县应邀参加全国农村危房危窑改造工作现场会。

【污水处理及改厕试点】　印发《彭阳县农村环境综合整治工作实施方案》《彭阳县农村环境整治考核办法》，建立农村环境整治长效机制。对全县18处入河排污口出水水质摸底排查整治，封停1处，限期整改6处，县域内无黑臭水体，县城生活污水直排现象消除。加大茹河流域内非法采石采砂、非法排污、乱倒垃圾等重点污染问题惩治力度，依法关停茹河流域非法采砂场19家。完成99家畜禽养殖场基本情况调查，畜禽养殖污染得到控制。完成8村545户农村污水处理及改厕试点项目。

【工程监管】　开展工程建设领域突出问题专项整治，对2008年以来所有项目全面排查，建立整治项目责任清单，实行销号制。全年完成248个项目排查，发现各类问题681条，其中违反基本建设程序方面179条，施工及监理合同未签证备案168条，违反劳动法规179条，工程结算、交付使用阶段155条，已完成整改681条，整改率达100%。全年新建及在建工程建设项目履行建设程序100%，交付使用项目竣工验收备案率和按时结算率100%，政府投资项目工程款按合同约定支付率100%，农民工工资保证金收缴率100%，农民工工资支付率100%。

【环境保护】　解决污水处理厂2015年以来连续超标问题，实施彭阳县污水处理厂提标改造工程，于6月建成并进水调试，COD、氨氮等主要指标达到城镇污水处理厂污染排放标准一级A排放标准。将污水处理厂委托给北京中咨华宇运行8年，确保长期达标排放。建立农村环境整治长效机制，县财政拨付经费819.82万元，专项用于农村环境综合整治工程，优化人居环境。完成《县城集中饮用水水源地保护方案》编制，已通过自治区人民政府批复。加强环境执法监察，全年共审批建设项目208个，其中环境影响报告书7个、报告表48个、备案表153个、组织验收项目3个；开展专项检查5次，涉及企业105家，发现问题16个，发限期改正通知12份，完成整改12件，对存在违规排放污水行为的王洼煤矿、彭阳林果发展有限公司等企业行政罚款52.3万元。

【房屋产权产籍管理】　建成绿都华府、秀水花园、浙商国际一期、水岸星城等续建项目，财富广场、利民广场、会堂二期和三期、二中西区、财富广场北区等新建项目按计划全面推进，总投资15亿元，新增建筑面积30万平方米，满足城乡居民住房多元化需求。提升房管水平，全年建成公租房5963套，分配入住5963套，入住率100%。高分配入住率、"预先、轮候、摇号"分配法及"一月一核查、一季一调整"清查清退管理模式得到自治区住建厅肯定，在全区住房保障工作现场观摩推动会上作经验交流。

（虎　刚）

城市管理

【概　况】　彭阳县城市管理局成立于2015年1月,2017年7月更名为彭阳县城市管理综合执法局,为政府工作部门,承担县城城市管理职能。内设办公室、项目办、环卫队、园林队、监察队、公用事业管理所6个职能股室。共核定编制63名,其中行政编制11名,事业编制51名,聘用编制1名。

【市容市貌】　以实现"零违建"为目标,拆除违法建筑83处1.58万平方米,在城区划设停车泊位216个,建成南关东街停车场,平整设置2处临时大型车停车场,硬化整理2个临时市场,以社会化运作模式,规范城区灯箱广告位设置管理。

【城乡环境】　建立上下班保洁无缝衔接,实现县城主次街道保洁全覆盖。配备环卫洗扫、洒水和干扫车辆8辆、电动车52辆,县城环卫机械化作业率达72.4%。推行"一冲二洗三保洁"环卫作业模式,清运生活垃圾1.5万多吨、建筑垃圾5万吨、收集泔水0.5万吨。治理违规运输车辆100多辆,渣土治理初显成效。

【园林绿化】　围绕"生态绿面+线状绿廊+点状绿化"目标,推进城区特色景观营造,城市人居环境进一步优化。投资7118.86万元,以振阳街绿化为亮点,打造"彭阳迎宾大道",实施环城东路、生态园三期景观、栖凤街及次街道绿化等39个续建和新建工程,增加绿地面积49.41公顷,绿地率6.1%,人均公园绿地面积5.81平方米。截至年底,县城建成区绿化覆盖率、绿地率、人均公园绿地面积分别达46.95%、39.1%和32.93平方米,民生园林绿化建设成效显著。

【公用设施维护】　加强市政设施管理,实现城市道路、排水、路灯、燃气等市政设施管理"无死角"。清掏雨污水井箅子3560座,疏通下水井1006个,修补塌陷破损道路6500平方米,处理道路坑洞及污水管网120米。完成怡园广场大门及亭子维修。实现城区66座控制箱路灯自动化控制,维修路灯1800盏,全城亮灯率达96%。编制彭阳县城地下管线综合规划,地下管线基础数据普查建设通过自治区验收。

【执法改革】　城市执法体制改革走在全区前列。人员编制及职能整合到位,执法服装、执法记录仪、无人机已配备到位,权力清单、责任清单已报政府法制办审核,上报自治区主管部门,完成数字化城管建设项目建议书编制。

【党建工作】　党总支主动适应新常态,突出全面从严治党主线,围绕解决机关党建"灯下黑"和"两张皮"问题,发挥阵地优势、党员优势和工作优势,以"争创先进基层党组织、争做优秀共产党员"为载体,把党组织建在工作面上,推进服务型党组织建设,以党建促工作,以工作助党建,实现党建与业务工作有机结合、互促互进,打造"市容秩序美、环境卫生美、硬件设施美、队伍形象美"的"四美"城管。

【精准扶贫】 开展精准扶贫驻村下乡活动，组织52名干部职工结对帮扶古城村25户、任河村160户及小岔沟村75户贫困户，制定发展思路、宣讲惠民政策、帮助发展产业、夯实发展基础，派驻4名干部担任古城镇任河村、冯庄乡小湾村第一书记及驻村工作队员，理清经济发展思路，制订脱贫增收方案，找准脱贫攻坚方向，帮助村民脱贫致富。

（曹晓娟）

林业和生态经济

【林业生态建设】 以三北防护林、退耕还林、天然林保护等重点生态林业工程为依托，通过精准造林推进生态修复、绿色发展，推动森林质量精准提升工程建设。启动实施六盘山重点生态功能区降水量400毫米以上区域造林绿化工程，以北部乡镇为重点在全县11个乡镇52个行政村完成新造林18.75万亩，其中新造林10万亩，未成林地补植补造6.25万亩，退化林地改造2.5万亩；在全县12个乡镇80个行政村生态移民迁出区完成"十二五"生态移民迁出区生态修复项目10.53万亩。

【林业产业培育】 在城阳乡杨塬村建成经果林示范基地2个，栽植优质红梅杏500亩，花椒1000亩；在红河镇黑牛沟建成花椒基地1个，栽植花椒1000亩；引进东昂集团在红河镇红河村发展500亩苹果矮砧密植集约栽培示范点1个。完成阳洼流域1000亩文冠果景观园和罗堡50亩育苗基地建设。整合2015—2017年国家下达拨付彭阳县森林生态效益补偿基金2788.2万元，在全县9个乡镇103个行政村12658户农户庭院四旁落实种植红梅杏27538.1亩。整合涉农扶贫资金，加大林药产业投入扶持力度，新建林下养殖、种植示范点5个，全县发展黄芪等林下药材种植0.3万亩，在全县12个乡镇发展朝那鸡、月子鸡等生态鸡60万只，依托孟塬小石沟村林下中华蜂养殖基地带动孟塬、草庙等乡发展林下中华蜂养殖5000箱，建立"林蜂药"特色产业增效模式。

【美丽乡村建设】 围绕全域旅游实施乡镇生态提升工程，重点对S203省道、乡镇境内等级公路及居民点进行绿化，完成乡村道路绿化109千米，绿化孟塬赵山庄、草滩、双树3个居民点。围绕巩固国家园林县城创建成果，开展春秋两季干部义务植树活动，在东岳山及孙阳流域完成义务植树2000亩，植树10万株。围绕茹河市民休闲森林公园建设，完成森林公园栖凤山景区观景平台硬化美化1处3500平方米，硬化停车场1000平方米，栽植各类绿化树及花灌木2000株，完成投资100万元，10月份顺利通过自治区考核验收。

【林业有害生物防治】 实施林业有害生物监测面积208万亩，苗木产地检疫19400万株，产地检疫率100%。调运检疫苗木1661.6万株，种子0.8万公斤，复检苗木

123.5万株。查处违规调运苗木29批,无证调运16批,违规调运苗木449498株,查处假证16张,焚毁美国白蛾等疫区苗木和携带检疫性病虫害苗木420株;实施鼢鼠防治面积27万亩,北京勾天牛防治面积1.7万亩,杨树天牛打孔注药防治3.5万株。

【国有林场改革】 推进国有林场改革,实施3个国有林场基础设施建设工程及附属设施建设,完善国有林场管理制度,配齐办公自动化设备,改善林场办公条件。将国有林场8名差额编制人员调整为全额编制,通过政府购买服务方式招聘长期住场巡山护林防火监管人员40名。配合国土局对全县生态移民迁出区土地进行地类区分、面积核实和权属界定,勘界确权面积77万亩,全部移交国有林场管理并实施生态修复。

(安海军)

教育文化旅游史志

教育体育

【概　况】　全县现有各级各类学校216所,其中高级中学2所,职业中学1所,初级中学8所,小学128所(民族小学5所),教学点50个,幼儿园27所(民办6所)。有教职工3223人,在校学生35754人,其中普通高中生3734人,职业教育高中生1793人,初中生8933人,小学生15453人,学前幼儿5841人(附设幼儿班幼儿869人,在园幼儿4972人)。

【幼儿教育】　新建、改建和增设幼儿园14所,新增幼儿学位1710个。鼓励社会力量兴办优质幼儿园,认定宏智幼儿园。争取自治区民办教育专项资金19万元,采取发放助学券、补贴教师工资等方式购买古城镇育英幼儿园(民办)学前教育服务。规范保育教育质量,城区无学前班,幼儿园无"小学化"倾向,学前教育三年入园(班)率达80.04%。

【义务教育】　义务教育基本均衡通过国家评估认定,全县小学六年巩固率达93.17%,初中三年巩固率达97.13%。印发《彭阳县关于进一步加强义务教育控辍保学工作的实施方案》《彭阳县统筹推进城乡义务教育一体化改革发展的实施方案》,完成四年级和八年级国家质量监测;对全县一至八年级进行全学科质量监测,各学科成绩较前两年均有所提高;控辍保学工作成绩突出,弱势群体教育得到保障。

【高中教育】　普通高考全县一次性本科上线581人,大学录取率为79.3%,较上一年提高1.7个百分点。完成县职教中心整体搬迁,职业教育办学条件基本达到国家标准化中等职业学校办学标准。推行"校企合作"办学模式,256名学生与7家企业签订实习就业协议,589人参加劳动力素质提升培训任务。

【师资队伍】　优化教师队伍,招聘免费师范生3人,招聘"县聘乡用"幼儿教师26人,争取自治区支教教师20人、事业单位实习生34人,转正特岗教师117人,缓解学科教师结构不合理和教师数量不足。交流中小学校长44人、教师251人,分别占校长、教师总数的25%和12%。全年组织校长、教师培训达2532人次,推荐2名校长赴福建挂职培训,3个"名师工作室"正式挂牌。落实乡村教师待遇政策,兑现区、市、县三级骨干教师津贴,向乡村学校从教25年、20年、15年、10年且仍在乡村学校任教的教师颁发荣誉证书。县委、政府重奖一批教育教学工作成绩突出的学校、校长、教师和品学兼优学生,奖金达134.1万元。慰问教学一线教师100名,送去慰问金8万元。

【基础建设】 投资1.68亿元,扩建县幼儿园、新建草庙乡和谐村等13所村级幼儿园,改造农村薄弱学校37所,新建县三小、城阳乡中心学校及新集乡初级中学教学楼3栋,新建古城中学和交岔中心学校农村教师周转宿舍60套,增加教学仪器设备10万件(套),学校面貌整体焕然一新。投资1.4亿元开工建设悦龙新区全民健身中心及文化馆,新征土地54亩完成美丽茹河雷河滩体育公园主体项目,完成冯庄乡和孟塬乡足球场地建设。为86个贫困村配置篮球架64个、篮球344个、乒乓球台77套、乒乓球拍344个、象棋172副、棋牌桌椅86套、体育健身路径70套共计560件。被国家体育总局评为"全国群众体育先进集体"。

【教育惠民政策】 建立各学段全程资助政策体系,发放各类资助金3833.73万元,免除各类费用3620.52万元,办理大学生生源地信用助学贷款3900万元。推进营养改善计划,实施学校132所,惠及学生12376人;实施营养早餐学校134所,惠及学生15570人,连续6年实现食品安全和资金运行"零事故"。在全国农村学生营养改善专题研讨会上交流发言,彭阳县荣获"阳光校餐示范县"。

【教育质量】 依托市基地和联盟学校"一拖二"建立县级高校课堂实验基地学校,优化课堂教学。开展县级高校课堂实验基地学校教师培训、考察、观摩活动,参加市级各类教研、论坛、赛课和培训活动。加强未成年人思想道德建设,培育和践行社会主义核心价值观。成功举办全县中小学书法、绘画、图文创作等比赛和校园文化艺术展演等活动,"一师一优课一课一名师"活动中,报名参加教师2807人,2346名教师参加晒课活动,上传视频课866节次,评选出县级优课250节次,其中105节次被评为市级优课,35节次被评为区级优课,11节次被评为部级优课。

【体育工作】 举办"迎新年"职工趣味运动会、彭阳县全民健身大拜年系列活动和彭阳县第十三届中小学生田径运动会、"民风杯"篮球运动会、首届"悦龙杯"门球邀请赛,2017年宁夏第三届全民健身节暨彭阳县广场舞及羽毛球比赛等。参加固原市第二届农民篮球运动会、固原市第八届职工运动会、固原市中学生运动会、固原市高中足球联赛、全国群众登山节健身大会宁夏六盘山登山节活动。参加2017年全区青少年锦标赛,取得8个第一名、15个第二名、19个第三名的优异成绩。承办全区一级社会体育指导员暨快易网球和羽毛球培训班,培训学员94名。

(高 远)

文化旅游

【文化活动】 春节期间,组织开展文化、科技、卫生"三下乡""迎新春"茶话会文艺演出、元宵节社火大赛和庆元宵文艺晚会,编排大型舞蹈《安塞腰鼓》参加固原市2017年春节联欢晚会,县内14个秦腔剧团在怡园广场举行秦腔展演。全年共开展广场文化演出 60 场次、送戏下乡 96 场次、戏曲进校园 12 场次。村综合文化服务中心开展文化活动 160 场次，农民文化大院开展活动 1800 场次。创作小品《高价彩礼》《二牛的婚事》《彩礼风波》、音乐快板表演唱《禁绝毒品 珍爱生命》等文艺作品，参加固原市群众广场舞大赛和文化大院文艺调演暨第五届移风易俗树文明新风小品小戏大赛，荣获一等奖 1 个、三等奖 2 个、优秀奖 3 个。全年放映城乡数字电影 2094 场次，观影 229520 人次。

【文化基础建设】 实现 156 个行政村综合文化服务中心全覆盖。建成文化活动室 136 个、文化活动广场 106 个、乡村大舞台 109 个。扶持发展农民文化大院 14 个，其中自治区级 1 个、市级 4 个、县级 9 个。完成县博物馆布展和县图书馆标准化配套项目工程建设并免费开放，图书馆通过全国公共图书馆第六次评估定级。文化馆主体工程开工建设，战国秦长城保护、白岔村段修缮项目完成招投标。

【文物考古保护】 编辑出版《彭阳历史文物》，配合宁夏考古所完成新集马鞍桥梁战国秦人墓和姚河塬西周墓地的发掘，召开彭阳姚河塬商周遗址咨询论证会。姚河塬西周墓地的发掘对研究西周文化的起源和形成、西周王朝建立后对西部边缘地区控制管理模式和 3000 年前西周早期历史提供丰富的实物资料，填补西周历史研究和宁夏地方史研究的空白，姚河塬商周遗址周墓考古入围全国十大考古发现评审。

【文化市场监管】 采取常态化检查和联合执法相结合，对全县印刷复制、书店书摊、物流快递、歌厅网吧等集中开展清源、净网、护苗、秋风、固边和印刷复制发行监管专项行动 11 次。对 3 家不规范经营网吧提出整改要求，限时整改到位。为 11 家网吧安装互联网上网服务营业场所技术管理系统并建立微信群，加大网络管理和政策宣传力度。

【旅游基础设施】 茹河瀑布风景区基础设施建设一期工程停车场已建成并投入使用。金鸡坪梯田公园完成 11.97 千米内部道路和 4 个观景节点及标志标牌建设。乔家渠红军长征毛泽东宿营地旧址完成建设用地征迁。在 S202 省道沿线的罗洼乡、草庙乡、红河镇建设宁夏东部环线彭阳旅游驿站 3 家。在旅游环线、重点景区，建设生态旅游厕所 4 处，其中茹河瀑布停车场生态旅游厕所被评为 AAA 级旅游厕所。培育发展集餐饮、娱乐、休闲、观光、体验、公益于一体的农家乐 61 家，丰富乡村旅游内涵。

【旅游开发】 以实施旅游扶贫工程为抓手，突出彭阳辣椒、红梅杏、果脯、黄酒、地椒茶、朝那鸡等旅游商品开发，推进农旅融合和产村互动。打造杨坪、玉洼、罗堡等一批以特色种养、观光采摘、农耕体验、农家饭菜和农家旅馆为主的休闲农业聚集村，带动贫困群众脱贫增收。全年接待各类游客 52 万人次，实现社会综合收入 3.14 亿元。农家乐接待游客 29 万人次，创收 1400 万元。

【旅游创新发展】 组建彭阳县全域旅游

投资有限公司，推进旅游项目建设。借助媒体平台，发布彭阳旅游精品线路、主要景点、酒店、农家乐、彭阳特产、旅游咨询服务电话等信息和旅游资讯，满足游客需求。完成宁夏移动大数据平台（智慧旅游）建设，组织参加新华网第五届旅游业融合与创新论坛。成立彭阳县旅游发展中心，开展县内旅游从业人员培训5期320人次，加强对宾馆、酒店、旅行社管理，开展宾馆（饭店）、农家乐评星定级工作。健全旅游执法、旅游安全、旅游应急管理机制，深入景区开展旅游安全检查和旅游市场秩序专项整治行动，维护旅游市场秩序。

【广电事业】 在"彭阳新闻"节目中开设"脱贫攻坚进行时""移风易俗树新风""民族团结促发展""创业者风采""学习宣传自治区第十二次党代会精神""喜迎十九大""十九大时光""不忘初心、牢记使命"等12个电视栏目，制作《敢教日月换新天》《同心掬得满庭芳》《同在一片蓝天下》《利剑出鞘铸警魂》等8部电视专题片。播出各类新闻稿件1286篇（件），向区、市电视台报送76篇（件）。开设运营"彭阳广电"微信公众号，提高"彭阳新闻"收视率。实施中央广播电视无线数字化覆盖工程，完成北山转播台改造提升建设任务。实施"百县万村"广播器材安装工程，完成86个行政村广播系统安装。

【自身建设】 推进"两学一做"学习教育常态化制度化，开展"6+X"主题党日活动，邀请县级领导和党校教师宣讲自治区第十二次党代会和党的十九大精神，局党组、总支书记讲党课，干部职工撰写心得体会168篇。开展"振奋精神、实干兴宁"等专题讨论4次，撰写讨论发言稿46篇。印发《党员干部应知应会基本常识》，通过集中学习、个人自学和组织测试等形式，提高党员干部政治理论素养。支持驻村第一书记、驻村工作队和帮扶责任人开展帮扶工作，为全县156个行政村争取文化活动经费46.8万元，为罗洼乡嵝岘村、张湾村争取文化扶贫经费各2万元。自筹帮扶资金1.5万元，帮扶罗洼乡马涝村整顿基层软弱涣散党组织（7000元），扶持冯庄乡16户计划生育光荣户发展生产（8000元）。

（扈正有）

党史方志

【志书编修】 编纂出版发行《彭阳年鉴2017》《好汉壮歌——中央红军长征过彭阳资料选编》《彭阳史志》（季刊）2017年1—4期。完成政协提案《彭阳古代史料选编》及《彭阳地名志》《彭阳地名大典》统稿。参与编辑《彭阳民国契约档案》《讲好城阳故事》《彭阳一中校史》初稿，完成《中国共产党彭阳历史（第一卷）》（1921—1949）初稿撰写。

【专题研究】 完成宁夏改革开放史系列专题研究（彭阳部分）撰写任务。培训指导并参与《彭阳人大工作改革与发展史专题研究》《彭阳县政协工作改革与发展史专题研究》《彭阳县纪检监察工作改革与发展史专题研究》《彭阳县组织工作改革与发展史专题研究》《彭阳县宣传思想工作改革与发展史专题研究》《彭阳县文化旅游广电工作改革与发展史专题研究》撰写，按期完成任务，及时上报自治区党史研究室。

【史志服务】 配合央视完成《中国影像方志·彭阳篇》拍摄工作。搜集整理县内老字号，向自治区地方志编纂委员会办公室提供县老字号品牌12个。新征集县内家谱5部，表彰彭阳县第二届优秀家谱8部。参加"百里画廊""全域旅游"设计审定及"乔家渠红色资源开发利用"规划审定。

【史志成果】 完成"中共麻子沟圈区委纪念馆"布展，并免费对外开放，建成宁夏第一个农村基层党支部纪念亭——中共虎家小园子支部纪念亭。完成红二十八军、红三十二军纪念碑、红军长征古城川战斗遗址、红军长征饮水大涝池遗址、跤龙沟羊蹄河战斗遗址、余沟战斗遗址、杨坪战斗遗址等七个革命旧址碑文撰写并立碑。截至年底，彭阳县境内普查出的44处革命旧址、遗址全部立碑保护。

【党史宣传】 举行"全区党史工作经验交流会彭阳现场观摩会"。接待《宁夏日报》《固原日报》等媒体记者10人次。在各类媒体撰写发表研究性文章，其中《〈清平乐·六盘山〉创作地探讨》《浅谈红军长征、西征在彭阳主要活动及其影响》发表在《中国毛泽东诗词研究会论文集》中。《彭阳居民修家谱传承好乡风》《彭阳21部新编家谱传承好家风》《彭阳20多部家谱树立文明家风》等家谱征集整理类文章及《祁悦章的史志情怀》《祁悦章——一个收集历史的人》2篇人物报道在《宁夏日报》《固原日报》《新消息报》等媒体主要版面报道。

（李　静）

图书销售

【经济指标】 全年实现销售码洋708.4万元，同比增长6%，其中教材459.5万元，与上年同比增长2%；教辅资料161万元，同比增长11%；一般图书销售87.9万元，同比增长21%。实现利润11万元，同比下降38%，费用125万元，与上年同比增长17%。

【教材发行】 完成春秋两季教材征订、报订结算工作，两季教材销售码洋459.5万元，同比增长2%，其中高中教材90.18万元，同比增长6%；初中教材196.62万元，同比增长1%；小学教材172.7万元，同比增长1%。掌握校方订数，及时汇总审核上报，避免错订、漏定及重订现象发生，并在教材发行结束后对各学校余书进行调剂，确保教材余书流通，满足学生教材需求。

【教辅定售】 抓教辅资料发行市场，扩大教辅市场占有率，教辅征订发行保持稳中有增，销售码洋161万元，同比增长10%。配套发行《中考新突破》2780套，码洋31.38万元；寒、暑假作业定售码洋55.02万元，配套率100%。选修教材、作文读本、英语同步听力等征订平稳，销售码洋74.6万元，填补教材征订码洋下滑短板。

【一般图书销售】 全年一般图书销售码洋87.9万元，与上年同比增长15.63万元，增长21%。党政类及十九大图书发行数量激增，年初发行《从严治党面对面》《抓党建促脱贫》《脱贫攻坚》2445册，码洋5.52万元；年底突击发行《中国共产党章程》10886册，码洋4.35万元；《十九大报告》单行本10570册，码洋6.34万元；《十九大辅导读本》974册，码洋3.2万元；《中国共产党第十九次全国代表大会文件汇编》1010册，码洋1.21万元；《党的十九大报告学习辅导百问》490册，码洋1.37万元；《十九大学习笔记本》585册，码洋1.5万元；《习近平七年知青岁月》613册，码洋4.66万元；《习近平谈治国理政》第二卷1239册，码洋9.91万元。推销购书卡389张，购书回款6.11万元，购书率占发卡率40%。门市部全年零售33.86万元，岗外推销及团购占门市部零售的62%。组织流动下乡送书46人次，营造"书香彭阳"良好氛围。

【连锁系统类别销售】 全年社会类销售46.49万元，其中文化教育14.46万元，文学艺术17.66万元，科技1.98万元，少儿读物6.98万元，音像1554元，文化产品1785元。累计销售87.9万元。

【自身建设】 把学习宣传贯彻党的十九大精神和学习资料发行放在首要位置，组织党员职工采取集中与自学相结合方式，原原本本读学，提升政治素养。推进"两学一做"学习教育常态化制度化，县新华书店党支部每月组织1次党员集中学习。落实全面从严治党要求，定期对党员学习情况督查。落实"三重一大""三会一课"制度，推进党风廉政建设，组织开展民主生活会，对不严不实问题整改落实。履行"两个责任""一岗双责"，严控"三公"经费，推进新华书店管理运营规范化。

（王天科）

卫生健康

卫生健康服务

【综合医改】 以建立"分级诊疗"体系为抓手,以发挥"医联体"和"医共体"职能为关键,推进综合医改。印发《彭阳县综合医改暨县级公立医院综合改革实施方案》,启动区域全民健康信息化平台。争取丁香园支持建立"彭阳县医务人员在线培训平台"及慢病管理系统。争取好大夫在线支持设立远程门诊,开发家庭医生服务手机 APP,已在县人民医院、中医院、妇计中心及古城镇、王洼镇卫生院分别设立好大夫在线远程门诊 5 家,开通 3000 个义诊名额,已通过远程会诊,诊治疑难病例 362 人次。推行三级家庭医生团队式签约服务,利用好大夫在线建立"县乡村"一体化家庭医生服务平台,提供三级健康服务,现已签约 81473 人,签约率 41.4%,其中重点人群 68474 人,签约率 69.6%,建档立卡户外出人员签约率达到 100%。由县人民医院和县中医院将全县 14 个乡镇卫生院按 8:6 比例分别组建紧密型县域"医共体",将"医联体"建设作为县域"医供体"建设的技术支撑和保障,医联体之间远程会诊已全部建立,邀请自治区人民医院专家为县医院会诊患者 165 例。破除"以药养医"机制,所有药品(中药饮片除外)实行零差率销售。

【健康扶贫】 在全县所有公立医院实施先诊疗后付费,方便群众看病就医。在县级公立医院实行住院医疗费用总额包干预付制度,减少患者住院费用,让患者"看得起病"。印发《彭阳县开展"因病致贫因病返贫"农村人口精准医疗实施方案》,组织县乡村三级医务人员进村入户,对识别出的 1131 名"因病致贫因病返贫"农村贫困人口实施精准医疗救治,发放贫困患者医疗服务优惠证。完成所有目标人群健康体检,并建立健康档案。实施因病致贫因病返贫建档立卡户"五重保"(城乡医疗保险、大病保险、重特大疾病民政医疗救助、大病商业补充保险、财政医疗补助),解决"因病致贫、因病返贫"问题。

【民生实事】 投资 5161 万元实行城区卫生资源整合项目,其中妇计中心、疾控中心、中医医院项目已全面开工。落实妇幼卫生"七免一救助"卫计惠民政策,已完成农村孕产妇免费住院分娩任务 2029 名,补助率 93.98%;新生儿 4 种先天遗传代谢性疾病免费筛查 2095 名,筛查率 99.35%,指标完成率 104.75%;新生儿听力免费筛查 1903 名,指标完成率 95.15%;免费"两癌"筛查 13600 名,完成任务的 100%;免费孕前优生检查 2008 对,完成任务 2000 对的 100.4%。争取 1374.76 万元,在 11 个乡镇 55 个行政村各新建一所 101.79 平方米标准化村卫生室,确保标准化村卫生室实现全覆盖。为各乡镇卫生院配齐 DR 或 CR 等放射诊疗设备，为妇计中心配备四维彩超 1 台。筹资 1000 万元，为县医院、中医院、妇计中心配备膀胱镜、高配置 DR、儿保及妇保设备。

【计生服务】 建立人口动态监测预警机制，实行出生人口月报制，全年共出生人口 2642 人，其中男婴 1357 人，女婴 1285 人，政策内 2501 人，自然增长率 7.54‰，出生政策符合率 95.99%。实行一孩、二孩生育服务登记制、三孩再生育审批制，全面两孩生育登记 455 人，生育登记、审核 1342 对，对历年办理的 2410 人进行历史补录登记。落实二孩政策，创建"幸福家庭"1100 户。加强药具管理人员培训和指导，引导育龄群众正确使用计生药具。开展药具"五进"（进机关、进社区、进宾馆、进药店、进商场超市）活动，争创药具优质服务示范县。开展妇女保健、儿童保健、孕产保健和计划生育技术服务"四个中心"建设，巩固国家妇幼健康优质服务示范县成果。落实各类计生利益导向政策资金 591.28 万元。

【公共卫生服务】 促进基本公共卫生服务均等化，创建 26 家"群众满意医疗机构"，已建立居民健康档案 187323 人，建档率 96.31%，其中老年人健康管理 12049 人，管理率达 80.67%；高血压患者管理 11876 人，管理率达 35.91%；糖尿病患者管理 1992 人，管理率 26.26%；重性精神病在册登记管理 638 人。完善突发事件卫生应急预案和突发事件伤病员救治方案，实施布鲁氏菌病及癫痫病患者"三位一体"防治服务模式。开展传染病疫情监测，落实重点传染病及地方病防治规划和行动计划，重大传染病报告率 100%。推进爱婴医院复核和创建，实施妇幼儿童健康水平提升工程，落实各项妇幼基本和重大公共卫生项目，孕产妇系统管理率及 0~3 岁儿童系统管理率分别达 94.48% 和 90.96%；孕产妇、5 岁以下儿童、婴儿死亡率分别为 37.84/10 万、5.33‰、7.99‰。开展城乡环境卫生整洁行动，巩固提升卫生县城创建成果。开展健康促进创建系列活动和全民健康素养促进行动，启动"全国健康促进示范县创建"工作，医学科普知识宣传 168 场次，受益群众 5000 人。开展经常性卫生监督，已完成辖区内 163 家公共场所卫生监督检查、174 所学校及托幼机构春季卫生监督检查、179 家县乡村级医疗机构传染病防控及医疗废物管理检查工作。

【医疗服务】 引入互联网+医疗（与好大夫在线合作），在县域内设立远程门诊，通过互联网接入省级（含国家级）临床专家，为患者诊病。将好大夫在线平台 15 万全国医生资源引入，促使联合诊治日常化，已在县医院、中医院、妇计中心和古城、王洼卫生院建立远程专家门诊，免费诊疗患者 362 例。与丁香园合作，建立彭阳县医务人员在线培训平台，为彭阳引入一线城市医疗专家资源。乡镇卫生院和社区卫生服务站以"基层卫生岗位大练兵和技能活动竞赛"为契机，使乡村两级医务人员业务素质再提升。抓好首诊负责制、院内会诊等核心制度落实，加强县级临床路径和单病种质量控制工作，规范诊疗行为。县级医疗机构开展临床路径为20个专业70个病种，共有1558例患者进入路径，入径率65.3%。全县共诊疗人次225643人次，县级医疗机构门诊次均费用116元，住院次均费用4211元，次均费用增幅控制在合理范围。在县人民医院、县中医医院推行"优质护理示范病区"，加强重症监护、急诊急救等重点岗位护理技能培训，提高管理服务水平。加强处方点评和抗菌药物分线分类管理，开展药敏实验和病原微生物监测。深化"平安医院"创建活动，加强医德医风建设，促进医患关系和谐。推进中医药防治重大疾病、传染病和中医"治未病"工程，提高县域中医药服务能力。

（王银琴）

乡 镇

白阳镇

【概　况】　白阳镇为县城所在地,是彭阳县政治、经济、文化中心。全镇辖3个社区17个行政村89个村民小组,户籍人口21212户53404人,其中农业人口7520户24308人,占总人口的46%;回族人口8568人,占总人口的16%。总土地面积266.97平方千米,其中耕地面积132150亩（基本农田33778亩）,退耕还林面积67696.66亩,现有造林面积209820亩。2017年,镇党委、政府以和谐稳定为主题,以产业升级为主线,以农民增收为目标,围绕建设宜居宜业县城中心镇,突出基层党建这个关键,抓好精准扶贫和县城规划区征地拆迁"两件大事"、产业提质增效、基础建设、劳动力素质提升、民生改善、社区建设和社会治理六项重点,以"两学一做"为统领,从严抓好"两个带头人"工程,打造经济强镇、文化大镇和实力、活力、魅力新白阳。全年实现农村居民人均可支配收入8761.2元,城镇居民人均可支配收入23341元,同比增长8%。

【脱贫攻坚】　年内,培育扶持"5·30"项目新增95户、提升230户、倍增39户;"3·20"项目85户,养蜂21户;特色种植596户,兑现到户各类扶贫资金593.092万元。累计为619户建档立卡贫困户发放贷款2885万元,户均贷款4.6万元,获贷率100%。发放互助资金485万元,实施"托管代养"100户,实现分红37.6万元。扩大保险扶持,为1831户6455人购买"扶贫保",实现建档立卡贫困户"扶贫保"全覆盖,贫困人口家庭意外伤害保险和大病补充医疗保险实现全覆盖。新建村组道路64.4千米,其中水泥硬化路46.6千米,砂砾路17.8千米;改造危房危窑213户（建档立卡户97户）,人居环境改善完成236户（建档立卡户97户）,完成自来水入户55户（建档立卡户25户）,入户率达96%。安装路灯188盏,安装太阳能热水器800台。建成村级综合文化服务中心15个、村级卫生室5个、800兆基站2个,实现村级综合文化服务中心及村级卫生室网络信号全覆盖。年内搬迁安置181户637人,其中县外移民19户80人,县内移民149户499人,吴忠市利通区13户58人。确定帮扶责任人276人,累计落实帮扶资金78万元,实施帮扶项目16个。深化闽宁协作,打造白岔闽宁扶贫示范村,争取闽宁扶贫资金120万元,为70户群众修建闽宁连心路。完成建档立卡户培训995人次,培育"两个带头人"190人。顺利通过国家、区、市、县各项评估检查。

【产业培育】　扩大传统优势产业,培育新

型特色产业,打造旅游亮点产业。种植紫花苜蓿4.3万亩,种植青贮玉米3500亩,青贮玉米4100立方米,全镇新建养殖暖棚242栋,牛饲养量突破6000头,羊饲养量突破20000只,猪饲养量突破8000头,鸡饲养量突破10万只,完成"见犊补母"验收2402头,补贴金额120.1万元。特色产业百花齐放,维修新修日光温室暖棚384栋,完成设施农牧业示范基地建设240栋;发放辣椒苗75万株,种植中华荞麦5000亩,万寿菊3211.3亩,落实红梅杏种植整地3449.9亩,发展林下养鸡8.5万只,中华蜂708箱。以打造乡村全域旅游亮点为抓手,建设白岔、玉洼旅游示范村,在中庄、玉洼、阳洼等村新修梯田4000亩,新修旅游硬化观摩路9千米,新建白岔、玉洼旅游观景台9处,建成村级电商服务站点5个。

【民生事业】 完成养老保险征缴11040人,城乡居民基本养老保险征缴率达84%,建档立卡户"两险"参保率实现100%全覆盖。加大贫困户医疗救助、临时救助工作力度,推进"双创"工作,发放妇女创业贷款102户661万,开设劳动力素质提升培训班35期,培训1813人,取证1264人,转移就业1178人,转移就业率达65%。巩固和谐劳动关系,农民工工资支付率达100%。加快教育事业发展,通过义务教育均衡国家验收,申请"雨露计划"资助114人。完成新建文化大院6个,绘制文化墙8960平方米,举办村级文化活动15场。新建标准村级卫生室5个,签约乡村医生17名,医疗卫生硬件设施和服务水平实现"双提升"。

【生态环境】 强化生态修复管护,宜居白阳逐步实现。紧抓生态环境提升工程,配合县林业局在老庄冯湾、姜洼宗山、余沟阳洼等移民迁出区及白岔生态旅游沿线完成六盘山400毫米以上降雨量区造林9600亩,在白岔村完成整地造林1031亩,栽植云杉、油松及刺槐等高杆树种545129株,成活率达95%,抚育管护经济林3.8万亩,完成六盘山重点生态功能区造林绿化工程1471亩,抓好封山禁牧、森林防火、秸秆禁烧工作,打赢"蓝天保卫战",全年森林火灾、偷放牧、秸秆焚烧现象零发生。

【征地拆迁】 抽调12名干部,组成3个工作组,对美丽茹河、G327道路、仓储物流园、刘杨公路及姚河棚户区改造等全县重点项目进行征迁,对涉及扶贫道路等零星项目协调征迁,完成土地征用800亩,征迁各类构筑物5000平方米,征地拆迁涉及农户500户。年内,各项征迁任务顺利完成,没有发生一起因征迁集体上访和强征事件。

【社会治理】 推广"一村(社区)一警+警务助理"治理模式,建立日常警务巡逻机制。聘请村(社区)民警22名,聘用警务助理20名,聘用义务巡防队员50名。健全社会矛盾纠纷多元化解机制,推行"网办信访",全年办结信访案件560件,办结率达95%。开展矛盾纠纷大排查、大调处活动,镇、村两级调委会共排查各类民事纠纷190件,调处190件,调处成功187件,调解成功率达98.4%。完成党的十九大期间安全维稳各项任务。加大安全宣传普及,加强安全生产监督检查及安全隐患排查整治，发放宣传资料6200份，出动安全检查22人次，市场秩序日趋规范，安全生产事故零发生。加大防灾演练，完善应急预案，群众防灾减灾意识和政府突发事件应急处置能力明显提高。

【基层党建】 推进"两学一做"学习教育常态化制度化，编印宣传资料3万份，召开专题研讨活动4次，提升党员党性修养。落实"三会一课""四议两公开"、村民代表会议等工作制度，集中讲党课86场次，建立QQ群、微信群平台等，拓宽学习渠道，扩大党员学习覆盖面。发展预备党员18名，转正党员22名，培养村级后备干部36名。实行动态管理，对1180名党员组织关系集中排查，及时更新党员数据库，健全完善档案资料，对135名流动党员确定专人开展帮学送学活动。实施"两个带头人"工程，通过产业扶持、贷款倾斜、项目帮带和能人带动等途径，培育农村致富带头人132名（其中新发展16名，退出1名；A类8名，B类9人，C类115名），按照"八型"模式帮带建档立卡贫困户545户，探索建立"1+N+X+1+1"帮带机制，引领带动建档立卡贫困户脱贫增收。完成县、乡、村换届选举，选举产生镇党代表83名、县党代表31名、镇人大代表75名、县人大代表32名、村支部委员75名、村委委员69名。

【廉政建设】 把纪律作风建设摆在突出位置，抓整治，抓监督，抓制度。推进村级财务管理经常化、规范化、制度化，发挥"331"监管平台作用，严防涉农惠农领域违法违纪行为发生。全年备案审核39条，政策咨询21条。对全镇2013年以来扶贫、农牧、林业、民政、危房改造等扶贫领域资金排查，排查出问题线索2条。建立乡纪委委员包抓村党风廉政建设和反腐败工作制度，5名纪委委员分片包抓村组站所。全年处置问题线索3件，初核2件，立案审查2人，给予党纪处分2人，收缴违纪资金5200元。对8名镇、村干部进行谈话（其中诫勉谈话1人、提醒谈话2人、纪委约谈5人），通报批评2人。

（杨瑞昇）

古城镇

【概　况】 古城镇位于彭阳县境西部，东邻白阳镇，南接新集乡，西依黄峁山与固原市相望，北与王洼镇接壤。总面积332.5平方千米。全镇辖20个行政村98个村民小组，总土地面积332.5平方千米，总人口9649户31710人，其中回族人口20934人，占总人口的66%。境内有皇甫谧故里、朝那古城遗址、无量山石窟、小岔沟毛泽东长征宿营地、任山河烈士陵园、挂马沟林海、朝那湫等旅游资源。2017年，镇党委、政府紧盯脱贫富民目标任务，创新"133"党建工作思路，开展"三大三强"促脱贫富民行动，落实"四个责任"清单和"一岗双责"主体责任，实现党建与脱贫攻坚双促双赢，全镇呈现出经济快速发展、社会和谐稳定、人民安居乐业的良好局面。全年实现农村居民人均可支配收入8733.5元。

【脱贫攻坚】 整合涉农资金4019.8万元，新修道路115千米，易地搬迁229户875人，改造危房危窑189户，改善人居环境313

户。发放扶贫贷款6135万元。清退建档立卡贫困户15户48人，新补11户25人。新建千亩紫花苜蓿示范点1个，种植青贮玉米6000亩，成立200头肉牛养殖专业合作社1个，50头以上家庭牧场10个，打造千头养殖示范村1个，带动发展"5.30"养殖户195户，巩固提升463户，"5.30"倍增192户，全镇畜禽饲养总量达到39万个羊单位。活畜交易市场一、二期工程建成并投入使用，年交易量达到15万个羊单位。种植万寿菊和中药材1000亩，中华蜂养殖78户399箱，种植小秋杂粮5000亩，特色种养业提供农民人均可支配收入占比达到50%以上。年内，贫困发生率下降到4.8%。

【城乡环境】 实行镇区环境保洁整体外包，公益性岗位安置贫困户133名，完成高庄村美丽村庄建设。完成生态绿化30千米，栽植绿化树木2.9万株，聘请生态护林员97人。聘任民间河长19人，水库巡查员11人，负责河道巡查保洁，关停河道采砂、洗砂点。

【民生事业】 享受低保救助1801户2714人，其中城市低保救助17户31人，将完全或部分丧失劳动能力的220户561人纳入社会保障兜底脱贫。资助大学新生80人，关爱留守儿童65人，慰问困难老人24人。把建档立卡贫困户全部纳入"两险"保障范围，全镇"两险"收缴率达到96.9%。组织群众参加妇联、人社、农牧等部门各类培训1650人次。创建海口"幸福家庭"示范点1个、"幸福家庭"70户，完成生育服务登记321例，"少生快富"项目5户，免费孕前优生检测330例。

【社会治理】 组建30人义务巡防队，各村配备"一村双助理"40名；利用平安树微信群排查、化解矛盾120件；开展"七五"普法宣传29次。开展村霸整治活动1次，校园周边治安整治坚持每周两次，举报查处制毒窝点1个。深化民族团结创建工作，海口村被评为全区民族团结创建示范村。举办古城镇第四届乡风文明大会，完成移风易俗专题片《远去的新娘》创作，制作完成禁毒及民族团结创建专题片，任河村被命名为"全国文明村"。

【自身建设】 把党的十九大精神贯穿于各项工作始终，坚持把纪律规矩挺在前面，教育引导全镇干部职工增强"四个意识"，坚定"四个自信"，坚决贯彻区、市、县党委、政府各项决策部署，严格领导干部责任制，对标年初制定的"4+1"责任清单，一项一项落实销号。

（林淑玲）

王洼镇

【概　况】 王洼镇位于县境以北50千米处，总土地面积341.56平方千米。辖20个行政村78个村民小组1个社区居委会，总人口8827户27371人，其中回族人口2201户7246人，占总人口的26.47%。2017年，镇党委、政府认真贯彻落实县委、政府各项决策部署，全力以赴抓脱贫、全面统筹促发展、千方百计保民生、齐抓共管保稳定，全镇各项工作有序推进。贫困发生率下降到4.0%。实现农民人均可支配收入8630.4元，同比增长11.6%。

【脱贫攻坚】 全年新修砂砾路57千米、水泥路53.5千米；新建扩建文化活动场所17处、村级卫生室7个；完成危房窑改造288户、人居环境改善560户；自来水入户率达98%。将草畜产业确定为脱贫攻坚主导产业，实施"5·30"培育、提升和倍增计划，全年发展特色种植户317户，培育"3·20"养殖户48户、"5·30"养殖户76户、"5·30"提升户367户、"10·60"倍增户127户。全年累计发放金融扶贫贷款1151户4608万元，覆盖率达76.8%。完成易地扶贫搬迁181户713人，其中县内102户379人，县外79户334人。举办劳动力素质提升培训班，全年完成挖机、编织等技能培训8期400人，驾驶员培训506人。倡导群众移风易俗，激发内生动力，助推脱贫攻坚进程。全年表彰各类先进典型111人，累计制作宣传展板30块，发放宣传资料3000份。

【基础建设】 完成夏山庄至王洼南街三级沥青公路涉及路段征地拆迁工作和部分土方涵洞工程；对王洼采煤沉陷区综合治理项目李寨等四个居民点2.2千米道路硬化，铺设供排水管网3.6千米（完成工程总量的60%）；完成王洼煤矿独立工矿区改造项目场地平整、地基开挖及地基载体打桩处理，正在浇筑地圈梁，已完成投资700万元。建成王洼村综合农贸市场及周边环境提升改造工程项目钢构货棚1座825平方米，硬化王洼清真寺门前道路197米，硬质铺装王洼街道两侧1100平方米，配套道牙796米。已安装限宽限高栏杆5处、禁停限时停车等标志牌12套、违停抓拍设备3套。在镇区及各村安装太阳能路灯348盏。依法取缔S203沿线非法煤场8家，绿化主干道路10千米，栽植云杉等绿化苗木3万株。在建档立卡贫困户中选聘护林员81人、保洁员99人。

【产业结构优化】 落实"五十百千万"发展目标，加快草畜产业发展，全年种植紫花苜蓿6000亩、青贮玉米3500亩、地膜玉米45883亩，补栏肉牛1390头，打造肉牛养殖示范村6个，培育规模养殖场5个（累计达到10个）、10头以上养殖大户185户，肉牛存栏量10500头。发挥矿区优势，突出发展以商贸物流、餐饮住宿等为主的服务业，促进镇区经济发展，带动周边群众就业创业。全年转移就业7108人次，创收1.16亿元。

【民生事业】 开展健康惠民工程，农民健康档案建档率达到100%，建档户家庭医生签约率达100%，慢性病患者家庭医生签约率达70%。完成绝育7例，其中"少生快富"1例，人口出生政策符合率和计划生育率均达到100%。落实低保、医疗等救助政策，抓好"两险"收缴工作。全镇低保救助1238户2005人，高龄217人，孤儿32人，特困分散供养人员63户78人，优抚62人；实施社会救助1030人，发放救助资金75.04万元；医疗保险收缴27764人，完成任务的98%；养老保险收缴9812人，完成任务的90.15%。

创建镇、村两级文化书屋21个,新建农村文化活动室15个、文化活动广场14个、文化大舞台10个、戏楼4个;发放健身器材20套;开展秦腔演出、数字电影放映65场次。

【社会治理】 全镇20个村矛盾纠纷排查系统全部安装完毕并投入使用,实现全覆盖,办结来信来访及网上信访件47件,排查并化解各类矛盾纠纷220起,成功化解调处220起。开展民族团结进步示范创建工作,落实"八大工程",开展"八进活动",全年创建民族团结示范村13个、示范场所10个。

【基层党建】 建立全面从严治党"三个清单"(工作责任清单、问题清单和问责清单),倒逼任务落实。改扩建村级组织阵地14个,新建村2个,村级阵地面积全部达300平方米以上,将李寨村打造成全市一流村级组织阵地。落实"三同"锻炼2期,开展"三大三强"行动,派驻第一书记18名、工作队员18名,后备干部102名(其中致富能人占30%)。通过村"两委"换届配备村干部87名,其中"88后"村主任2名,"90后"村会计2名、对王洼、花芦、山庄三村党支部书记实行跨村任职。成立石岔党总支;开展村干部专题培训24场次。开展星级基层服务型党组织创建工作,三星级村级党组织7个、二星级11个、一星级1个、零星级1个。组织观看警示教育专题片4次,搜集整理转发反腐倡廉信息和案例100条,增强干部廉政、勤政意识。

(马淑娟)

红河镇

【概　况】 红河镇位于县城东南15千米处,东北与城阳乡、白阳镇交界,南与平凉市寨河乡为邻,西依新集乡。全镇总土地面积166.5平方千米,其中耕地面积107715亩。辖12个行政村61个村民小组,共有人口7223户22928人,其中回族5884人,占总人口的25.66%。2017年,镇党委、政府以巩固脱贫成果为统揽,以保障和改善民生为根本,以民风建设为核心,坚持生态立镇、产业强镇、商贸活镇、旅游兴镇建镇方针,做大做强现代农业、生态草畜和林下经济、特色劳务经济"三大支柱产业",实施产业提质增效、基础设施配套、美丽村镇建设、民生提升改善、社会治理创新和基层党的建设"六大工程",打造全区生态环境示范区、旅游观光休闲区、全市绿色经济先行区和脱贫攻坚样板区"四个品牌",全年农民人均可支配收入9400元,高出全县水平610元,同比增长11.4%。

【脱贫攻坚】 落实脱贫攻坚各项任务,大力实施到村到户项目,改善基础条件,培育增收产业,贫困发生率下降至2.4%。新修村组道路39.5千米,行政村通畅率和客车通车率达100%。搬迁县内劳务移民74户272人,完成何塬、红河贫困户移民安置点房屋及产业配套工程,91户298人搬迁入住,1090户建档立卡贫困户享受金融扶贫贴息贷款4158万元,140户建档立卡贫困户托管代养入股分红56万元,户均4000元,金融扶贫贷款覆盖面达70.13%，完成驾驶员培训219人，开展种养类技能培训15期774人，劳务经纪人培训25人，组织145户农户新建安全住房，共组织实施到户产业项目860户，覆盖面达49%以上，兑现项目资金537万元。

【特色产业】 红河万亩设施农业产业良性运行，红河现代农业产业园基本建成，500亩矮砧密植苹果示范园和500亩果品新品种示范园项目落地生根，产业融合项目进展顺利。农村土地"三权"分置改革成效显现，村集体、企业（合作社）、农户（建档立卡户）共赢模式完善，田间学校、远程教育、"两个带头人"巡回讲堂等作用明显。新建标准化养殖暖棚270栋2.2万平方米，饲草青贮池23座2500立方米，青贮饲料2.2万立方米，培育50头以上肉牛家庭牧场7个、"10·60"养殖户187户、"8·50"户128户、"5·30"养殖户492户、"3·20"养殖户436户，全镇肉牛饲养量达2.5万头，其中基础母牛8700头，年出栏肉牛2万头以上，提供年人均可支配收入3500元以上。完成劳动技能和农村实用技术培训30期1500人次，转移就业5000人次，年创收实现1亿元。壮大村集体经济，争取配套资金400万元，实现收入26万元。

【基础建设】 完成刘杨公路建设前期丈量测设，文沟至黑牛沟、常沟张河堡至前洼、何塬张回至木湾30千米硬化路已经立项，宽坪、上王等7个非贫困村道路短板上报入库，分批实施。红河大道、永安路及地下管廊、供电通信等项目建设完工，美丽村镇建设稳步推进，红河、何塬美丽村庄建设有序推进。建成12个村级综合文化服务中心，完成常沟、文沟村部迁建，补齐徐塬、夏塬、黑牛沟村基础设施短板，红河村部、韩堡社区及红河派出所综合服务楼等新建续建项目进展顺利，村级阵地建设完善。安装太阳能热水器500台、太阳能路灯200盏，新能源利用覆盖率达50%以上，12个村光伏发电脱贫项目确定实施。东昂、雨顺、金绿、新天地等招商引资项目落地生根，红河番茄小镇项目正在对接洽谈，示范引领成效初显。

【社会事业】 完成1023户1348名低保户清理核查，新增农村低保82户205人，发放民政救助资金244.43万元，救助困难群众8662人，因病、因残困难群众基本生活得到有效保障。红河养老服务中心建成并投入使用。城乡居民养老医疗参保率持续提高，失地农民养老保险稳步推进。通过义务教育均衡国家验收，何塬、黑牛沟幼儿园开工建设，中学及中心学校维修加固有序推进，办学条件不断改善。计生卫生服务管理规范运行，全年开展有计划节育93人，婚检孕检220人，征收社会抚养费1.3万元，兑现计生奖扶资金54万元。建成常沟、韩堡、上王标准化卫生室。开展矛盾纠纷调处化解，落实领导接访制度，全年办结信访案件116件，办结率达到100%。创新推进平安建设，"一村双助理"和"一乡（镇）一义务巡防队"综治模式全县推广，"三调"联动成效明显。开展事故隐患排查治理，完善各类应急预案，加强风险防控体系建设，签订安全生产责任书30

份，开展专项检查68次，发放安全整改通知书24份，"党政同责、一岗双责、齐抓共管"和"三个必须"有效落实。组织举办第二届乡风文明大会，签订《移风易俗承诺书》《移风易俗倡议书》4000份，婚丧简办、厚养薄葬、勤俭节约、见贤思齐等文明新风日趋浓厚。开展民族团结进步示范镇创建活动，红河镇、何塬村荣获县级民族团结进步示范单位。

【环境整治】　强化大气污染和水污染防治工作，严禁秸秆焚烧、控制河流及面源污染；开展环境卫生综合整治，共清理垃圾4045吨，拆除违章广告25处120平方米，回收残膜260吨。推行河长制，坚持巡查与整改相结合，捣毁违法采砂场1座，清理整治河道38千米，保持天蓝山绿水清。

【自身建设】　贯彻落实中央和上级党委各项决策部署，增强"四个意识"，坚定"四个自信"，坚决厘清权责清单，坚持依法行政。自觉接受人大法律监督和工作监督，主动接受民主监督和社会监督。推进"两学一做"学习教育常态化制度化，开展"振奋精神、实干兴宁"大讨论，完善各项规章制度，行政效能与服务水平提升。推进廉洁政府、法治政府、依法行政、政务公开工作，"三公经费"持续下降，"三资"管理规范有序，"331"监管平台运行平稳，政府工作公开化、透明化、阳光化程度增强。

（马贵付）

新集乡

【概　况】　新集乡地处县域西南边缘，距县城33千米，东与红河镇接壤，南临甘肃平凉，西依泾源蒿店乡，北与古城镇、白阳镇相邻。全乡总土地面积222.91平方千米，其中耕地面积13.8万亩。辖20个行政村108个村民小组，总人口9504户38337人，其中少数民族7510户27370人，占人口总数的71.4%。2017年，乡党委、政府坚持以脱贫攻坚为统领，按照"3333"工作思路，即紧盯保增长、惠民生、促和谐三个目标，发展草畜、农业、劳务三大产业，推进脱贫攻坚、民生改善、社会管理三项重点，实现基础设施、农民增收、发展环境三个突破，争先进位，跨越发展，全乡经济社会呈现出持续健康快速发展良好态势。全年实现农民人均可支配收入8801.3元，同比增长11.7%。

【特色农业】　带动全乡2.3万亩设施蔬菜提质增效，提供种植户人均纯收入2011元。争取专项资金支持设施蔬菜增效项目，延长现代农业服务链条，移交农户经营权，形成致富带头人带着农户走，产业跟着市场走的良性循环。培育壮大肉牛产业，全年新增种植紫花苜蓿2000亩、青贮饲料玉米4500亩，完成黄牛品种改良7500头，全乡肉牛存栏量达2.8万头（其中基础母牛存栏1.6万头）。新培育示范村1个，培育存栏5头以上养殖示范户600户3320头、存栏10头以上规模养殖大户300户3150头，发展存栏肉牛50头以上"家庭牧场"9家,存栏200头以上规模养殖场2家。推动中药材、小杂粮、万寿菊、生态鸡、中华蜂"五大特色产业"提质增效,发展转型户及养蜂户15户,特色种植350户,复合型种植户23户。配合完成姚河塬商周遗址考古挖掘工作,探索"特色产业+富民产业+地域文化"促"旅游+"生态富民新路子,崩堡、下马洼等实施村史馆建设。

【脱贫攻坚】 对建档立卡贫困户开展"回头看",年内,贫困发生率从27.9%降至5.6%。全年共实施产业扶持项目1636户1183.098万元,其中"3·20"户76户76万元,新发展"5·30"户427户498万元,"5·30"巩固提升户599户352.28万元,"5·30"倍增户146户146万元,转型户及养蜂户15户5.79万元,特色种植350户93.288万元,复合型种植户23户11.74万元,双到项目642户192.6万元。所有产业扶持资金和双到项目资金已100%兑现到农户。发放金融扶贫贷款8755户22507万元,发放建档立卡贫困户3人以上家庭住房贷款134户205万元,落实妇女创业贷款67户320万元。

【基础设施】 完成7条43千米村组道路、上马洼等5个村农村公路及村级综合文化服务中心建设,实现硬化路和砂砾路"双向到村"、综合文化服务中心、综合服务网点覆盖到村、标准卫生室、驻村工作队服务到村。全乡自来水入户率达95%。20个村部全部接通电子政务外网。

【民生保障】 免去建档立卡户家庭学前教育保教费148人,适龄儿童入学率达100%;全乡养老保险征缴率达94%,享受最低生活保障2036户2998人(其中低保兜底330户794人)。

【社会治理】 开展升国旗、社会主义核心价值观、党报党刊、文化书屋"四进"宗教场所,引导宗教人士和信教群众与社会主义社会相适应,创新"一站两员,四联双促"和"加减乘除"为核心的宗教活动机制。加强各村文化活动保障力度,举办"倡导移风易俗,携手民族团结 聚力脱贫攻坚"文艺会演暨典型模范表彰大会,全年共举办各类农民文化活动11场次,表彰道德模范、先进典型97人。以创建"平安新集"活动为载体,采取"治化控减""四项措施"做好信访及矛盾纠纷调处工作,矛盾纠纷化解率达98.64%。以河长督查问题"销号制"倒逼问题落实,下大力气开展环境整治和秸秆禁烧行动,实施生态提升工程5000亩,栽植各类苗木5.7万株,完成生态移民迁出区生态修复12900亩,提升生态建设水平。

【党的建设】 把"6+X"主题党日活动作为落实"三会一课"、民主评议党员抓手,组织全乡848名党员开展为期100天的"百名党员百日帮扶"活动,解决群众在脱贫路上的难题难事。把村集体经济发展作为抓党建促脱贫攻坚有力抓手,村集体经济通过互助资金收益11个村,争取县财政投入村集体经济发展资金20万元,受益4个村;通过自营或承包村集体资产实现收益12个村,正在配套拖拉机等资产4个村;村党支部带头组建农业服务中心1个村。以姚塬联合党支部为核心,在姚河、上马洼、下马洼等村通过园区示范、托管帮带、电商直销等便民服务措施,力促基层党建发挥牵头、链接、品牌效应。全年组织"两个带头人"外出观摩学习260人次,为致富带头人落实创业贷款60万元、互助资金320万元。培育致富带头人122人,致富带头人中创办合作社23家、家庭农(牧)场6家、企业2家,合作社社员达1500人,带动就业4300人。

(海发明)

城阳乡

【概况】 城阳乡位于彭阳县东南部茹河下游,距彭阳县城15千米,与甘肃省镇原县接壤,属茹河河谷黄土残塬区,历史悠久,文化底蕴深厚,素有"固原东山文化之乡"美誉。境内有毛泽东夜宿旧址、战国秦长城遗址、五峰胜景、茹河瀑布和茹河大峡谷五大景观,旅游资源丰富,是林果产业大乡。辖10个行政村69个村民小组,总人口6219户24660人,总土地面积186.69平方千米,其中耕地面积7.96万亩,基本农田3.6万亩。森林覆盖率21.6%。全年实现农民人均可支配收入9325.1元。

【脱贫攻坚】 坚持以脱贫攻坚为统揽,强基础、补短板,育产业、促增收,落实全年脱贫攻坚各项任务,贫困发生率由25.9%降低至3.97%。开展精准扶贫"回头看",推进脱贫富民百日攻坚行动,动态调整50户170人,其中返贫人口3户7人,新识别47户163人。争取项目资金702.3万元,新建文化广场4个,乡村大舞台7个,文化活动室9个,砂化道路15千米,改善人居环境55户,贫困群众生产生活条件提升。改造危房危窑95户,新建城阳、杨坪、韩寨移民安置点3个,涝池、陈沟插花安置点2个,移民88户322人。完成县外劳务移民12户50人,县内劳务移民60户198人。坚持把产业发展作为脱贫富民根本,扶持到户产业1099户,补栏牛828头、羊1380只、猪199只,发展中华蜂5户101箱,发展特色种植11960亩,兑付资金781.98万元,产业覆盖率达87%。为建档立卡贫困户建立评级授信档案,累计发放扶贫贷款1012户3890万元,建档立卡户金融托管95户,金融扶贫覆盖率达72.2%,"扶贫保"实现全覆盖,被固原市人民政府评为"信用示范乡镇"。成立杨坪村、北塬村互助基金担保中心,撬动银行贷款,扶持产业发展,共发放贷款173户613.4万元。落实建档立卡双到户371户。全年市委表彰"脱贫致富光荣户"3名、县委表彰奖励45名、乡党委表彰奖励100名,激发全乡广大群众内生动力。

【产业优化】 与宁夏师范学院签订《合作框架协议书》《校企合作协议书》,发挥与宁夏师范学院建立的产学研合作和社会实践基地作用,开展科研项目合作和培训教育,加快旅游、林果、药材、苗木产业发展,构建茹河流域生态经济区。建成杨坪游客服务中心、电瓶车道路和游客步行道,打造杨坪村小吃一条街,培育农家乐(小吃店)53家,发展手工艺品制作61人。打造长城经涝池至韩寨旅游环线，建成十里民俗文化长廊。完成中共麻子沟圈区委纪念馆布展并开馆，申报传统村落保护开发，规划实施"百窑古村"项目，做好古遗址、古村落保护工作，建成集乡村民俗与红色经典为一体的农村观光休闲旅游文化基地。在原杨坪小学旧址规划建设杨坪青年创业示范园（扶贫车间），开展手工艺品制作和电商培训。依托全域旅游，发展红梅杏等规模化采摘园5家，对现有林果产业实施改造提升，种植红梅杏6630亩，全乡林果面积达15000亩。在巩固提升涝池、杨塬、杨坪、沟圈中药材种植的基础上，进一步扩大种植面积，打造中药材种植示范点1个，全乡中药材种植面积达15000亩；以陈沟、韩寨为中心，相对集中连片，打造高起点、高标准的景观苗木驯化示范基地200亩；以长城、涝池为核心发展万寿菊种植3443亩；在杨塬村新发展花椒种植1000亩。以实施劳动力素质提升工程为抓手，推动"输血"向"造血"扶贫转变，举办各类技能培训班18期836人次，转移安置就业3855人，劳务创收6299万元。全乡紫花苜蓿留床面积3.5万亩，牛存栏数4900头，生猪存栏数4700头，全乡畜禽饲养总量达13万个羊单位。

【基础设施】 配合完成G327城阳段二级公路改扩建项目、刘杨公路征地丈量工作及杨坪至杨塬、刘河至白岔农村道路硬化工程。完成非贫困村道路砂化27.8千米。配合完成茹河流域水污染防治工程和茹河流域生态综合治理工程征地拆迁工作、城阳乡堡子沟片区综合开发项目及供水工程建设。新实施精准造林852.7亩，实现G327国道以北所有区域全覆盖。实施"蓝天碧水·绿色城乡"环境整治专项行动，清运垃圾300吨，回收农用残膜420吨。推行河长制，聘用民间河长11名、水库巡查员4名，保护茹河流域生态环境。完成美丽小城镇建设污水管道、雨水管网铺设及检查安装；迁建城阳敬老院；完成G327征迁8个居民安置点房建工程。

【民生事业】 加快发展教育事业，完成城阳中心小学、杨塬小学、韩寨幼儿园教学楼基础建设，建成长城村幼儿园教学楼。发放"雨露计划"扶贫助学资助384人。落实"三免一补"，实施农村义务教育阶段学生营养改善计划。新建涝池村卫生室，改造村卫生室2所，配齐医疗卫生设施设备，落实妇幼卫生"七免一救助"政策，公共卫生服务质量明显提升，创建计划生育"幸福家庭"40户，完成孕检199人，完成率100%。开展健康促进乡创建活动，创建健康促进村3个、健康促进机关1个、健康促进企业1个。推进城乡居民医疗保险和社会养老保险，医疗保险和社会养老保险参保率达92.7%和99%，建档立卡贫困户医疗保险和社会养老保险参保实现全覆盖。加强农村低保动态管理，清退低保对象1243人，新增低保337人，累计发放各类社会保障和救助资金178.6万元，救助2135人次。采取政府购买非全日制公益性岗位，安置建档立卡贫困户就业184人，其中保洁员82人，护林员77人，保险信息员10人，民间河长及水库巡查员15人。

【和谐社会建设】 落实村民代表会议制

度、村务政务公开制度、人大议案提交、政府"三个清单"制度,梳理出政府权力清单95条、重点工作责任清单69项,完成权责清单录入审核。完善法律顾问工作机制,聘请法律顾问1名。推进"七五"普法,开展"民风法治大讲堂"3场次,发放各类宣传册5000份,营造学法、知法、守法、用法浓厚氛围。加强食品药品安全监管,强化监管执法,市场秩序日趋规范。弘扬社会主义核心价值观,开展城阳乡"好人好事"评选学习宣传表彰活动,表彰奖励"城阳好人"18名、卫生光荣户13名、征迁光荣户6名和优秀记者15名。推进城阳乡"一村一警一队"警民联防联治工作机制,推进警务工作向农村基层延伸,实现社会治理精细化、治安规范网络化、综合管理一体化,维护农村基层和谐稳定。推进民族团结进步示范乡创建,打造全县民族团结进步示范村5个,实现示范村全覆盖。落实领导干部接访制度,健全矛盾纠纷化解机制,在各村安装矛盾纠纷排查化解信息系统,及时排查化解各种矛盾纠纷。完善"平安树"运行模式,建立微信群,推进网格化管理,坚持群防群治,打造平安城阳。全年办结信访案件30件,办结率100%。开展矛盾纠纷大排查、大调处活动,化解各类矛盾纠纷145件,化解率100%。落实安全生产"党政同责、一岗双责、齐抓共管"和重大隐患分级治理机制,开展安全生产大排查、大整治活动15次。加强地震险点检测,加大防灾演练,完善应急预案,群众防灾减灾意识和政府突发事件应急处置能力明显提高。

【党的建设】 以习近平新时代中国特色社会主义思想为主线,在学懂、弄通、做实上下功夫。结合"两学一做"学习教育、中心组学习、"6+X"主题党日、乡村干部大会等开展党的十九大精神学习宣传,讲党课12场次;督促党委班子成员、第一书记、各党支部书记在所包抓、联系及所在党支部,开展学习宣讲活动50场次;组织开展"迈进新时代·开启新征程"主题演讲比赛、党的十九大精神知识竞赛等活动,推进习近平新时代中国特色社会主义思想入脑入心。落实党风廉政建设党委主体责任,落实"一岗双责",开展"三不为"纪律作风专项整治活动,共查处乡村两级干部不作为、慢作为、乱作为12起,其中通报3名,诫勉谈话3名,约谈6名。推进"两学一做"学习教育常态化制度化,围绕"践行'四讲四有',做到'四个合格'"主题,开展专题研讨会4次;召开"三老五讲"活动启动会,教育引导党员干部群众爱国爱党、崇德尚善、遵纪守法。开展基层党建重点工作"回头看",整顿软弱涣散基层党组织1个,处理党员违纪行为4件,其中问责1件,给予党纪处分3人,收缴违纪资金1.48万元,退还群众款项1.1万元。开展党员"亮牌上岗"活动,在乡机关、各站所单位、乡村服务窗口设立"党员示范岗",增强党员党的意识。

(夏伯雅)

草庙乡

【概　况】 草庙乡地处彭阳县中北部,位于东经106°42′,北纬36°02′,东与孟塬乡接壤,南靠白阳镇、城阳乡,西依王洼镇,北同冯庄乡相邻,距县城26千米,309国道横穿东西,202省道纵贯南北,是往返北部7乡镇交通枢纽。全乡总土地面积180.1平方千米,其中耕地面积10.3万亩,人均6.3亩。辖14个行政村41个村民小组,总户数3645户15033人,其中回族32人。2017年农民人均可支配收入达8444元,同比增长8.6%。

【脱贫攻坚】 落实全年脱贫攻坚各项任务,强基础、补短板、育产业、促增收,贫困发生率由30.9%降低至2.13%。完善基础设施,完成硬化道路7条38.5千米,砂化道路13条93.5千米,行政村道路通畅率达到100%;自来水入户346户,入户率98%;安装太阳能路灯200盏,实施清洁能源374户;改造危房窑153户,改善农村人居环境514户,建档立卡户安全住房98%以上;完成易地扶贫搬迁176户628人,贫困群众生产生活条件明显改善。全年发放金融扶贫贷款820户2850万元,金融贷款覆盖面分别达71%和64%。推行农业保险政策,农户参保率达80%以上,其中建档立卡户"扶贫保"全覆盖。强化"三级包抓"责任,争取各类社会帮扶,全年落实社会帮扶资金312万元。开展乡村干部扶贫培训549人次,培育"两个带头人"84人,表彰脱贫光荣户138人,激发贫困群众内生动力。

【富民产业】 坚持把产业发展作为贫困户致富根本,着力发展特色种养殖、劳务等产业,全年兑现产业奖补资金899户509万元、"双到"资金109户32.7万元,种养产业到户率达71%。新建以新洼片区为核心的万寿菊种植示范区,带动种植万寿菊4000亩;发展以新洼、曹川为核心的地膜玉米示范区,带动种植地膜玉米2万亩;打造以刘米塬为核心的马铃薯种植示范区,带动种植马铃薯1.5万亩;发展以丑畔、王岔为中心的小秋杂粮种植示范区,带动种植小秋杂粮1.5万亩。发展"3·20"养殖户170户(建档立卡贫困户95户),"5·30"养殖户1280户(建档立卡贫困户611户),"5·30"倍增户132户(建档立卡贫困户58户)。培育朝那鸡、月子鸡养殖示范村3个,发展中华蜂养殖大户17户,带动养殖中华蜂2500箱。年底,全乡畜禽饲养总量达11.5万个羊单位。开展以驾驶、烹饪、编织等为主的劳动技能培训,完成培训1150人次。全年共转移输出劳动力3714人,创收6076万元以上,劳务产业提供农民人均可支配收入比例达45%。围绕金鸡坪陶涂流域、桃花山—杏花岭旅游梯田环线,种植万寿菊、荞麦等特色作物5000亩。

【基础建设】 全年开工建设重点项目27个,落实招商引资项目1个。推进小城镇建设,累计投入资金1100万元,完成草庙美丽村庄建设,配套完善道路、供排水、路灯等附属设施。新修周庄、包山高标准基本农田1.5万亩。完成草庙村部迁建和张街、赵洼等村部改扩建工程,新建赵洼等综合文化服务中心13个、文化活动广场7个、文化活动室6个。建成丑畔、草庙等5个村电商服务站,14个行政村宽带网络实现全覆盖。完成道路绿化31千米,村庄绿化60亩,补植补造生态林984亩。落实民间河长制,开展大气污染专项整治,加大秸秆禁烧巡查监管力度。开展农村环境综合整治，加大公路沿线及重点区域环境卫生清扫保洁力度，农村环境持续改善。

【民生事业】 落实教育惠民政策，幼儿园改扩建工程主体已完工，贫困学生教育扶贫政策全覆盖，义务教育基本均衡发展通过国家验收。改善农村医疗卫生条件，全年新建标准化卫生室5个，实施"少生快富"项目，加强计生优质服务，农民健康指数提升。开展爱国卫生创建和移风易俗活动，倡导文明健康生活方式。举办草庙乡第二届乡风文明表彰暨商贸文化交流大会，丰富群众文化生活。落实城乡居民基本医疗和养老保险政策，居民医疗、养老保险参保率分别达97%和93%，其中建档立卡贫困户实现"两险"全覆盖。落实公益性岗位101个，年提供贫困户收入100万元以上。加强农村低保规范化管理，清退低保对象337人，新增36人，实现应保尽保。全年累计发放各类社会保障和救助资金133.47万元。

【社会治理】 推进"平安草庙"建设，实行"一村一警+警务助理"联防和"平安树"管理模式，推进社会治安防控网络建设。开展民族团结进步创建活动，创建新洼、和谐民族团结进步示范村2个。建立领导干部信访接待和包案化解制度，开展矛盾纠纷大排查、大调处，化解各类矛盾纠纷及信访案件101件，化解率97%以上。落实安全生产责任制，加大对交通道路、非煤矿山等安全隐患排查整治，安全生产形势持续平稳。

【自身建设】 认真学习贯彻落实党的十九大精神，推进"两学一做"学习教育常态化制度化，开展践行"四讲四有"，做到"四个合格"等主题研讨会4次。落实全面从严治党主体责任，开展"6+X"主题党日活动，严格落实"三会一课"、民主生活会和组织生活会、民主评议党员等制度，规范党内政治生活。组织党员干部赴六盘山、西吉将台堡接受红色革命教育7场次。结合村"两委"换届选举，选优配强各村"两委"班子成员，制订以盘活村级资产增收为主要途径的村集体经济发展壮大计划。开展"三大三强"行动，推进"两个带头人"工程，组织村党组织书记到外省市县培训学习13人次，选拔储备村党组织后备干部28名。加强驻村第一书记管理，建立微信交流群，定期开展学习交流、座谈研讨等活动，第一书记协调争取各类帮扶项目23个，落实资金226万元。年内，全乡共创建三星级基层党组织4个、二星级10个、一星级1个，草庙乡党委被评为"二星级"党委。

（席　娟）

孟塬乡

【概　况】 孟塬乡政府距彭阳县城40千米，南北长22.8千米，东西宽19.3千米。总土地面积211.88平方千米，其中耕地8.5万亩。全乡辖11个行政村62个村民小组，共有4782户16473人，其中少数民族25人（回族22人，满族1人，苗族2人）。境内属黄土高原地带，平均海拔高度1464米。地形以丘陵、残塬为主,气候干燥,年平均降雨量350毫米左右。2017年,乡党委、政府以"抓党建、促脱贫"为主线,按照乡党委提出的"15633"工作思路,扎实开展工作,如期完成各项工作任务。全年实现农民人均可支配收入8475.5元,同比增长11.3%。

【脱贫攻坚】 实施"脱贫富民百日攻坚"行动,新识别贫困人口41户154人,返贫13户61人。贫困发生率下降到3.32%。全年发放产业奖补资金843户496.8万元,扶贫贷款792户4415万元,产业到户率和贷款覆盖面分别达96%和67%。推行"扶贫保",受益1183户4649人,贫困人口家庭意外伤害保险和大病补充医疗保险实现全覆盖。推进"十三五"易地移民搬迁,搬迁安置移民253户1066人。玉塬、双树、何岘3个"十三五"移民安置点已建成,搬迁入住99户402人。玉塬、双树村2个"十二五"生态移民遗留安置点9户30人已开工建设。

【农业结构调整】 以打造六盘山生态圈"优质农业示范乡""中药材标准化种植示范乡""全区中华蜂养殖第一乡"三大品牌为目标,带动贫困户发展特色种植业、"5·30"养殖业及养蜂产业。全年完成中药材等特色产业种植1万亩(其中万寿菊5600亩,林下中药材3000亩,其他中药材2000亩);打造以双树、赵山庄、草滩村为核心的万寿菊种植示范区3000亩;新发展养蜂1600箱,养蜂累计达4500箱以上;种植红花荞麦7300亩,保证中华蜂秋季蜜源充足。打造虎山庄、草滩、何岘3个肉牛养殖示范村,100头以上肉牛规模养殖场2个,10头以上肉牛养殖户100户,3头以上肉牛养殖户1000户,新发展家庭牧场3家。

【劳务产业】 累计转移就业3012人次,劳务收入累计达4911万元。新增小企业6家,创造新岗位38个,巩固创业园区1个,全民创业带动就业人员112人。全年劳动力素质提升培训任务688人(技能培训任务438人),实用技术培训250人,完成培训17期828人,其中白杨庄、高岔、椿树岔3个村插花技能培训3期150人;小石沟、玉塬村电焊培训班2期100人;双树、赵山庄村花卉种植培训2期100人;玉塬村养老护理培训1期50人;玉塬村烹饪培训班1期51人;白杨庄、小石沟、玉塬、草滩、虎山庄5个村山桃核手工艺品编制培训班250人;草滩、虎山庄家政服务培训2期97人;电子商务1期30人;举办中华蜂养殖培训6期1000人,超额完成培训任务。

【基础建设】 投资4000万元建设道路总里程183.6千米。完成白杨庄、椿树岔、高岔、小石沟村自来水入户321户,全乡常住人口通水3233户,自来水入户率达98%以上。完成危房危窑改造68户,占62户任务的110%。争取县人大议案项目50万元,建设孟塬街道水厕2座。新建椿树岔、白杨庄、小石沟、高岔、牛塬、玉塬、虎山庄村级综合文化服务中心7处,完善赵山庄、双树、何岘、草滩4村综合文化服务中心设施配套。整合项目资金,建设椿树岔、小石沟、赵山庄、白杨庄村级阵地,新建赵山庄、玉塬老年饭桌，新建白杨庄社区服务中心项目。高标准完成310户人居环境改善项目，兑现资金167.1万元。

【民生事业】 规范社会救助管理，全乡低保户909户1696人，其中新增低保448人，高龄老人34人，孤儿23人。医疗救助248人40.58万元，临时救助1005人65.23万元，急救难助137人26.02万元，自然灾害救助1403人58.48万元，对因暴雨倒损房屋的5户群众搭建36平方米活动板房。做好两险征缴工作，养老保险缴费人数6681人，缴费率92%，医疗保险缴费14529人，缴费率97%，医疗保险及商业健康保险缴费贫困人口实现全覆盖。提高教育教学质量，做好学生营养改善计划，通过义务教育均衡发展国家验收，70名教师学历合格率和任职资格率均为100%，520名适龄儿童入学率100%。加大教育助学力度，对全乡考入一本的大学生给予每人800元资助，考入二本的大学生给予每人500元资助。以创建"四星级乡镇"为目标，做好计划生育工作，完成孕检128例，完成任务的107%。

【生态环境】 实施生态大包围工程，栽植枣树3200株，完成新一轮退耕还林补植补造3213.7亩。完成玉源流域改造林7973.7亩，小虎岔流域补植补造7425.9亩，完成小石沟村至何岘公路沿线、赵山庄村级公路沿线、草滩村后岔及白杨庄村庙渠荒山绿化共栽植2.66万株。增聘、续聘建档立卡护林员74名，实行乡村组及护林员四支队伍联合巡查山头、林区，严查、严惩投牧毁林行动。政府购买公益性岗位81人，采取就近安置原则，保障孟塬、何岘街道及5个居民点环境卫生。

【社会管理】 启动"七五"普法工作，召开"七五"普法工作宣传动员会，发放宣传资料1000份，提高群众法律意识。推进村民自治，扩大基层民主。狠抓安全隐患排查治理，严防安全生产事故发生。开展地质灾害和地震等应急演练，完善应急管理体系，提高应急处置能力。加强对特殊人群、流动人口、重点领域管理，严厉打击违法犯罪行为。实行部门、乡、村、组、派出所、司法所"六支力量"联合调处化解信访积案，落实"四个百日"行动，化解信访积案2起，调处矛盾纠纷122起，化解上级部门转办的19起信访事项，化解率达到100%。落实值班制度，推动信访零报告。开展民族团结进步示范乡、村、学校创建活动，维护民族团结、宗教和顺。

【廉政建设】 开展经常性的党风党纪教育，深入学习《中国共产党廉洁自律准则》《关于新形势下党内政治生活若干准则》《中国共产党纪律处分条例》《关于进一步落实中央八项规定精神重申有关纪律的通知》等党纪党规，吃透精神，把握实质，增强党员干部纪律规矩意识。召开新任职村干部廉政党课暨廉政谈话会议，通报典型案例，观看警示教育片，促使党员干部廉洁从政。建立从严治党"三个责任"清单和全程纪实台账等制度，执行述廉述责、个人重大事项报告、民主生活会等制度。落实"三级同述""三级包抓"制度，将党风廉政建设工作责任压实到

14个村党支部。深化乡村党务政务公开,开展查处涉农扶贫领域腐败问题专项整治行动,推进"331"农资监管平台使用普及化。完善群众信访举报制度,全年共接待信访件8件,立案审查1件,给予党纪处分2人,免职1人,诫勉谈话1人,追回违规领取退耕还林资金8855元。

【基层党建】 确立"4662"党建工作思路,建立"党委书记—党委副书记—组织委员—第一书记—党支部书记"纵向到底的抓党建工作体系,层层压实党建责任。按照评星定级标准,全乡15个党组织巩固四星级1个(草滩村党支部)、三星级3个(双树村党支部、椿树岔村党支部、何岘村党支部)、二星级2个(粮库党支部、高岔村党支部)、一星级6个(孟塬乡党委、机关党支部、机关联合党支部、粮库党支部、白杨庄村党支部、赵山庄村党支部)、零星级1个(牛塬村党支部)。实施"两个带头人"工程,推行"龙头企业+农户""两个带头人"跨村帮带、"互联网+党建"等模式,推动"一村一品"建设。完成赵山庄村软弱涣散党组织整顿,选优配强村两委班子,高标准规划建设村级阵地,建成社区、村级文化广场及村卫生室等。同时,建设完成农村电商平台3个,农产品超市2个。全年新发展党员10名,按期转正党员10名,培养入党积极分子15名,收缴2017年度党费3.2万元。以支部为单位组织全体党员认真学习党章党规、学系列讲话,开展专题研讨26场次。在全乡开展"三亮三比三评",建立常态化干部学习教育机制。

(陈 鑫)

冯庄乡

【概　况】 冯庄乡位于县境东北部,东邻三岔,西毗王洼,南接孟塬,北靠小岔,总土地面积177.6平方千米。全乡辖11个行政村44个村民小组,总人口2487户8485人。2017年,乡党委、政府以脱贫攻坚为统领,以农民增收为核心,夯实道路、水利、教育、生态、信息化、美丽村庄"六大基础",实施劳动力素质提升、"两个带头人"、产业提质增效、民生改善、环境整治、金融扶贫"六大工程"。全乡农民人均可支配收入8293.5元,同比增长12.1%。

【脱贫攻坚】 以产业扶贫为引领,采取"支部+企业+基地+农户"发展模式,建立药材千亩示范点3个、育苗基地1个,涉及建档立卡户358户3905亩,户均达10亩以上。发展养殖产业扶持户66户(新培育"3·20"养殖户11户、"5·30"养殖户33户、"5·30"巩固提升户10户、"5·30"倍增户12户)、养蜂户1户、特色种植户产业扶持452户、复合型种养业29户。全年新增各类贷款104户556万元,累计贷款484户1751万元。完成贫困村劳动力转移就业525人,完成率100%;举办手工编织培训5期200人,"雨露计划"扶贫助学资助57人,驾驶员C照报名培训152人,均超额完成任务。共输出劳动力2800人次,创收3193万元。实施危房改造79户(其中贫困户52户),窑洞加固35户。完成人居环境改善项目141户,除外出和移民69户外,在家669户建档立卡户全部通水。实现村集体经济收入全覆盖,其中5个村集体经济收入达万元以上。

【特色产业】 引进安徽民凯药业科技有限公司和中宁彭宁丰农业科技有限公司,分别在羊草湾村流转土地1700亩和在小湾村流转土地1500亩种植中药材。全乡共种植红花2222亩、万寿菊2745亩、板蓝根2300亩、林下药材10000亩、其他药材2400亩。培育旅游产业,重点宣传冯庄峡谷、璎珞宝塔、小园子红色地下党支部遗址、千亩文冠果园等12个旅游景点。完成宁夏第一个农村地下党支部——中共虎家小园子地下党支部纪念亭建设,虎嵝岘村千亩文冠果园培植工程,小园子美丽小城镇规划和施工建设项目,璎珞宝塔修缮保护申报工作。种植紫花苜蓿0.5万亩,引进苜蓿加工企业1家;发展巩固养殖户182户,建成暖棚37栋;申报肉牛标准化养殖场项目3个,建设暖棚1800平方米;完成黄牛冷配改良任务800头。提升劳动力素质,举办各类职业技能培训13期,参训780人次,通过国家职业资格鉴定88%以上。向外转移就业2251人,其中政府组织转移就业403人,中介组织转移就业583人,劳务经纪人组织转移就业733人,自发转移就业532人,转移就业增收2025.9万元,人均增收0.9万元;乡内企业就业70人,人均增收0.6万元。培养小老板3个,完成任务150%,创造就业岗位15个,全民创业带动就业人数29人。在309国道和冯庄峡谷北侧建成500亩文冠果示范园1个,栽植文冠果苗木38300株;生态提升补植800亩;组织新一轮退耕还林400亩;完成小园子前塬绿化40亩,降雨量400毫米以上新造林面积10402.81亩,未成林补植补造10208亩,落实庭院经济(红梅杏)324亩。

【基础建设】 投资184.85万元,完成小园子前塬民生服务综合办公区供暖、地下管网、场地硬化等配套建设。投资1600万元,实施小园子美丽小城镇建设工程,已完成管道、地面砖铺设项目、桥梁修建工程。全乡新修村组砂化道路40.9千米,硬化道路52.572千米,共投入资金3154.32万元。实现全乡93%农户自来水入户;新建村级文化广场9个、文化活动室10个,完成人居环境改善141户。

【民生事业】 开展"幸福家庭"创建活动,落实人口和计划生育政策,人口出生率控制在13.6‰、出生政策符合率达95%以上。提升教育教学质量,义务教育均衡发展通过国家验收。完善低保退出进入机制,共清退低保户11户16人,建档立卡户兜底89户227人,完成自然灾害救助460户28.16万元,临时救助314户23.08万元,急难救助20户4.41万元,发放136名困难残疾人生活补贴16.32万元、212名残疾人护理补贴20.35万元。开展农村社保卡"一卡三功能"开通宣传动员,加大养老保险和医疗保险宣传征缴力度,全乡养老保险征缴3567人,缴费率达92%,医疗保险征缴7134人,缴费率达98.4%。

【生态建设】 完成移民区生态修复1.4万

亩，加大封山禁牧力度，巩固提升林业建设成果。狠抓"卫生冯庄"创建活动，推进城乡环境整治，清理垃圾1750吨，回收残膜140吨，完成率144.3%。坚持区域与流域治理相结合，建立以乡、村、民间三级河长为主要内容的河长制组织体系，落实河长联席会议制度，强化水污染防治和河道治理工作，严厉惩处违规采砂行为。推进大气污染和秸秆禁烧专项整治工作，严厉惩处焚烧秸秆污染空气行为。

【精神文明建设】 深化社会主义核心价值体系建设，推进诚信、民风和民主政治建设，开展"最美家庭""最美冯庄人"及身边的好人好事评选活动。开展文明村、文明单位、星级文明户创建活动，评选十星级文明户18户。打造茨湾村文化中心村，新建标准化乡文化站1个，村级文化广场4个，成立冯庄乡"璎珞咏春"文艺团。依托乡文化站和各村文化活动室阵地，定期开展读书和娱乐活动，平均每月在各村放映数字电影1场次。创建冯庄乡鸿塔文艺有限公司，开展纪念中国共产党成立96周年评选表彰活动，评选表彰先进基层党组织2个、龙头企业2个、优秀共产党员12名、优秀农村"两个带头人"11名、优秀第一书记或工作队员6名、最美冯庄人6名、脱贫致富光荣户11户、道德模范10名。利用各类媒体和信息平台，宣传推介冯庄。

【社会管理】 巩固"七五"普法成果，建立"三个清单"，提升全民法治意识。加强社会管理基层服务和"网格化"社会防控体系建设，推行"平安树"创建模式，巩固平安建设成果，集中打造2个平安示范点。规范信访程序，完善领导干部接访制度，坚持"两排查一分析"和信访联席会议制度，排查化解各类矛盾纠纷案件24件，接待办理群众来信来访7件9人次。开展群众评议机关和干部作风活动，推进政务和村务公开，强化舆论监督。落实村民代表会议制度，提高村民自治水平。设立为民办事登记表和台账，架起乡村干部服务群众的"连心桥"。

【廉政建设】 落实党风廉政建设"两个责任"，学习《准则》《条例》，增强纪律、规矩和担当意识。严查发生在群众身边的腐败问题，收回虚报冒领涉农资金1万元。严格执行中央"八项规定"和区、市、县关于改进工作作风、密切联系群众相关规定，干部作风进一步转变。加大暗访督查力度，整治"门难进、脸难看、事难办"问题。加快基层民主建设，加强村民监督委员会管理和运行模式，以党务公开促村务公开，让村民自己的事情自己说了算。

【基层党建】 以星级创建活动引领"零距离"服务型党组织建设，创建四星级党组织1个、三星级党组织4个、二星级党组织4个、一星级1个、零星级1个。实施"两个带头人"工程，在抓党建促脱贫上下功夫。建立培养、帮扶、激励、奖惩"四制"，推行小寺村"411"党建扶贫工作和石沟村"支部+合作社+致富带头人+贫困户"抱团发展产业经营模式，建立"班子成员+党组织带头人""包村干部、第一书记+农村致富带头人"

"村党组织带头人、农村致富带头人+建档扶贫户"帮带体系。实施"头雁引领"工程，对有产业发展雏形或"苗子"型发展户进行重点培育，增加本土致富带头人数量。履行乡党委日常管理第一书记职责，建立健全驻村台账，坚持周五汇报制度，确保第一书记在岗尽职履责。

（马小刚）

小岔乡

【概　况】　小岔乡位于彭阳县城北部62千米处，北以甘肃环县为界，东接甘肃镇原县，南连冯庄乡，西邻王洼镇，总土地面积151.59平方千米。全乡辖7个行政村26个村民小组，户籍人口1629户5627人。2017年，乡党委、政府坚持以基层党建为引领，以脱贫攻坚为统揽，抢抓机遇、团结拼搏、攻坚克难，完成全年各项目标任务。农村居民人均可支配收入达8305.3元，同比增长11.7%。

【脱贫攻坚】　落实全年脱贫攻坚各项任务，强基础，补短板，育产业、促增收，贫困发生率降低至3.6%。结合产业精准扶持资金到户项目，引导群众发展月子鸡、万寿菊、中药材等特色优势产业。打通村组断头路，实现油路到村、砂路到组、组道畅通目标；各村级综合文化服务中心全面建成投入使用；宽带信息网络、广播电视户户通实现村级覆盖；完成237户（贫困户206户）自来水入户工程，自来水入户率达90%。发放金融扶贫贷款394户1737万元，妇女创业贷款29户235万元。累计劳务输出2560人次，实现创收4740万元。举办各类培训班8期，完成劳动力素质提升培训582人。新培育经济合作组织3个，各村均成立村集体经济专业合作组织。全乡搬迁县内、县外劳务移民、"十三五"易地安置等各类移民151户590人，其中，县外兴庆区劳务移民22户100人，利通区劳务移民10户44人，县内劳务移民28户101人；"十三五"易地安置集中庄点移民90户342人，新疆建设兵团移民1户3人。全年落实社会帮扶资金30万元，争取闽宁协作扶贫资金20万元，打造闽宁扶贫示范村1个。完成建档立卡户培训320人次，培育"两个带头人"43人，表彰脱贫典型21人，激发贫困群众内生动力。

【产业结构调整】　实施"脱贫富民"战略，转方式、调结构，促产业优化升级。向群众宣传特色种养殖政策及技术，引导群众发展特色优势产业。新增紫花苜蓿种植1000亩，新建青贮池280立方米，打包青贮80吨；发展万寿菊2300亩、中药材800亩、小秋杂粮2000亩。建成米沟村万头现代化生猪养殖场1个，巩固提升米沟、小岔、柳湾3个生猪养殖示范点，生猪饲养量达1.5万头。打造吊岔、小岔、李渠3个月子鸡养殖示范村，发展养殖月子鸡6万只。通过招商引资，建设1000头肉驴养殖场一个，特色种植养殖已成为群众增收重要组成部分。

【基础设施建设】　争取资金160万元，硬化米沟村组道路1条1.4千米、边沟2千米；砂化榆树、小岔和吊岔村组道路共26

千米。配合县交通局、润阳公司完成吊岔、耳城、李渠、柳湾4个村28千米水泥硬化路。争取项目资金260万元，新建耳城、柳湾、李渠、榆树村综合文化服务中心，维修小岔村文化活动广场，新建耳城村综合文化服务中心附属工程和柳湾村农民实用培训中心。完成危房改造29户，吊岔、小岔实施人居环境改造154户。

【社会事业发展】 加快养老保险、医疗保险征缴进度，全乡城乡居民基本养老保险和医疗保险缴费率分别达95.7%、96.34%。完善最低生活保障和困难群众救助机制，加强低保动态管理，清退低保对象301人，新增180人，将44户113人无劳动能力或部分丧失劳动能力贫困户纳入民政兜底范围。实施自然灾害救助696户58.2万元，临时救助305户28.3万元，急难救助86户19.3万元。新建标准卫生室6个，加强乡村医生培训，群众看病就医得到有效解决。开展"幸福家庭"创建活动，落实人口和计划生育政策，加强流动人口管理，人口出生率控制在9.7‰、出生政策符合率达96.5%以上。实施"两免一补"政策，适龄儿童入学率、升学率、15周岁合格率均达100%。

【党的建设】 以"两学一做"学习教育为抓手，落实"三会一课"制度，开展"6+X"主题党日活动，严肃党内政治生活。抓好"两个带头人"工程，选优培强班子打好基层组织建设基础。强化基层组织带领、党员干部带头、致富能人带动三大作用，实现基层党的建设与脱贫攻坚、民风建设深度融合、同步推进。全年从"两个带头人"、优秀青年干部中发展党员5名，转为中共正式党员5名。全乡派驻第一书记7名、驻村工作队员6名，共有"两个带头人"43名，其中党组织带头人14名，致富带头人25名，帮带贫困户485户1926人。开展村党支部评星定级，将评定结果纳入年度考核，7个村党支部中一星级2个、二星级1个、三星级4个。强化村级组织阵地建设，争取项目为4个贫困村建设文化活动广场和文化活动室，配套健身器材、篮球架等体育设施。

（闫 津）

罗洼乡

【概 况】 罗洼乡位于彭阳县最北端，北与甘肃环县卢湾乡接壤，东、南、西分别与小岔乡、王洼镇、交岔乡毗邻，距县城约70千米。全乡总土地面积156.21平方千米，有耕地41138亩，退耕地46653.7亩。辖7个行政村29个村民小组，总人口1875户5907人，其中回族人口1613人，占27.3%，人口密度为37.8人/平方千米。境内山大沟深，自然条件差，干旱缺水，属典型的黄土丘陵区，海拔1640~1860米，年平均气温6℃，无霜期130~150天，年降水量350~500毫米。2017年，在县委、政府和乡党委的正确领导下，罗洼乡认真贯彻落实党的十九大、自治区第十二次党代会精神、市委四届二次全会和县委八次党代会精神，按照"1256"工作思路，抓扶贫、惠民生，抓发展、促和谐，完成各项目标任务。全乡农民人均可支配收入达8278元，同比增长12.3%。

【脱贫攻坚】 坚持帮扶措施和效果落实到村到户到人，累计整合扶贫项目资金2469万元，贫困发生率由8.3%下降到3.66%。全乡多年生牧草种植面积达4万亩，壮大薛套、嵋岘、罗洼3个养殖示范村，新发展养殖园区2个，新培育"5·30"项目养殖户39户、"5·30"倍增13户，发展养殖规模达10头以上、5头以上的肉牛养殖大户分别为36户和200户，50只以上的肉羊养殖大户120户，畜禽总量达4.2万个羊单位。培育中华蜂养殖27户131箱，地方特色产业小秋杂粮种植222户5452亩。购买非全日制公益性岗位安置建档立卡户就业岗位保洁员37个、生态护林员40个；举办建档立卡贫困户实用技能培训9个班次，培训437人次，培育创业带头人27人，完成劳动力转移就业2740人。为279户建档立卡贫困户发放金融扶贫贷款1117.8万元，兑现贷款贴息资金44万元，全乡累计共发放贷款979户5212.35万元。

【基础设施】 完成寨科、马涝、张湾、薛套、罗洼5村砂砾道路43.5千米，硬化嵋岘至银洞沟煤矿道路11千米，全乡7个行政村全部实现通硬化路，道路通畅率和通客车率均达到100%。建档立卡贫困户自来水入户524户，入户率88.51%。易地扶贫搬迁75户288人，其中县内劳务移民25户85人，易地扶贫搬迁平罗插花移民30户125人，易地扶贫搬迁利通区劳务移民1户3人，兴庆区劳务移民19户76人。完成建档立卡贫困户危房危窑改造56户；实施寨科村人居环境改造项目76户，贫困群众生产生活条件明显改善。完成罗洼独立工矿区改造项目一期工程建设任务，改扩建道路4.36千米，新建罗洼防洪渠1500米，排污管网1420米，完成罗洼居民点续建33套住宅，罗洼乡公租房项目投入使用。

【人居环境】 完成罗洼流域生态综合治理项目，平整土地2000亩，治理荒山8200亩，修建田间道路21千米，控制水土流失面积6平方千米；完成生态移民迁出区和400毫米以上降雨量地区造林3.8万亩，拆除罗洼街道违章建筑9处360平方米，完成东湾梁生态修复1处，实施煤矿至陈岔壕绿色长廊建设工程，栽植各种树木2.2万棵；完成罗洼街道污水管网和污水处理设施并网工程；建立公益岗位保洁员制度，落实河长制，开展"禁止焚烧秸秆·防治大气污染"专项行动，乡村生态环境明显改善。

【社会保障】 提升教育教学质量，通过均衡教育验收，教师周转房、学生宿舍等基础设施和教育教学设施配备完善，适龄儿童入学率99.2%，升学率100%。提升计划生育优质服务，家庭医生签约服务平台建成使用，以乡卫生院为中心，村级卫生室为基础的农村医疗服务网络建成。新农保、新农合覆盖全乡，年内，农村新型合作医疗及养老保险医疗分别缴费5037人和2306人，缴费率分别达96.07%和92.39%。开展农村土地确权"回头看"。规范农村低保救助制度，做到应保尽保。推进社保卡综合利用，确保各项惠农资金及时足额兑付到群众手中。完成7个行政村综合文化服务中心建设，组织开展文化活动60场次,播放电影420场次,文化事业发展步伐明显加快。

【平安建设】 深化"平安罗洼"创建,落实领导坐班接访和包抓重点信访案件长效机制,全年办结信访案件15件,办结率100%;开展矛盾纠纷大排查、大调处工作,化解各类矛盾纠纷49件,化解率达到100%。加强食品药品安全监管,强化监管执法,市场秩序日趋规范。开展道路交通安全、农用车载客、林地草场、粮场防火和校园周边安全专项整治活动,加强易燃易爆场所、建筑工地和非煤矿山安全生产督促检查,安全生产形势持续平稳。开展民族团结进步示范县创建活动,罗洼小学、薛套村被评为"民族团结进步创建示范单位"。推进"七五"普法,开展移风易俗,选树先进典型,培育社会新风,加快农村信用体系建设。2017年,固原市人民政府授予罗洼乡"2016年度信用示范乡镇",授予罗洼村、薛套村、寨科村"2016年度信用示范村",授予20户农户"2016年度信用示范户"荣誉称号。

【自身建设】 抓实党风廉政建设,制定落实"4+1"责任清单,健全落实民主决策机制。开展基层政务公开标准化规范化试点工作,推进政务公开、财务公开、项目公开公示制度,完成涉农惠农监管平台APP安装1355人次。狠抓作风建设,强化责任担当,自觉执行党风廉政建设一岗双责制度,贯彻中央"八项规定"精神,厉行勤俭节约,"三公"经费实现零增长。落实党委中心组学习制度,推进"两学一做"学习教育常态化制度化,创新开展"6+X"主题党日活动,党委班子带头真学实做严改,为广大党员干部作出表率。健全容错纠错、能上能下机制,建立干部实绩档案,坚持在脱贫攻坚一线提拔任用优秀干部,激发党员干部创业热情。开展星级基层服务型党组织创建活动,整顿软弱涣散党组织1个。开展"三大三强"行动,深化农村"两个带头人"工程,全乡现有致富带头人44名,其中年内新培育致富带头人13名,C类提升B类4名,B类提升A类1名,新增致富带头人16名,党组织带头人2人。配合县委组织部采集完成吴宏等5名致富带头人风采录。按照"八型帮带"模式将致富带头人进行分类,致富带头人共帮带群众220户,其中帮带建档立卡贫困户88户。加强村"两委"班子队伍建设,完成支书、主任、会计轮训工作,实现驻村工作队、第一书记贫困村全覆盖,打造罗洼村为党建示范点。

(马明贵)

交岔乡

【概 况】 交岔乡位于县城北部、小河流域上游左侧,南、东与王洼镇相连,西、北分别与原州区河川乡、寨科乡相邻。辖7个行政村17个村民小组,总土地面积147.38平方千米,总人口1729户5606人,其中回族人口5377人,占总人口的96.2%,藏族2人。2017年,乡党委、政府围绕开放富裕和谐美丽交岔建设,以脱贫攻坚为统领,以夯实"六个基础"、实施"六大工程"为关键,解放思想,开拓创新,务实苦干,扎实工作,坚决打赢脱贫攻坚战,较好地完成全年各项工作目标任务。全乡农民人均可支配收入8276.5元,同比增长12.2%。

【脱贫攻坚】 以庙庄村为试点,创新扶贫资金使用模式,将80万元闽宁协作产业发展扶持资金折股量化到贫困户,通过招商引资引进企业发展人工蝎子养殖项目,实行资产收益分红,投资方、技术方和村委会三方分别占股40%、30%和30%。建成甘草产业厂、海山庄家庭农场2个扶贫车间,引进鑫富美彩印包装厂,实现年终分红5.66万元。建立"一会二单三书五表"的"1235"扶贫工作机制。庙庄村驻村第一书记何波争取部门(单位)帮扶资金207.2万元,并引进企业建立扶贫产业园发展蝎子养殖。召回致富带头人杨天才在庙庄村雷掌组建立生态养殖园区。支持大学毕业生海朝晖回乡创业,在关台村成立东山生态养殖公司。交岔村致富带头人海明注册成立兴明农牧机械综合开发公司和贫困户抱团发展养殖业。与干部签订脱贫攻坚廉政承诺书,制定精准脱贫"十个严禁"。全年发放各类贷款共3107.01万元(农村信用联社发放金融贷款2812.01万元,妇女创业贷款295万元;邮政银行为建档立卡贫困户发放金融贷款165户571万元,占建档立卡贫困户总户数的39.5%)。开展拖欠互助资金专项核查工作,清缴欠款23.05万元。

【特色产业】 坚持"家家种草、户户养畜,小规模、大群体"的发展路子,打造牛羊肉品牌,培育关口、东洼养殖示范村,新建养殖园区1个,带动发展"5·30"养殖户300户,全乡畜禽饲养总量达5.65万个羊单位。种植地膜玉米1.3万亩,小秋杂粮1.1万亩。把劳务产业作为农民增收的"铁杆庄稼",做好"有土"和"离土"文章,巩固新疆、银川等劳务基地,培育劳务经纪人10名,全年输出劳务工2670人,实现劳务创收3510万元;引进回乡创业人员1名,建成300头肉牛养殖园区,带动30名贫困户发展肉牛养殖;建成庙庄村创业就业示范村,劳务产业提供农民人均纯收入4000元以上。利用8万亩山桃、红梅杏,动员群众适时采摘销售,实现创收110万元以上。加快服务业换挡升级,建成7个村电子商务站,实现群众在家门口网购和销售农产品。

【基础建设】 整合涉农资金3000万元,实施整村推进项目3个,新修村组道路78.9千米,行政村道路通畅率和通客车率均达到100%;完成自来水入户816户,入户率占在家农户的96%。完成易地扶贫搬迁23户88人。改造危房危窑132户,完成总任务的138%,其中建档立卡贫困户改造71户;改善农村人居环境52户。按照"七个一"标准,建成7个村综合文化服务中心。安装太阳能路灯100盏,贫困群众生产生活条件明显提升。

【民生事业】 落实农村义务教育阶段学生"三免一补"政策和学生营养改善计划,通过国家教育均衡验收。完成大坪和庙庄小学薄改项目,中心学校教师宿舍楼、关口村幼儿园主体工程已封顶。发放临时救助、自然灾害救助53.89万元,阳光助残27户。实现城乡居民医疗保险参保4662人,城乡居民基本养老保险缴费2625人,家庭医生签约服务履约2300人。落实人口和计划生育政策,创建幸福家庭20户,发放计划生育家庭奖励扶助资金11.22万元。建成7个标准化村级卫生室及文化广场。

【生态建设】 开展"蓝天保卫战"活动,抓好"精准治污"、秸秆焚烧防治、河长制等工作。以乡风民风、人居环境、文化生活三个"美起来"为载体,开展移风易俗树乡风强民风活动。以"环境综合整治百日攻坚行动"为抓手,对主干道沿线进行净化、美化、亮化,清理垃圾死角,收缴废旧地膜70.5吨,清理废墟300平方米、垃圾15吨,改善人居环境。实施生态提升工程600亩,栽植绿化苗木3.2万株。配合县林业局完成400毫米降水量区域造林任务6850亩。加大封山禁牧工作力度,聘任保洁员和生态护林员67名。

【社会管理】 深化"平安交岔"建设,建立"1333"矛盾纠纷多元化化解机制,即推行一张"平安树"组织责任网络图、建立矛盾纠纷排查化解"三个清单"、坚持矛盾纠纷排查化解"三项制度"、落实矛盾纠纷化解"三项措施",累计接待来访68人次,调处化解矛盾纠纷64件,调解成功率95%。健全乡禁毒办公室,配置专职人员,加大禁毒工作力度。加强食品药品和安全生产监督管理,开展安全生产专项检查行动6次,有效预防重大安全事故发生。

【"两个带头人"工程】 制定"两个带头人"工程规划和实施方案,共筛选出党组织带头人14人,按照全县致富带头人精准识别A、B、C类别和"八型帮带"模式,共培养致富带头人60人,其中致富能人帮带型39人,专业组织带动型6人,党群结对帮扶型12人,劳务输出带领型3人。制定"一训三定五帮三优先"工作措施,共帮带一般户122户、贫困户183户,采取不定时、不设点、面对面、手把手、心连心结对帮扶,实现携手连心,共同致富。

【自身建设】 把学习宣传贯彻习近平新时代中国特色社会主义思想及党的十九大精神作为当前和今后一个时期最大的政治任务,采取多种形式学习,力求学懂弄通做实。邀请市县联系领导到乡村宣讲十九大精神5场次,乡党委成员到村宣讲7场次,各村支书及第一书记宣讲14场次,推进习近平新时代中国特色社会主义思想入脑入心。推进"两学一做"学习教育常态化制度化,坚持"四个一"长效学习机制,组织党员干部到西吉将台堡感受红色经典,重温入党誓词。召开"农民故事会"宣讲10场次,让脱贫致富光荣户、道德模范讲脱贫致富故事,谈对十九大精神的认识,激发贫困户内生动力。落实"三会一课"制度,开展好"6+X"主题党日活动,全年主持召开党委会议研究党建工作15次,解决党的建设工作难题7个,以"六联双诺三评三促"为载体,开展星级基层服务型党组织创建活动。通过乡党委组织考评,7个村党支部达到三星级标准1个、二星级5个、零星级1个。全年发展党员5名,转正6名,培养入党积极分子11名。贯彻落实党风廉政建设党委主体责任和纪委监督责任,把纪律规矩挺在前面,对乡村干部开展集中谈话23人次,处理群众信访问题线索2件,立案审查1件,给予通报批评1人,使党员干部懂法纪、明规矩、知敬畏、存戒惧。

【精神文明建设】 编报信息126期,人工蝎子养殖、彩印包装厂分红和脱贫攻坚工作分别被《宁夏日报》《固原日报》报道。推进"民族团结进步示范乡"创建活动,举办交岔乡第二届"民族团结杯"篮球运动会、大坪村民族团结创建暨助力脱贫攻坚等系列活动,庙庄村被命名为"自治区第七批民族团结进步创建活动示范单位",交岔乡被命名为"固原市民族团结进步创建活动示范乡镇",民族团结,宗教和顺,社会和谐氛围更加浓厚。

(海　莉)

荣 誉 榜

2017年度乡镇、部门(单位)效能目标管理考核先进集体

乡镇考核综合奖

1. 乡镇一组

一等奖:城阳乡

二等奖:白阳镇

三等奖:红河镇

鼓励奖:草庙乡　古城镇　新集乡

2. 乡镇二组

一等奖:孟塬乡

二等奖:王洼镇

三等奖:冯庄乡

鼓励奖:罗洼乡　小岔乡　交岔乡

部门(单位)考核综合奖

1. 县委工作部门

一等奖:组织部

二等奖:县委办

三等奖:宣传部

2. 执法单位

一等奖:城管局

二等奖:公安局

三等奖:检察院

3. 综合经济部门

一等奖:财政局

二等奖:政府办

三等奖:水务局　交通局

4. 社会发展部门

一等奖:民政局

二等奖:教体局

三等奖:人社局

5. 人大办、政协办和人民团体

一等奖:人大办

二等奖:政协办

三等奖:史志办

6. 区市属驻彭单位

一等奖:国税局

二等奖:供电局

三等奖:农商行　社会经济调查队
　　　　建　行　运管所

进位奖

白阳镇　罗洼乡　编　办　城管局　水务局
文广局　伊　协　调查队　电信公司

单项奖

1. 脱贫攻坚先进单位

(1) 乡镇

一等奖:城阳乡

二等奖:孟塬乡

三等奖:新集乡　王洼镇

(2)部门(单位)

一组(脱贫攻坚主责部门)

一等奖:水务局

二等奖:扶贫办

三等奖:财政局

二组(其他部门)

一等奖:县委办

二等奖:政研室

三等奖:政协办

三组(区市属驻彭单位)

一等奖:供电局

二等奖:农商行

三等奖:建行

2.党建工作先进单位

(1)乡镇

一等奖:王洼镇

二等奖:草庙乡

三等奖:红河镇　白阳镇

(2)部门(单位)

一等奖:城管局

二等奖:民政局

三等奖:财政局　人社局　国税局

3.民族团结进步创建先进单位

(1)乡镇

一等奖:新集乡

二等奖:古城镇

三等奖:王洼镇

(2)部门(单位)

一等奖:民政局

二等奖:教体局

三等奖:交通局

4.美丽乡镇建设先进单位

一等奖:孟塬乡

二等奖:城阳乡

三等奖:草庙乡

5.产业提质增效先进单位

一等奖:红河镇

二等奖:草庙乡

三等奖:孟塬乡　古城镇

6."两个带头人"工程先进单位

一等奖:孟塬乡

二等奖:古城镇

三等奖:交岔乡

7.争项目争资金和招商引资先进单位

(1)乡镇

一等奖:王洼镇

二等奖:城阳乡

三等奖:小岔乡　冯庄乡　罗洼乡

(2)部门(单位)

一等奖:财政局

二等奖:发改局

三等奖:经合局　民政局

8.卫生计生工作先进单位

一等奖:古城镇

二等奖:冯庄乡

三等奖:新集乡　孟塬乡

9.重点项目建设先进单位

一等奖:水务局

二等奖:交通局

三等奖:发改局　经合局

10.金融支持地方发展先进单位

一等奖:彭阳县农村商业银行

二等奖:农行彭阳县支行

三等奖:人保财险彭阳支公司

创新奖

1.组织部("四个一"抓党建促脱贫富民)

2.水务局("移动互联网+人饮"管理)
3.城管局(创新机制破难题,城市管理再升级)

特别贡献奖

1.教体局(彭阳县义务教育均衡发展工作通过国家评估验收)

2.统战部 民宗局(彭阳县被国家民委命名为全国民族团结进步创建示范县)

3.政法委 公安局 司法局 安监局 信访局(彭阳县被自治区综治委命名为2017年全区社会治安综合治理优秀平安县)

2017年度公务员(含参公人员)考核优秀等次人员

记三等功公务员(25人)

古城镇	王 苗
新集乡	马学武
草庙乡	胡晓香
孟塬乡	郭耀武
编 办	杨粉霞
人大办	韩继春 杨立慧
检察院	黄立华
公安局	薛建武 杨树诚 张永生
	王文辉 马 林
民政局	曹建刚
人社局	王万龙
水务局	张志科
市监局	姬志霞 杨慧军
安监局	任山武
就创局	夏 锟 杨静平
工 会	王 玲
残 联	马凤琴
驻村第一书记及队员	许 政 王立国

嘉奖公务员(170人)

白阳镇	乔 升 张万科 姬元林
	杨正德 姚微波 袁晓娟
古城镇	姬秀金 郭 仁 林淑玲
王洼镇	赵 坤 刘 库 苏一申
	张 婧 马 兵
红河镇	马玉星 张治东 马贵付
新集乡	李维奎 王 艳 袁 渊
城阳乡	杨正虎 张 翔 薛 香
	黄 勇 张欢欢
草庙乡	安海斌 王继东 张 婧
孟塬乡	刘克效 鲁 东 王 荣
冯庄乡	陈彩云 祁 臣 任文华
小岔乡	张 锐 甄长青 路 宁
罗洼乡	张耀辉 马少科 海耀平
	佘永明
交岔乡	海文春 剡成龙 海君君
纪 委	张 娟 田志明 张彦春
县委办	牛治忠 黄 飞 宋来功
	张 岩
组织部	雅玉贵 余小龙 张启元
宣传部	余长会 孙有亮
政法委	李 渊
编 办	刘智峰

老干部局	白巨刚			交通局	祁士龙	马应梅	
党　校	董彦			农牧局	黄金智	李云	
档案局	高小琴			文广局	徐枫兰		
人大办	韩春东			卫计局	韩丽玲		
政府办	孙文升	买吉财	祁久文	审计局	惠彬琴		
政协办	常兆斌	杜占山	王兴旺	林业局	周雄	姬秀林	
法　院	杨静奎	王翠兰	杨占川	扶贫办	余德明		
	韩治国	曹海波	刘天军	市监局	马均奎	刘自强	王斌
	查安	冶生霖	杨志远		孙国财	黄金永	汪秉军
	孙彦龙	金伟伟	李颖		李德		
检察院	韩东	王丽	马清香	城管局	吴毅	姬文军	
	韩秉忠	刘晓娟	柳阳	统计局	赵佰明		
发改局	冯天生	王志武		史志办	李娟		
公安局	张彦文	王君刚	王晓庶	经合局	祁玉		
	郭明	汪炳忠	王凤麟	信访局	高锐		
	杨培昌	黄伟	陈建新	政务服务中心		虎步芳	马武琴
	杨治国	赵勇虎	韩占升	党员电化教育中心		张明	
	韩哲	张风君	杨会新	劳动人事仲裁院		何瑞明	
	赵健	韩尚	张志尧	团委	李扬		
	朱帅民	苏锋		妇联	李凡		
民政局	朱建鹏	海凤林	韩乾	工商联	蔺建勋		
教体局	韩星明	杨田仓		文联	文元		
司法局	陈宏	赵婧婧	王树德	驻村第一书记及队员			
	高智宁	马丽	安金芳		沈继刚	李维春	
	李福	马勇			郑作新	何国功	
财政局	王永贤	丁会林	陈效义		韩程晨	席秀琴	
	罗会云				虎秀乾	任三敬	
人社局	王霖	夏涛			张社利	杨巨强	
国土局	惠忠民						
建环局	景德镇						

2017年度优秀工作者

白阳镇	罗洼乡

梁富会　任卫科　杨勤举　　　　　　马德礼　李　莉

古城镇	交岔乡

海　妥　杨苗苗　张凤琪　　　　　　马继军　石　岩

王洼镇	县委办

马世有　　徐慧玲　　　　　　　　　夏　天

红河镇	党　校

韩　宏　杨晓丽　　　　　　　　　　张宏贵

新集乡	人大办

朱凤洲　海正禄　李小宁　　　　　　任晓君

城阳乡	政府办

杨志钰　郭宏伟　　　　　　　　　　杨继忠　陈彦龙

草庙乡	发改局

陈世有　晁宏扬　　　　　　　　　　张小鹏　张　勇

孟塬乡	机关事务管理局

牛玉忠　李亚洲　　　　　　　　　　杨勤科

冯庄乡	政协办

董汉春　王凤奎　　　　　　　　　　马韶辉

小岔乡	王洼产业园区管委会

马建军　祁　帜　　　　　　　　　　张明山　杜玉斌　吴孝科

教体局

蔺苠	冯国鹏	张秉清	刘欢
武永科	黄金会	朱广琪	沈秀秀
王芳琴	姬文莲	周德	梁建军
杨治国	罗贵丽	马淑珍	杨瑞
张生龙	张建科	张世财	赵德恭
马文科	王正文	王玉平	马耀成
景生文	王凤仪	赵媛	刘小路
韩兴录	韩明刚	张娟娟	虎秉发
韩治玲	虎治田	杨升	韩尚霞
李永统	李占怀	雅琴	祁伟涛
王万林	韩兴锋	李亚娥	陈毅
蒙涛	王佐铭	魏国旭	谢飞
贾兴隆	贾廷刚	陈炳林	冯浩
梁健	虎安逸	祝红梅	刘玉东
贾月虹	安晓明	王正虎	张海年
张成梅	马生梅	靳玉蕊	毛芳
马永登	马小琴	安永梅	马继荣
马万里	马和国	郑树荣	马雁鸿
梁春天	兰桂香	马凤刚	晁建莲
周文海	马君	马继升	海雪琴
王玉江	黄青华	明生义	杨生昌
马孝成	张玉林	马玉清	马伯慧
海淑玲	何晓瞳	虎佐仁	马林军
马梅琴	王龙	王瑞瑞	杨德昌
薛治清	海怀宝	马峰斌	高玉琴
王生龙	马志军	陈靖	高文霞
杨丽	田立晓	张天	祝秉忠
安希升	常毅	杨瑞	惠芳琴
张建锋	张志平	王彩霞	何武强
贾世怀	张成秀	杨喃君	胡小莉
徐万斌	张建云	张丽霞	王维柱
罗彦宏	司蕾	杨生军	马银山
杨卫东	海启位	杨建明	海建科
马玉文	马孝碧	武岗	马彦花
范书亮	姚正斌	贺富强	马晓妍
杨秀红	王玉玲	祁霞	张赟
虎红霞	刘军	李维森	张登学
陈琳	顾海剑	曹丽静	董霞
郭秀霞	韩翠兰	虎文广	何康宁
胡向蓉	惠东明	井文军	兰治军
雷建成	罗贵军	马梅	马文
马勇	马成凤	彭春义	乔燕妮
苏发莲	索晓燕	王彬	王娟
王翠英	王会礼	王瑞虹	王小文
吴国柱	徐耀军	杨芳芳	杨志刚
翟海霞	张娟	张娟娟	赵秉荣
郑周	陈粉花	高应馨	黄小梅
姬有山	金晓娟	母全兰	谭冬梅
王雪艳	徐明芳	赵霞	朱彩红
刘宇	史传忠	胡正江	杨盼虎
晁永明	罗金鹏	杨金鹏	李佳莉
陈慧琴	王理斌	张利春	虎维林
侯志明	虎常福	虎冰霰	邓自勉
江波	徐东明	魏思春	马树霞
周智	李龙	殷方亮	陈万正
惠桢	卜登全	陈占明	王彩芝
鲁礼银	刘智	杨正贵	杜鲁凤
王忠权	扈国梅	赵强	张国栋
李维民	韩步乾	谢春海	李旺生
马莉蓉	马生忠	杨乾	冯永平
姚曙	剡文泰	陈金宏	席生林
王君	王丽琴	韩向梅	王玲凤
张步平	张文奇	海燕	刘晓峰
马东	祝红瑞	苟亚萍	陈军平

韩多杰	王桂香	秦玉慧	王　俐	马少梅	赵淑杏	马文杰	张福海
王雪灵	杨启芳	杨金鹏	高晓娟	陈　慧	兰慧霞	马成山	海红龙
袁士军	马秀梅	郑　菊	王如林	马天骥	秦　云	马志英	张雪蓉
马继兰	韩彩红	杨世怀	张文瑞	杨彩琴	马进明	马　军	马国荣
马　婷	苏广耀	瓮小贤	安西仓	杨文元	安玉印	高　勇	刘志峰
曹　艳	高　莹	郭姝彬	郭　燕	王永平	赵玉贵	剡俊虎	马　涛
海明月	侯志坤	惠素珍	景桂芳	王卫军	杨正仁	张世海	吴彩霞
李春峰	李发海	李　锐	李　霞	赵召弟	赵桂宏	朱翠兰	汪东红
蔺少琼	刘松邦	马　丽	米占东	李彦军	马志省	王淑丽	杨　芳
乔　春	时彩娟	索志君	王得荣	袁志伟	杨存政	王志科	海宝宗
王克勇	王　伟	魏淑萍	文　静	史生俊	张秉凤	安正锋	高小军
徐春梅	雅　明	杨德林	杨　婧	杨志亮	晁建宗	吴玉兰	安彩霞
杨世浩	杨永红	杨志平	张宝新	陈兴民	宋治秀	韩永幸	韩步银
张　冬	张凤仙	张丽珍	张　荣	焦方睿	郭文甫	杨　英	杨秉毅
张　喆	来进玲	太叔琴	赵亚丽	陈雅宁	杨振元	郭彩萍	郑鹏春
樊科瑞	王志斌	马桂花	李建龙	刘正才			
牛瑞萍	袁　岐	党进忠	叶正旺				

公安局

景玉成

何志清	韩勇刚	顾忠成	马福忠
谢应宗	张　廷	郭星奇	马秉英
闫金仓	马启棠	景浩哲	刘少锋

民政局

徐　政　张　巍

刘一徽	王彦斌	张　芳	安永谋
陈秀梅	邓亚卓	何秀琴	姬春艳
姬平忠	李彩玲	李　娟	马继梅
马　强	王　静	杨彩霞	马海霞

司法局

赵月琴

王应强	杨广霞	徐宏学	李世烈
马金龙	兰文智	马　芳	马世梅
姬莉红	韩宏娟	任璇娅	马　云

财政局

魏玉霞	王志宏	惠　宇	李育萍
陈邦平	韩粉珍	李凤兰	马存芳
孙建芳	景　鹏	贾清虎	孙建萍
梁生强	张建发		

沈张清	王凤萍	丁鹏娟	张　兰
李彩萍	王改霞	杜　慧	王治香
慕占河	虎等雪	虎一盼	安维仁
杨如莲	崔红霞	马玉英	马利娜
李玉平	马义德	姬志锋	高秀明
周小霞	任世荣	鲜碧福	马小兰

国土局

张杰　阿冬　王芝兰　马进满

建环局

王成国　张平林　马成智　赵宁

水务局

安维成	陈世贵	陈永德	曹晓
高立强	胡浩	罗登科	李晓玲
罗晓斌	刘鹏	韩钦	穆和强
黄金德	黄彦东	韩玉佩	杨玲
杨占品	吴进财	尚飞	杨斌
徐耀龙	丰国民	周丽霞	杨泽科
李占智	张平	张效升	

农牧局

陈德明	陈世平	剡成虎	袁智兴
袁心	王玲	王彦军	张词睿
王维珍	王晓琴	张国俊	朱红芳
虎银	周杰	李志有	郑慧慧
李雪峰	吴雪梅	安克龙	虎占武
王娟	张秀玲	王吉宁	李凤斌
安治中	王喜琴	刘莹	高应奇
陈清文	魏进禄	杨世昌	张金鹤

文广局

刘喜臣	王丽娜	海生珍	季惠敏
刘琴	吴芳	郑祎	虎保龙
李志森			

卫计局

马兰　吴兰　扈广瑞　康燕

张丽霞　王莹　韩文　高彩银
徐发光　吕文利　任玉娥　任娟娟
王立宏　曹广奎　赵金凤　朱乾阳
王秉钰　张婧　张丽丽　马玲
马琴　张峰　姚有升　安玉祎
窦国杰　任小霞　董武宏　庞龙
祁转转　杨志杰　张文河　路娅
杨列梅　马莉娅　杨智军　武洲
马艳　李鸿奎　卢运彬　马晓娟
张晓霞　何志远　尚德俊　王晓健
雅玉香　刘启荣　马耀武　徐海东
杨廷雄　王翠兰　邓伟富　张莺
赵志银　席效鹏　王维平　邓志女
郑作继　李晓娟　杨春琴　杨志芳
张瑾　贾文玉　马莲　田苗苗
崔亚玲　虎生强　吴江　安正英
姬文廷　王军　李维忠　王文俊
张彦俊　张金会　王颖　妥成花
张维强　虎治武　田莉琴　高瑞香
韩步雄　高瑾　杨帆　李亚荣
王辉　赵苗苗　马彩萍　张文荣
刘治平　贾明怀　刘莉萍　江宏
郭彬玲　杨化斌　姬文荣　姬志平
樊世凯　张俊秀　周勇

林业局

陈克斌	杨伟	安海军	相建德
翟红霞	陈春玲	王建	杨治银
赵玉海	韩维林	马有德	周振兴
贾生舜	侯金玉	袁国良	陈加龙

扶贫办

曹旭平　赵波

市监局
马建军

城管局
张秉玺　席维龙　贾治英　李桂芳
高金元　何世富　李天锋　徐　勇

统计局
张志广

政务服务中心
李文宁　韩　乐　何晓睿

社保局
周凤勤　杨宗耀　李治林　蔺秀梅

公路段
高应文　李俊文　薛　宇　高　平
李怀仁　孙　磊　马彦平　刘明瑜
宁立军　杨德昌　王俊生　惠建斌

石油办
徐宏亮

农机中心
田志道　张双平　雷晓东　郭建飞

公路建管中心
张　华　贾　军

农经站
鲁　文

农发办
虎治礼　杨世红

科技服务中心
黄小兰

人武部
方登榜

信息中心
王彩霞

驻村第一书记及队员
冯贵元　袁志瑞　王向明　杨极乾
王　强

脱贫攻坚先进村

白阳镇白岔村	古城镇刘沟门村	孟塬乡小石沟村	草庙乡新洼村
王洼镇崖堡村	红河镇黑牛沟村	小岔乡米沟村	冯庄乡雅石沟村
新集乡白草洼村	城阳乡韩寨村	交岔乡庙庄村	罗洼乡嶙岘村

脱贫攻坚部门帮扶先进集体

自治区民委	自治区公安厅	政协办	组织部	农牧局
自治区质监局	固原市市监局	水务局	交通局	司法局
固原市档案局	固原市地震局	民政局	文广局	法 院
县委办	人大办　政府办	农发办	信用联社	

脱贫光荣户

白阳镇（10名）

安有斌	任湾村	文广诚	南山村
陈君德	余沟村	夏克军	双磨村
袁继伟	老庄村	马步学	陡坡村
杨治和	嶙岘村	高向成	白岔村
王 科	阳洼村	庞万明	玉洼村

古城镇（16名）

王生龙	川口村	马文科	店洼村
姬文清	丁岗堡村	刘振廷	高庄村
马国岐	古城村	海玉福	挂马沟村
张和平	海口村	马进思	皇甫村
马文安	刘沟门村	普油不	乃河村
张正祥	任何村	李世金	田壕村
王彦杰	田庄村	杨忠祖	温沟村
马守龙	羊坊村	李学仁	郑庄村

王洼镇（15名）

毛生凤	路寨村	刘进喜	梁壕村
张健有	李岔村	景 飞	赵沟村
景世军	赵沟村	王少军	杨寨村
杨占儒	杨寨村	张向平	李寨村
杨守君	李洼村	王占太	陡沟村
李 军	孙阳村	刘希孔	姚岔村

朱志福	王洼村	海向文	山庄村	刘玉乾	米塬村	刘继忠	刘塬村
张作勤	北洼村			曹 成	曹川村	虎学章	周庄村
				石孝怀	丑畔村	何卫军	草庙村

红河镇(12名)

				孟塬乡(9名)			
兰文奎	何塬村	王子伟	红河村				
王 生	什字村	任正忠	韩堡村	虎振义	草滩村	李宗武	双树村
常小强	常沟村	兰忠保	文沟村	陈志栋	赵山庄村	魏国源	玉塬村
常士忠	徐塬村	张得有	黑牛沟村	魏国寺	玉塬村	虎国宝	白杨庄村
王正怀	友联村	文左正	宽坪村	魏秉仁	牛塬村	马彦军	何岘村
张世录	夏塬村	王德杰	上王村	邓彦武	虎山庄村		

新集乡(15名)

				冯庄乡(5名)			
剡文军	白河村	王卫东	白林村	王世民	小园村	马志科	雅石沟村
洪全德	大火村	火启科	大火村	路旭升	虎嵝岘村	王凤亭	小寺村
马宗虎	何山村	马绍科	马旺堡村	贺应兵	冯庄村		
郑永明	昴堡村	赵银科	上马洼村				
马贵保	太寺村	马玉清	团结村	**小岔乡(4名)**			
马成军	下马洼村	谈志文	姚河村	安彦林	耳城村	王具才	吊岔村
马小军	张化村	张得龙	张湾村	潘 毅	米沟村	惠树存	榆树村
王汉俊	周庄村						
				罗洼乡(4名)			

城阳乡(8名)

				马清河	嵝岘村	刘彦珍	石沟村
刘志贵	北塬村	韩继平	韩寨村	海俊科	薛套村	佘永恩	罗洼村
王彦全	城阳村	杨权仓	杨坪村				
虎治录	陈沟村	李文魁	长城村	**交岔乡(4名)**			
陈志刚	涝池村	王成忠	杨塬村	杨晓龙	庙庄村	马玉山	关口村
				马鹏贵	东洼村	马玉虎	交岔村

草庙乡(8名)

高世平	张街村	杨 有	和沟村

发展奋进户

白阳镇(8名)

海向虎	阳洼村	袁继先	刘台村
海耀兰	姬山村	袁继兴	姜洼村
晁永乐	罗堡村	吴国强	中庄村
张世雄	周沟村	王志政	周沟村

古城镇(9名)

周兵	甘海村	海青虎	挂马沟村
剡焱平	皇甫村	杨应武	罗山村
马德仁	任何村	李文兴	王大户村
杨生林	温沟村	杨国宝	小岔沟村
马志录	羊坊村		

王洼镇(7名)

何相	石岔村	海生发	邓岔村
李维军	团庄村	朱富荣	马掌村
闫上荣	尚台村	焦永忠	崖堡村
王成	花芦村		

红河镇(5名)

余风元	何塬村	兰金海	文沟村
马占忠	黑牛沟村	秦炳虎	夏塬村
徐文朴	徐塬村		

新集乡(9名)

马秀林	白草洼村	海正林	白河村
毛世成	沟口村	马国兵	上蔡村
虎正义	谢寨村	马志山	新集村
朱凯	姚河村	张天柱	张化村
马廷伟	赵沟村		

城阳乡(7名)

杨权	北塬村	王伟	杨坪村
刘富成	刘河村	乔宏	长城村
韩世雄	涝池村	欧秉奎	杨塬村
邓自勤	沟圈村		

草庙乡(4名)

杨发	王岔村	赵正军	牛湾村
李国政	和谐村	周世玺	包山村

孟塬乡(3名)

陈玉和	小石沟村	王建武	椿树岔村
魏金虎	高岔村		

冯庄乡(2名)

安国孝	高庄村	董韬银	上湾村

小岔乡(2名)

张世军	李渠村	徐少林	小岔村

罗洼乡(2名)

闫旭光	寨科村	周强	马涝村

交岔乡(2名)

海怀军	关台村	马鹏	大坪村

农村"两个带头人"先进个人

党组织带头人（12名）

袁俊福	白阳镇	徐建富	古城镇
韩维升	王洼镇	雷海军	红河镇
李　明	新集乡	韩世明	城阳乡
李效勤	孟塬乡	韩志龙	草庙乡
潘文平	小岔乡	李治权	冯庄乡
马小明	交岔乡	常登虎	罗洼乡

致富带头人（12名）

刘　茹	白阳镇	马宝仓	古城镇
陈虎春	王洼镇	马正军	红河镇
谢　勇	新集乡	韩万里	城阳乡
惠树玉	孟塬乡	杨君瑞	草庙乡
虎维春	小岔乡	陈建玺	冯庄乡
海可真	交岔乡	海克明	罗洼乡

脱贫攻坚优秀第一书记（工作队员）

张世新	白阳镇刘台村第一书记	杜晓东	城阳乡韩寨村第一书记
马青山	白阳镇南山村第一书记	王向明	草庙乡赵洼村第一书记
何国功	古城镇皇甫村第一书记	李　勇	草庙乡刘塬村第一书记
杨显东	古城镇田庄村第一书记	陈　斌	草庙乡和谐村第一书记
曹　楠	王洼镇尚台村第一书记	杨彦宾	孟塬乡小石沟村第一书记
妥　斌	王洼镇邓岔村第一书记	许　政	孟塬乡玉塬村第一书记
郭　伟	王洼镇陡沟村第一书记	杨极乾	冯庄乡小寺村第一书记
邓彦愈	王洼镇姚岔村第一书记	王立国	冯庄乡崖湾村工作队员
杨卫民	红河镇徐塬村第一书记	杨巨强	小岔乡柳湾村第一书记
张金豹	新集乡周庄村第一书记	安永亮	罗洼乡薛套村第一书记
马福仓	新集乡何山村第一书记	海明忠	交岔乡关台村第一书记

脱贫攻坚先进工作者

姬元林	白阳镇干部	海　蓉	罗洼乡干部
任小平	白阳镇南山村委会主任	海克明	罗洼乡大西掌清真寺主任
海　劼	白阳镇郑河街社区干部	田志明	县纪委干部
马世清	古城镇党委副书记	贺永顺	县政研室副主任
马成昊	古城镇干部	杨立慧	人大办干部
薛治西	古城镇温沟村村民	董韬博	政府办干部
杨　灏	王洼镇杨寨村会计	海向刚	政协民宗委主任
李文娟	王洼镇干部	张启元	组织部干部
马贵付	红河镇干部	海力立	统战部干部
王克正	红河镇红河村党支部书记	马文艳	公安局干部
剡品峰	新集乡沟口村委会主任	马小宁	建环局干部
王克俭	新集乡干部	陈勇强	文广局干部
海发明	新集乡干部	夏　涛	人社局干部
黄　勇	城阳乡干部	王　琥	水务局干部
韩秉军	城阳乡五峰山宫观会长	剡成虎	农牧局干部
虎建兵	草庙乡新洼村群众	张正武	教体局干部
马　平	草庙乡干部	海保宗	新集中心学校校长
王芳军	小岔乡米沟村村民	高文沛	市监局干部
路　宁	小岔乡干部	蔺　杰	财政局干部
王应忠	冯庄乡小塬子村主任	汪志骞	政务中心干部
马小刚	冯庄乡干部	谢　凯	县武警中队队长
陈　鑫	孟源乡干部	王瑞丽	县民政局干部
常国库	孟塬乡玉塬村群众	马福平	县民宗局干部
马鑫鋆	交岔乡武装部长	文　元	县文联副主席
马汉忠	交岔乡交岔村群众	海向武	县伊协副会长

彭阳县双拥模范单位

白阳镇	古城镇	王洼镇	教体局	消防大队	宁夏王洼煤业有限公司
民政局	建环局	交通局	民宗局	彭阳县鑫源汽车客运出租有限公司	
财政局	城管局	武警中队	县医院		

彭阳县双拥模范个人

马进龙	白阳镇武装部部长	马应梅	交通局干部
张志宏	古城镇干部	阿贵宽	城管局干部
徐　政	双拥办干事	张怀亮	消防中队指导员
任万哲	宣传部办公室主任	虎　腾	县第四中学党支部书记
李风学	政府办公室干部	晁彦铎	古城镇高庄村村委会主任
韩　乾	民政局干部	袁继仁	彭阳驾校校长
何元海	民政局干部	杨廷和	白阳镇城关清真寺寺管会主任
任文娟	财政局干部	冯　军	人武部政工科干部

彭阳县创建全国民族团结进步示范县工作先进集体

乡镇(3个)

白阳镇　　红河镇　　小岔乡

部门(5个)

宣传部　检察院　民宗局　城管局　国税局

行政村(社区)(12个)

白阳镇友谊街社区　　古城镇海口村
王洼镇李寨村　　　　红河镇何塬村
新集乡下马洼村　　　城阳乡杨坪村
草庙乡和谐村　　　　孟塬乡赵山庄村
冯庄乡茨湾村　　　　小岔乡榆树村
罗洼乡薛套村　　　　交岔乡大坪村

学校(4个)

彭阳县第三中学　　彭阳县职业中学
彭阳县红河中学　　彭阳县罗洼中心学校

宗教场所(4个)

白阳镇海磨清真寺
古城镇马华沟清真寺
王洼镇李寨清真寺
新集乡马洼清真寺

军营(1个)

消防大队

企业 1个

彭阳县宏泰汽车检测有限责任公司

彭阳县创建全国民族团结进步示范县工作先进个人

纪检委	田志明		民宗局	马福平	
人大办	杨立慧		政务服务中心	汪志骞	
政府办	董韬博		武警中队	谢凯	
政协办	海向刚		伊协	海向武	
组织部	张启元		文联	文元	
统战部	海力立		白阳镇	姬元林 任小平 海劼	
政研室	贺永顺		古城镇	马世清 马成昊 薛治西	
教体局	张正武 海保宗		王洼镇	杨灏 李文娟	
公安局	马文艳		红河镇	马贵付 王克正	
民政局	王瑞丽		新集乡	剡品峰 王克俭 海发明	
财政局	蔺杰		城阳乡	黄勇 韩秉军	
人社局	夏涛		草庙乡	扈建兵 马平	
建环局	马小宁		孟源乡	陈鑫 常国库	
水务局	王琥		冯庄乡	王应忠 马小刚	
农牧局	剡成虎		小岔乡	王芳军 路宁	
文广局	陈勇强		罗洼乡	海蓉 海克明	
市监局	高文沛		交岔乡	马鑫鋆 马汉忠	

2016—2017学年度教育工作先进集体

教学质量奖

县第一中学	县第三中学
县第二中学	县职业中学
王洼镇中心学校	县第三小学

综合考评先进奖

县第一中学	县第二中学
红河镇初级中学	县第四中学
白阳镇中心学校	王洼镇中心学校
红河镇中心学校	新集乡中心学校
县第二小学	县第三小学
白阳镇双磨小学	王洼镇石岔小学
王洼镇王洼小学	新集乡白草洼小学
白阳镇刘台小学	冯庄乡崾岘小学

罗洼乡崾岘小学　　冯庄乡小园子小学

单项工作奖

1. 德育工作先进单位

城阳乡初级中学　　县第一小学

2. 教育科研奖

古城镇初级中学　　孟塬乡中心学校

3. 校园安全先进单位

县第五小学　　　　城阳乡中心学校

草庙乡中心学校

4. 营养改善计划先进单位

王洼镇第一中学　　冯庄乡中心学校

古城镇中心学校

幼教工作先进奖

一等奖:县幼儿园

二等奖:县第三幼儿园

　　　　草庙乡中心幼儿园

三等奖:王洼镇中心幼儿园

　　　　孟塬乡中心幼儿园

　　　　古城镇中心幼儿园

　　　　茹河幼儿园

综合考评单项奖

1. 初中三年保留率和人均成绩综合前三名学校

一等奖:县第二中学

二等奖:红河镇初级中学

三等奖:县第四中学

2. 县城小学六年级六年保留率与教学质量综合检测平均成绩总和第一名学校

县第三小学

3. 乡镇中心学校六年级六年保留率与教学质量综合检测平均成绩总和前三名学校

一等奖:罗洼乡中心学校

二等奖:小岔乡中心学校

三等奖:王洼镇中心学校

2016—2017学年度教育工作先进个人

优秀校(园)长(24人)

杨志钰　马江驰　王　飞　欧秉凯
张立平　曹　伟　韩世昌　马应祥
史生俊　海保宗　薛治安　何振国
张凤忠　张万义　马元虎　何文华
王明霞　杨志有　马秀萍　张秉凤
景生斌　王建军　雅田兴　刘利萍

县职业中学中等职业技能竞赛获自治区级奖励学生(25人)

1. 区级一等奖

孟海迪　杨世伟　王志伟　韩小桃
韩兄莲　马志琴　杨晓艳　赵　强

2. 区级二等奖

团体:张亚宁　安苗苗

个人:韩培杰　王　楠　贺原州　刘娅瑞
　　　席正荣

3. 区级三等奖

团体:高振兴　高　强　李　攀　常宝军

个人:李晓博　马　玲　杨　红　党　刚
　　　李智慧　吴秀玲

优秀班主任奖(80人)

张 冬	雅 明	杨国贤	魏淑萍
马文才	陈万正	叶 涛	赵学胜
杨盼虎	李文成	王志君	李智学
马福林	徐耀军	袁彩琴	王凤琴
安国强	方玉何	海 江	王丽琴
韩伟宏	张玉朝	王维柱	陈建武
贾兴隆	陈军伟	王耀南	张 兰
马 芳	张相成	刘玉宁	杨平福
马 秀	王玉兰	马巧梅	刘彩虹
马雪花	杨晓燕	王秀梅	张玉琴
张 莉	田立晓	吕兆兰	王 霞
范书明	虎一盼	姬凤秀	明生芳
景雪梅	李博雅	杨同生	马文芳
虎彦林	吴生春	晁建都	韩 杰
任宗武	杨志虎	王克斌	马晓琴
王彩荣	海晓玲	周天科	马 君
姬生科	董克学	杨 斌	王旭东
代金凤	景占海	火启鸿	海桂芳
周文华	罗贵娟	时万财	王亚萍
虎治广	虎源才	虎晓桂	韩建芳

先进教育工作者(140人)

祁继章	景桂芳	张 伟	韩 珍
海学虎	黄丽萍	杨 婧	李春峰
刘 峰	叶文科	米占东	索志君
杨向宏	王肇陟	文志明	王佳贤
陈富国	韩彩云	杨德林	王占科
雷建成	井文军	马成凤	乔燕妮
曹丽静	何康宁	马 梅	董 霞
翟海霞	韩占珍	刘建军	杨金鹏
侯志明	晁永明	卜登全	朱 斌
陈慧琴	殷方亮	张利春	杜占龙
徐东明	虎 瑾	海晓龙	路雪琴
韩连嵩	李正峰	王生文	汪建中
韩利军	王 娜	李学海	施登仓
黄金春	祝彦武	马 涛	王卫军
王淑丽	杨正仁	刘玉虎	宋升明
杨玉凤	陈 海	张玉霞	陈睿荣
姚文林	蹇云菊	张婉春	杨志亮
谈海莲	李树茂	海恒利	朱 明
刘宗元	韩连伟	张 鹏	王志斌
张文焕	李文军	何万福	王存诚
马志军	马 力	马凤富	刘向红
杨晓霞	剡启录	马志科	虎 凯
魏 斌	马文平	白治才	李世雄
王凤萍	杨广霞	杨 爽	杨世怀
王雪灵	李 娜	李淑明	马凤梅
剡贵斌	张志娥	郭治统	马海霞
杨 芳	郭治宏	张 英	宗光远
赵志忠	刘宗智	周凤凯	张凤海
梁乐菌	韩志平	徐 波	明生刚
马启龙	张凤武	段治博	王麦秀
海春碧	徐正珺	马文璋	陈显明
张国峰	晁 瑞	贾伟艳	杨志乾
韩燕青	冉仙丹	张丽娜	郭 峰
余金霞	李 霞	王景凤	孙国顺
杨 英	高 远	周学道	马晓丽

2017年度获市级以上表彰的先进单位

获奖单位	获奖时间	奖项	颁奖单位
彭阳县	1月	农村全面小康建设先进集体三等奖	自治区党委、政府
		2016年度住房保障工作目标县级考核一等奖	自治区人民政府
		卫生计生工作综合目标管理二等奖	自治区人民政府
		2016年度全区农田水利基本建设"黄河杯"竞赛二等奖	自治区农田水利基本建设指挥部
	2月	2016年度全区招商引资工作二等奖	自治区人民政府
		2016年度全区无进京非访先进单位	自治区信访工作联席会议
		2016年度县（区）部门（单位）效能目标管理考核一等奖	固原市委、政府
		劳动力素质提升工程奖	
		金融扶贫奖	
		卫生和计划生育目标管理责任考核一等奖	固原市人民政府
	3月	2016年度自治区级"平安铁路示范市、县（区）"	自治区铁路护路联防工作领导小组
	4月	2016年度全区信访工作先进集体	自治区信访工作联席会议
	6月	阳光校餐示范县	国家发展研究基金会
	8月	2013—2016年度全国群众体育先进单位	国家体育局总局
		金融环境创建奖	自治区金融改革专项小组
		全区农村承包地确权登记颁证工作一等奖	宁夏回族自治区农村土地承包经营权确权登记颁证工作领导小组
	10月	国家免费孕前优生健康检查项目全国第十次空间质评活动总成绩优秀县	国家卫计委妇幼司
	11月	全国第三批结合城镇化开展支持农民工返乡人员创业试点县	国家发改委等10部委
		2016—2017年度西部计划优秀服务县项目办	全国大学生自愿服务西部计划项目管理办公室
	12月	全国民族团结进步创建示范区（单位）	国家民委
		全区文化扶贫工程贫困地区村综合文化服务中心先进集体	自治区党委宣传部、财政厅、文化厅、新闻出版广电局、体育局
		党的十九大安保维稳工作先进集体	自治区社会治安综合治理委员会

续表1

获奖单位	获奖时间	奖项	颁奖单位
纪委（监委）	1月	2016年度全区纪检监察信息工作先进单位	自治区纪委监察厅
		全区纪检监察创新工作三等奖	
组织部	6月	固原市文明单位	固原市精神文明建设指导委员会
宣传部	4月	固原市宣传思想文化工作实现创新奖（微宣"杏花旅游节"）	固原市委宣传部
	5月	2016年度信息调研工作先进单位	自治区党委宣传部
	9月	党报发行先进单位	《宁夏日报》报业集团
	11月	新华社新闻信息中心供稿发行工作先进单位	新华社新闻信息中心
	12月	全区文化扶贫工程贫困地区村综合文化服务中心先进集体	自治区党委宣传部、财政厅、文化厅、新闻出版广电局、体育局
统战部	12月	全国民族团结进步创建示范县	国家民委
政法委	3月	2016年度工作考核优秀单位	自治区法学会
		2016年度全市铁路护路联防先进集体	固原市铁路护路联防工作领导小组
		2016年度自治区级平安铁路示范市、县（区）	
	12月	全区党的十九大安保维稳工作先进集体	自治区社会治安综合治理委员会
政研室	1月	农村全面小康建设先进集体三等奖	自治区党委、人民政府
老干部局	3月	全区老干部工作先进集体	自治区党委组织部、离退休干部党工委、老干部局、人力资源和社会保障厅
政府办	6月	固原市文明单位	固原市精神文明建设指导委员会
信访局	2月	2016年度全区信访工作先进集体	自治区信访工作联席会议
		2016年度全区无进京非访先进单位	
	7月	全国信访系统先进集体	人力资源社会保障部、国家信访局

续表2

获奖单位	获奖时间	奖项	颁奖单位
法院	1月	全区优秀法院	自治区高级人民法院
	1月	2016年度全市法院工作考核一等奖	固原市中级人民法院
	6月	固原市文明单位	固原市精神文明建设指导委员会
检察院	2月	全市2016年度基层院目标管理考核单项业务工作先进集体	固原市人民检察院党组
	4月	自治区文明单位	自治区精神文明建设委员会
	10月	全国检察机关文明接待示范窗口	最高人民检察院
发改局	2月	2016年度全区招商引资工作二等奖	自治区人民政府
教体局	3月	2016年度铁路护路联防工作先进集体	固原市铁路护路联防工作领导小组
	6月	阳光校餐示范县	中国发展研究基金会
	8月	2013—2016年度全国群众体育先进单位	国家体育总局
	11月	先进记者站	宁夏教育电视台
彭阳县第二中学	6月	首届固原市文明校园	固原市精神文明建设指导委员会
彭阳县红河中学	3月	民族团结进步创建活动示范学校	固原市民族团结进步创建活动领导小组办公室
	7月	自治区"十佳乡村学校少年宫"	自治区文明办 财政厅
公安局	1月	集体嘉奖	自治区公安厅
	1月	2016年度全区绩效考核优秀县级公安局	自治区公安厅
	1月	优秀基层单位（彭阳县看守所）	固原市公安局
	1月	2016年度全市优秀公安局	固原市公安局
	5月	2016年度宁夏政法宣传工作先进单位	《宁夏日报》报业集团、《宁夏法治报》报社
	11月	党的十九大安保维稳工作先进集体	自治区公安厅
	12月	全区"十大法治新闻"（《一条微信留言发起的千里寻亲路》）	自治区党委宣传部、文明办、依法治区领导小组办公室、法治政府建设办公室、普法办公室、司法厅

续表3

获奖单位	获奖时间	奖　　项	颁奖单位
县公安局法制大队	1月	2015—2016年度全区优秀公安基层单位	固原市公安局
草庙派出所	2月	全市公安机关执法示范单位	固原市公安局
古城派出所	2月	全市公安机关执法示范单位	
民政局	1月	2016年度中福在线先进单位	自治区民政厅
	3月	民族团结进步创建活动示范机关	固原市民族团结进步创建活动领导小组办公室
	11月	第七批全区民族团结进步创建活动示范机关	中共宁夏回族自治区委员会统战部、宁夏回族自治区民族事务委员会
		星级特困人员救助供养服务机构	自治区民政厅
司法局	5月	全市五四红旗团支部（司法局团支部）	共青团固原市委员会
红河司法所	1月	五星级司法所	自治区司法厅
城阳司法所	1月	五星级司法所	
财政局		全国财政"六五"法治宣传教育先进集体	财政部
	3月	2016年度全区财政支农政策培训先进集体	自治区财政厅
		2016年度全区财政系统干部教育培训工作先进单位	
		2016年度全区财政监督工作先进单位	
	4月	全区投资评审优秀报告（《彭阳县城供热管网改造工程结算》）	
	8月	金融环境创建奖	自治区金融改革专项小组办公室
	11月	资源税源调查工作先进集体	自治区财政厅
		2016年全区财政总决算工作一等奖	
		全区预算执行旬月报分析工作一等奖	
		2016年全区财政部门决算工作二等奖	

续表4

获奖单位	获奖时间	奖　　项	颁奖单位
人社局	2月	劳动力素质提升工程奖	固原市委、政府
	11月	全国第三批结合城镇化开展支持农民工返乡人员创业试点县	国家发改委等10部委
		固原市市级创业示范孵化基地	固原市人民政府
社保局	2月	2016年度全区养老失业保险统计报表先进单位	自治区社会保险事业管理局
		2016年度全区医疗工伤生育保险统计报表先进单位	
		2016年度全区社会保险信息宣传工作先进单位	
建环局	1月	2016年度住房保障工作目标县级考核一等奖	自治区人民政府
		2016年度全区住房城乡建设工作先进集体	自治区住房和城乡建设厅
	2月	全区驻村帮扶工作先进单位	自治区扶贫开发领导小组
	3月	全区环境监察执法工作先进集体	自治区环境保护厅
		全市城乡环境综合整治先进单位	固原市住建局
	6月	固原市文明单位	固原市精神文明建设委员会
地震局	11月	全区防震减灾工作县级先进单位	自治区地震局
	12月	全国县级防震减灾工作综合考核先进单位	中国地震局
交通局	1月	全区农村公路建设先进集体	自治区交通运输厅
		全区公路养护管理先进集体	
	2月	全区驻村帮扶工作先进单位	自治区扶贫开发领导小组
	6月	固原市文明单位	固原市精神文明建设指导委员会

续表 5

获奖单位	获奖时间	奖　项	颁奖单位
水务局	1月	2016年度全区农田水利基本建设"黄河杯"竞赛二等奖	自治区农田水利基本建设指挥部
	2月	全区驻村帮扶工作先进单位	自治区扶贫开发领导小组
	10月	第五届全国文明单位	中央文明办
	11月	2016年度宁夏水利科学技术进步二等奖（《彭阳县农村饮水工程自动化监控管理系统示范》项目）	自治区水利厅
		2017年度全区农田水利基本建设"黄河杯"竞赛一等奖	自治区农田水利基本建设指挥部
农牧局	2月	全区驻村帮扶工作先进单位	自治区扶贫开发领导小组
农经站	1月	全国农村集体"三资"管理示范县	农业部
	8月	农村土地承包地确权颁证工作一等奖	宁夏回族自治区农村土地承包经营权确权登记颁证工作领导小组办公室
		全区农村土地承包经营权确权登记颁证工作先进集体	
文广局	2月	全区驻村帮扶工作先进单位	自治区扶贫开发领导小组
		2016年度文化体育新闻出版广电工作综合考核一等奖	固原市文化体育新闻出版广电局
		2016年度全市旅游工作先进单位	固原市旅游发展委员会
	4月	全市2016年度文化体育新闻出版广电工作综合考核一等奖	固原市文化体育新闻出版广电局
	9月	固原市首届文化大院文艺调演暨第五届移风易俗树文明新风小品小戏大赛优秀组织奖	固原市委宣传部、文明办、文化体育新闻出版广电局
	12月	全区文化扶贫工程贫困地区村综合文化服务中心先进集体	自治区党委宣传部、财政厅、文化厅、新闻出版广电局、体育局
		全区新闻出版广电系统党的十九大安全保障工作先进集体	自治区新闻出版广电局
卫计局	1月	2016年度全区卫生计生工作综合目标管理二等奖	自治区人民政府
		2014—2016年全区计划生育工作五星级乡（镇、街道）	
		卫生和计划生育目标管理责任考核一等奖	固原市人民政府

续表6

获奖单位	获奖时间	奖项	颁奖单位
卫计局	2月	全区驻村帮扶工作先进单位	自治区扶贫开发领导小组
		2016年健康扶贫"百院扶百村"先进集体	固原市卫计局
		2016度社区卫生综合目标管理考核一等奖	
		2016度社区卫生综合目标管理考核二等奖	
		2016年度提升社区卫生服务能力"十个一"活动先进集体	
		2016年度全市卫生计生监督综合目标管理二等奖	
	4月	2017—2020年自治区文明单位	宁夏回族自治区精神文明建设指导委员会
		2016年妇幼卫生综合目标考核先进集体二等奖	固原市卫计局
	6月	国家卫生县城	全国爱国卫生运动委员会
	8月	固原市卫生应急技能竞赛团体三等奖	固原市卫计局
	10月	国家免费孕前优生健康检查项目全国第十次室间质评活动总成绩优秀县	国家卫计委妇幼司
		中国县域信息化建设奖	中国县域卫生杂志、中国县域卫生研究中心
		宁夏结核病临床诊疗技能竞赛团体三等奖	宁夏回族自治区中盖结核病项目管理办公室
林业局	7月	全国集体林权制度改革先进集体	人力资源社会保障部、国家林业局
市监局	6月	固原市文明单位	固原市精神文明指导委员会
彭阳县城管局园林绿化队	4月	固原市"五一"劳动奖章	固原市总工会
安监局	3月	2016年度安全生产工作先进集体	固原市安全生产委员会
民宗局	12月	全国民族团结进步创建示范县	国家民委
史志办	3月	2015—2016年度年鉴编校质量检查评比三等奖	中国出版协会年鉴工作委员会
	4月	2015—2016年度全区党史系统先进集体	自治区党委党史研究室

续表 7

获奖单位	获奖时间	奖　项	颁奖单位
史志办	4月	全区党史系统优秀党史成果奖著作类三等奖（《彭阳年鉴 2015》）	自治区党委党史研究室
		全区党史系统优秀党史成果奖著作类三等奖（《彭阳文史（第五辑）》）	
		全区党史系统优秀党史成果奖著作类三等奖（《彭阳近现代史迹与文献选辑》）	
	11月	全区地方志工作一等奖	自治区地方志编审委员会
	11月	全市地方志工作先进集体	固原市地方志编纂委员会
经合局	11月	信息报送工作先进单位	固原市经济技术合作局
		重大项目引进先进单位	
		外出招商活动组织先进单位	
政务中心	1月	青年文明号	共青团宁夏回族自治区委员会
总工会	2月	2016 年度县区工会目标管理考核一等奖	固原市总工会
	5月	全区工会经审工作规范化建设考核 A 级等次	自治区总工会
团委	6月	五四系列主题活动"最具活力奖"	共青团宁夏回族自治区委员会
		2016 年度筹资动员工作三等奖	宁夏青少年发展基金会
	7月	2016—2017 年度大学生志愿服务西部计划优秀项目办（彭阳县大学生志愿服务西部计划项目办）	宁夏大学生志愿服务西部计划项目管理办公室
	9月	最具影响力新媒体平台（"彭阳团委"微信公众号）	共青团宁夏回族自治区委员会
妇联	1月	2016 年度效能目标考核先进单位——优秀一等奖	宁夏回族自治区妇女联合会
	2月	全国维护妇女儿童权益先进集体	中华全国妇女联合会
	9月	《全市实施妇女儿童发展规划（2011—2015年）》先进集体	固原市人民政府妇女儿童工作委员会
伊协	11月	县（区）伊协工作先进单位	固原市伊协
	12月	服务社会工作先进单位	自治区伊协
		教务工作先进单位	

续表 8

获奖单位	获奖时间	奖 项	颁奖单位
残 联	1月	2016年度残疾人工作一等奖	宁夏回族自治区残疾人联合会
	6月	2017—2020年度固原市文明单位	固原市精神文明建设委员会
科 协	8月	全国"科普惠农兴村"先进单位	中国科协、财政部
文 联	12月	全区文联系统先进集体	自治区文学艺术界联合会
		全市文联系统先进集体	固原市文学艺术界联合会
国税局	1月	各省(区、市)税务局先进集体	国家税务总局
	4月	自治区巾帼建功先进集体	宁夏回族自治区妇女联合会
	10月	第五届全国文明单位	中央文明办
人 行	2月	金融扶贫奖	固原市委、政府
	8月	金融环境创建奖	自治区金融改革专项小组
建 行	2月	金融扶贫奖	固原市委、政府
	3月	突出贡献网点	中国建设银行总行
	4月	"优质服务年"活动标杆示范网点	中国建设银行宁夏区分行
	5月	对公电子银行业务拓展营销优胜网点	
	6月	旺季增存先锋奖	
		新一代核心系统建设先进集体	
	7月	2017年上半年暨实现三年转型发展规划中期目标先进党支部	中国建设银行固原分行
		2017年上半年暨实现三年转型发展规划中期目标对公存款先进集体	
		2017年上半年暨实现三年转型发展规划中期目标个人中间业务先进集体	
		2017年上半年暨实现三年转型发展规划中期目标ETC业务先进集体	
		2017年上半年暨实现三年转型发展规划中期目标龙支付业务先进集体	

续表9

获奖单位	获奖时间	奖项	颁奖单位
建 行	7月	2017年上半年暨实现三年转型发展规划中期目标电子银行先进集体	固原市建设银行固原支行
		2017年上半年暨实现三年转型发展规划中期目标安全管理先进集体	
农 行	2月	金融扶贫奖	固原市委、政府
	8月	金融环境创建奖	自治区金融改革专项小组
农商行	1月	支农工作先进单位	黄河农村商业银行
	2月	金融扶贫奖	固原市委、政府
	5月	春耕备耕金融服务工作先进网点（王洼支行、新集支行）	黄河银行
	6月	2017—2020年度固原市文明单位	固原市精神文明建设指导委员会
	8月	金融环境创建奖	自治区金融改革专项小组
烟草局	6月	2017—2020年度固原市文明单位	固原市精神文明建设指导委员会
社会经济调查队	1月	2016年度业务考核先进单位	国家统计局宁夏调查总队
		2016年度效能目标管理考核二等奖	自治区统计局
		2016年度县级调查队统计分析先进单位	自治区社会经济调查队
	6月	固原市统计系统运动会集体项目一等奖	固原市调查队
邮政储蓄银行	2月	金融扶贫奖	固原市委、政府
	8月	金融环境创建奖	自治区金融改革专项小组
运管所	3月	2016年度道路运输安全生产监管工作先进单位	固原市道路运输管理局
	4月	2017—2020年度自治区文明单位	宁夏回族自治区精神文明建设指导委员会
	5月	"五四红旗"团支部	共青团宁夏道路运输管理局委员会

续表10

获奖单位	获奖时间	奖项	颁奖单位
白阳镇友谊街社区	3月	民族团结进步创建活动示范社区	固原市民族团结进步创建活动领导小组办公室
	11月	全区民族团结进步创建活动示范社区	中共宁夏回族自治区委员会统战部、宁夏回族自治区民族事务委员会
古城镇	1月	全区社区戒毒康复工作示范点	自治区禁毒委员会
	3月	2016年度全区铁路护路联防工作先进集体	宁夏回族自治区铁路护路联防工作领导小组
	3月	2016年度平安铁路示范乡(镇)	固原市铁路护路联防工作领导小组
	5月	2016年度全市五四红旗团委	共青团固原市委员会
	12月	全区文化扶贫工程贫困地区村综合文化服务中心先进乡镇	自治区党委宣传部、财政厅
古城镇皇甫村	3月	民族团结进步创建活动示范村	固原市民族团结进步创建活动领导小组办公室
王洼镇李寨村	10月	市级脱贫攻坚先进村	固原市委、政府
红河镇	8月	2016年度信用示范乡(镇)	固原市人民政府
城阳乡	2月	2016年度全市"计划生育四星级乡镇"	固原市人民政府
	5月	首届全区"书香之乡"	自治区新闻出版广电局
	8月	2016年度信用示范乡(镇)	固原市人民政府
城阳乡杨坪村	1月	自治区美丽乡村文明创建工程示范村	自治区文明委
	7月	信用示范村	固原市委、政府
	8月	全国最美休闲乡村	农业部、住建部
	12月	自治区文化扶贫工程贫困地区文化中心建设先进集体	自治区党委宣传部、文化厅、财政厅、新闻出版局
城阳乡沟圈村	4月	自治区文明村	自治区精神文明建设指导委员会
城阳乡陈沟村	1月	全国创建无邪教示范村	国务院防范和处理邪教问题办公室

续表 11

获奖单位	获奖时间	奖项	颁奖单位
城阳乡陈沟村	8月	信用示范村	固原市委、政府
草庙乡新洼村	1月	固原市文明村镇	固原市精神文明建设指导委员会
孟塬乡	3月	2012—2016年全区机关干部下基层活动先进单位	中共宁夏回族自治区委员会党的建设领导小组
冯庄乡	12月	全区文化扶贫工程贫困地区村综合文化服务中心先进乡（镇）	自治区党委宣传部、财政厅等
罗洼乡	8月	2016年度信用示范乡（镇）	固原市人民政府
交岔乡	4月	全市民族团结进步创建活动示范乡（镇）	固原市民族团结进步创建活动领导小组办公室
交岔乡庙庄村	11月	全区民族团结进步创建活动示范社区	中共宁夏回族自治区委员会统战部、宁夏回族自治区民族事务委员会
彭阳县供销社	4月	全国供销合作社综合改革试点工作先进单位	中华全国供销合作总社
彭阳县供销社	6月	2017—2020年度固原市文明单位	固原市精神文明建设指导委员会
彭阳县好又多商贸有限责任公司超市	4月	固原市工人先锋号	固原市总工会
彭阳县福泰菌业有限责任公司	10月	第十一届中国国际有机食品博览会暨BiFach China2017产品金奖	中国国际有机食品博览会组委会

2017年度获市级以上表彰的先进模范人物

姓 名	所在单位	获奖时间	奖　项	颁奖单位
石玉金	政法委	3月	2016年度全区铁路护路联防工作先进个人	自治区铁路护路联防工作领导小组
马小龙	政法委	3月	2016年度全市铁路护路联防工作先进个人	固原市铁路护路联防工作领导小组
张　明	组织部	12月	宁夏非公企业党建工作优秀调研成果	中共宁夏区委组织部 中共宁夏非公有制经济组织和社会组织工委
杨海鹏	组织部	12月	宁夏组织工作调研成果奖	中共宁夏区委组织部
余小龙	组织部	12月	调研课题优秀成果二等奖	自治区党建研究会
韩　龙	组织部	12月	调研课题优秀成果三等奖	自治区党建研究会
魏　凯	法院	5月	全区法院2016年度优秀调研课题	自治区高级人民法院
王万宝	法院	12月	"坚定文化自信，建设文化法院"书画摄影微电影展览展播活动摄影二等奖	自治区高级人民法院
王万宝	法院	1月	2017迎新春第三届全区群众书法绘画摄影大赛摄影组二等奖	自治区文化厅
薛　吟	检察院	5月	"学总书记讲话，做合格共青团员"演讲比赛三等奖	共青团固原市委员会
薛　吟	检察院	5月	全市优秀共青团干部	共青团固原市委员会
虎志璋 韩东等	检察院	5月	集中整治和预防扶贫领域职务犯罪十大精品案件	自治区人民检察院
韩　东 张彦春	检察院	5月	集中整治和预防扶贫领域职务犯罪十大优秀案件	自治区人民检察院
刘　广	检察院	7月	宁夏检察机关第四届书画作品美术类三等奖	自治区人民检察院
谭　冰	检察院	9月	全市检察机关"绿色检察"理论研讨会三等奖	固原市人民检察院
秦　春 张庚红	检察院	10月	优秀公开法律文书优秀刑事抗诉书	自治区人民检察院
秦　春 杨志永	检察院	10月	优秀公开法律文书优秀起诉书	自治区人民检察院

续表1

姓　名	所在单位	获奖时间	奖　　项	颁奖单位
张庚红 柳　阳	检察院	10月	优秀公开法律文书优秀不起诉决定书	自治区人民检察院
王　宁 谭　冰	检察院	10月	审查逮捕精品案例	自治区人民检察院
韩文涛	教体局	8月	全国体育工作先进个人	国家体育总局
郑　贵	教体局	12月	全区优先教研员个人	自治区教研室
刘志诚	教体局	12月	全区优先教研员个人	自治区教研室
王维柱	教体局	7月	全区优秀辅导员	自治区文明办、财政厅
马国兴	司法局	8月	首届固原最美人民调解员	固原市司法局
兰金昌	司法局	8月	首届固原最美人民调解员	固原市司法局
袁继安	文广局	12月	自治区文化扶贫工程贫困地区村综合文化服务中心建设先进工作者	自治区党委宣传部、财政厅、文化厅、新闻出版广电局、体育局
徐枫兰	文广局	12月	自治区文化扶贫工程贫困地区村综合文化服务中心建设先进工作者	自治区党委宣传部、财政厅、文化厅、新闻出版广电局、体育局
刘喜臣	文广局	12月	自治区文化扶贫工程贫困地区村综合文化服务中心建设先进工作者	自治区党委宣传部、财政厅、文化厅、新闻出版广电局、体育局
张启龙	文广局	12月	全区新闻出版广电系统党的十九大安全保障工作先进个人	自治区新闻出版广电局
虎斌勤	文广局	12月	全区新闻出版广电系统党的十九大安全保障工作先进个人	自治区新闻出版广电局
高生堂	卫计局	3月	固原市十佳疾控卫士	固原市委
高玉贤	卫计局	3月	"中盖结核病项目宁夏结核病临床诊疗技能竞赛"团体优胜三等奖	宁夏回族自治区中盖结核病项目管理办公室
常　诚	卫计局	8月	全市卫生应急技术标兵称号	固原市卫计局、总工会
常　诚	卫计局	8月	固原市卫生应急技能竞赛突发中毒事件处置项目个人二等奖	固原市卫计局、总工会
陆丽霞	卫计局	8月	全市卫计应急技术标兵	固原市卫计局、总工会
陆丽霞	卫计局	8月	卫生应急技能竞赛突发事件紧急医学救援项目个人二等奖	固原市卫计局、总工会

续表2

姓 名	所在单位	获奖时间	奖 项	颁奖单位
韩天强	卫计局	8月	固原市《中华人民共和国中医药法》知识竞赛三等奖	固原市卫计局
王维虎	卫计局	9月	"宁夏最美医生"称号	宁夏卫计委、宁夏广播电视台
高 勇	卫计局	1月	"中国县域医院百佳院长"称号	中国县域卫生杂志社、中国县域卫生发展研究中心
张俊秀	卫计局	1月	"中国县域医院百佳院长"称号	中国县域卫生杂志社、中国县域卫生发展研究中心
吴 毅	城管局	1月	宁夏回族自治区公安厅嘉奖	自治区公安厅
吴 毅	城管局	3月	2012—2016年全区机关干部下基层活动先进个人	自治区党的建设领导小组
米占国	政务中心	1月	2016年度全区政务服务工作先进个人	自治区人民政府办公厅
孙建文	地震局	12月	全国市县防震减灾工作先进个人	中国地震局
吴雪梅	农牧局蔬菜产业发展服务中心	4月	固原市"五一劳动奖状"	固原市总工会
马统瑞	公路管理段	4月	固原市"五一劳动奖状"	固原市总工会
王雅梅	社会经济调查队	6月	全区第三次农业普查先进个人	自治区统计局
王雅梅	社会经济调查队	6月	固原市"忆党史颂党恩"演讲比赛三等奖	固原市调查队
海平燕	社会经济调查队	6月	固原市"忆党史颂党恩"演讲比赛三等奖	固原市调查队
王维一	建行彭阳支行	7月	优秀党务工作者	建行固原分行
贾立庭	建行彭阳支行	7月	市分行"十佳青年员工"	建行固原分行
袁文东	农商行	2月	2016年度黄河银行党委表彰推进"三个银行"战略优秀柜员	黄河农村商业银行
袁 银	农商行	2月	2016年度黄河银行党委表彰推进"三个银行"战略不良贷款清收能手	黄河农村商业银行
李军锋	农商行	2月	2016年度黄河银行党委表彰推进"三个银行"战略存款营销能手	黄河农村商业银行

续表3

姓　　名	所在单位	获奖时间	奖　　　项	颁奖单位
高文虎	农商行	5月	春耕备耕金融服务工作先进个人、2016年度黄河银行党委表彰推进"三个银行"战略优秀客户经理	黄河农村商业银行
常兆武	农商行	5月	春耕备耕金融服务工作先进个人	黄河农村商业银行
扈志峰	彭阳县鑫源宏泰汽车检测公司	12月	第四届固原十大道德模范提名奖	固原市委、市人民政府
刘发明	白阳镇姜洼村	11月	第三届"宁夏好人"	自治区精神文明建设指导委员会
扈志峰	彭阳县鑫源宏泰汽车检测公司	11月	第三届"宁夏好人"	自治区精神文明建设指导委员会
王维虎	彭阳县中医院	11月	第三届"宁夏好人"	自治区精神文明建设指导委员会
韩继忠	彭阳县中医院	3月	2016年度"固原好人"	固原市文明办
常　芳	白阳镇	3月	2016年度"固原好人"	固原市文明办
祁士龙	彭阳县农村公路建设管理中心	3月	2016年度"固原好人"	固原市文明办
马云霞	交岔乡保阳村	3月	2016年度"固原好人"	固原市文明办
王维虎	彭阳县中医院	3月	2016年度"固原好人"	固原市文明办
叶红梅	麦芽志愿者服务队	6月	2017年度"固原好人"	固原市文明办
张　乾	宁夏东方圣骄民族服饰有限公司	4月	固原市"五一"劳动奖章	固原市总工会
马玉贵	宁夏万升实业有限责任公司	4月	固原市"五一"劳动奖章	固原市总工会

附 录

中共彭阳县委员会 2017 年发文目录

文　　号	发文日期	标　　题
彭党发〔2017〕1 号	1 月 5 日	彭阳县 2016—2017 年扶贫开发整村基础设施建设项目实施方案
彭党发〔2017〕2 号	1 月 16 日	关于表彰"脱贫致富光荣户""优秀致富带头人""优秀党组织带头人"的决定
彭党发〔2017〕3 号	1 月 17 日	关于中共彭阳县委常委班子 2016 年度民主生活会情况的报告
彭党发〔2017〕4 号	1 月 25 日	关于印发《彭阳县推动移风易俗树乡风强民风实施意见（试行）》的通知
彭党发〔2017〕5 号	2 月 8 日	中共彭阳县委、彭阳县人民政府关于印发《彭阳县贯彻落实中央第八环境保护督查组督察反馈问题整改方案》的通知
彭党发〔2017〕6 号	2 月 14 日	关于转发《关于印发〈中共宁夏回族自治区委员会实施〈中国共产党问责条例〉办法（试行）的通知》的通知
彭党发〔2017〕7 号	2 月 15 日	中共彭阳县委员会　彭阳县人民政府关于表彰 2016 年度乡镇和部门（单位）效能目标管理考核先进集体的决定
彭党发〔2017〕8 号	2 月 15 日	中共彭阳县委员会　彭阳县人民政府关于实行县级领导干部联系乡镇包抓重点贫困村脱贫销号责任制的通知
彭党发〔2017〕9 号	2 月 22 日	关于印发《彭阳县委常委班子 2016 年度民主生活会整改方案》的通知
彭党发〔2017〕10 号	2 月 23 日	关于印发《彭阳县民族团结进步创建活动"十三五"规划》的通知
彭党发〔2017〕11 号	2 月 24 日	关于推选第十二届自治区党委委员、候补委员和纪委委员候选人初步人选推荐名单的情况报告
彭党发〔2017〕12 号	3 月 10 日	关于调整彭阳县全面深化改革领导小组等机构及组成人员的通知
彭党发〔2017〕13 号	3 月 14 日	关于印发《关于深入推进抓党建促脱贫攻坚实施意见》的通知
彭党发〔2017〕14 号	3 月 22 日	关于印发《中共彭阳县委员会关于推进全面从严治党若干问题的意见》的通知

文　号	发文日期	标　题
彭党发〔2017〕15号	3月30日	彭阳县县城集中供热情况汇报
彭党发〔2017〕16号	4月17日	关于彭阳县专题研究部署全面深化改革工作情况的报告
彭党发〔2017〕17号	4月20日	关于贯彻落实自治区党委十一届八次全会精神和中央第八环境保护督察组督察反馈意见等工作开展情况的报告
彭党发〔2017〕18号	5月9日	关于推荐副处级领导干部考察人选的报告
彭党发〔2017〕19号	5月19日	关于呈报彭阳县影响长远发展突出问题的报告
彭党发〔2017〕20号	6月12日	关于深入学习宣传贯彻落实自治区第十二次党代会精神的通知
彭党发〔2017〕21号	6月13日	彭阳县委　人民政府　人武部关于表彰彭阳县双拥模范单位和个人的决定
彭党发〔2017〕22号	6月14日	关于印发《关于加强和改进新形势下县委党校工作的实施意见》的通知
彭党发〔2017〕23号	6月14日	关于转发《自治区党委关于自治区第十二次党代会报告的通知》的通知
彭党发〔2017〕24号	6月24日	中共彭阳县委员会　彭阳县人民政府印发《关于整治干部作风优化发展环境活动的实施方案》的通知
彭党发〔2017〕25号	6月29日	关于印发《彭阳县城市管理综合执法体制改革实施方案》的通知
彭党发〔2017〕26号	6月30日	中共彭阳县委员会　彭阳县人民政府《关于对王风海等19名公务员记三等功马文龙等178名公务员嘉奖》的决定
彭党发〔2017〕27号	7月6日	关于呈报《中共彭阳县委2017年上半年落实党风廉政建设主体责任情况》的报告
彭党发〔2017〕28号	7月12日	关于贯彻落实习近平总书记视察宁夏及"银川会议"精神的汇报
彭党发〔2017〕29号	7月13日	彭阳县2017年上半年工作总结
彭党发〔2017〕30号	7月14日	关于转发《彭阳县人大常委会党组关于乡镇人大工作考核办法》的通知
彭党发〔2017〕31号	8月3日	关于宋庆龄基金会支持彭阳经济社会发展的报告
彭党发〔2017〕32号	8月3日	关于印发《彭阳县综合医改暨县级公立医院综合改革实施方案》的通知

文　　　号	发文日期	标　　　题
彭党发〔2017〕33号	8月8日	关于印发《彭阳县深化投融资体制改革实施意见》的通知
彭党发〔2017〕34号	8月10日	关于统一召开彭阳县供销合作社联合社第二次代表大会的通知
彭党发〔2017〕35号	8月28日	中共彭阳县委员会　彭阳县人民政府《关于报送第五批全国民族团结进步示范单位先进材料》的报告
彭党发〔2017〕36号	9月7日	中共彭阳县委员会　彭阳县人民政府《关于表彰2016至2017学年度教育工作先进集体先进个人》的决定
彭党发〔2017〕37号	9月14日	关于成立中国共产党彭阳县非公有制经济组织和社会组织工作委员会的通知
彭党发〔2017〕38号	9月15日	关于认真学习宣传贯彻落实市委四届二次全体会议精神的通知
彭党发〔2017〕39号	9月18日	关于印发《关于激励干部想干事能干事干成事的实施意见》的通知
彭党发〔2017〕40号	9月19日	中共彭阳县委员会印发《中共彭阳县委员会常务委员会工作规则》的通知
彭党发〔2017〕41号	10月19日	关于进一步加强督查检查工作的实施办法（试行）
彭党发〔2017〕42号	10月20日	中共彭阳县委员会　彭阳县人民政府《关于表彰2017年脱贫攻坚先进集体和先进个人》的决定
彭党发〔2017〕43号	10月26日	关于转发《自治区党委　人民政府关于推进脱贫富民战略的实施意见》的通知
彭党发〔2017〕44号	10月31日	关于转发《印发〈关于深入贯彻中央八项规定精神进一步加强和改进领导干部作风建设的若干意见〉的通知》的通知
彭党发〔2017〕45号	11月1日	关于认真学习宣传贯彻党的十九大精神的通知
彭党发〔2017〕46号	11月21日	关于加快人才工作改革发展的实施意见
彭党发〔2017〕47号	11月23日	关于批转《彭阳县县乡残联换届工作方案》的通知
彭党发〔2017〕48号	11月28日	关于呈报《中共彭阳县委2017年落实党风廉政建设主体责任情况》的报告
彭党发〔2017〕49号	11月30日	关于设立县人大机关等党组的通知

文　号	发文日期	标　题
彭党发〔2017〕50号	12月1日	关于同意召开共青团彭阳县第六次代表大会的批复
彭党发〔2017〕51号	12月12日	中共彭阳县委员会关于呈报《彭阳县深化国家监察体制改革试点工作实施方案(送审稿)》的报告
彭党发〔2017〕52号	12月13日	关于报送《彭阳县解决影响长远发展突出问题情况的汇报》的报告
彭党发〔2017〕53号	12月17日	关于召开中国共产党彭阳县第八届委员会第二次全体会议的请示
彭党发〔2017〕54号	12月29日	中共彭阳县委员会关于学习宣传贯彻落实党的十九大和自治区第十二次党代会市委四届二次全会精神的意见
彭党发〔2017〕55号	12月18日	关于上报《彭阳县2017年脱贫攻坚工作总结暨2018年工作要点》的报告
彭党发〔2017〕56号	12月18日	关于推荐固原市第四届人民代表大会补选代表候选人的通知
彭党发〔2017〕57号	12月18日	关于成立彭阳县第九届人民代表大会第二次会议、政协彭阳县第九届委员会第二次会议临时党组织的通知
彭党发〔2017〕58号	12月29日	中共彭阳县委2018年工作要点
彭党发〔2017〕59号	11月3日	关于同意召开彭阳县妇女第五次代表大会的批复

中共彭阳县委办公室2017年发文目录

文　　号	发文日期	标　　　　题
彭党办发〔2017〕1号	1月3日	关于启用印章的通知
彭党办发〔2017〕2号	1月6日	关于印发《彭阳县涉农惠农资金监管平台示范村建设存在问题整改方案》的通知
彭党办发〔2017〕3号	1月6日	关于印发《彭阳县开展"寒冬送温暖"活动实施方案》的通知
彭党办发〔2017〕4号	1月9日	关于印发《2017年"两节"走访救助困难群众及慰问活动方案》的通知
彭党办发〔2017〕5号	1月9日	关于启用印章的通知
彭党办发〔2017〕6号	1月10日	彭阳县"两学一做"学习教育工作总结
彭党办发〔2017〕7号	1月17日	关于成立彭阳县闽宁对口扶贫工作领导小组的通知
彭党办发〔2017〕8号	1月24日	关于在政务公开工作中进一步做好政务舆情回应的通知
彭党办发〔2017〕9号	2月9日	关于启用印章的通知
彭党办发〔2017〕10号	2月10日	关于召开县纪委八届二次全体会议的通知
彭党办发〔2017〕11号	2月11日	关于开展"冬季大培训　素质大提升"活动的通知
彭党办发〔2017〕12号	2月22日	关于转发《关于做好当前人畜饮水农业生产和道路交通安全等工作的紧急通知》的通知
彭党办发〔2017〕13号	2月22日	县委常委班子2016年度民主生活会情况通报
彭党办发〔2017〕14号	2月22日	关于召开彭阳县创建全国民族团结进步示范县工作推进会的通知
彭党办发〔2017〕15号	2月23日	关于印发《彭阳县城市道路项目征地拆迁执行方案》的通知
彭党办发〔2017〕16号	2月23日	关于印发《彭阳县2017年创建全国民族团结进步示范县工作安排》的通知
彭党办发〔2017〕17号	2月23日	关于印发《彭阳县创建全国民族团结进步示范县成员单位任务分工方案》的通知
彭党办发〔2017〕18号	2月23日	关于2016年度乡镇和部门(单位)精准脱贫攻坚工作考核结果的通报

文　号	发文日期	标　　　题
彭党办发〔2017〕19号	2月24日	关于成立彭阳县创建全国民族团结进步示范县工作领导小组的通知
彭党办发〔2017〕20号	2月24日	关于调整县委书记、副书记、常委工作分工的通知
彭党办发〔2017〕21号	2月27日	关于印发《彭阳县2017年重点工作"4+1"责任清单》的通知
彭党办发〔2017〕22号	2月28日	关于印发《县级领导联系走访宗教场所和宗教界人士的办法》的通知
彭党办发〔2017〕23号	3月1日	关于启用印章的通知
彭党办发〔2017〕24号	3月10日	关于调整彭阳县惩治和预防腐败体系建设和落实党风廉政建设责任制领导小组等机构及组成人员的通知
彭党办发〔2017〕25号	3月13日	关于印发《关于在全县基层党组织中推行"6+X"主题党日活动的实施方案》的通知
彭党办发〔2017〕26号	3月13日	关于调整县级党员领导干部基层党建工作联系点的通知
彭党办发〔2017〕27号	3月13日	关于做好软弱涣散基层党组织整顿建设工作的通知
彭党办发〔2017〕28号	3月15日	关于印发《彭阳县2017年信息调研工作考核办法》的通知
彭党办发〔2017〕29号	3月18日	关于开展2017年机关干部下农村送政策促发展活动通知
彭党办发〔2017〕30号	3月20日	印发《关于整合乡镇综治信访维稳工作资源的实施意见》的通知
彭党办发〔2017〕31号	3月20日	关于印发《彭阳县2017年督查工作要点》的通知
彭党办发〔2017〕32号	3月20日	关于印发《彭阳县创建全国双拥模范城（县）实施方案》的通知
彭党办发〔2017〕33号	3月21日	关于印发《彭阳县党委（党组）理论学习中心组学习规则》的通知
彭党办发〔2017〕34号	3月22日	关于调整彭阳县效能目标管理考核领导小组等机构及组成人员的通知
彭党办发〔2017〕35号	3月22日	关于赴台交流参访的请示
彭党办发〔2017〕36号	3月22日	关于成立重点工作调研督导组的通知
彭党办发〔2017〕37号	3月23日	关于印发《彭阳县全面深化改革领导小组2017年工作要点》的通知
彭党办发〔2017〕38号	3月27日	关于转发《固原市涉农惠农资金监督管理责任追究办法》和《关于切实加强涉农惠农项目资金监管全面推行"三级备案、三级审核、一个平台监管"机制的实施意见》的通知

文　　号	发文日期	标　　题
彭党办发〔2017〕41号	3月30日	关于对全县建档立卡易返贫户进行摸底排查的紧急通知
彭党办发〔2017〕42号	3月31日	关于印发《关于开展"三不为"纪律作风专项整治活动的实施方案》的通知
彭党办发〔2017〕43号	4月5日	关于印发《2017年度县级领导干部及各乡镇（部门）招商引资工作目标任务》的通知
彭党办发〔2017〕44号	4月6日	关于印发《2017年区市县域经济观摩点准备工作责任分工方案》的通知
彭党办发〔2017〕45号	4月7日	关于印发《彭阳县县领导包抓重点环保问题工作方案》的通知
彭党办发〔2017〕46号	4月11日	关于印发《贯彻落实〈中共彭阳县委员会关于推进全面从严治党若干问题的意见〉任务分工方案》的通知
彭党办发〔2017〕47号	4月12日	关于转发《关于乡镇落实全面从严治党主体责任和监督责任情况的调研报告》的通知
彭党办发〔2017〕48号	4月13日	关于转发《自治区党委办公厅　人民政府办公厅关于印发〈全区平安创建考核奖惩办法〉的通知》的通知
彭党办发〔2017〕49号	4月13日	关于印发《关于贯彻落实〈固原市社会治安防控体系建设推进计划（2017—2020年）任务分工方案〉》的通知
彭党办发〔2017〕50号	4月17日	关于成立彭阳县河长办公室的通知
彭党办发〔2017〕51号	4月19日	专题会议纪要（安全生产专题会）
彭党办发〔2017〕52号	4月19日	关于印发《彭阳县创建全国禁毒示范县工作方案》的通知
彭党办发〔2017〕53号	4月20日	关于印发《全县机关干部新一轮下基层活动实施方案》的通知
彭党办发〔2017〕54号	1月13日	专题会议纪要（文联演出）
彭党办发〔2017〕55号	5月10日	关于调整彭阳县"两学一做"学习教育协调小组和巡回督导组组成人员的通知
彭党办发〔2017〕56号	5月10日	彭阳县群团工作联席会议制度
彭党办发〔2017〕57号	5月11日	关于印发《关于推进"两学一做"学习教育常态化制度化的实施方案》的通知

文　　号	发文日期	标　　题
彭党办发〔2017〕58号	5月12日	彭阳县"十二五"生态移民工程竣工验收实施方案
彭党办发〔2017〕59号	5月12日	关于印发《彭阳县整改落实2016年省级党委和政府扶贫开发工作成效考核反馈问题的方案》的通知
彭党办发〔2017〕60号	5月12日	关于开展脱贫攻坚"回头看"的通知
彭党办发〔2017〕61号	5月13日	关于印发《彭阳县脱贫攻坚"回头看"责任分工方案》的通知
彭党办发〔2017〕62号	5月18日	关于加强和改进紧急信息报送工作的通知
彭党办发〔2017〕63号	5月19日	关于启用印章的通知（总工会、妇联、残联）
彭党办发〔2017〕64号	5月24日	关于印发《彭阳县全面推行河长制工作方案》的通知
彭党办发〔2017〕65号	5月26日	关于印发《2017年彭阳县群众评议机关作风活动实施方案》的通知
彭党办发〔2017〕66号	6月1日	关于印发《县级党员领导干部推进"两学一做"学习教育常态化制度化实施方案》的通知
彭党办发〔2017〕67号	6月1日	关于成立彭阳县城市执法体制改革工作领导小组的通知
彭党办发〔2017〕68号	6月13日	关于印发《彭阳县2017年度乡镇和部门（单位）效能目标管理考核方案》的通知
彭党办发〔2017〕69号	6月14日	关于印发《彭阳县"十二五"生态移民剩余和新增遗留人口搬迁安置实施方案》的通知
彭党办发〔2017〕70号	6月14日	专题会议纪要（城乡环境、信访维稳）
彭党办发〔2017〕71号	6月14日	关于在七一前开展走访慰问老党员和生活困难党员活动的通知
彭党办发〔2017〕72号	6月15日	关于调整彭阳县全面深化改革领导小组专项小组成员名单的通知
彭党办发〔2017〕73号	6月16日	关于印发《彭阳县2017年开斋节慰问活动方案》的通知
彭党办发〔2017〕74号	6月16日	关于深入开展自治区第十二次党代会精神宣讲工作的通知
彭党办发〔2017〕75号	6月20日	关于深入学习宣传贯彻自治区第十二次党代会精神、庆祝建党96周年系列活动的通知
彭党办发〔2017〕76号	6月20日	关于彭阳县成立自治区第十二次党代会精神宣讲团的通知

文　号	发文日期	标　题
彭党办发〔2017〕81号	7月2日	专题会议纪要(关于脱贫攻坚、危房危窑改造、涉农扶贫资金支付)
彭党办发〔2017〕82号	7月6日	关于启用彭阳县创建全国民族团结进步示范县工作领导小组及其办公室印章的通知
彭党办发〔2017〕83号	7月6日	关于鼓励机关事业单位工作人员担任农村"两个带头人"带领群众脱贫致富的实施方案
彭党办发〔2017〕84号	7月6日	彭阳县委办公室　人民政府办公室关于印发《落实〈关于建立机关事业单位防治"吃空饷"问题长效机制的实施意见〉责任分工方案》通知
彭党办发〔2017〕85号	7月7日	关于成立彭阳县公共安全视频监控建设联网应用项目建设领导小组的通知
彭党办发〔2017〕86号	7月11日	会议纪要(县域经济观摩协调)
彭党办发〔2017〕87号	7月14日	关于印发《彭阳县党政机关领导干部带班值班制度》的通知
彭党办发〔2017〕88号	7月14日	关于印发《彭阳县开展"振奋精神、实干兴宁"大讨论活动实施方案》的通知
彭党办发〔2017〕89号	7月15日	关于贯彻落实四届市委二十次常委扩大会议精神情况的报告
彭党办发〔2017〕90号	7月17日	关于转发《关于五县(区)双休日值班情况的通报》的通知
彭党办发〔2017〕91号	7月27日	关于上报《彭阳县2017年上半年重点工作"回头看"自查报告》的报告
彭党办发〔2017〕92号	7月27日	关于印发《彭阳县委管理干部选拔任用工作动议工作动议办法(试行)》《彭阳县推行干部"实绩档案"工作管理办法(试行)》的通知
彭党办发〔2017〕93号	7月31日	关于印发《彭阳县党政机关领导干部接访工作制度》的通知
彭党办发〔2017〕94号	7月31日	关于印发《彭阳县"振奋精神、实干兴宁"大讨论活动宣传方案》的通知
彭党办发〔2017〕95号	8月10日	关于成立彭阳县户籍制度改革领导小组的通知
彭党办发〔2017〕96号	8月14日	关于呈报《固原市委巡察王洼镇党委反馈整改情况报告》的报告
彭党办发〔2017〕97号	8月14日	关于呈报《固原市委巡察交岔乡党委反馈整改情况报告》的报告
彭党办发〔2017〕98号	8月14日	关于印发《彭阳县2017年涉农扶贫领域专项巡察工作方案》的通知
彭党办发〔2017〕99号	8月14日	关于成立彭阳县安全生产大检查工作领导小组的通知

文　号	发文日期	标　题
彭党办发〔2017〕100号	8月15日	关于转发《自治区党委办公厅　人民政府办公厅〈关于进一步引导和鼓励高校毕业生到基层工作实施意见〉的通知》的通知
彭党办发〔2017〕101号	8月15日	关于启用印章的通知
彭党办发〔2017〕102号	8月29日	关于印发《彭阳县2017年"民族团结月"活动实施方案》的通知
彭党办发〔2017〕103号	9月4日	关于转发《印发〈关于在全区村级党组织中开展"三大三强"促脱贫富民行动的实施意见〉的通知》的通知
彭党办发〔2017〕104号	9月4日	关于转发《印发〈关于在全区农村基层推广"两个带头人"工程经验的意见〉的通知》的通知
彭党办发〔2017〕105号	9月6日	关于成立彭阳县金融扶贫不良贷款清收工作领导小组的通知
彭党办发〔2017〕106号	9月6日	关于调整彭阳县房屋征收安置工作领导小组组成人员的通知
彭党办发〔2017〕107号	9月6日	关于印发《彭阳县推行法律顾问制度和公职律师公司律师制度实施办法》的通知
彭党办发〔2017〕108号	9月13日	关于开展涉农资金使用管理突出问题专项重点检查的通报
彭党办发〔2017〕109号	9月15日	关于调整彭阳县打黑除恶专项斗争领导小组组成人员的通知
彭党办发〔2017〕110号	9月15日	关于转发《自治区党委办公厅　人民政府办公厅印发〈宁夏回族自治区信访工作责任制实施细则〉的通知》的通知
彭党办发〔2017〕111号	9月18日	关于印发《彭阳县县直部门(单位)、乡镇党政正职综合业绩考核评价办法(试行)》的通知
彭党办发〔2017〕112号	9月19日	关于印发《彭阳县"喜迎十九大、齐心奔小康"暨"迎国庆、度中秋"文化活动方案》的通知
彭党办发〔2017〕113号	9月21日	关于印发《市委四届二次全会精神宣讲活动方案》的通知
彭党办发〔2017〕114号	9月21日	关于印发《关于开展"三大三强"行动深化"两个带头人"工程促脱贫富民实施方案》的通知
彭党办发〔2017〕115号	9月26日	关于农村危窑危房改造工作进展情况的通报
彭党办发〔2017〕116号	9月28日	关于印发《彭阳县贯彻落实自治区第十二次党代会精神及市委四届二次全会精神工作任务项目责任清单》的通知

文　　号	发文日期	标　　题
彭党办发〔2017〕117号	9月30日	关于全力做好信访维稳和安全生产工作的通知
彭党办发〔2017〕118号	9月30日	关于印发《彭阳县关于进一步加强义务教育控辍保学工作的实施方案》的通知
彭党办发〔2017〕119号	10月16日	关于印发《彭阳县迎接宣传贯彻党的十九大主题宣传工作方案》的通知
彭党办发〔2017〕120号	10月18日	关于进一步做好脱贫攻坚反馈问题整改和近期重点工作落实的通知
彭党办发〔2017〕121号	10月20日	关于印发《彭阳县2017年第二轮巡察工作方案》的通知
彭党办发〔2017〕122号	10月22日	彭阳县脱贫富民百日攻坚行动实施方案
彭党办发〔2017〕123号	9月23日	关于转发《关于印发〈贯彻落实张柱同志在市委四届二次全会上的讲话精神责任分工〉的通知》的通知
彭党办发〔2017〕124号	10月23日	关于印发《彭阳县城乡环境综合整治工作实施方案》的通知
彭党办发〔2017〕125号	10月27日	关于印发《彭阳县四大机关统筹协调办法》等3项工作制度的通知
彭党办发〔2017〕126号	10月27日	关于印发《学习宣传贯彻落实自治区第十二次党代会和市委四届二次全会精神考核办法》《根据自治区效能目标管理考核情况增减年度考核优秀等次比例实施细则》的通知
彭党办发〔2017〕127号	10月27日	关于进一步规范县委常委会议议题收集及材料审核等有关情况的通知
彭党办发〔2017〕128号	10月30日	关于印发《彭阳县2017年县内移民搬迁安置实施方案》的通知
彭党办发〔2017〕129号	10月30日	关于印发《彭阳县2017年县外劳务移民搬迁实施方案》的通知
彭党办发〔2017〕130号	10月30日	关于印发《贯彻落实自治区党委　人民政府〈关于推进脱贫富民战略的实施意见〉的任务分工》的通知
彭党办发〔2017〕131号	10月31日	中共彭阳县委办公室关于印发彭阳县总工会、共青团、妇联等3个改革方案的通知
彭党办发〔2017〕132号	11月1日	关于做好2017年度效能目标管理考核有关工作的通知
彭党办发〔2017〕133号	11月3日	关于落实全县金融工作会议精神的任务分工方案
彭党办发〔2017〕134号	11月3日	关于实行县级领导干部包抓重点贫困村责任制的通知
彭党办发〔2017〕135号	11月15日	关于印发《全县党的十九大精神宣讲工作方案》的通知
彭党办发〔2017〕136号	11月17日	彭阳县健康扶贫工程实施方案

文 号	发文日期	标 题
彭党办发〔2017〕137号	11月23日	关于印发《彭阳县关于进一步统筹推进城乡社区治理的实施方案》的通知
彭党办发〔2017〕138号	11月23日	关于印发《彭阳县加强乡镇政府服务能力建设实施方案》的通知
彭党办发〔2017〕139号	11月26日	关于做好2018年度党报党刊发行工作的通知
彭党办发〔2017〕140号	11月30日	关于成立彭阳县深化监察体制改革试点工作小组的通知
彭党办发〔2017〕141号	12月1日	关于印发《关于发展壮大村级集体经济的指导意见》的通知
彭党办发〔2017〕142号	12月1日	关于印发《彭阳县加强禁毒队伍建设的实施意见》的通知
彭党办发〔2017〕143号	12月4日	关于党的十八大以来彭阳县贯彻执行中央"八项规定"精神改进作风情况的报告
彭党办发〔2017〕144号	11月23日	关于印发《彭阳县完善教育扶贫资助政策巩固脱贫效果实施方案》的通知
彭党办发〔2017〕145号	12月11日	关于成立彭阳县农业产业脱贫富民领导小组的通知
彭党办发〔2017〕146号	12月11日	关于印发《2018年彭阳县农业产业脱贫富民实施方案》的通知
彭党办发〔2017〕147号	12月13日	专题会议纪要
彭党办发〔2017〕148号	12月13日	关于呈报《中共彭阳县纪律检查委员会监察委员会主要职责内设机构和人员编制方案(送审稿)》的报告
彭党办发〔2017〕149号	12月14日	关于调整彭阳县依法治县领导小组组成人员的通知
彭党办发〔2017〕150号	12月18日	关于召开中共彭阳县委八届二次全体(扩大)会议的通知
彭党办发〔2017〕151号	12月19日	关于认真开展"准备之冬"活动的通知
彭党办发〔2017〕152号	12月21日	中共彭阳县委办公室关于印发《彭阳县深化国家监察体制改革试点工作实施方案》的通知
彭党办发〔2017〕153号	12月22日	关于印发《彭阳县向新疆生产建设兵团转移就业安置职工实施方案》的通知
彭党办发〔2017〕154号	12月29日	关于做好2018年元旦春节期间有关工作的通知
彭党办发〔2017〕155号	12月29日	关于启用印章的通知
彭党办发〔2017〕156号	12月29日	彭阳县科协系统深化改革实施方案
彭党办发〔2017〕157号	12月29日	关于成立彭阳县党政机关办公用房管理工作领导小组的通知
彭党办发〔2017〕158号	12月29日	专题会议纪要

彭阳县人民政府 2017 年发文目录

文　　号	发文日期	标　　　　题
彭政发〔2017〕1号	1月1日	关于承办中国文联文艺志愿服务团赴宁夏彭阳开展"我们的中国梦——送欢乐下基层彭阳行"慰问演出活动的请示
彭政发〔2017〕2号	1月16日	关于呈报《中国文联文艺志愿服务团赴彭慰问演出安全保卫、医疗保障和供电保障应急预案》的报告
彭政发〔2017〕3号	1月18日	关于支付惠民家园保障性住房项目资金贷款的请示
彭政发〔2017〕4号	1月19日	自治区空间规划修改意见
彭政发〔2017〕5号	1月21日	关于彭阳县水电矿产资源开发资源收益扶贫改革试点项目情况的报告
彭政发〔2017〕6号	1月23日	关于降低彭阳县托管及项目贷款风险准备金和担保保证金缴纳比例的请示
彭政发〔2017〕7号	1月23日	关于印发《〈彭阳县人民政府工作规则（草案）〉〈政府常务会议规则（草案）〉及〈县长办公会议议事规则（草案）〉》的通知
彭政发〔2017〕8号	1月24日	关于调整彭阳县城至203省道富阳大桥工程项目概算资金的请示
彭政发〔2017〕9号	1月24日	关于贯彻落实中央第八环境保护督察组反馈意见问题进展情况报告
彭政发〔2017〕10号	1月24日	关于反馈审计厅审计报告征求意见书有关情况的报告
彭政发〔2017〕11号	2月8日	关于举办2017年元宵节社火会演比赛活动的请示
彭政发〔2017〕12号	2月14日	关于呈报《彭阳县2016年度粮食安全省长责任制落实情况自查报告》的报告
彭政发〔2017〕13号	2月17日	关于2017年第一批次城镇建设用地的请示
彭政发〔2017〕14号	2月17日	关于2017年第二批次城镇建设用地的请示
彭政发〔2017〕15号	2月20日	关于国有建设用地使用权挂牌出让方案的批复
彭政发〔2017〕16号	2月20日	关于国有建设用地使用权挂牌出让方案的批复
彭政发〔2017〕17号	2月20日	关于国有建设用地使用权挂牌出让方案的批复
彭政发〔2017〕18号	2月20日	关于国有建设用地使用权挂牌出让方案的批复

文　　号	发文日期	标　　题
彭政发〔2017〕19号	2月20日	关于国有建设用地使用权挂牌出让方案的批复
彭政发〔2017〕20号	2月23日	关于印发《彭阳县2017年建档立卡贫困户产业培育扶持标准》的通知
彭政发〔2017〕21号	2月27日	关于李渠水库项目建设用地请示
彭政发〔2017〕22号	3月2日	关于呈报《彭阳县2016年中央财政国有林场改革补助资金使用实施方案》的报告
彭政发〔2017〕23号	3月2日	关于申请博物馆借展文物的请示
彭政发〔2017〕24号	3月2日	关于印发《彭阳县棚户区(城中村)改造项目征收补偿与安置相关政策事宜的补充通知》的通知
彭政发〔2017〕25号	3月3日	关于中央第八环境保护督察组督察反馈问题整改进展情况的报告
彭政发〔2017〕26号	3月6日	关于创建全区旅游示范县的请示
彭政发〔2017〕27号	3月6日	关于分解政府工作报告主要目标任务的通知
彭政发〔2017〕28号	3月8日	关于2017年第三批次城镇建设用地的请示
彭政发〔2017〕29号	3月9日	关于申请归还彭阳县2014年棚户区改造项目一期国开行部分贷款资金的请示
彭政发〔2017〕30号	3月10日	关于对彭阳县2016—2017年扶贫开发整村基础设施建设项目（道路工程一期)有关事项的通知
彭政发〔2017〕31号	3月10日	关于对彭阳县2016—2017年扶贫开发整村基础设施建设项目（工民建)有关事项的通知
彭政发〔2017〕32号	3月13日	关于申请解决农村危房危窑改造提标补助资金的请示
彭政发〔2017〕33号	3月15日	关于呈报《2017年财政预算表》的报告
彭政发〔2017〕34号	3月15日	关于申请开展扶持村集体经济发展试点的请示
彭政发〔2017〕35号	3月21日	关于加快G327沟圈(甘宁界)至彭阳段项目建设进度的请示
彭政发〔2017〕36号	3月21日	关于改造G327与城阳街道连接线路段的请示
彭政发〔2017〕37号	3月24日	关于彭阳县2016年异地扶贫搬迁工作自查评估情况的报告

文　　号	发文日期	标　　题
彭政发〔2017〕38号	3月24日	关于2017年度第一、第二批财政涉农资金统筹整合使用计划的通知
彭政发〔2017〕39号	3月24日	关于邀请市政府领导参加彭阳县与长城国瑞证券结对帮扶协议签约仪式的请示
彭政发〔2017〕40号	3月27日	关于印发《关于推动农村电子商务发展的实施意见》的通知
彭政发〔2017〕42号	4月6日	关于印发《彭阳县农村公路建设占地及附着物补偿标准》
彭政发〔2017〕43号	4月6日	关于中央第八环境保护督察组督察反馈问题整改进展情况的报告
彭政发〔2017〕44号	4月7日	关于申报创建全国民族团结进步示范县的请示
彭政发〔2017〕45号	4月11日	关于2017年第四批次城镇建设用地的请示
彭政发〔2017〕46号	4月11日	关于2017年第五批次城镇建设用地的请示
彭政发〔2017〕47号	4月13日	关于授权彭阳县茹河流域水污染防治工程项目资金使用权的通知
彭政发〔2017〕48号	4月13日	关于呈报银昆G85彭阳平面线位敷设建议的报告
彭政发〔2017〕49号	4月14日	关于城区南关东街停车场项目占用地的权属情况说明的报告
彭政发〔2017〕50号	4月19日	关于呈报2017年社会保险基金预算的报告
彭政发〔2017〕51号	4月19日	关于中央第八环境保护督察组督察反馈问题整改进展情况的报告
彭政发〔2017〕52号	4月20日	关于建档立卡易返贫户摸底排查情况的报告
彭政发〔2017〕53号	4月24日	关于刘杨公路项目建设有关事项的通知（农发行）
彭政发〔2017〕54号	4月27日	悦龙山新区全民健身中心及文化馆项目购买服务有关事宜
彭政发〔2017〕55号	4月28日	关于对古城刘高庄经红河至杨坪公路项目建设有关事宜的通知（农行）
彭政发〔2017〕56号	4月28日	关于对古城刘高庄经红河至杨坪公路项目建设有关事宜的通知（建行）
彭政发〔2017〕57号	5月2日	关于开展创建自治区级法治政府建设示范单位工作方案
彭政发〔2017〕58号	5月5日	关于宁夏固原地区（宁夏中南部）城乡饮水安全水源工程项目建设用地的请示

文　　号	发文日期	标　　题
彭政发〔2017〕59号	5月5日	关于2016年度扶贫资金使用管理监管工作自查自纠情况的报告
彭政发〔2017〕60号	5月8日	关于对2017年第一季度大气、水污染防治暨中央第八环境保护督察组督察反馈问题整改工作开展情况的自查报告
彭政发〔2017〕61号	5月9日	关于呈报彭阳县行政许可和行政处罚等信用信息公示自查报告
彭政发〔2017〕62号	5月9日	关于印发《彭阳县加快大众创业万众创新实施方案》的通知
彭政发〔2017〕63号	5月10日	关于2017年第六批次城镇建设用地的请示
彭政发〔2017〕64号	5月10日	关于印发《彭阳县第三批财政涉农资金整合使用及第一二批调整计划》的通知
彭政发〔2017〕65号	5月11日	关于印发《彭阳县"十三五"易地扶贫搬迁资金管理办法》的通知
彭政发〔2017〕66号	5月11日	关于印发《彭阳县统筹整合使用财政涉农资金项目管理办法》的通知
彭政发〔2017〕67号	5月11日	关于2015—2016年财政扶贫资金专项检查有关情况说明的报告
彭政发〔2017〕68号	5月12日	关于国有建设用地使用权挂牌出让方案的批复
彭政发〔2017〕69号	5月12日	关于国有建设用地使用权挂牌出让方案的批复
彭政发〔2017〕70号	5月12日	关于国有建设用地使用权挂牌出让方案的批复
彭政发〔2017〕71号	5月12日	关于国有建设用地使用权挂牌出让方案的批复
彭政发〔2017〕72号	5月15日	关于印发《城阳乡敬老院建设项目用地土地及房屋等附着物征收补偿安置方案》的通知
彭政发〔2017〕73号	5月15日	关于印发《县城南门二期建设项目用地土地及房屋等附着物征收补偿安置方案》的通知
彭政发〔2017〕74号	5月15日	关于印发《王洼镇综合农贸市场、北洼村应急避难场所及文化广场建设项目用地土地及房屋等附着物征收补偿安置方案》的通知
彭政发〔2017〕75号	5月15日	关于印发《新建烟叶仓储建设项目用地土地及房屋等附着物征收补偿安置方案》的通知
彭政发〔2017〕76号	5月16日	关于2017年第七批次城镇建设用地的请示

文　　号	发文日期	标　　题
彭政发〔2017〕77号	5月17日	关于2016年扶贫政策落实和扶贫资金分配管理使用审计有关问题整改情况的报告
彭政发〔2017〕78号	5月19日	关于中央第八环境保护督察组督察反馈问题五月份整改暨重点环保工作进展情况的报告
彭政发〔2017〕79号	5月19日	关于印发《加快推进全县"互联网+政务服务"工作实施方案》的通知
彭政发〔2017〕80号	5月22日	彭阳县人民政府关于印发《彭阳县2017年财政涉农资金统筹整合使用方案》的通知
彭政发〔2017〕81号	5月22日	关于呈报彭阳县2016年财政总决算的报告
彭政发〔2017〕82号	5月23日	关于对彭阳县2008—2012年城镇保障性安居工程审计中廉租房补贴发放有关问题申请复核的请示
彭政发〔2017〕83号	5月23日	关于年产5万吨混凝土生产线项目占用林地的权属情况的报告
彭政发〔2017〕84号	5月23日	关于审批《彭阳县县城饮用水水源地保护区划分方案》的请示
彭政发〔2017〕85号	5月25日	关于保障性安居工程跟踪审计整改情况报告
彭政发〔2017〕86号	5月27日	关于招投标存在问题整改情况的报告
彭政发〔2017〕87号	6月13日	关于清理偿还政府欠款专项工作有关情况的报告
彭政发〔2017〕88号	6月15日	关于呈报彭阳县涉企收费自查自纠情况的报告
彭政发〔2017〕89号	6月15日	关于中央环保第八督查组六月份整改暨重点环保工作进展情况的报告
彭政发〔2017〕90号	6月19日	关于国有建设用地使用权挂牌出让方案的批复
彭政发〔2017〕91号	6月23日	关于彭阳县2016年保障性安居工程跟踪审计问题的整改报告
彭政发〔2017〕92号	6月29日	关于授权彭阳县古城刘高庄经红河至杨坪公路项目资金的通知
彭政发〔2017〕93号	6月29日	关于2012年城镇保障性安居工程审计反馈部分问题整改落实情况的报告
彭政发〔2017〕94号	6月29日	关于呈报彭阳县扶持村集体经济发展试点方案的报告
彭政发〔2017〕95号	6月30日	关于进一步规范地方政府举债融资行为

文　号	发文日期	标　题
彭政发〔2017〕96号	7月1日	关于上报差异图斑处理及城镇开发边界划定结果的报告
彭政发〔2017〕97号	7月1日	关于国有建设用地使用权挂牌出让方案的批复
彭政发〔2017〕98号	7月4日	关于同意国开发展基金投入彭阳县润彭投资管理有限责任公司的意见
彭政发〔2017〕99号	7月10日	关于印发《城区南关东街停车场项目建设用地及房屋等附着物征收与补偿安置实施方案》的通知
彭政发〔2017〕100号	7月10日	关于印发《长城塬马临沭机械作业服务农民专业合作社建设项目用地及房屋等附着物征收与补偿安置实施方案》
彭政发〔2017〕101号	7月10日	关于2017年第八批次城镇建设用地的请示
彭政发〔2017〕102号	7月10日	关于2017年第九批次城镇建设用地的请示
彭政发〔2017〕103号	7月12日	关于呈报2017年上半年粮食流通监管工作总结暨下半年工作要点的报告
彭政发〔2017〕104号	7月19日	关于中央第八环境保护督察组督察反馈问题七月份整改暨重点环保工作进展情况的报告
彭政发〔2017〕105号	7月19日	关于彭阳县新集乡沟口村2号砖瓦用黏土矿产等3处采矿权挂牌出让方案的批复
彭政发〔2017〕106号	7月20日	关于《彭阳县城水源地保护区划分方案》有关事项说明的报告
彭政发〔2017〕107号	7月21日	关于印发《古城镇乃河加油站建设项目用地及房屋等附着物征收补偿实施方案》的通知
彭政发〔2017〕108号	7月21日	关于国有建设用地使用权挂牌出让方案的批复
彭政发〔2017〕109号	7月24日	关于呈报彭阳县2017年简政放权放管结合优化服务工作目标
彭政发〔2017〕110号	7月26日	关于印发《劳动保障改革方案》的通知
彭政发〔2017〕111号	7月26日	关于印发《皇甫谧文化养生园建设项目用地土地及房屋等附着物征收与补偿安置实施方案》的通知
彭政发〔2017〕112号	7月28日	关于申请创建彭阳县支持农民工等人员返乡创业示范点县的请示
彭政发〔2017〕113号	7月24日	关于印发《彭阳县土地污染防治工作实施方案》的通知

文　　号	发文日期	标　　题
彭政发〔2017〕114号	8月1日	关于呈报《关于开展落实自治区城市工作会议精神自查报告》的报告
彭政发〔2017〕115号	8月1日	关于光伏扶贫试点项目未实施完成且未建立资金筹措机制问题整改情况的报告
彭政发〔2017〕116号	8月3日	关于贯彻落实中央第八环境保护督察组督察反馈意见整改工作进展情况的报告
彭政发〔2017〕118号	8月4日	关于呈报《落实城镇化及城市工作会议精神督查发现问题整改情况报告》的报告
彭政发〔2017〕119号	8月8日	关于《彭阳县"美丽城镇"提升PPP项目实施方案》的批复
彭政发〔2017〕120号	8月8日	关于2017年第十批次城镇建设用地的请示
彭政发〔2017〕121号	8月10日	关于印发《古城镇挂马沟村、冯庄乡小圆子村和新集乡上马洼村等5所幼儿园建设项目用地土地及房屋等附着物征收补偿实施方案》的通知
彭政发〔2017〕122号	8月10日	关于2017年第十一批次城镇建设用地的请示
彭政发〔2017〕123号	8月10日	关于呈报《彭阳县投资项目在线审批平台审批工作自查》的报告
彭政发〔2017〕124号	8月14日	关于申请撤回2017年第五批次城镇建设用地的请示
彭政发〔2017〕125号	8月21日	关于中央第八环保督查组督查反馈问题八月份整改暨重点工作进展情况的报告
彭政发〔2017〕126号	8月22日	关于呈报《关于实施创新驱动战略　构建产业发展新体系的意见》的报告
彭政发〔2017〕127号	8月22日	关于2016年电子商务进农村综合示范项目建设存在问题整改落实情况的报告
彭政发〔2017〕128号	8月23日	关于划定高污染燃料禁燃区的通知
彭政发〔2017〕130号	8月28日	关于呈报调整彭阳县全面改革贫困地区义务教育薄弱学校基本办学条件项目规划的报告
彭政发〔2017〕131号	8月29日	关于对G327沟圈至彭阳县公路原城阳乡街道至城阳中学路段维修改造的请示

文　　号	发文日期	标　　题
彭政发〔2017〕132号	9月4日	关于同意成立彭阳众创投资开发有限公司的批复
彭政发〔2017〕133号	9月4日	关于国有建设用地使用权挂牌出让方案的批复
彭政发〔2017〕134号	9月4日	关于国有建设用地使用权挂牌出让方案的批复
彭政发〔2017〕135号	9月4日	关于国有建设用地使用权挂牌出让方案的批复
彭政发〔2017〕136号	9月4日	关于国有建设用地使用权挂牌出让方案的批复
彭政发〔2017〕137号	9月4日	关于国有建设用地使用权挂牌出让方案的批复
彭政发〔2017〕138号	9月4日	关于国有建设用地使用权挂牌出让方案的批复
彭政发〔2017〕139号	9月4日	关于国有建设用地使用权挂牌出让方案的批复
彭政发〔2017〕140号	9月4日	关于国有建设用地使用权挂牌出让方案的批复
彭政发〔2017〕141号	9月4日	关于国有建设用地使用权挂牌出让方案的批复
彭政发〔2017〕142号	9月4日	关于印发《彭阳县2017年第四批财政涉农资金统筹使用及第一二批部分涉农项目资金调整计划》的通知
彭政发〔2017〕143号	9月7日	关于清水河城镇产业带建设项目资金分配的报告
彭政发〔2017〕144号	9月8日	关于印发《彭阳众创投资开发有限公司章程》的通知
彭政发〔2017〕145号	9月11日	关于2016年保障性安居工程跟踪审计问题整改情况的报告
彭政发〔2017〕146号	9月13日	关于申请批准彭阳县开展政务公开标准化试点工作实施方案的请示
彭政发〔2017〕147号	9月13日	关于国务院安委会第二十综合督察组查出王洼煤业有限公司安全隐患整改情况的报告
彭政发〔2017〕148号	9月18日	关于印发《彭阳县人民政府重大行政决策程序规定(试行)》等七项制度的通知
彭政发〔2017〕149号	9月18日	关于2017年第十二次批次城镇建设用地的请示
彭政发〔2017〕150号	9月18日	关于彭阳县夏山庄经北洼至王洼南街公路项目建设用地的请示
彭政发〔2017〕151号	9月18日	关于彭阳县2016年保障性安居工程跟踪审计问题的整改报告

文　　号	发文日期	标　　题
彭政发〔2017〕152号	9月19日	关于中央第八环境保护督察组督察反馈问题九月份整改暨重点环保工作进展情况的报告
彭政发〔2017〕153号	9月20日	关于呈报《彭阳县人民政府落实〈固原市水污染防治工作专项督导问题清单〉整改方案》的报告
彭政发〔2017〕154号	9月21日	关于彭阳县2017年第九批次工业项目建设用地选址情况说明的报告
彭政发〔2017〕155号	9月21日	关于国务院安委会第二十综合督察组查出王洼煤业有限公司安全隐患整改情况的报告
彭政发〔2017〕156号	9月22日	彭阳县人民政府关于"绿盾2017"自然保护区清理整治专项行动工作进展情况的报告
彭政发〔2017〕157号	9月22日	关于生态红线划定方案修改意见的报告
彭政发〔2017〕158号	9月25日	关于印发《彭阳县东门加油站建设项目用地土地及房屋等附着物征收补偿实施方案》的通知
彭政发〔2017〕159号	9月25日	关于印发《彭阳县龙腾、长虹加油站建设项目用地土地及房屋等附着物征收补偿实施方案》的通知
彭政发〔2017〕160号	9月25日	关于国有建设用地使用权出让实施方案的批复
彭政发〔2017〕161号	9月25日	关于国有建设用地使用权出让实施方案的批复
彭政发〔2017〕162号	9月29日	关于涉农资金专项检查整改情况的报告
彭政发〔2017〕163号	10月10日	关于呈报《彭阳县行政事业单位职工住房货币化分配实施方案的报告》
彭政发〔2017〕164号	10月12日	关于印发彭阳县森林防火戒严的通告
彭政发〔2017〕165号	10月13日	关于将县安全生产监督管理局确定为行政执法机构的通知
彭政发〔2017〕166号	10月16日	关于协调通用机场空域的请示
彭政发〔2017〕167号	10月19日	关于彭阳县2017年农业支持保护补贴面积的报告
彭政发〔2017〕168号	10月20日	关于解决冬春生活救助所需资金的请示
彭政发〔2017〕169号	10月20日	关于中央第八环境保护督察组督察反馈问题十月份整改暨重点环保工作进展情况的报告

文　号	发文日期	标　题
彭政发〔2017〕170号	10月20日	关于编制上报2018年土地储备专项债券需求预算说明的报告
彭政发〔2017〕171号	10月23日	关于2017年第十二批次工业项目建设用地的请示
彭政发〔2017〕172号	10月23日	关于闽宁彭阳信息扶贫产业园项目占用林地的权属情况说明的报告
彭政发〔2017〕173号	10月25日	关于申请调整"十三五"易地搬迁项目资金用途的请示
彭政发〔2017〕174号	10月25日	关于呈报政府性债务风险化解计划实施方案和偿还计划的报告
彭政发〔2017〕175号	10月27日	关于2017年第十一批次工业项目建设用地涉及环评等情况说明的报告
彭政发〔2017〕176号	10月27日	关于国有建设用地使用权出让实施方案的批复
彭政发〔2017〕177号	10月27日	关于国有建设用地使用权出让实施方案的批复
彭政发〔2017〕178号	10月27日	关于国有建设用地使用权出让实施方案的批复
彭政发〔2017〕179号	10月27日	关于国有建设用地使用权出让实施方案的批复
彭政发〔2017〕180号	10月27日	关于国有建设用地使用权出让实施方案的批复
彭政发〔2017〕181号	10月27日	关于国有建设用地使用权出让实施方案的批复
彭政发〔2017〕182号	10月30日	关于《加快非公有制经济发展行动计划（2014—2017年）》自查报告
彭政发〔2017〕183号	10月31日	关于印发《彭阳县2017年财政涉农资金统筹整合使用年中调整方案》的通知
彭政发〔2017〕184号	11月1日	关于公布城市管理综合执法局及相关单位行政职权和各类证照清单的通知
彭政发〔2017〕185号	11月6日	关于2014年至2016年6月财政扶贫资金管理与使用审计有关问题整改情况的报告
彭政发〔2017〕186号	11月13日	2018村镇建设项目建设报告
彭政发〔2017〕187号	11月15日	关于呈报《彭阳县2017年美丽村庄建设工作总结》的报告
彭政发〔2017〕188号	11月16日	彭阳县大气污染防治专项行动进展情况汇报

文　　号	发文日期	标　　题
彭政发〔2017〕189号	11月17日	关于国有建设用地使用权出让实施方案的批复
彭政发〔2017〕190号	11月17日	关于呈报全市整治脱贫工作作风不实暨开展扶贫领域专项资金监督检查第五检查组第二周检查发现问题整改情况的报告
彭政发〔2017〕191号	11月20日	关于申请中国宋庆龄基金会捐赠彭阳县县域卫生信息化平台和系统的请示
彭政发〔2017〕192号	11月21日	关于呈报《彭阳县2017年度耕地保护责任目标履行情况自查报告》的报告
彭政发〔2017〕193号	11月21日	关于呈报《彭阳县2017年国家重点生态功能区县域生态环境质量考核自查报告》的报告
彭政发〔2017〕194号	11月21日	关于调整彭阳县城乡建设用地增减挂钩试点项目区的请示
彭政发〔2017〕195号	11月22日	关于贯彻落实中央第八环境保护督察组督察反馈问题十一月整改工作进展情况的报告
彭政发〔2017〕196号	11月26日	关于呈报全市整治脱贫工作作风不实暨开展扶贫领域专项资金监督检查第五检查组第三周检查发现问题整改情况的报告
彭政发〔2017〕197号	11月28日	关于呈报彭阳县非试点县空间规划大纲的报告
彭政发〔2017〕198号	11月30日	粮食工作总结
彭政发〔2017〕199号	12月1日	关于呈报《彭阳县实施农村电子商务筑梦计划情况报告》的报告
彭政发〔2017〕200号	12月1日	关于进一步健全完善特困人员救助供养制度的实施意见
彭政发〔2017〕201号	11月26日	关于呈报全市整治脱贫工作作风不实暨开展扶贫领域专项资金监督检查第五检查组第四周检查发现问题整改情况的报告
彭政发〔2017〕202号	12月1日	关于呈报《彭阳县落实"宽带宁夏"建设工作考核整改方案》的报告
彭政发〔2017〕203号	12月7日	关于申请城乡建设用地增减挂钩项目(2017—2020年)的请示
彭政发〔2017〕204号	12月7日	关于彭阳嵝岘35千伏变电站项目建设用地的请示
彭政发〔2017〕205号	12月8日	关于2017年招商引资重大项目的报告
彭政发〔2017〕206号	12月8日	关于国有建设用地挂牌方案的批复
彭政发〔2017〕207号	12月8日	关于国有建设用地挂牌方案的批复
彭政发〔2017〕208号	12月8日	关于国有建设用地挂牌方案的批复

文　号	发文日期	标　　　　题
彭政发〔2017〕209号	12月8日	关于调整城乡供水、污水处理费和农业灌溉供水价格的通知
彭政发〔2017〕210号	12月8日	关于公布全县规范性文件清理结果的通知
彭政发〔2017〕211号	12月11日	关于印发《罗洼乡独立工矿区改造项目用地及房屋等附着物征收与补偿实施方案》的通知
彭政发〔2017〕212号	12月11日	关于印发《宁夏飞辉商工贸有限公司项目建设用地及房屋等附着物征收与补偿实施方案》的通知
彭政发〔2017〕213号	12月11日	关于呈报《彭阳县全面开展民间投资项目报建审批情况清理核查工作报告》的报告
彭政发〔2017〕215号	12月13日	关于申请验收农村人居环境综合整治示范村和达标村的请示
彭政发〔2017〕216号	12月14日	关于贯彻落实中央第八环境保护督察组督察反馈问题十二月整改工作进展情况的报告
彭政发〔2017〕217号	12月15日	关于《财政部驻宁夏专员办关于彭阳县财政扶贫资金专项检查的处理决定》整改落实情况的报告
彭政发〔2017〕218号	12月15日	关于印发《彭阳县2017年财政涉农资金统筹整合使用年末调整方案》的通知
彭政发〔2017〕219号	12月18日	关于国家审计署审计王洼煤业有限公司废水排放口规范化建设有关问题的报告
彭政发〔2017〕222号	12月21日	彭阳县人民政府关于呈报全市整治脱贫工作作风不实暨开展扶贫领域专项资金监督检查第五检查组第六周检查发现问题整改情况的报告
彭政发〔2017〕223号	12月21日	关于贯彻落实中央第八环境保护督察组督察反馈问题十二月整改工作进展情况的报告
彭政发〔2017〕224号	12月22日	关于追加彭阳县2018年烟叶生产计划的报告
彭政发〔2017〕225号	12月23日	关于上报《彭阳县2017年度河长制工作总结暨2018年工作计划》的报告
彭政发〔2017〕226号	12月22日	关于调整城乡供水、污水处理费和农业灌溉供水价格的补充通知
彭政发〔2017〕227号	12月26日	关于呈报《彭阳县农村人居环境综合整治工作总结》的报告
彭政发〔2017〕229号	12月29日	关于呈报《彭阳县义务教育基本均衡发展国家督导检查反馈意见整改方案》的报告

彭阳县人民政府办公室 2017 年发文目录

文　　号	发文日期	标　　题
彭政办发〔2017〕1号	1月12日	关于印发《彭阳县2017年春运工作应急预案》的通知
彭政办发〔2017〕2号	1月12日	关于认真做好2017年春运工作的通知
彭政办发〔2017〕3号	1月12日	关于彭阳县2016年度消防工作情况的自查报告
彭政办发〔2017〕4号	1月13日	关于成立王洼煤业有限公司王洼二矿煤场1·06车辆伤害事故调查组的通知
彭政办发〔2017〕5号	1月19日	关于印发《2017年彭阳县万寿菊种植实施方案》的通知
彭政办发〔2017〕6号	1月19日	关于印发《2017年彭阳县景观梯田种植业结构调整实施方案》的通知
彭政办发〔2017〕7号	1月24日	关于彭阳县2016年政府信息公开工作的报告
彭政办发〔2017〕8号	1月24日	关于做好2017年度农机检审验工作的通知
彭政办发〔2017〕9号	2月13日	关于增加2017年全市劳动力素质提升工程目标任务的通知
彭政办发〔2017〕10号	2月14日	关于建立困难群众基本生活保障工作协调机制的通知
彭政办发〔2017〕11号	2月28日	关于成立肉牛产业领导小组的通知
彭政办发〔2017〕12号	2月16日	关于成立美丽茹河项目建设领导小组的通知
彭政办发〔2017〕13号	2月17日	关于印发《彭阳县微型消防站建设指导意见》的通知
彭政办发〔2017〕14号	2月24日	关于全县第一季度固定资产投资计划任务的通知
彭政办发〔2017〕15号	2月27日	关于确定彭阳县消防安全重点单位的通知
彭政办发〔2017〕16号	2月28日	关于印发《彭阳县2017年春秋覆膜实施方案》的通知
彭政办发〔2017〕17号	2月28日	关于印发《2017年彭阳县蔬菜产业发展实施方案》的通知
彭政办发〔2017〕18号	3月2日	关于印发《2017年彭阳县深入推进普惠金融示范区建设工作方案》的通知
彭政办发〔2017〕19号	3月3日	关于落实2017年建档立卡贫困户产业培育项目的通知

文　　号	发文日期	标　　题
彭政办发〔2017〕20号	3月3日	关于印发《彭阳县2017年开展农用残膜污染专项整治活动实施方案》的通知
彭政办发〔2017〕21号	3月3日	关于印发《彭阳县2017年建档立卡贫困户产业培育扶持标准补充说明》的通知
彭政办发〔2017〕22号	3月2日	关于印发《彭阳县人民政府办公室公文处理工作规程》的通知
彭政办发〔2017〕23号	3月6日	关于加快推进扶贫开发整村基础设施项目建设的通知
彭政办发〔2017〕24号	3月6日	关于办理县九届人大一次会议代表议案建议和政协九届一次会议委员会提案的通知
彭政办发〔2017〕25号	3月6日	关于印发加强和规范政府投资项目审核的通知
彭政办发〔2017〕26号	3月9日	关于印发《G327征迁安置居民点项目建设实施方案》的通知
彭政办发〔2017〕27号	3月9日	关于全力做好当前火灾防控工作的紧急通知
彭政办发〔2017〕28号	3月1日	关于印发《彭阳县2017年政策性农业保险安排意见》的通知
彭政办发〔2017〕29号	3月1日	关于上报地震应急准备工作自查情况的报告
彭政办发〔2017〕30号	3月13日	关于固原市主要领导批示精神办理情况的报告
彭政办发〔2017〕31号	3月17日	关于印发《彭阳县2017年万寿菊种植承保方案》的通知
彭政办发〔2017〕32号	3月2日	关于印发《彭阳县农民工工资治欠保支行动方案》的通知
彭政办发〔2017〕33号	3月21日	关于印发《彭阳县农村环境综合整治工作实施方案》的通知
彭政办发〔2017〕34号	3月21日	关于印发《彭阳县农村环境整治考核办法》的通知
彭政办发〔2017〕35号	3月22日	关于印发《2017年肉牛产业发展实施方案》的通知
彭政办发〔2017〕36号	3月27日	关于印发《彭阳县关于加快发展体育产业促进体育消费实施方案》的通知
彭政办发〔2017〕37号	3月27日	关于转发《关于加强110报警服务平台与社会求助服务平台对接联动工作的意见》
彭政办发〔2017〕38号	3月27日	关于成立电子商务工作领导小组的通知

文　　号	发文日期	标　　题
彭政办发〔2017〕39号	3月27日	关于印发《彭阳县城市公交运营及补贴资金实施方案》的通知
彭政办发〔2017〕40号	3月29日	关于整改违规排放污水工作的通知
彭政办发〔2017〕41号	3月3日	关于调整彭阳县涉农惠农资金监管平台建设工作领导小组的通知
彭政办发〔2017〕42号	3月3日	关于转发《固原市人民政府办公室关于开展全市劳动力资源普查工作的通知》的通知
彭政办发〔2017〕43号	3月31日	关于做好农村最低生活保障和扶贫开发政策有效衔接工作的通知
彭政办发〔2017〕44号	4月4日	关于印发《彭阳县危险化学品安全综合治理实施方案》的通知
彭政办发〔2017〕45号	4月4日	关于认真做好国务院安委会安全生产巡查工作的通知
彭政办发〔2017〕46号	4月5日	关于印发《彭阳县2017年文化扶贫工程村综合文化中心项目建设实施方案》和《彭阳县2017年文化扶贫工作村综合文化服务中心项目建设管理使用办法》的通知
彭政办发〔2017〕47号	4月6日	关于全力做好2017年度旅游旺季安全工作的通知
彭政办发〔2017〕48号	4月6日	关于成立第二次全国污染源普查工作领导小组的通知
彭政办发〔2017〕49号	4月6日	关于印发《彭阳县农村环境综合整治工作考核办法》的通知
彭政办发〔2017〕50号	4月6日	关于印发《彭阳县农村环境综合整治工作实施方案》的通知
彭政办发〔2017〕51号	4月7日	关于成立国际农发基金贷款优势特色产业发展示范项目领导小组的通知
彭政办发〔2017〕52号	4月10日	关于成立彭阳县水利改革工作领导小组的通知
彭政办发〔2017〕53号	4月10日	关于调整社会综合治理工作领导小组的通知
彭政办发〔2017〕54号	4月10日	关于转发《固原市人民政府办公室关于2017年自治区民生实事涉及固原市工作任务分工的通知
彭政办发〔2017〕55号	4月12日	关于调整推进使用正版软件工作领导小组的通知
彭政办发〔2017〕56号	4月13日	第二季度固定资产投资任务分解通知
彭政办发〔2017〕57号	4月19日	关于印发彭阳县2017—2020生态鸡产业发展实施方案的通知
彭政办发〔2017〕58号	4月19日	关于转发《自治区人民政府办公厅关于印发清理整顿各类场所回头看实施方案的通知》的通知

文　　号	发文日期	标　　题
彭政办发〔2017〕59号	4月23日	关于建设领域突出问题专项整治实施方案
彭政办发〔2017〕60号	4月24日	关于加快推进全县"扶贫保"工作的通知
彭政办发〔2017〕61号	4月25日	关于转发《关于进一步加强和规范设施农业用地管理的通知》的通知
彭政办发〔2017〕62号	4月25日	关于转发《关于城镇职工基本医疗保险自治区级统筹管理的意见》的通知
彭政办发〔2017〕63号	4月27日	关于印发《关于做好夏季消防检查实施方案的通知》
彭政办发〔2017〕64号	5月2日	关于转发《自治区人民政府办公厅关于开展增加企业和公民负担证照清理工作的通知》的通知
彭政办发〔2017〕65号	5月2日	关于印发《彭阳县2017年农机购置补贴项目实施方案》的通知
彭政办发〔2017〕66号	5月3日	关于印发《彭阳县开展"财务制度执行提升年"专项治理活动实施方案》的通知
彭政办发〔2017〕67号	5月4日	关于成立红河现代设施农业产业园区项目建设领导小组的通知
彭政办发〔2017〕68号	5月4日	关于县长、各副县长、县长助理工作分工的通知
彭政办发〔2017〕69号	5月4日	关于调整彭阳县招生委员会的通知
彭政办发〔2017〕70号	5月4日	关于成立彭阳县美丽城镇提升项目建设领导小组的通知
彭政办发〔2017〕71号	5月5日	关于开展"5·12"地震应急演练活动的通知
彭政办发〔2017〕72号	5月5日	关于印发《彭阳县加快推进社会信用体系建设实施方案》的通知
彭政办发〔2017〕73号	5月5日	关于印发《彭阳县2017年节能监察工作实施方案》的通知
彭政办发〔2017〕74号	5月8日	关于印发《彭阳县2017年"防震减灾应急预案"》的通知
彭政办发〔2017〕75号	5月8日	关于印发《彭阳县开展劳动力资源普查工作方案》的通知
彭政办发〔2017〕76号	5月8日	彭阳县人民政府办公室关于印发《审计问题整改落实责任分工方案》的通知
彭政办发〔2017〕77号	5月10日	关于印发《彭阳县开展创建自治区级法治政府示范单位工作方案》的通知

文　　号	发文日期	标　　题
彭政办发〔2017〕78号	5月10日	关于印发《彭阳县落实固原市"项目推进年"活动实施方案》的通知
彭政办发〔2017〕79号	5月10日	关于成立退役士兵安置及权益保障工作领导小组的通知
彭政办发〔2017〕80号	5月11日	关于印发《彭阳县地震应急预案》的通知
彭政办发〔2017〕81号	5月11日	关于统计上报村级文化活动广场等扶贫项目用地的通知
彭政办发〔2017〕82号	5月16日	关于印发《彭阳县2017年建档立卡贫困户产业扶贫项目验收办法》的通知
彭政办发〔2017〕83号	5月16日	关于印发《彭阳县举办"梯田花海　醉美乡村"暨金鸡坪梯田公园风铃节活动方案》的通知
彭政办发〔2017〕84号	5月19日	关于印发《彭阳县全面推进河长制县级会议信息通报工作督办考核办法（试行）》的通知
彭政办发〔2017〕85号	5月19日	关于印发《彭阳县"十三五"实行水资源消耗总量和强度双控行动加快推进节水型社会建设实施方案》的通知
彭政办发〔2017〕86号	5月22日	关于印发《宁夏彭阳"生态鸡"品牌宣传推介会实施方案》的通知
彭政办发〔2017〕87号	5月22日	关于印发《彭阳县畜禽养殖禁养区划定工作实施方案》的通知
彭政办发〔2017〕88号	5月22日	关于印发《彭阳县关于运用大数据开展综合治税工作实施方案》的通知
彭政办发〔2017〕89号	5月23日	关于彭阳县生态移民土地整治项目指挥部人员调整的通知
彭政办发〔2017〕90号	5月26日	关于调整招委会的通知
彭政办发〔2017〕91号	5月27日	关于调整水源工程、水库除险加固、高效节水灌溉、水土保持等水利项目工程建设领导小组的通知
彭政办发〔2017〕92号	5月27日	关于调整农村饮水安全巩固提升工程建设与运营管理领导小组的通知
彭政办发〔2017〕93号	6月5日	关于召开安委会第三次扩大会议的通知
彭政办发〔2017〕94号	6月6日	关于开展电气火灾综合治理工作的通知
彭政办发〔2017〕95号	6月6日	关于印发《彭阳县农村道路交通安全管理工作实施方案》的通知
彭政办发〔2017〕96号	6月6日	关于成立政府性债务管理领导小组的通知

文　　号	发文日期	标　　题
彭政办发〔2017〕97号	6月6日	关于进一步规范地方政府举债融资行为的通知
彭政办发〔2017〕98号	6月6日	关于调整彭阳县协调劳动关系三方委员会的通知
彭政办发〔2017〕99号	6月6日	关于调整彭阳县农民工工资清欠领导小组的通知
彭政办发〔2017〕101号	6月13日	关于转发《宁夏回族自治区困难残疾人生活补贴办法》《宁夏回族自治区重度残疾人护理补贴办法》的通知
彭政办发〔2017〕102号	6月15日	关于印发《彭阳县2017年群众评议政务服务机关作风活动工作方案》的通知
彭政办发〔2017〕104号	6月19日	关于开展2017年政府行政规范性文件清理工作的通知
彭政办发〔2017〕105号	6月19日	关于呈报彭阳县国土局、司法局网站整改情况的报告
彭政办发〔2017〕106号	6月29日	关于成立美丽茹河建设PPP项目指挥部的通知
彭政办发〔2017〕107号	9月11日	关于开展供热领域突出问题专项治理工作的通知
彭政办发〔2017〕108号	7月3日	关于印发《彭阳县2017年汛期地质灾害防治工作实施方案》的通知
彭政办发〔2017〕109号	7月4日	关于开展基层政务公开标准化规范化试点工作相关情况的报告
彭政办发〔2017〕110号	7月7日	关于印发《彭阳县临时救助实施细则（试行）》的通知
彭政办发〔2017〕111号	7月7日	关于印发《彭阳县医疗救助实施细则（试行）》的通知
彭政办发〔2017〕112号	7月12日	关于成立闽宁彭阳信息扶贫产业园建设项目领导小组的通知
彭政办发〔2017〕113号	7月13日	关于办理县政协九届一次会议以来委员平时提案的通知
彭政办发〔2017〕114号	7月19日	关于成立彭阳县体育馆7·18屋面维修工程高处坠落事故调查组的通知
彭政办发〔2017〕115号	7月20日	关于印发彭阳县2017年政务公开工作要点的通知
彭政办发〔2017〕116号	7月20日	关于印发全面推进政务公开若干重点工作实施方案的通知
彭政办发〔2017〕117号	7月20日	关于转发《关于进一步加强银行业金融机构助推脱贫攻坚实施意见的通知》的通知
彭政办发〔2017〕118号	7月20日	关于印发《彭阳县高层建筑消防安全综合治理工作方案》的通知

文　　号	发文日期	标　　题
彭政办发〔2017〕119号	7月21日	关于全县第三季度固定资产投资计划任务的通知
彭政办发〔2017〕120号	7月21日	关于印发《全面贯彻落实自治区第十二次党代会精神扎实谋划彭阳县发展重大项目工作实施方案》的通知
彭政办发〔2017〕121号	7月23日	关于印发《彭阳县贯彻落实国务院安委会安全生产第八巡查组巡查反馈问题整改方案》的通知
彭政办发〔2017〕122号	7月26日	关于印发《彭阳县开展安全生产大检查实施方案》的通知
彭政办发〔2017〕123号	7月26日	关于印发《彭阳县2017年购买非全日制公益性岗位安置兜底脱贫建档立卡户就业工作实施方案》的通知
彭政办发〔2017〕124号	7月28日	关于呈报2016年省级党委政府扶贫开发工作成效考核反馈问题整改落实情况和脱贫攻坚"回头看"情况的报告
彭政办发〔2017〕125号	8月1日	关于印发《新一轮农村人居环境综合整治行动方案》的通知
彭政办发〔2017〕126号	8月7日	关于急需增加编制的请示
彭政办发〔2017〕127号	8月7日	关于转发《自治区人民政府关于取消81项证照的决定》
彭政办发〔2017〕128号	8月9日	关于启用印章的通知
彭政办发〔2017〕129号	8月11日	关于调整农村危房危窑改造补助对象分类和提高补助标准的通知
彭政办发〔2017〕130号	8月11日	关于启用印章的通知（城管局）
彭政办发〔2017〕131号	8月14日	关于提高政务公开工作在全县综合考核中分值的请示
彭政办发〔2017〕132号	8月15日	关于认真贯彻落实咸辉主席重要批示精神的通知
彭政办发〔2017〕133号	8月15日	关于调整彭阳县政务公开工作领导小组的通知
彭政办发〔2017〕134号	8月15日	关于成立彭阳县盐业体制改革工作领导小组的通知
彭政办发〔2017〕135号	8月16日	关于做好全株玉米青贮工作的紧急通知
彭政办发〔2017〕136号	8月21日	关于印发政务公开相关制度的通知
彭政办发〔2017〕137号	8月22日	关于办理市政协四届一次会议闭会期间新增的7件政协提案的通知

文　　号	发文日期	标　　题
彭政办发〔2017〕138号	8月22日	关于印发《彭阳县政务公开第三方评估发现问题整改方案》的通知
彭政办发〔2017〕139号	8月27日	关于印发《彭阳县2017年突发山洪地质灾害应急联合演练方案》的通知
彭政办发〔2017〕140号	8月28日	关于印发《彭阳县开展养老服务质量建设专项行动实施方案》的通知
彭政办发〔2017〕141号	9月4日	关于印发《彭阳县保卫党的十九大火灾隐患排查整治工作方案》的通知
彭政办发〔2017〕142号	9月2日	关于印发《彭阳县城市管理综合执法局主要职责岗位设置和人员编制规定》的通知
彭政办发〔2017〕143号	9月8日	关于成立彭阳县反洗钱工作领导小组的通知
彭政办发〔2017〕144号	9月13日	关于印发《彭阳县推进个人诚信体系建设实施方案》的通知
彭政办发〔2017〕145号	9月18日	关于做好县政府决策咨询专家库人选推荐工作的通知
彭政办发〔2017〕146号	9月18日	关于做好"十二五"生态移民户籍核转和旧宅基地拆除工作的通知
彭政办发〔2017〕147号	9月19日	关于办理区、市人大代表议案建议和政协提案办理工作的通知
彭政办发〔2017〕148号	9月21日	关于印发《彭阳县茹河水体达标方案》《彭阳县茹河流域水环境综合治理工作方案》的通知
彭政办发〔2017〕149号	9月22日	关于新型城镇化第三方评估的紧急通知
彭政办发〔2017〕150号	9月28日	关于印发《彭阳县开展基层政务公开标准化规范化试点工作实施方案》的通知
彭政办发〔2017〕151号	9月30日	关于进一步加强政府性债务管理的实施意见
彭政办发〔2017〕152号	9月30日	关于印发《彭阳县地方政府性债务风险应急处置预案(试行)》的通知
彭政办发〔2017〕153号	9月30日	关于印发《彭阳县迎接国家县域义务教育均衡发展督导评估工作实施方案》的通知
彭政办发〔2017〕154号	10月1日	关于转发《自治区人民政府办公厅关于印发〈宁夏回族自治区税收保障办法〉的通知》的通知
彭政办发〔2017〕155号	10月11日	关于印发《全区脱贫攻坚政策落实工作会重点任务责任分工方案》的通知
彭政办发〔2017〕156号	10月13日	关于印发《彭阳县不见面审批服务改革实施方案》的通知

文　　　号	发文日期	标　　　题
彭政办发〔2017〕157号	10月16日	关于启用印章的通知
彭政办发〔2017〕158号	10月16日	关于秋季秸秆焚烧的通知
彭政办发〔2017〕159号	10月16日	关于印发《彭阳县贯彻落实〈宁夏税收保障办法〉实施方案》的通知
彭政办发〔2017〕160号	10月18日	关于印发《城区集中供热应急预案》的通知
彭政办发〔2017〕161号	10月18日	关于做好2018年统筹整合财政涉农资金项目清单的通知
彭政办发〔2017〕162号	10月19日	关于全县第四季度固定资产投资计划任务的通知
彭政办发〔2017〕163号	10月2日	关于印发《彭阳县2017—2018年冬春期间受灾群众基本生活救助实施方案》的通知
彭政办发〔2017〕164号	10月2日	关于印发《彭阳县农村宅基地和房屋统一确权登记颁证工作方案》的通知
彭政办发〔2017〕165号	10月2日	关于印发《彭阳县"一村双助理和一乡镇一义务巡逻队"实施方案》的通知
彭政办发〔2017〕166号	10月24日	关于印发《闽宁信息扶贫产业园项目论证会暨宁夏闽宁云信息扶贫产业开发有限公司成立活动方案》的通知
彭政办发〔2017〕167号	10月24日	关于印发《彭阳县"十三五"期间国家重点生态功能区县域生态环境质量考核工作实施方案》的通知
彭政办发〔2017〕168号	10月24日	关于调整彭阳县国家重点生态功能区县域生态环境质量考核工作领导小组的通知
彭政办发〔2017〕169号	10月25日	关于印发《彭阳县实施行政规范性文件"三统一"和有效期制度》的通知
彭政办发〔2017〕170号	10月26日	关于印发《彭阳县农业水价综合改革实施方案》的通知
彭政办发〔2017〕171号	10月25日	关于向农村集体经济组织发放组织登记证书的通知
彭政办发〔2017〕172号	11月1日	关于印发《彭阳县2017年下半年城镇居民增收实施方案》的通知
彭政办发〔2017〕173号	11月1日	关于印发《大气污染集中执法专项行动方案》的通知
彭政办发〔2017〕174号	11月1日	关于印发《大气污染集中执法专项行动方案》的通知

文　　号	发文日期	标　　题
彭政办发〔2017〕175号	11月3日	关于印发《彭阳县湿地产权确权工作实施方案》的通知
彭政办发〔2017〕176号	11月1日	关于印发《彭阳县全民科学素质行动计划纲要实施方案》的通知
彭政办发〔2017〕177号	11月13日	关于印发《彭阳县电子商务进农村综合示范项目快递物流整合方案》的通知
彭政办发〔2017〕178号	11月15日	关于印发《彭阳县冬春火灾防控专项整治工作方案》的通知
彭政办发〔2017〕179号	11月17日	关于印发《彭阳县医疗救助实施方案》的通知
彭政办发〔2017〕180号	11月23日	关于调整彭阳县政务公开工作领导小组及领导小组各成员单位政务公开工作职责的通知
彭政办发〔2017〕181号	11月29日	关于印发《彭阳县统筹推进城乡义务教育一体化改革发展的实施方案》的通知
彭政办发〔2017〕182号	11月29日	关于印发《彭阳县进一步加强义务教育控辍保学工作的实施方案》的通知
彭政办发〔2017〕183号	11月29日	关于印发《彭阳县今冬明春社会治安大排查大管控大整治工作方案》的通知
彭政办发〔2017〕184号	11月29日	关于印发《彭阳县今冬明春道路交通安全大排查大管控大整治工作方案》的通知
彭政办发〔2017〕185号	12月1日	关于调整彭阳县森林草原防火指挥部成员单位的通知
彭政办发〔2017〕186号	12月1日	关于印发《彭阳县加强基层民政服务能力建设实施方案》的通知
彭政办发〔2017〕187号	12月5日	彭阳县人民政府办公室关于申请批准13项领域事项清单和目录的请示
彭政办发〔2017〕188号	12月5日	关于提请审核政务公开13个试点领域事项清单和目录的请示
彭政办发〔2017〕189号	12月6日	关于印发彭阳县第二次全国污染源普查工作方案的通知
彭政办发〔2017〕190号	12月11日	决策
彭政办发〔2017〕200号	12月13日	关于举办"中国体育彩票"首届农民篮球争霸赛的通知
彭政办发〔2017〕201号	12月14日	关于做好小额扶贫贷款贴息工作的通知

文　　号	发文日期	标　　　　题
彭政办发〔2017〕202号	12月14日	关于开设专项担保基金专户的通知
彭政办发〔2017〕203号	12月22日	关于印发《彭阳县2018年农村危房危窑改造实施方案(试行)》的通知
彭政办发〔2017〕204号	12月25日	关于印发《彭阳县因病致贫家庭重病患者医疗救助试点项目实施方案》的通知
彭政办发〔2017〕205号	12月25日	关于转发《自治区人民政府关于加强困境儿童保障工作的实施意见》的通知
彭政办发〔2017〕206号	12月28日	关于转发《宁夏回族自治区行政执法争议协调处理办法》《宁夏回族自治区行政执法辅助人员管理办法》的通知
彭政办发〔2017〕207号	12月28日	关于印发《彭阳县今冬明春烟花爆竹安全专项整治行动实施方案》的通知
彭政办发〔2017〕208号	12月31日	关于印发《彭阳县2018年元旦、春节期间烟花爆竹禁限放工作实施方案》的通知
彭政办发〔2017〕209号	12月31日	关于做好2018年城乡劳动力素质提升培训工作的通知